Miloslav Stingl INDIANER *vor Kolumbus*

MILOSLAV STINGL

INDIANER
vor Kolumbus

URANIA-VERLAG
LEIPZIG · JENA · BERLIN

Titel der Originalausgabe: ,,Indiáni bez tomahavku", Prag 1963. Die vorliegende Ausgabe (Kapitel 1–18 des Originals) wurde vom Autor überarbeitet und von Günter Müller aus dem Tschechischen übersetzt. Der Nachdruck des Neruda-Gedichtes auf S. 127 (,,Die Leuchte auf Erden/VI Die Menschen") erfolgte mit freundlicher Genehmigung des Verlages Volk und Welt Berlin. Es wurde der 1974 erschienenen Sammlung ,,Der große Gesang" in der Übertragung von Erich Arendt entnommen.

Fotos: Schutzumschlag vordere Seite (ohne Figur) Bildagentur Mauritius, Mittenwald; Figur Ferdinand Anton, München; Klappentext Miloslav Stingl, Prag

Stingl, Miloslav:
Indianer vor Kolumbus / Miloslav Stingl. [Vom Autor überarb. u. von Günter Müller aus d. Tschech. übers. Zeichn.: Adelhelm Dietzel]. – 4. Aufl. – Leipzig; Jena; Berlin : Urania-Verlag, 1987. – 255 S. : 72 Ill.
EST: Indiáni bez tomahavku ⟨dt.⟩

ISBN 3-332-00180-9

4. Auflage 1987, 76.–100. Tausend

VLN 212-475/158/87
LSV 0229
Zeichnungen, Karten und Einband: Adelhelm Dietzel
Schutzumschlag: Gottfried Leonhardt
Typographie: Claus Ritter
Printed in the German Democratic Republic
Lichtsatz: INTERDRUCK Graphischer Großbetrieb Leipzig – III/18/97
Druck und buchbinderische Verarbeitung: Druckwerkstätten Stollberg
Best.-Nr. 654 173 4
01480

Inhaltsverzeichnis

Einleitung

Die Indianer – die Freunde unserer Kinder- und Jugendträume. Wir kennen sie aus vielen »Indianergeschichten«, die wir mit glühenden Wangen gelesen haben, u. a. aus den Büchern Coopers und Welskopf-Henrichs und aus einer Anzahl von Filmen. Wir haben sie geliebt, wenn sie Custer und andere Eroberer mit dem Tomahawk besiegt haben. Aber bei dem Tomahawk hören häufig unsere Kenntnisse von den Indianern auf. Und dabei sind die Indianer, wenn wir von den Eskimos im hohen Norden absehen, die alleinigen Ureinwohner der ganzen westlichen Hälfte unseres Planeten. Denn als im Jahre 1492 die ersten Europäer in die »Neue Welt« kamen, fanden sie diesen riesigen Erdteil nicht unbewohnt vor. Überall in Amerika lebten Menschen, von denen man bisher nichts wußte.

Seit jenem Tag, da Christoph Kolumbus zum ersten Mal mit Indianern zusammentraf, ist schon fast ein halbes Jahrtausend vergangen. Die ethnische Karte Amerikas hat sich seit jenen Zeiten erheblich verändert. Wir stellen schon beim ersten flüchtigen Blick auf eine derartige Bevölkerungskarte Amerikas eine interessante Tatsache fest: In allen übrigen Erdteilen überwiegt zahlenmäßig auf dem gesamten Territorium jeweils nur *eine* Menschenrasse. Im heutigen Amerika jedoch nicht. Die Antillen an der Ostküste Amerikas sind von einer zahlreichen negroiden Bevölkerung bewohnt, die, wie z. B. auf Jamaika, Haïti, Trinidad, die absolute Mehrheit der Einwohnerschaft bildet. Viele Millionen Neger und Mulatten leben auch im größten lateinamerikanischen Land, in Brasilien. Dagegen lebt in vielen Gebieten der USA, Kanadas, Argentiniens und Uruguays eine zahlenmäßig starke europäide Bevölkerung. Auf einem schmalen Streifen im äußersten Norden Amerikas hingegen finden wir Eskimos. Ausgedehnte Gebiete Mittel- und Südamerikas schließlich (besonders Mexiko, Guatemala, Peru, Bolivien, Ekuador, Paraguay) werden vorwiegend von Indianern und Indianermischlingen bewohnt.

Mit den Indianern verbindet sich der längste Zeitraum der Kulturgeschichte dieses Teiles der Erde. Die Indianer öffnen uns jedoch auch den Blick für die Gegenwart und die Zukunft dieses Kontinents. Denn eben in den Indianern begegnet die älteste Vergangenheit einem Stück Zukunft Amerikas. Gegenstand dieses Buches soll daher auch die Kulturgeschichte der Indianer einschließlich der Konquista, der Eroberung durch Spanien, sein. Im 2. Band dieses Buches erfolgt hingegen die Darstellung der indianischen Kulturgeschichte vom 16. Jahrhundert bis zur Gegenwart.

Zur Zeit der Ankunft der Europäer lebten überall in Amerika die »amerikanischen Menschen«, die Indianer. Auch wenn die sehr verschiedenen natürlichen Bedingungen in Amerika an der äußeren Gestalt der einzelnen indianischen Bevölkerungsgruppen mancherlei Retuschen vorgenommen haben, können wir dennoch viele körperliche Merkmale finden, die allen Indianern gemeinsam sind: der stämmige Körperbau, die kurzen Beine, die langen Arme, die kleinen Füße und Hände. Die Stirn ist hoch und in der Regel breit, die Jochbögen sind vorgewölbt und treten stark hervor, die Nase ist ausgeprägt, kräftig und manchmal, besonders in Nordamerika, als sogenannte Adlernase zu bezeichnen. Der Mund wirkt verhältnismäßig breit. Die Augen sind vorwiegend dunkelbraun. Das Haar ist schwarz, glatt und dicht. Die Indianer sind mittelgroß, manchmal eher klein (z. B. die Puebloindianer und die meisten Stämme Feuerlands).

Aber von dieser Grundgestalt, von diesem gemeinsamen äußeren Bild der amerikanischen Indianer weichen oft nicht nur einzelne, sondern bisweilen auch größere ethnische Gruppen ab. Über den gesamtamerikanischen Durchschnitt erheben sich die »Indianerriesen«, die Patagonier (die Bewohner der südlichen Gebiete Argentiniens), und auch die Indianer der nordamerikanischen Prärien. Auf der anderen Seite, in den Bergen Venezuelas, leben die Angehörigen der Zwergstämme. Auch die Angehörigen der sogenannten altamerikanischen Gruppe (z. B. die Botokuden) unterscheiden sich auffällig durch eine viel dunklere Hautfarbe von der übrigen indianischen Bevölkerung. Wir haben oft gehört, daß die Indianer »Rothäute« seien. Man kann die Hautfarbe der amerikanischen Indianer jedoch keineswegs als rot bezeichnen. Den Namen »Rothäute« (die englischen Kolonisatoren Nordamerikas nannten sie »Redskins«, die französischen »les Peaux rouges«) haben die ersten europäischen Ansiedler in Nordamerika den Indianern gegeben. Diese Bezeichnung rührt von dem unter den nordamerikanischen Indianern einst weitverbreiteten Brauch her, sich bei feierlichen Anlässen den Körper und das Gesicht mit roter Farbe zu bemalen. Die tatsächliche Hautfarbe der Ureinwohner Amerikas ist gelbbraun.

Die Indianer sind nach diesen Merkmalen zweifellos Angehörige einer einzigen großen Menschengruppe, auch wenn unter anthropologischem Gesichtspunkt drei Hauptgruppen, nordamerikanische, südamerikanische und altamerikanische Indianer, voneinander unterschieden werden. Auch erfährt diese Gruppierung verschiedentlich eine nochmalige Unterteilung (z. B. bei den Amerikanisten von Eickstedt, Clark Wissler und Ten Kate).

Neben diesen z. T. konstitutionellen Unterschieden der Indianer bestehen und bestanden in kultureller Hinsicht schon in der vorkolumbischen Zeit (der Zeit vor Kolumbus) erhebliche Unterschiede zwischen ihnen. Neben den genialen Mayamathematikern gab und gibt es noch heute in den Urwäldern Ostbrasiliens Stämme, die kaum mit Zahlzeichen umgehen können. Neben den aztekischen Philosophen und Dichtern stand und steht der äußerst einfache Jäger, und heute finden wir neben dem indianischen Industriearbeiter oder in den USA gar neben dem indianischen Kapitalisten den rückständigen indianischen Ackerbauern, der das Land noch immer so bearbeitet wie seine Vorfahren vor 3000 Jahren. Im Mosaik des indianischen Amerika haben sowohl ein revolutionäres indianisches Proletariat als auch Urwaldstämme Platz, die noch heute z. T. die Kulturstufe der Steinzeit repräsentieren.

Nicht lange nachdem die Europäer zum ersten Mal die Bekanntschaft mit Indianern gemacht hatten, begann sich auch die Wissenschaft für sie zu interessieren. Anfangs oberflächlich und unvollständig, jedoch erfolgte Mitte des 19. Jahrhunderts eine entscheidende Wende. Zu jener Zeit entstand ein neues Wissenschaftsgebiet: die Amerikanistik. Sie befaßte sich anfänglich ausschließlich mit der Geschichte sowie der materiellen und geistigen Kultur der Indianer. Heute bezieht diese Wissenschaft die gesamte Gesellschaft in ihre ethnographischen, anthropologischen, linguistischen, archäologischen und historischen Untersuchungen ein. Schon bald nachdem sich die Amerikanistik als Wissenschaftsgebiet konstituiert hatte, setzten Bemühungen um Klassifizierungen der Ureinwohner Amerikas ein. Auf den ersten Blick bot sich eine Unterscheidung nach der sprachlichen Zugehörigkeit der Indianerstämme an.

Diese Klassifikation war zu jener Zeit die Hauptaufgabe der bis heute bedeutendsten wissenschaftlichen Einrichtungen der Amerikanistik, des im Jahre 1879 gegründeten Bureau of American Ethnology in Washington. Der erste Direktor dieser Institution, Dr. Powell, nahm sich dieser Aufgabe an. Nach fünfzehn Jahren veröffentlichte er seine Klassifikation unter dem Titel »Indian linguistic families of America north of Mexico«.

Mit der Klassifikation der Indianersprachen haben sich mehrere Generationen von Amerikanisten beschäftigt, namentlich einer ihrer Klassiker, Franz Boas, der französische Gelehrte Paul Rivet und eine Reihe weiterer Nordamerikaner (heute besonders Swadesh und Greenberg). Einer der besten Kenner der südamerikanischen Indianer, Alden Mason, hat die Gesamtzahl der Indianerstämme, die eine eigene Sprache oder zumindest einen eigenen Dialekt sprechen, auf mehr als 5000 geschätzt. Dazu kommen noch Hunderte mittel- und nordamerikanischer Indianersprachen. Es gibt unter ihnen freilich auch Sprachen, die heute von nicht viel mehr als fünf oder zehn Menschen gesprochen und morgen ausgestorben sein werden. (Ein derartiger Prozeß geht bei einer Reihe sehr kleiner Stämme im Inneren Brasiliens vor sich.) Andererseits aber gibt es Sprachen (z. B. Quechua), die die Muttersprache vieler Millionen Menschen sind. Selbstverständlich kann man die Indianersprachen zu mehreren Hauptgruppen, zu Sprachfamilien, ordnen. Aber es läßt sich kein einziges Merkmal finden, im Gegensatz zu den europäischen Sprachfamilien, das allen Indianersprachen Amerikas gemeinsam wäre! Lange Zeit waren die Linguisten davon überzeugt, daß alle Indianersprachen polysynthetisch seien. Ein Beispiel aus der Sprache der Micmac, die im Nordosten von Nordamerika leben und der Algonkin-Sprachfamilie angehören, soll diesen Begriff erklären: Wenn ein Micmac sagen will: »Wir schicken uns an, gemeinsam unser Essen einzunehmen«, genügt ihm zu dieser Mitteilung ein einziges Wort: »Najdejemouweeoolowgooddullaolteedissuneega«.

Mit der Sprache hängt die Schrift zusammen. Heute verwenden eigentlich alle Indianersprachen die lateinische Schrift. Und zwar auch jene, für die das lateinische Alphabet nicht sehr geeignet ist (z. B. die polytonische Sprache der mexikanischen Zapoteken, bei der die Tonhöhe der einzelnen Silben durch Voran- oder Nachstellung von Ausrufezeichen bezeichnet wird; oder die Silbenschrift der nordamerikanischen Cherokee, in der die meisten der über 80 Silben des Cherokee-Alphabets durch lateinische Buchstaben ausgedrückt werden [die Silbe go z. B. durch den Buchstaben A]).

Aber die sprachliche Zugehörigkeit der einzelnen Indianerstämme ist nur eine, die erste der Fragen, die sich uns aufdrängt, wenn wir uns näher mit den Indianern zu beschäftigen beginnen. Derartige »Indianerfragen« kann man eine ganze Reihe stellen. Fragen, die sehr kompliziert und zugleich aufregend sind. Fragen, die dieses Buch zu beantworten versucht.

Lange bevor die nordamerikanischen Indianer im Kampf gegen Custer und seinesgleichen ihre Rechte verteidigten, hatten ihre Brüder in Mittelamerika und hoch oben in den Anden mit ihrer Arbeit, ihrem Verstand, mit allen ihren Werken dauerhaftere Denkmäler großartiger Kulturen errichtet. Dieses Buch will, ausgehend von gesichertem Forschungsmaterial, sowohl Aufschluß geben über indianische Hochkulturen – wie z. B. der Azteken, der Inka und der Maya –, jedoch auch die weniger bekannten indianischen Kulturen dem Leser nahebringen.

Nur eine solche nahezu vollständige Expedition in die Vergangenheit der »Neuen Welt« kann uns sagen, wie groß die Flamme des Indianerfeuers war, bis wohin sein Widerschein zu sehen war, was wir, die Menschen des 20. Jahrhunderts, aus der Asche dieses Indianerfeuers entnehmen können, welcher Art das Vermächtnis dieser indianischen Kulturen ist.

Die Herkunft der Indianer

Der französische Maler Paul Gauguin hat unter eines seiner Bilder drei Grundfragen geschrieben: Woher kommen wir? Wer sind wir? Wohin gehen wir?

Auch die Indianer haben sich, wenn auch nicht immer mit diesem philosophischen Ernst, diese drei Fragen gestellt. Wer sind wir? – Und sie antworteten: Wir sind Menschen. (Manche Indianerstämme gebrauchten sogar die Bezeichnung »Menschen« als Eigenname ihres Stammes. Die berühmten chilenischen Araukaner zum Beispiel nennen sich Mapuche – »Menschen der Erde«.)

Die dritte Frage: Wohin gehen die Indianer?, versucht der Autor in der bereits erwähnten Fortsetzung des vorliegenden Buches zu beantworten. Dieses Kapitel soll Aufschluß auf die erste Frage, die Gauguin entlehnt wurde, geben: Woher kommen sie? Die Indianer selbst haben auf diese grundlegende Frage in ihren zahllosen Sagen eine Antwort gefunden. So auch in der folgenden Sage der Warrau, eines bedeutenden Indianerstammes, der in Venezuela und Guayana lebt: Die Warrau halten sich für die ältesten, ursprünglichsten, ersten Indianer. Aber auch sie haben, wie sie glauben, nicht immer – »von Anbeginn der Zeiten an« – in Amerika gelebt. Ursprünglich, so meinen die Warrau, wohnten sie in einem wunderschönen Land hoch über den Wolken. Außer den Warrau lebten nur Vögel in diesen paradiesischen Gefilden, denen die jungen Jäger nachstellten. Einer von ihnen, er hieß Okonote, verfolgte eines Tages einen dieser Vögel. Er schoß mit dem Bogen nach ihm, aber der Pfeil verfehlte sein Ziel – und verschwand.

Als Okonote den Pfeil suchte, fand er ein Loch, durch das der Pfeil geflogen war. Er sah durch dieses Loch und erblickte unsere Erde. Eine von Wildschweinrudeln, von unzähligen Hirschen und vielen anderen Tieren bevölkerte Welt. Da das Loch groß genug war, beschloß Okonote, aus Baumwolle eine Leiter zu knüpfen, um auf die Erde hinabsteigen zu können. Seine Freunde halfen ihm, und bald war die Leiter fertig. Aber von dort oben, von dem Vogelparadies der Warrau, war es ein weiter Weg bis zur Erde. Und so reichte die Leiter nicht aus. Okonotes Freunde verlängerten daher die Leiter und befestigten sie sorgfältig. Der mutige Okonote stieg als erster hinunter, obwohl das sehr gefährlich war. Der Wind schleuderte die Leiter wild hin und her, und Okonote konnte jeden Augenblick abstürzen. Da aber dem Mutigen alles glückt, gelangte er unversehrt bis auf die Erde. Als er auf dem Erdboden stand, erstarrte er vor Erstaunen. Was gab es da nicht alles zu sehen! Welch ein reiches und seltsames Leben! Wie viele unbekannte Tiere erblickte er! Sie hatten vier Beine, und wie groß sie waren! Wie ein Wunder kam ihm alles vor. Er sah, wie die großen Tiere ihre Beute verschlangen, und sagte sich, daß auch er versuchen könnte, eines dieser großen Tiere zu töten und zu verspeisen. Diesem Gedanken folgend, erlegte er eine junge Hirschkuh. Danach fachte er ein Feuer an, kochte das Fleisch und kostete davon. Oh, war das ein Leckerbissen! Als er sich an dem Fleisch sattgegessen hatte, kehrte der Jüngling in seine Heimat zurück. Der Aufstieg war natürlich weit beschwerlicher als der Abstieg. Okonote hatte ein Stück des erlegten Tieres mitgenommen, um sich mit der Beute zu brüsten ... Und in der Tat, der Geschmack des Fleisches und die Überzeugungskraft von Okonotes Worten begeisterten alle. Wir wollen nicht mehr hierbleiben! Laßt uns dorthin, dorthinunter, in jenes Land voller Tiere gehen, das Okonote für uns, für den Stamm der Warrau, entdeckt hat. Dort werden wir Nahrung in Hülle und Fülle finden. Laßt uns aufbrechen! – Und so brachen sie auf. Sie stiegen alle die Leiter hinunter, bis in jene lebendige Welt. Damals waren sie alle noch sehr jung. Alte Leute gab es zu jener Zeit nicht. Auch ihre kleinen Kinder zogen die Warrau durch das Loch im Himmel. Und so gelangten schließlich alle Warrau ungefährdet auf die Welt. Alle, bis auf einen einzigen. Eigentlich eine einzige. Denn es war eine Frau. Sie war so dick, daß sie nicht durch das Loch paßte und darin steckenblieb. Ihr Mann, der als vorletzter hindurchgestiegen war, wollte sie befreien, aber ihm wurde schwindlig, und so kletterte er lieber rasch auf die feste Erde hinab. Auf der Welt, in ihrer neuen Heimat, besprachen die Warrau erregt dieses Unglück. Und die Frauen murrten gar sehr und verteidigten ihre Gefährtin: »Ist es vielleicht richtig, daß ein Mann seine Frau im Stich läßt? Also möge ein anderer Mann wieder hinaufsteigen, am besten der tapfere Okonote. Er soll sich ein oder zwei mutige Jünglinge zur Unterstützung mitnehmen und die Unglückliche befreien.« Aber die Männer hatten Angst, noch einmal hinaufzusteigen. Der Häuptling der Warrau kam zu folgendem Schluß: »Selbst wenn ihr diese Frau mit Gewalt befreit, droht euch selbst der Sturz in die Tiefe. Der Wind wird euch hinabreißen! Und die Warrau verlieren ihre besten Männer.« Die Leiter riß bald danach entzwei, und die dicke Frau blieb oben. Daher wird sie für immer in dem Loch stecken.

Und wir, die Warrau, werden unser verlorenes Vogelparadies dort im Himmel nie mehr wiedersehen, weil die dicke Frau mit ihrem Körper das Loch im Himmel völlig verstopft hat ...

Auf diese Weise sind nach einer Sage der Warrau die Indianer auf die Welt gekommen.

Die Erklärung genügte den Warrau völlig. Aber über die Frage ihres Ursprungs haben nicht nur die Indianer selbst nachgedacht. Über dieses Kardinalproblem der Amerikanistik, wie es der argentinische Amerikanist José Imbelloni zu Recht genannt hat, haben zahlreiche wissenschaftliche, bis zu Beginn des 20. Jahrhunderts auch pseudowissenschaftliche und manchmal mehr als phantastische Theorien existiert.

In der Kolonialzeit herrschte eindeutig die Ansicht vor, daß die Indianer nicht »von jeher« in Amerika gelebt haben, daß Amerika nicht ihre Urheimat sei, sondern daß sie in die »Neue Welt« eingewandert seien. Die Urheimat der Indianer suchte man damals natürlich mit Hilfe der Bibel. Zum ersten Mal forschte bereits in der ersten Hälfte des 16. Jahrhunderts ein Freund der Indianer, der Bischof Bartolomé de Las Casas, in der Bibel nach einer Antwort auf die Frage: Woher sind die Indianer gekommen? War in der Bibel nicht davon die Rede, daß nach der Eroberung Palästinas zehn jüdische Stämme aus Israel vertrieben worden waren? Die Lehre vom israelitischen Ursprung der amerikanischen Indianer fand alsbald begeisterte Fürsprecher. Aus dem 16. Jahrhundert seien noch Diego Durán und Gonzalo Fernandez de Ovieda, aus dem 17. Jahrhundert Juan de Tourquemada und Gregorio Garcia genannt. Den größten Ruhm mit dieser These erlangte der Rabbiner Menasse Ibn Israel mit seinem Werk »Der Usprung der Amerikaner«, das im Jahre 1650 in Amsterdam erschien und in zehn Sprachen übersetzt wurde. Das christliche Europa des 17. Jahrhunderts hatte die Juden verfolgt. Ein Pogrom jagte den anderen, und so war es kein Wunder, daß die Arbeit des Rabbiners über die neuentdeckte Welt und ihre Bewohner den sprechenden Untertitel trug: »Das ist die Hoffnung Israels«. Diese These ist noch verhältnismäßig lange von vielen sehr bedeutenden Forschern verteidigt worden. So u. a. auch von Lord Kingsborough, der um die Mitte des 19. Jahrhunderts fast alle damals bekannten Handschriften des alten Mexiko in einer mehrbändigen Sammlung wohl nur deshalb herausgegeben hat, um zu beweisen, daß die Azteken und die anderen Indianer Mexikos die unmittelbaren Nachkommen jener Israeliten seien. Mit dem Tode Lord Kingsboroughs verebbte nach und nach auch die Ansicht von der jüdischen Herkunft der Indianer (obwohl sich die amerikanische Kirche der Mormonen bis heute zu ihr bekennt).

Aber der Bibelbericht von der Vertreibung zehn jüdischer Stämme aus Israel war nicht die einzige Erzählung des Alten Testaments, die eine »Antwort« auf die Frage nach der Urheimat der Indianer finden half. So wurde man bereits im 17. Jahrhundert auf folgenden aufschlußreichen Abschnitt im »Ersten Buch von den Königen« (9. Kap., Vers 27–28) aufmerksam: »Und Hiram sandte seine Knechte im Schiff, die gute Schiffsleute und auf dem Meer erfahren waren, mit den Knechten Salomos; und sie kamen gen Ophir und holten daselbst vierhundertundzwanzig Zentner Gold und brachten's dem König Salomo.«

Das sagenhafte Land Ophir, das Zentner von Gold spendete, in dem seltene Bäume wuchsen, dieses reiche, schöne und ferne Land, ein Land, irgendwo überm Meer! Und wo in Übersee fanden die Europäer später die unglaublichen goldenen Städte? In Amerika, namentlich im Reich der Inka. So schrieb auch einer der ersten Geschichtsschreiber Amerikas, Juan de Acosta, diese Ansicht nieder: »Viele meinen, daß das Land Ophir, von dem die Bibel spricht, unser Peru sei.« Andere Autoren verglichen auch die Namen Peru und Ophir miteinander.

In der gleichen Zeit (im 17. Jahrhundert) kamen noch weitere Theorien über die Herkunft der Indianer auf. Der Spanier Enrique Martinez, der Lettland besucht hatte, behauptete, daß die Menschen, die in der Umgebung Rigas lebten, den Indianern sehr ähnlich seien. Es wäre also offensichtlich, daß die Indianer aus Lettland stammten! Nach der 1638 von Pater Antonio Calancha geäußerten Ansicht waren die Indianer ihrer Herkunft nach Tataren. Andere wieder sahen in den Indianern die Nachkommen der besten Seefahrer des Altertums – der Phönizier –, die als einzige in der Lage gewesen seien, über das große Meer zu fahren. Die Indianer sollten sogar die direkten Nachfahren der Bewohner der phönizischen Metropole Tyrus sein, die vor den Soldaten Alexanders des Großen aus der Stadt geflohen und bis nach Amerika gelangt wären. Analog dazu wurde behauptet, daß die Indianer die Nachkommen der Flüchtlinge aus dem von den römischen Truppen zerstörten Karthago seien. Aber als Vorfahren der Indianer wurden auch die Sumerer, die Malaien, die Berber, die Ägypter, die Bewohner der Molukkeninseln betrachtet, und nach dem englischen Piraten Walter Raleigh soll der erste Inka, Manco Capac, ein britischer Korsar gewesen sein.

Die Wissenschaft war im Laufe der Jahre ein ganzes Stück vorangekommen. Der aufsteigenden Bourgeoisie genügte die Bibel nicht mehr als einzige, alles entscheidende Autorität. Angeregt von Charles Darwins Abstammungslehre, suchte man nach den tierischen Vorfahren des Menschen. Und von dieser Zeit an lautete die Frage nach der Herkunft der Indianer völlig anders: Haben sich diese nicht vielleicht aus einheimischen, nur ihnen bekannten tierischen Vorfahren entwickelt?

Menschenaffen gibt es allerdings in Amerika nicht. Zum ersten (und auch zum letzten) Mal meldete in den zwanziger Jahren des 20. Jahrhunderts eine französische Expedition, daß sie in den Urwäldern Venezuelas ein auf den Hinterbeinen gehendes Affenpaar entdeckt habe. Es gelang, das Weibchen zu töten, und Mitglieder der Expedition fotografierten den »amerikanischen Menschenaffen«. Das Affenporträt kam allen Vertretern des Polygenismus beweiskräftig vor. Später stellte sich jedoch heraus, daß der rätselhafte Affe den Schwarzen Klammeraffen (Ateles paniscus) zuzuordnen war. Die Vertreter des Polygenismus behaupteten, daß die einzelnen Gruppen der Menschheit selbständig und unabhängig voneinander in eigenen, von den Naturbedingungen geprägten »Wiegen« entstanden seien.

Nach Ansicht eines der führenden Repräsentanten dieser Theorie, Prof. Agassiz, soll es acht solcher »Wiegen« auf der Erde gegeben haben. Eine davon sei auch Amerika gewesen, wo sich die Indianer aus eigenen »amerikanischen« Vorfahren entwickelt haben sollen.

Wesentlich mehr Aufmerksamkeit als das Porträt des Affenweibchens hatte um die Jahrhundertwende die Theorie des argentinischen Paläontologen italienischer Abstammung Florentino Ameghino erweckt. Ameghino war ebenfalls ein Vertreter des Polygenismus.

Im Jahre 1884 stellte Ameghino auf der Grundlage seiner Funde eine hypothetische Tabelle der ersten »Vorfahren« der amerikanischen Indianer auf. Den ältesten von ihnen bezeichnete er als »Tetraprothomus«, den folgenden als »Triprothomus«, den nächsten als »Diprothomus«, und den unmittelbaren Vorfahren des »amerikanischen Menschen« schließlich nannte Ameghino »Prothomus«.

Die Richtigkeit seiner Theorie versuchte Ameghino durch mehrere eigene

Funde zu beweisen (z. B. aus dem argentinischen Miramar, aus Necochea und anderen Orten). Viele seiner begeisterten Anhänger gruben nach dem Vorbild ihres Meisters Amerika von Alaska bis nach Feuerland um, um Ameghinos Lehre durch weitere Beweise zu stützen. Ameghino selbst fand freilich nur Knochenreste des sogenannten Tetraprothomus und Diprothomus. Bei genauerer Untersuchung stellte sich jedoch heraus, daß der im Jahre 1907 von Ameghino entdeckte Knochen nicht von einem Primaten ameghinoschen Typs, sondern von einem längst ausgestorbenen südamerikanischen Raubtier stammte. Auch der von Ameghino 1909 gefundene Schädelknochen, der angeblich einem »Diprothomus« zuzuordnen sei, unterschied sich nicht von dem Schädelknochen des heutigen Menschen. Derartige Mißerfolge erlitten auch alle anderen Sucher nach den »Prothomen«. So fand der amerikanische Geologe Harald Cook im Jahre 1922 in Nebraska einen Zahn, von dem er vermutete, daß er von dem gesuchten Primaten ameghinoschen Typs stammte. Der »Primat« wurde nach seinem Finder Hesperopithecus Haraldcooki benannt. Nach einigen Jahren stellte man jedoch fest, daß der Zahn von Cooks Hesperopithecus nicht von einem Vorgänger der heutigen Indianer, sondern von einem fossilen nordamerikanischen Schwein (Prosthenops) stammt.

Doch bald wurde eindeutig bewiesen, daß in Amerika niemals Primaten gelebt haben. So mußte die Wissenschaft zur Auffassung der ersten Forscher zurückkehren und die Urheimat der Vorfahren der Indianer wiederum außerhalb Amerikas suchen.

Die Aufmerksamkeit der Forscher wurde nun zwar weniger von oberflächlichen Übereinstimmungen oder dem Wort der Bibel geleitet, sie war jedoch auch im Zeitalter der Wissenschaft nicht frei von romantisierenden Elementen. Auf die Frage nach der Herkunft der Indianer gaben verwegene »Forscher« die Antwort: aus verschwundenen Ländern oder Kontinenten. Einige behaupteten, die Indianer seien die letzten Nachkommen der Bewohner des versunkenen Atlantis Platos. Während sich diese »Atlantistheorien« zumindest sehr seriös gebärdeten, waren andere »verschwundene Erdteile« unverhohlene Erdichtungen. So sollten die Indianer z. B. aus einem Lande Mu stammen, das angeblich im östlichen Pazifik gelegen habe. Von diesem verschwundenen Lande Mu erfuhr auch James Churchward, und zwar, wie er vorgab, dank einiger Wunderpillen, die ihm wiederum ein geheimnisvoller indianischer Mönch gegeben habe. Das Land Mu erregte bei den sensationslüsternen Nordamerikanern viel Aufmerksamkeit, und die Indianer erfuhren ein weiteres Mal, wer eigentlich ihre rätselhaften Vorfahren gewesen waren. In den Stillen Ozean verlegte der paraguayische Schriftsteller Moisés Bertoni ein weiteres verschwundenes Land, in dem angeblich die Vorfahren der Indianer gelebt hatten. Arquinesien nannte er dieses Land. Der Stille Ozean war überhaupt ein beliebtes Gebiet dieser »Freunde verschwundener Welten«. Am Anfang des 20. Jahrhunderts sprachen verschiedene Schriftsteller auch von einem »pazifischen Erdteil«. Reginald Enoch schrieb darüber das Buch: »Das Geheimnis des Pazifik«. Aber Atlantis, das Land Mu, der pazifische Erdteil und Arquinesien waren nicht die einzigen verschwundenen Gebiete, aus denen die Vorfahren der heutigen Indianer stammen sollten. So veröffentlichte Lewis Spence, der eine Reihe von Büchern über die indianische Kultur geschrieben hat, zu Beginn des 20. Jahrhunderts eine Arbeit über ein anderes Festland, das unweit der Ostküste Amerikas im Karibischen Raum gelegen haben soll – über die Antillen.

Alle diese »Forscher« sind freilich nicht ernst zu nehmen. Bis heute gibt es für die Existenz verschwundener Kontinente nicht einen einzigen Beweis, vor allem aber keine geologischen Zeugnisse. So müssen sich die wahren, ehrlichen Sucher nach der Urheimat der Indianer auch im 20. Jahrhundert den existierenden Erdteilen zuwenden. Im 20. Jahrhundert ist die Urheimat der Indianer nicht mehr in Europa, in Afrika oder im Nahen Osten gesucht worden. Es blieben also nur Asien, Australien, Ozeanien und Antarktika übrig. Von den zahlreichen modernen Theorien verdienen besonders die Gedanken des portugiesischen Anthropologen Mendes Corrêa größere Aufmerksamkeit. Seiner Meinung nach sind die Vorfahren der heutigen Indianer aus Australien nach Amerika gekommen. Die Australier wären nicht übers Meer, sondern auf dem Festland nach Amerika gewandert! Sie seien über Tasmanien und den damals unbewohnten Gürtel der antarktischen Inseln bis zum südlichsten Teil Amerikas, nach Feuerland, gelangt. Die Wissenschaft erinnerte sich an diesen zweifellos originellen Gedanken vor einigen Jahren aufs neue, als eine von Sir Vivian Fuchs geleitete britische Expedition, die ganz Antarktika durchquerte, die Ansicht äußerte, daß Antarktika in Wirklichkeit aus zwei kleinen eng miteinander verbundenen Festländern bestehe, von denen das eine vermutlich die unmittelbare Fortsetzung der Anden sei. Sollte sich diese Ansicht bestätigen, wäre es theoretisch tatsächlich möglich, daß Corrêas australische Auswanderer über jene vermutete Festlandbrücke aus ihrer alten Heimat nach Amerika gekommen sind. Gegen die kühne und gewiß interessante Theorie Mendes Corrêas kann man allerdings zwei prinzipielle Einwände erheben, die sie im Grunde widerlegen: Erstens – zu jener Zeit, da diese australischen Vorfahren der Indianer nach Feuerland und nach ganz Amerika gekommen sein sollen, herrschten in Antarktika offenbar schon die gleichen klimatischen Verhältnisse wie heute. Und zweitens – auf der Route dieses »Marsches« ist es bis heute zu keinem einzigen archäologischen Fund gekommen, der die Auffassung Corrêas stützen könnte.

Einer zweifachen Besiedlung Südamerikas, die in zwei Wellen erfolgt sein soll (die eine von Australien und die andere von Ozeanien her) hat auch einer der bedeutendsten Amerikanisten, Paul Rivet, große Aufmerksamkeit gewidmet. Der französische Gelehrte fand Übereinstimmungen im Wortschatz australischer Stämme und patagonischer und feuerländischer Indianerstämme der Sprachfamilie Chon (Tschon). Zum Beispiel heißt »Zahn« in den australischen Sprachen yorra, yarra und in den Sprachen der Chonfamilie orr, horr. Ähnliche Analogien hat Rivet auch zwischen den Sprachen der nordamerikanischen Sprachfamilie Hoka und einigen ozeanischen Sprachen festgestellt.

Man darf solche Ähnlichkeiten aber nicht überschätzen. Manche »unzweifelhaften« Übereinstimmungen sind beispielsweise zwischen den tungusischen Sprachen Nordostasiens und einigen Indianersprachen, ferner zwischen dem Tibetischen, ja sogar dem Sumerischen und einigen Sprachen der peruanischen Indianer gesucht worden. Besondere Aufmerksamkeit hat unter diesem Gesichtspunkt auch der sowjetische Linguist N. J. Marr den Indianersprachen gewidmet, der viele, freilich problematische Analogien zwischen den Sprachen der amerikanischen Indianer und den Sprachen verschiedener kaukasischer Völker entdeckt hat.

So muß auch die »ozeanische« Theorie P. Rivets vor jenen Beweisen zurückweichen, die als Urheimat der Vorfahren der heutigen Indianer, aus der sie einstmals ihren »Zug nach Amerika« angetreten haben, den letzten Erdteil angeben, der noch übriggeblieben ist – nämlich Asien.

Unwiderlegbare Beweise von der asiatischen Herkunft der Indianer liefern mehrere Wissenschaftsdisziplinen. Erstens die Anthropologie, die die vielen ausgeprägt mongoloiden Körpermerkmale der Indianer betont: die charakteristisch hervortretenden Backenknochen und den sogenannten Mongolenfleck, d. h. die kleine, begrenzte Pigmentansammlung in der Kreuzgegend, die typisch ist für die meisten in Asien lebenden Angehörigen dieser Rasse und besonders häufig bei japanischen Kindern vorkommt. Mit diesem sogenannten Mongolenfleck wird auch eine große Zahl von Indianern geboren. Noch in der Kindheit verschwinden diese »Flecke« bei den Indianern wieder.

Das zweite Wissenschaftsgebiet, das viele wertvolle Beweise für die asiatische Herkunft der Indianer liefert, ist die Ethnographie, die Völkerkunde, die zahlreiche Übereinstimmungen in der materiellen und geistigen Kultur der Indianer und der Bewohner Nord- und Ostasiens festgestellt hat. Wenn die von der Ethnographie entdeckten Analogien in der materiellen Kultur der heutigen Bewohner Ost-und Südostasiens und der Indianer Amerikas schon recht überzeugend wirken, so sind die Analogien in der geistigen Kultur, besonders der sibirischen Einheimischen und der Indianer, wie die Amerikanistin Eva Lips zu Recht betont, geradezu »faszinierend«. So z. B. die Übereinstimmungen in den religiösen Vorstellungen: die Verehrung derselben Tiere und Pflanzen bei den Bewohnern Sibiriens und bei den Indianern des amerikanischen Nordens, die Schamanenzeremonien, die in Amerika (bis zu den chilenischen Araukanern) auch heute noch dem sibirischen Schamanismus sehr ähnlich sind; übereinstimmend in Amerika und Ostasien ist auch die Verehrung der Zahl 4.

Die wichtigsten objektiven Beweise aber liefert das dritte Wissenschaftsgebiet – die Archäologie. Ihr oblag es, die Frage zu beantworten: Wann sind sie gekommen? Hierbei kam der Archäologie und in diesem Zusammenhang der Amerikanistik noch eine weitere Wissenschaftsdisziplin zu Hilfe, mit der bisher in der amerikanistischen Forschung niemand gerechnet hatte – die Kernphysik.

Der nordamerikanische Wissenschaftler William Libby hatte im Jahre 1933 festgestellt, daß in den oberen Schichten der Atmosphäre durch Einwirkung der kosmischen Strahlung verschiedene radioaktive Stoffe entstehen, u. a. der schwere radioaktive Kohlenstoff C 14. Diesen radioaktiven Kohlenstoff nehmen alle lebenden Organismen – Menschen, Tiere, Pflanzen – aus ihrer Umwelt auf. Nach dem Tode der Organismen erfolgt keine derartige Aufnahme mehr, sondern der abgelagerte Kohlenstoff beginnt zu zerfallen. Es wurde errechnet, daß die Menge des abgelagerten radioaktiven Kohlenstoffs nach 5568 Jahren auf die Hälfte absinkt. In der doppelten Zeit, also nach 11 136 Jahren, sind drei Viertel des in den organischen Stoffen enthaltenen C 14 zerfallen usw. Diese radioaktiven Spuren erlauben es heute, das Alter der ältesten Skelettüberreste der amerikanischen Indianer oder das Alter von Tierknochen, die in Höhlen gefunden wurden, in denen die ältesten Bewohner Amerikas lebten, mit großer Genauigkeit zu datieren. Gestützt auf die Ergebnisse, die jene »Atomuhr« der Menschheit den Wissenschaftlern lieferte, konnte auch die Zeit bestimmt werden, in der die ersten jungpaläolithischen Jäger aus Asien nach Amerika gekommen sind. Das war zum ersten Mal vor etwa 30 000 Jahren. Diese Wanderung wiederholte sich offenbar mehrmals.

Hier erhebt sich eine weitere wichtige Frage. Stammen die Vorfahren der Indianer, die Asien zu verschiedenen Zeiten verließen, aus einem einzigen begrenzten Gebiet, aus einer einzigen Gruppe oder aus verschiedenen Gebieten und ethnischen Gruppen Ostasiens? Um diese Frage beantworten zu können, muß zunächst die bemerkenswerte Feststellung einer weiteren Wissenschaftsdisziplin bemüht werden, die geholfen hat, dieses Grundproblem der Amerikanistik zum Teil zu lösen. Jeder Mensch hat bekanntlich eine bestimmte Blutgruppe – entweder A oder B, AB oder 0. Das gegenseitige Verhältnis dieser Hauptblutgruppen schwankt jedoch bei den einzelnen Völkern und Stämmen. In Amerika aber begegnet man einer interessanten Tatsache: Die Indianer gehören in ihrer absoluten Mehrheit zur Blutgruppe 0. Teilweise ist (doch nur in geringem Maße), namentlich bei einigen nordamerikanischen Indianerstämmen, die Blutgruppe A vertreten. Die Blutgruppe B aber fehlt bei den Indianern völlig! Es gibt sogar viele Stämme, deren Angehörige ausschließlich die Blutgruppe 0 haben. Da die völlige Absenz einer Blutgruppe eine absolute Ausnahmeerscheinung ist, zudem auch in Asien ganz ungewöhnlich, zog der sowjetische Wissenschaftler Debez den heute allgemein anerkannten Schluß, daß alle Vorfahren der Indianer wahrscheinlich aus einem einzigen, verhältnismäßig kleinen Gebiet Asiens stammen, dessen Bewohner die Blutgruppe B bereits vor der beginnenden »Wanderung« nach Amerika verloren hatten.

Es erhebt sich nun die Frage, auf welchem Wege und auf welche Weise die Vorfahren der Indianer aus Asien, das doch »jenseits des Meeres« liegt, nach Amerika gekommen sind? Beim Blick auf die Karte scheint die Antwort leicht zu sein: über die Beringstraße natürlich! Die Beringstraße ist jedoch mehrere Dutzend Kilometer breit, und vor 30 000 Jahren kannten die Vorfahren der Indianer noch keine Wasserfahrzeuge. Auf diese Frage gibt die Geologie eine schlüssige Antwort: Zu jenen Zeiten, da zum ersten Mal ein asiatischer Vorfahr der heutigen Indianer nach Amerika kam, war das ganze Gebiet Nord-

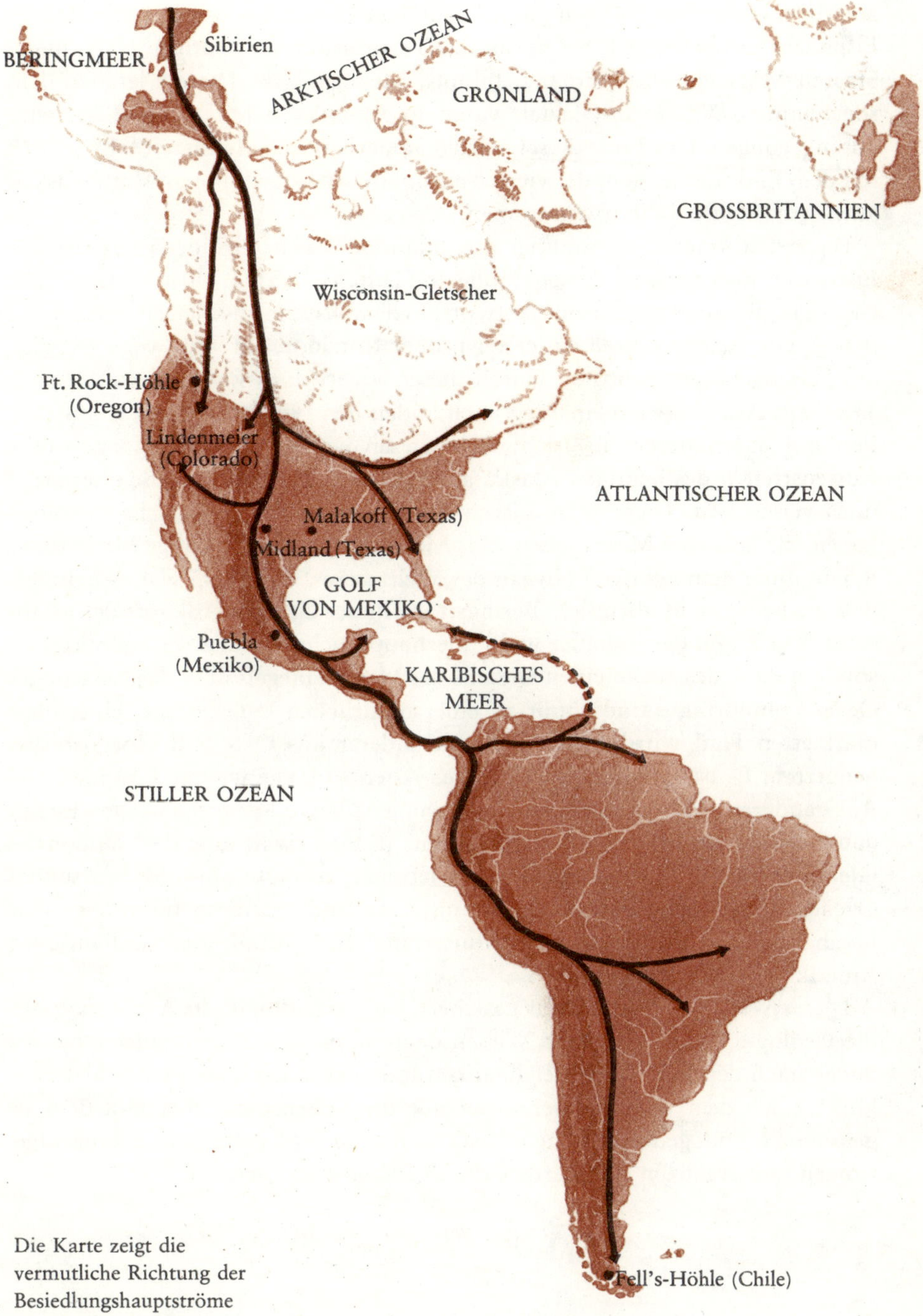

Die Karte zeigt die vermutliche Richtung der Besiedlungshauptströme und einige wichtige Fundorte von Knochenresten der ältesten Bewohner Amerikas (nach Heritage)

amerikas von einem riesigen zusammenhängenden Eispanzer bedeckt. Dieser Eispanzer erstreckte sich bis tief in das Territorium der heutigen USA, in die Staaten Massachusetts, Indiana, Illinois, Missouri usw. Diesem letzten, dem sogenannten Wisconsin-Glazial waren in Amerika bereits drei »Eiszeiten« vorangegangen. Das Ende dieser vierten »amerikanischen« Eiszeit fällt zeitlich mit dem Ende der letzten, der vierten europäischen, sogenannten Würm-Eiszeit (etwa vor 11000 Jahren) zusammen.

Die ersten Amerikaner mußten also auf ihrem Weg nach Süden jenen riesigen Eispanzer überqueren, dessen Höhe im Durchschnitt 1500 m betrug? Die Geologie gibt auch darauf eine Antwort: In dem Wisconsin-Gletscher hatte sich bereits vor 40000 Jahren ein erster großer Korridor, ein »Fußweg« westlich des Felsengebirges, geöffnet. Durch diesen »Korridor« konnte also der erste Jäger aus Asien auf seinem Weg nach Süden den Norden Amerikas auf dem Festland durchqueren. Es ist auch bewiesen worden, daß der ganze breite Küstenstreifen des heutigen Alaska an den Ufern der Beringstraße überhaupt nicht vereist war. Diese letzte Eiszeit hat Flüsse auf der Oberfläche entstehen lassen, die heute ins Meer fließen. Das Meer lag damals also einige Meter (etwa 8,5 m) unter dem heutigen Niveau des Weltmeeres. Es ist sehr wahrscheinlich, daß die heute nicht allzu tiefe Beringstraße in der Zeit der Ankunft der asiatischen Vorfahren der Indianer wohl überhaupt nicht von Wasser bedeckt war, sondern dank des allgemeinen Sinkens des Meeresspiegels über das Niveau des Ozeans emporragte und somit zu einer natürlichen Landbrücke, einem fest markierten Pfad wurde, den die Auswanderer aus Ost- und Nordostasien benutzten. Es ist zu vermuten, daß aus Asien so lange weitere Gruppen von Auswanderern nach Amerika kamen, wie jene letzte »amerikanische« Eiszeit dauerte. Erst vor ungefähr 11000 Jahren, als die Erwärmung den Wisconsin-Gletscher (und in Europa den Würm-Gletscher) auftaute, stieg das Wasser des Ozeans wieder, überflutete die Beringstraße und zerriß so für immer jene »Nabelschnur« zwischen dem Mutterland Asien und dem indianischen Amerika.

Dieses Wissen ist heute relativ gesichert. Die Archäologie, die Anthropologie, die Geologie und alle anderen Wissenschaften, die den Amerikanisten bei der Suche nach den Vorfahren der heutigen Indianer, nach ihrer asiatischen Herkunft, nach dem Datum ihrer Einwanderung, nach dem Weg, auf dem sie gekommen sind, geholfen haben, bestätigen heute die angeführten Schlußfolgerungen und ergänzen sie überdies durch immer neue Beweise.

Der lange Weg zu den mittleren Kulturen

Die Jahre haben das Gesicht dieses nun schon »amerikanischen Menschen«, des Indianers, verändert. Verändert hat sich auch das Antlitz Amerikas: Vor rund 11 000 Jahren gingen die Eismassen zurück, die bis dahin einen großen Teil Nordamerikas bedeckt hatten. Sie hinterließen mehrere Seen im heutigen Kanada und in den USA. Verändert hat sich mit dieser Eisschmelze auch das Klima des Kontinents. So nahm Amerika allmählich jene Gestalt an, die es noch heute hat. Erst auf diesem durch natürliche Vorgänge veränderten Schauplatz entwickelten sich später allmählich die indianischen Kulturen.

Amerika, der Erdteil, auf dem sich diese indianischen Kulturen entwickelt haben, ist seiner Ausdehnung nach der zweitgrößte Kontinent der Welt (mehr als 42 000 000 km^2 groß, also nur wenig kleiner als Asien und viermal größer als Europa). Nordamerika, mit Ausnahme des arktischen Nordens, hat eine verhältnismäßig wenig gegliederte Küste. (Für ein Buch über Indianer sind freilich die großen nordamerikanischen Halbinseln von Wichtigkeit – Labrador zwischen der Hudsonbucht und dem Atlantik, Florida im Südosten der heutigen USA und Kalifornien im Südwesten.) Durch ganz Amerika, den »längsten Kontinent« der Welt, ziehen sich nahe der Pazifikküste wie ein riesiges Rückgrat die Kordilleren hin. Östlich von den Kordilleren erstrecken sich die ausgedehnten nordamerikanischen Tiefebenen, im Norden, in Kanada, die Subarktische Tiefebene, im Osten der USA, am Golf von Mexiko, die Mississippiniederung und an der Atlantikküste die Atlantische Niederung. Die Subarktische Tiefebene ist von Tundren bedeckt. An sie schließt sich ein riesiges Gebiet zusammenhängender Wälder an: Nadelwälder im Norden, vorwiegend Laubwälder im Süden. Der Wald wird mit abnehmender Feuchtigkeit allmählich lichter, bis er in die ausgedehnte nordamerikanische Steppe übergeht – in jene populären indianischen Prärien. Auch der an Wassermangel leidende subtropische Südwesten der USA, die Gebiete um den Colorado, Mississippi und Missouri, sind für die indianische Kulturgeschichte von Bedeutung.

Über die Naturbedingungen des heutigen Mexiko und der kleinen mittelamerikanischen Republiken wird an anderer Stelle noch eingehender gesprochen, da die geographischen Verhältnisse in diesem Gebiet mehr als anderswo die Entwicklung der indianischen Kulturen beeinflußt haben. Die Kordilleren – das Rückgrat Amerikas – greifen (nun als Anden) in Nordwestkolumbien auf Südamerika über und erstrecken sich, wieder in unmittelbarer Nähe der Pazifikküste, längs des ganzen westlichen Teils Südamerikas. Viele der oft sehr hohen Andengipfel sind, ähnlich wie in den mittelamerikanischen Kordilleren, noch tätige Vulkane. Die Kette der Anden fächert sich in Kolumbien, Peru, Bolivien und Ekuador mehrfach auf. Zwischen ihren einzelnen Ketten liegen

Hochplateaus, die stets eines der wichtigsten Gebiete des Indianerlebens waren. Eine besondere Bedeutung erlangte das Hochland von Bolivien, das Hochland von Quito (Ekuador) und vor allem die Meseta von Bogotá (Kolumbien).

Im Osten – jenseits der Anden – erstreckt sich der völlig andersartige, vorwiegend mit Tiefebenen ausgefüllte (so z. B. die tropische Amazonastiefebene) Teil Südamerikas. Im Amazonastiefland wachsen reiche, sehr dichte und undurchdringliche tropische Urwälder, in denen möglicherweise noch heute bisher unbekannte Stämme leben. Nördlich des Amazonastieflandes liegt (besonders im Gebiet der heutigen Republiken Venezuela und Kolumbien) die Zone der Savannen. Den Süden des östlichen Teils Südamerikas füllt eine weitere große Tiefebene aus, das La-Plata-Tiefland – die endlosen argentinischen Pampas – und Patagonien. Der äußerste Süden Südamerikas schließlich – Feuerland und andere chilenische Gebiete in der Nachbarschaft Feuerlands – tragen bereits ausgesprochen subpolaren Charakter.

Auf diesem unermeßlichen Schauplatz, in diesem sich von Pol zu Pol, von Ozean zu Ozean erstreckenden Amerika existierten Dutzende indianischer Kulturen unterschiedlichen Charakters und unterschiedlichen Entwicklungsniveaus.

Im 19. Jahrhundert vertrat eine Richtung der bürgerlichen Ethnologie die Auffassung, daß wahrscheinlich jede menschliche Erfindung, jeder Fortschritt in der materiellen oder geistigen Kultur immer nur bei einer einzigen Menschengruppe, einem einzigen Stamm entstehe und von dort sich ausbreite. Diese Vertreter waren der Meinung, daß sich solche Ereignisse und Erscheinungen wie z. B. die Erfindung des Pfeils, der Metallurgie, der Institution der Sklaverei und die Entstehung von Reichen, der Sonnenkult usw. von dem Ort, an dem sie zuerst entstanden sind, ausgebreitet haben. So hatte auch für das Studium der indianischen Kulturen beispielsweise die sogenannte »heliolithische« oder »Schule von Manchester« eine verhältnismäßig große Bedeutung. Diese besagte, daß alle Kulturen – in der »Alten« ebenso wie in der »Neuen Welt« – nur eine Reproduktion der altägyptischen Verhältnisse seien. So sprach diese Auffassung auch den Bewohnern des vorkolumbischen Amerika – den Indianern – jegliche selbständige kulturelle Entwicklung ab und suchte, oft sehr gewaltsam, die Quellen und den Ursprung besonders der indianischen Kulturen außerhalb der Grenzen Amerikas.

Die vorkolumbischen Kulturen, all jene großartigen Leistungen in der materiellen und geistigen Kultur, sind jedoch Ergebnisse einer eigenständigen kulturellen Entwicklung. Was sich da und dort gleicht, sind Gesetzmäßigkeiten und Bedingungen dieser Entwicklung. Hierin unterscheiden sie sich nicht von anderen Zivilisationen.

Aber auch wenn wir die Behauptung von der Uneigenständigkeit indianischer Kulturen ablehnen, muß dennoch erwähnt werden, daß im ältesten Zeitalter des indianischen Lebens in Amerika, den Funden des sogenannten Vor-Geschoßspitzen-Horizonts, die materielle Kultur dieser vorgeschichtlichen Jäger auf dem amerikanischen Kontinent in mehr als einer Hinsicht der Kultur

Von der ältesten Geschichte der Indianer künden diese vier Speerspitzen (nach Hibben)

der asiatischen Stammesverwandten glich. So sieht z. B. der Archäologe Chard Beziehungen zum Fenho-Komplex in Nordchina.

Die älteste bekannte Kultur Amerikas wird nach dem Namen der Sandia-Höhle im Staate Neumexiko als *Sandia-Kultur* bezeichnet. In dieser Höhle fand man die frühesten und wohl bedeutendsten Spuren der Besiedlung des amerikanischen Kontinents. Es handelt sich dabei vermutlich um eine sehr alte Variante der paläo-indianischen Großwildjäger-Kultur, d. h. um eine relativ eigenständige Entwicklung auf amerikanischem Boden, so daß man bei den Sandia-Leuten nicht in jeder Hinsicht von Vorfahren der amerikanischen Indianer sprechen kann.

Nahrung lieferte den Jägern der Sandia-Kultur die Jagd auf Großtiere, die zu jener Zeit – in der Periode der letzten »amerikanischen« Eiszeit – in Nordamerika lebten. Die Bewohner der Sandia-Höhle jagten Kamele, amerikanische Mammute, die typischen Tiere der Periode des Wisconsin-Glazials, und besonders den ausgestorbenen Vorfahren oder eher älteren Verwandten des Präriebisons – den Bison Taylori. In Amerika sind jedoch, zusammen mit Waffen der älteren Amerikaner, auch Überreste ausgestorbener Elefanten – der gigantischen Mastodonten – gefunden worden.

Die Waffen dieser ältesten amerikanischen Indianer waren noch äußerst primitiv. Pfeil und Bogen waren noch unbekannt. Ihre einzige Waffe waren Speere mit Steinspitzen. Zum ersten Mal ist eine solche »Industrie« der ältesten amerikanischen Jäger im Schwemmland des Flusses Delaware in der Nähe der Stadt Trenton (dem heutigen New Jersey) im Jahre 1875 gefunden worden. In der Sandia-Höhle fand in den Jahren 1936–1940 der amerikanische Forscher Frank C. Hibben eine Reihe von Feuersteinwaffen, deren Charakter dem europäischen Solutréen[1] entspricht. Zusammen mit den Waffen aus Feuerstein stießen Hibben und Kirk Bryan von der Harvard Universität auf Knochen des Bisons Taylori, auf Skelettreste amerikanischer Pferde, eines amerikanischen Mammuts und eines Mastodonten.

Umfangreiche Untersuchungen ermöglichten es schließlich, auch die Zeit zu bestimmen, in der diese Vorfahren die Sandia-Höhle bewohnt hatten: etwa vor 25 000 Jahren. Das Alter eines ähnlichen Wohnplatzes der indianischen Groß-

1 Stufe der jüngeren Altsteinzeit, benannt nach dem Fundort Solutré in Frankreich; Anm. d. Übers.

wildjäger in Tule Springs, im nahen Nevada, wurde auf 23 000 Jahre datiert. Derartige Funde sind auch in den benachbarten Gebieten des Südens und Südwestens von Nordamerika, besonders in Texas, im Süden des heutigen Staates Iowa und an anderen Orten gemacht worden.

Solange weitere Gruppen von Auswanderern aus Asien nach Amerika kamen, verteilten sie sich über den neuen Kontinent. Wahrscheinlich lebten sie eine längere Zeit nur in Nordamerika, obwohl dies bis heute nicht bewiesen ist. Die ältesten Amerikaner paßten sich allmählich völlig den neuen Naturbedingungen an – und verwandelten sich in der neuen Umwelt in einen selbständigen Zweig der mongoloiden Rasse. Auch ihre Kultur entwickelte sich, wenn auch sehr langsam, unabhängig von der alten Heimat weiter.

Noch die *Folsom-Kultur* (vor rund 15 000 Jahren), benannt nach dem gleichnamigen Fundort im Staat Neumexiko, zeigt keinen bedeutenden Fortschritt gegenüber der Sandia-Kultur. Das Zentrum der Folsom-Kultur ist wiederum der nordamerikanische Südwesten, ein für das Studium der nordamerikanischen Indianer sehr wichtiges Gebiet. Spuren der Folsom-Kultur sind jedoch bereits auf dem ganzen Territorium der heutigen Vereinigten Staaten zu finden, so z. B. in Lindenmeier im östlichen Colorado. Es sind wiederum vorwiegend aus Feuerstein gefertigte Speerspitzen, mit denen die Folsom-Jäger nun schon ganze Herden von Bisons Taylori erlegten.

Die Folsom-Menschen waren also noch ausschließlich Jäger. Erst nach dieser Entwicklungsetappe kam es in Nordamerika zur neolithischen »Revolution«, zu jenem grundsätzlichen Umschwung, den die Erfindung des Bodenbaus auslöste.

Obwohl man von einer neolithischen »Revolution« zu sprechen pflegt, muß bedacht werden, daß es sich dabei keineswegs um einen jähen Umsturz handelte, sondern um einen sehr langwierigen, Jahrtausende währenden Prozeß. Dieser wurde durch Experimente an den »Wildformen der späteren Kulturpflanzen», d. h. Mais, Bohnen und Kürbis, eingeleitet. Der Mais selbst war jedoch offenbar aus Mittelamerika eingeführt worden. Hier, in Mittelamerika, haben es Schichtgrabungen in Tehuacán im Staate Puebla ermöglicht, den gesamten Verlauf dieses Prozesses, von der Sammelwirtschaft bis zu einer entwickelten Landwirtschaft, zu erforschen. So entwickelten sich die Cochise-Leute, über das Stadium des Samensammelns, der ersten »Anbauversuche«, des intensiven Maisanbaus, zu den ersten Bodenbauern Nordamerikas.

Zur gleichen Zeit, als die Cochise-Leute Mais zu pflanzen begannen, setzte auf der anderen Seite Nordamerikas – im Gebiet der Großen Seen –, zunächst zaghaft, die Metallverarbeitung ein. Dabei wurde anfangs lediglich Kupfer, das die Indianer in »reinem Zustand« fanden, verarbeitet.

Während jedoch die Cochise-Leute schon vor rund 3500 Jahren zum ersten Mal in Nordamerika Mais anzubauen begannen, erhielt sich bei den indianischen Bewohnern der subarktischen Gebiete Nordamerikas (des heutigen Kanadas und Alaskas) eine Kultur, die ausschließlich auf der Großwildjagd (besonders auf Karibus, einer Rentierart) und dem Fischfang beruhte.

Nach der ersten nordamerikanischen Pflanzerkultur – der *Cochise-Kultur* – begegnet man an beiden Küsten Nordamerikas der *Kultur der Muschelhaufen.* Eine genauere Datierung dieser Kultur bereitet jedoch noch große Schwierigkeiten. Diese Muschelhaufen bestanden vorwiegend aus den Schalen und Gehäusen von Muscheln und anderen Conchylien, die die wichtigste Existenzgrundlage dieser frühen Küstenbewohner gewesen sein müssen. Die indianischen Fischer, die dort vor vielen Jahrhunderten lebten, warfen in diese Muschelhaufen, sobald sie »ausgebeutet« waren, Nahrungsmittelreste, beinerne Nadeln, Messer und andere, oft aus Muscheln gefertigte Geräte. So vermitteln heute diese »Abfallhaufen« ein reiches, wertvolles Bild vom kulturellen Niveau der damaligen indianischen Küstenbewohner.

An die ersten indianischen Bodenbauern, die Cochise-Leute, knüpfte im nordamerikanischen Südwesten eine weitere Bodenbaukultur von Maispflanzern an, die sogenannte *Kultur der Korbmacher* – der Basket Makers – vor ca. 2200–1600 Jahren. Die Korbmacher erhielten ihren Namen nach den eigentümlichen topfartigen Körben, die sie flochten und in denen sie eine Breinahrung zubereiteten. Sie entfachten aber kein Feuer darunter, sondern warfen erhitzte Steine in die Körbe und erwärmten so ihre Nahrung.

Die Korbmacher lebten zum Teil noch in Höhlen. In diesen Höhlen bauten sie sich jedoch bereits Hütten. Das Zentrum des Lebens der Korbmacher war vor allem Arizona. Hier – besonders im Cañon des Toten Mannes – sind in einzelnen Höhlen zahlreiche Spuren gefunden worden. Die trockene Luft hat in diesen Höhlen eine Reihe von Gegenständen der materiellen Kultur der Korbmacher konserviert. Aus den Resten der hölzernen Hüttenbalken konnte mit Hilfe der Jahresring-Methode (Dendrochronologie) annähernd die Zeit errechnet werden, in der diese Höhlen bewohnt waren. So stammt z. B. das Balkenholz aus den Höhlen im Gebiet der Falls Creek im südlichen Teil Colorados etwa aus den Jahren 242, 268, 308, 362 und 330.

Auf die Kultur dieser Korbmacher folgte die *Kultur der Felsenstadtbewohner.* Diese Kulturen des Südwestens Nordamerikas sind verschiedene Entwicklungsstadien der *Pueblo-Kultur,* die auch als »Anasazi-Tradition« von anderen Kulturen unterschieden wird.

Die Bewohner der Felsenstädte, die Cliff-dwellers, erbauten ihre »Städte« unter überhängenden Sandstein- oder Tuffwänden oder in den tiefen Cañons der Flüsse, schließlich bauten sie die Cliff-dwellers direkt in die Felsen. Darin wuchsen, unter Ausnutzung der natürlichen Höhlenräume, ihre Wohnbauten horizontal und vertikal empor, schmiegten sich in die Felsen hinein und kletterten übereinander in die Höhe. Zur Ausmauerung der Wände wurden in der Regel Adobes – in der Sonne getrocknete Ziegel – verwendet.

Diese indianischen Ansiedlungen findet man im nordamerikanischen Südwesten in den Cañons einiger großer Flüsse, namentlich im Cañon des Manco, des Rio Grande del Norte und besonders in dem berühmten Colorado-Cañon. Hier befindet sich auch die größte bekannte Ansiedlung der Cliff-dwellers, die man Cliff-palace oder Mesa Verde nennt.

Neben den rechteckigen Wohnbauten dieser Felsenstädte gehörten zu ihnen besondere Heiligtümer, die zugleich eine Art »Männerklubs« waren, zu denen die Frauen keinen Zutritt hatten. Diese kreisförmig angelegten Heiligtümer nannten die Indianer Kivas.

Wir sprechen hier von Städten. Streng genommen aber haben die Erbauer dieser Wohnplätze keine Städte gebaut, sondern nur ein einziges großes Haus. Eine Wohnstätte fügte sich an die andere – wie Zelle an Zelle –, und sie verbanden sich schließlich zu einem riesigen, einem Bienenstock ähnlichen Bau, der oft aus mehreren Dutzend, ja Hunderten von Wohnräumen und Heiligtümern bestand. So umfaßte z. B. das »Stadthaus« Pueblo Bonito im Chaco-Cañon 650 Wohnräume und 20 Kivas. Dieser halbovale Bau, zwischen dessen Wänden noch heute alle Bewohner einer kleineren europäischen Stadt Platz fänden, war die größte Wohnsiedlung des vorkolumbischen Nordamerika überhaupt. Ebenso groß waren auch die »Stadthäuser« Pueblo Peñascablanca, nur 5 km von Bonito entfernt, und Pueblo Pintado, ebenfalls im Chaco-Cañon.

Die große Zahl von Heiligtümern – den Kivas – in einem jeden solchen »Stadthaus« verrät, daß die Bewohner der Cliff-dwellings nicht nur den Bodenbau im Geiste des Vermächtnisses der »Korbmacher« weiterentwickelt hatten, sondern daß sich die Entwicklung des Bodenbaus Hand in Hand mit der Entwicklung der Religion vollzog. Es gab keine Felsenstadt, die nicht eine eigene Agora hatte, eine Art Versammlungsstätte zur Entscheidung öffentlicher Angelegenheiten. Jede dieser Versammlungsstätten besaß Dutzende von Tempeln.

Nach einigen Jahrhunderten verließen die Bewohner der Cliff-dwellings ihre in die Felsen gehauenen verborgenen Städte und siedelten sich – buchstäblich der Sonne nachgehend – an anderen Plätzen an. Ihre neuen Wohnstätten, die, ebenso wie jene vielen »Stadthäuser« in den Cañons der Flüsse, Pueblos genannt werden, erbauten sie sich auf flachen Mesa (Tisch) genannten Anhöhen, deren Hänge jedoch sehr steil waren.

Ebenso wie die Cliff-dwellings wuchsen auch diese sogenannten Pueblos wie ein Bienenstock. Haus fügte sich an Haus, so daß riesige imposante »Burgen« entstanden, deren Mauern weit ins Land hinaus leuchteten. Die Bewohner der Pueblos, die man in der Regel ungeachtet ihrer unterschiedlichen sprachlichen Zugehörigkeit als Puebloindianer bezeichnet, markieren die letzte, höchste Entwicklungsstufe. Die Puebloindianer knüpften an ihre unmittelbaren Vorfahren, die Bewohner der Felsenstädte, sowie an die vorangegangenen benachbarten, viel weniger bekannten bodenbauenden *Hohokam*- und *Mogollon-Kulturen* an.

Das Niveau der landwirtschaftlichen Produktion haben jedoch die Puebloindianer im Vergleich zu ihren Vorgängern auf eine viel höhere Stufe gehoben. Sie lernten es, mit Hilfe ausgedehnter Bewässerungssysteme ihre kleinen Felder vollkommen zu bewässern. Die angebaute Hauptpflanze war wiederum Mais (sie kannten mehr als zehn Sorten), ferner bauten sie Melonen,

Keramik aus einem der größten vorkolumbischen Pueblos, dem Pueblo Bonito, im Staat Neumexiko (nach Hibben)

Paprika, Salat, Bohnen und auch Tabak an. Die Felder bearbeiteten sie mit einer Holzhacke. Außerdem hielten sie Hunde und Truthühner. Die Jagd nach Hirschen, Antilopen und Kranichen u. a., die ausschließlich »Männersache« war, diente lediglich zur Ergänzung der Nahrung. Ebenso webten die Männer Stoffe und fertigten Waffen an. Die Frauen bestellten häufig allein die Felder. Auch der Wohnungsbau war ausschließlich Angelegenheit der Frauen. Die Puebloindianer waren vorzügliche Töpfer, obwohl sie wie alle anderen Gruppen der indianischen Bevölkerung Amerikas vor der Ankunft der Europäer nicht die Töpferscheibe kannten. Die Keramikherstellung betrieben Männer und Frauen gemeinsam.

In der Gesellschaft der Puebloindianer spielten die Frauen eine sehr bedeutende Rolle. Zur Zeit der Ankunft der ersten Spanier dominierten sie in den Pueblogruppen. Auch die gemeinsame landwirtschaftliche Nutzfläche einer Sippe wurde regelmäßig auf die einzelnen Frauen aufgeteilt, die die Oberhäupter der Familien waren. Der Mann zog bei den Puebloindianern nach der Hochzeit als Gast in das Haus seiner Frau. Nach einer eventuellen Trennung der Ehe mußte der Mann das Haus verlassen. Die Kinder blieben bei der Mutter.

Die gesellschaftliche Struktur der Puebloindianer sah für die Bewohner eines jeden Pueblo eine Einteilung in Sippen vor. Die Sippen legten sich in der Regel Tier- oder Pflanzennamen zu. Dieses Totem verkörperte für alle Angehörigen der Sippe den Urahnen. Mehrere Sippen waren in den Pueblos zu sogenannten Phratrien vereinigt, die wiederum nach Tieren oder Pflanzen benannt wurden. Die Phratrien bildeten die Grundeinheiten für den Vollzug der religiösen Riten. Diese Riten stellten in der Regel den ganzen Lebenszyklus des betreffenden Totemtieres, z. B. einer Antilope, dar. Die Religion spielte im Leben der Puebloindianer eine außerordentlich große Rolle. Die religiösen Vorstellungen waren ein Ausdruck der entwickelten Landwirtschaft, und so sollten die religiösen Riten vor allem genügend Feuchtigkeit sichern. Diese enge Verbindung der religiösen Vorstellungen mit der Landwirtschaft begleitete die Puebloindianer schon von der Wiege an. Wenn eine Pueblofrau ein Kind geboren hatte, bestrich sie zuerst den Mund des Neugeborenen mit Maismehl. Der Vater malte sodann mit Maismehl an alle Wände des Raumes die heiligen Zeichen. Ebenso waren alle weiteren wichtigen Ereignisse im Leben eines Puebloindianers mit dem lebensspendenden Mais verbunden. Die Hauptgottheiten der Puebloindianer waren die Sonne und die Mutter Erde.

Eine wesentliche Rolle im Leben der Puebloindianer spielten öffentliche religiöse Riten, besonders rituelle Tänze. Einer der bedeutungsvollsten Tänze war der sogenannte Schlangentanz, den die Teilnehmer zu Ehren der Schlangen, der legendären Vorfahren der Puebloindianer, vollführten. Die Priester hatten bei dem Schlangentanz eine Klapperschlange im Mund, der vorher die Giftzähne entfernt worden waren. Nach Beendigung des Ritus streuten die Pueblofrauen Maiskörner auf die Klapperschlangen.

Nicht minder bedeutend sind bis heute bei den Puebloindianern dramatische Tanzriten, die in die Gottheiten darstellenden Masken (Kachinas) vorgeführt werden. Kleine Nachbildungen dieser Kachinamasken sind die »Kinderkachinas«, mit denen die Pueblokinder deshalb beschenkt werden, um, gewissermaßen an »Modellen«, die Gestalten der ihnen noch unzugänglichen Kachinatänze kennenzulernen.

Viele religiöse Riten der Puebloindianer wurden entweder auf dem Dorfplatz oder häufiger in der Kiva vollzogen. Zur Kiva hatten, wie wir bereits wissen, die Frauen keinen Zutritt. Ebenso war den noch nicht erwachsenen Jünglingen das Betreten der Kiva streng untersagt. Damit auch den erwachsenen Männern der Eintritt in das Heiligtum möglichst erschwert wurde, hatte die Kiva keine Pforte oder Tür in den Wänden. Der Zugang zur Kiva war grundsätzlich nur durch eine kleine Dachluke mit Hilfe einer Holzleiter möglich. Im Innern der Puebloheiligtümer befanden sich eine Art Altäre, auf denen in der Regel das jeweilige Totemzeichen der betreffenden Phratrie abgebildet war. In der »Schlangenkiva« war z. B. die bildliche Hauptdarstellung eine Art Vorhang, in dem aus Stoff angefertigte Schlangenleiber eingesetzt waren, die man während des Ritus hinter der Zwischenwand hin- und herbewegen konnte.

Die etwas ausführlichere Beschäftigung mit den Puebloindianern erscheint durch folgende Gründe gerechtfertigt:

Erstens, weil die Puebloindianer des nordamerikanischen Südwestens fast bis zur Mitte des 19. Jahrhunderts ohne engeren Kontakt mit der Außenwelt gelebt und sich daher ohne größere Veränderungen die charakteristischen Züge ihrer Kultur erhalten haben, die in den vorangegangenen 600–800 Jahren keinen grundlegenden qualitativen Wandel erfahren hatte. (Manche Pueblos, z. B. Oraibi, sind Tausende von Jahren ununterbrochen von einer Bevölkerung gleicher Herkunft bewohnt gewesen.)

Es gibt aber noch einen zweiten universalhistorischen Grund, der für die kulturgeschichtliche Entwicklung des ganzen vorkolumbischen Amerika von grundlegender Bedeutung ist: Die Indianer des Südwestens Nordamerikas sind in ihrer selbständigen kulturellen Entwicklung nicht mehr über das Niveau hinausgelangt, das sie in diesen Pueblos im 12. und 13. Jahrhundert erreicht hatten.

In Mexiko und in den mittleren Anden hatten die Landwirtschaft betreibenden Bewohner diese Kulturstufe jedoch bereits vor mindestens 2800 Jahren erreicht. Sie lebten seßhaft in Dörfern, bauten Mais, Baumwolle und eine Reihe anderer Kulturpflanzen an, es kam zu einer gewaltigen Entfaltung der sozialen und politischen Organisation, es entstanden komplizierte religiöse Systeme, die mit der Verehrung von Kräften verbunden waren, die nach den Vorstellungen ihrer Schöpfer die Ernte beeinflussen konnten. Sie begannen auch die ersten Tempel und Pyramiden zu errichten. Es ist offensichtlich, daß mit den Pueblos eine Entwicklungsetappe der indianischen Kulturgeschichte endete und eine neue Etappe, die den Weg zu den Hochkulturen Mittelamerikas und der Anden ebnete, einsetzt. Jene Zwischenetappe wurde – sicher zu Recht – von dem besten Kenner dieser Periode in Mexiko, dem Amerikanisten George C. Vaillant, als die Periode der mittleren Kulturen bezeichnet.

Über die Schöpfer dieser mittleren Kulturen in Mittelamerika und den Anden ist trotz zahlreicher archäologischer Forschungen noch sehr wenig bekannt. Als sie »ihre historische Aufgabe erfüllt hatten« – den Mutterboden für die Geburt der entstehenden Hochkulturen zu bereiten –, verschwanden sie möglicherweise unauffällig vom Schauplatz der vorkolumbischen Kulturgeschichte. Geblieben sind lediglich die um die Mitte des 19. Jahrhunderts im nordamerikanischen Südwesten entdeckten Lehmpueblos als Zeugen jener mittleren Kulturen.

Das Zwischenspiel mit den Mounds

Auf eines der größten und merkwürdigsten Probleme in der Kulturgeschichte der nordamerikanischen Indianer stößt man im östlichen und mittleren Teil der heutigen Vereinigten Staaten. Im Stromtal des Mississippi und des davon östlich gelegenen Gebietes befinden sich die »*Mounds*«, auch »Grabhügel« genannt.

Die Mounds sind äußerst verschiedenartige Erdaufschüttungen und Trümmer von Lehm- oder Steinbauten. Die Bestimmung, der Zweck aller bisher entdeckten Mounds (im Osten der USA wurden bereits mehrere Tausend gefunden) konnten bisher nicht völlig geklärt werden.

Einige Mounds waren Grabhügel, unter denen die Toten bestattet wurden. Diese alten Begräbnisstätten haben einen kreisförmigen, manchmal elliptischen Grundriß. Ihre Höhe ist jedoch sehr unterschiedlich. Solche Begräbnismounds sind u. a. in Nordkarolina, Virginia, Kentucky und anderen Staaten der USA entdeckt worden.

Andere Mounds waren bloße Erdauftürmungen, auf denen ein hölzerner Tempel oder ein Heiligtum errichtet worden war. Zu diesen »Tempelmounds« gehört u. a. auch die wohl bekannteste Gruppe von Mounds, die der Archäologe Warren Moorehead im Jahre 1925 in der Nähe der Stadt Etowah in Georgia entdeckt hat.

Weitere Mounds waren vermutlich stufenförmige Erdpyramiden. Dazu gehört auch der größte von ihnen, der Cahokia-Mound, unweit des Mississippi in der nächsten Umgebung der Stadt St. Louis gelegen. Diese größte Pyramide Nordamerikas nimmt eine Grundfläche von 350 × 210 m ein und ist 30 m hoch, auch wird sie häufig »Mound der Mönche« genannt, weil dieser Riesenhügel im 18. Jahrhundert den Trappisten[1] so gefiel, daß sie auf ihm, offenbar einer Stätte heidnischer Götzendienste, ein christliches Kloster erbauten.

Die weit interessantere Gruppe der Mounds sind allerdings die Effigy Mounds u. a. in Wisconsin und Ohio. Es handelt sich um Ruinen sehr ausgedehnter Anlagen, deren Formen stets dem Umriß eines Tierkörpers nachgebildet wurden. In Ohio existieren z. B. zwei Mounds mit dem Grundriß eines Schlangenleibes. Die eine dieser »Schlangenanlagen« ist über 300 m lang. Der Körper der Schlange windet sich mehrmals und endet schließlich in einer großen Spirale.

Der unweit der Gemeinde Licking in Wisconsin entdeckte Alligatormound ist, wie schon der Name sagt, die 60 m lange Abbildung eines Alligators. Ein

1 Katholischer Mönchsorden, benannt nach der französischen Abtei La Trappe; Anm. d. Übers.

weiterer derartiger Mound in Süddakota stellt eine Kröte dar, und in der Nähe von Crawford, ebenfalls im Staat Wisconsin, ist vor mehr als hundert Jahren eine Gruppe von sechs Mounds entdeckt worden, die riesigen Vögeln mit ausgebreiteten Flügeln nachgebildet wurden.

Es ist anzunehmen, daß die Heimat der Erbauer dieser eigenartigen Mounds das nordamerikanische Wisconsin war. Dafür spricht auch die große Zahl von Mounds (insgesamt wurden 483 ermittelt) in diesem Staat: u. a. 24 Mounds in Form von Vögeln, 11 Hirschmounds, 16 Kaninchenmounds, 12 Bärenmounds.

Der Sinn dieser riesigen Tierbilder ist bisher unklar geblieben. Möglicherweise stellten die alten Amerikaner auf diese Art und Weise ihre Totemahnen dar.

Besonderes Interesse fand von jeher die Frage nach der Bestimmung der Pyramidenmounds. Die Frage, warum diese Mounds gebaut worden waren, drängte sich um so mehr auf, da für den Bau vieler von ihnen zweifellos eine große Anzahl von Arbeitskräften notwendig war. So waren beispielsweise für die Auftürmung des »Mounds der Mönche« – nach exakter Berechnung – nicht weniger als 634 355 m^3 Erde erforderlich.

Eine eindeutige Antwort auf die Frage, warum die Mounds gebaut wurden, ist schon deshalb nicht möglich, da, wie sich gezeigt hat, ganz unterschiedliche Mounds errichtet wurden. Die Mounds in Vogel-, Hirsch-, Bison- und Schlangengestalt dienten möglicherweise Kultzwecken. Andere Mounds, z. B. das sogenannte Fort Ancient in Ohio, das einen 5 km langen Wall bildet, waren höchstwahrscheinlich Festungen.

Ebenso wie man keinen gemeinsamen Entstehungsgrund für die Mounds

Einige der in den Mounds gefundenen Gegenstände lassen mexikanischen oder Maya-Einfluß vermuten, so auch dieser Halsschmuck aus Perlmutt aus Etowah im Staat Georgia. Auf dem linken Anhänger ist eine Gestalt mit mehreren Menschenköpfen und einem Opfermesser dargestellt. Es handelt sich also offensichtlich um die Darstellung eines rituellen Menschenopfers, das für die Kulturen des vorkolumbischen Mexiko charakteristisch war (nach Hibben)

Grundriß des berühmten Schlangenmound (»Serpent Mound«) im Staat Ohio (nach Hibben)

bisher finden konnte, ebenso läßt sich auch kein gemeinsames Datum ihrer Entstehung angeben. Bekannt ist, aufgrund des Einsatzes der Radiocarbonmethode, daß die ältesten Typen die Begräbnismounds sind. Diese entstanden in Nordamerika zum ersten Mal vor etwa 5 000 Jahren. Ihre Baumeister waren die Träger der sogenannten *Adena-Kultur*. Diese Kultur erhielt ihren Namen nach einem der berühmtesten Begräbnismounds, der sich auf den Ländereien des damaligen Farmers Adena in der Nähe von Chillicothe in Ohio befindet.

Die Adena-Leute waren vom Totenkult förmlich besessen. Zu Ehren ihrer Verstorbenen türmten sie daher diese Mounds empor, von denen manche eine beträchtliche Höhe erreichten, z. B. der 25 m hohe Grave Creek Mound in der heutigen Gemeinde Moundsville in Virginia. Sehr viel ist über die Adena-Kultur bisher nicht bekannt. Der Bodenbau war in Nordamerika erst im Entstehen begriffen, auch die soziale Schichtung der Adena-Gesellschaft steckte noch in den ersten Anfängen.

Die Tradition der Adena-Kultur wurde von den späteren Mound-Erbauern der *Hopewell-Kultur* wesentlich breiter entfaltet. Die Hopewell-Leute errichteten jedoch nicht nur gigantische Grabstätten, sondern auch Mounds, die offensichtlich Kultzwecken dienten. Ein solcher Kultbau ist z. B. der achteckige

Mound in Newark in Ohio, auf dem die Bewohner des Ortes einen Golfplatz angelegt hatten! Die Träger der Hopewell-Kultur betrieben eine kombinierte Sammel-Jagd-Feldbau-Wirtschaft. Die Ernährungsgrundlage bildete der Mais. Ihre Gesellschaft gliederte sich allmählich in Privilegierte und Nichtprivilegierte. Eine große Rolle spielten, wie jene »Kultmounds« bezeugen, die Religion und ihre Funktionäre – die Priester.

Die Hopewell-Kultur verfiel um die Mitte des 1. Jahrtausends. Sie machte einer unvergleichlich fortgeschritteneren Kultur Platz, die man nach dem Fluß, in dessen Einzugsgebiet man ihren Spuren am häufigsten begegnet, die *Mississippi-Kultur* nennt. In der Periode dieser Kultur entstanden jene riesigen Tempelmounds und stufenförmigen Erdpyramiden. In der Mississippi-Kultur erreichte zweifellos die kulturelle Entwicklung der vorkolumbischen Indianer Nordamerikas im östlichen und mittleren Teil der heutigen Vereinigten Staaten einen Höhepunkt. Im Südwesten, dem Gebiet der Pueblos, verlief parallel ein selbständiger, charakteristischer Prozeß, der für die einzelnen Entwicklungsetappen der mittleren Kulturen ebenso bedeutsam ist.

In der Zeit der Mississippi-Kultur wurden nicht nur einzelne – wenn auch sehr große – Mounds errichtet, sondern diese Mounds wurden in Städten erbaut, von denen Cahokia (in der Nähe des heutigen St. Louis) die bedeutendste war. Diese Stadt hatte mindestens 30 000 Einwohner und war damit der größte bekannte Siedlungsplatz der vorkolumbischen Indianer Nordamerikas. Cahokia (wie auch andere Städte der Mississippi-Kultur) war von einer 5 m hohen Holzpalisade umgeben. Über der Stadt thronte ein riesiger Erdmound (der schon erwähnte Mound der Mönche), auf dessen Gipfel das Hauptheiligtum Cahokias stand. Es gab in dieser Stadt noch viele andere Mounds. Auf manchen befanden sich weitere Tempel, auf anderen standen die Wohnbauten der Herren der Stadt. Die einfache, arbeitende Bevölkerung, die nicht auf den Mounds wohnen durfte, lebte in zahllosen Hütten in der Stadt und hinter deren Wällen. In den kleinen Gärten, die an ihre Behausungen grenzten, bauten die Bewohner Cahokias Mais und Bohnen an. Im Fluß fingen sie Fische, auch jagten sie Wasservögel: Schwäne, Gänse und Enten. Die Bewohner Cahokias fertigten Keramikgegenstände an. Aus Kupfernuggets stellten sie Messer und Speerklingen her.

Die Verwaltung der Stadt muß gut organisiert gewesen sein, denn zum Bau der Mounds waren zweifellos Tausende, wenn nicht gar Zehntausende von Arbeitern erforderlich, deren Arbeit zweckdienlich zu leiten war. Die gesellschaftliche Struktur wies bereits eine deutliche Differenzierung auf: einerseits eine Aristokratie weltlicher und geistlicher Prägung, die im wahren Sinne des Wortes hoch über dem einfachen Volk thronte, und andererseits das ausgebeutete Volk, das am Fuße dieser Herrenmounds lebte. Diese Spaltung der Mississippigesellschaft kam auch im Begräbniskult zum Ausdruck. In einem der Mounds von Cahokia ist das Skelett eines offenbar »aristokratischen« Toten auf einer mit 12 000 Muschelperlen bestickten Decke gefunden worden. Den Leichnam hatten zahlreiche Beigaben, vor allem polierte Steine, aber auch

6 Männer, offenbar Diener, auf der letzten Reise begleitet. Sie waren getötet worden, als ihr Herr verstorben war. In der Nähe des Grabes lagen in einer Grube 53 weibliche Skelette, offenbar die Frauen des Bestatteten, die man möglicherweise ebenfalls getötet hat.

Die Bewohner Cahokias und anderer derartiger Moundstädte des mittleren, des östlichen und vor allem des südöstlichen Nordamerika wären wahrscheinlich schon bald zur Bildung wirklicher Stadtstaaten übergegangen. Die Ankunft der Europäer, aber auch andere Ursachen, die bisher noch nicht bekannt sind, haben diese Entwicklung verhindert. Die Mississippi-Kultur stellt trotz alledem die höchste Stufe der kulturellen Entwicklung dar, die die nordamerikanischen Indianer in vorkolumbischen Zeiten jemals erreicht haben.

Wiederum erhebt sich die Frage: Wer waren die Erbauer der nordamerikanischen Mounds und Cahokias? Mit den Mounds beschäftigt man sich in den USA bereits seit 150 Jahren. Waren noch im 19. Jahrhundert die amerikanischen Archäologen der Meinung, daß nicht die indianischen Kulturen der vorkolumbischen Zeit, sondern die sogenannten klassischen Gebiete (Griechenland, Ägypten, Mesopotamien) zu ihrem Arbeitsfeld gehören würden, da erstere nichts Untersuchenswertes hervorgebracht hätten, so bildeten jedoch bereits zum damaligen Zeitpunkt die Mounds eine Ausnahme.

Die Erbauer der Mounds suchte man allerdings weiterhin in der »Alten Welt«. Der Bau der Mounds wurde wiederum, aufgrund der Bibellegende von den zehn vertriebenen jüdischen Stämmen, den Isrealiten zugeschrieben. Andere Autoren jener Zeit waren überzeugt, daß die Erbauer der Mounds Babylonier, Nachkommen der Baumeister des legendären Turms zu Babel, gewesen seien. Wieder andere erinnerten sich schließlich an jene Stelle in Homers »Ilias«, wo der unglückliche Achilles über dem Leichnam seines Freundes Patroklos einen Grabhügel errichtet. Die in den Mounds gefundenen Bruchstücke von Metallwaffen bestärkten die Verfechter der trojanischen oder griechischen Herkunft der Mounderbauer in ihrer Überzeugung.

Metallwaffen wurden in den Mounds bisher nur sehr selten gefunden. In den älteren Begräbnismounds fand man häufig noch Steinwerkzeuge (steinerne Pfeilspitzen, Steinäxte und -keulen sowie steinerne Hämmer).

Die charakteristischsten Funde sind jedoch Stein- und manchmal auch Tonpfeifen, die den modernen Tabakspfeifen sehr ähneln. Ebenso zahlreich sind in der südlichen Gruppe der Mounds Funde von Muschelscheiben und Muschelplaketten. Auf diesen Plaketten sowie auf den selteneren Kupferplaketten (die der sogenannten Etowahkultur in Georgia angehören) finden wir stilisierte Figurenmotive, ganz ähnlich den mexikanischen. An Metallen haben die Erbauer der Mounds also Kupfer verwendet.

Die Tatsache, daß weit von den Meeresküsten entfernt Muscheln in den Mounds gefunden wurden und daß man umgekehrt auch in den Gebieten des nordamerikanischen Ostens, in denen es keine Kupferlagerstätten gab, auf kupferne Gegenstände gestoßen ist, zeigt, daß die Indianer schon vor 3000 Jahren im Osten der heutigen USA lange Reisen unternommen haben, bei denen

z. B. von der reichsten Quelle fast reinen Kupfers – in Isle Royal im heutigen Michigan – das Kupfer bis zu den damals am Golf von Mexiko lebenden Indianern befördert wurde. Diese Funde sollten also den Suchern nach der Herkunft der Mounderbauer eine grundsätzliche Antwort verschaffen. Dazu war freilich eine umfassende Durchforschung der Mounds notwendig, die besonders in der ersten Hälfte des 19. Jahrhunderts einsetzte. Viele interessierte Nordamerikaner hielten es für ihre patriotische Pflicht, sich an der Erforschung der Mounds zu beteiligen. Auf diese Art und Weise wurden Hunderte Mounds, häufig auf den Grundstücken von Farmern gelegen, buchstäblich umgegraben.

Interesse an den Mounds hatten in den USA auch die höchsten Repräsentanten des Landes bekundet. So auch die amerikanischen Präsidenten Thomas Jefferson, George Washington und William Henry Harrison. Jefferson schrieb über seine Untersuchungen das Buch »Notes of Virginia«, das im Jahre 1801 erschien, und Harrison veröffentlichte die Studie »Discourse on the Aborigines of the Valley of the Ohio« (Abhandlung über die Ureinwohner des Ohiotals), in der er wiederum jene Grundfrage stellte: Wer waren die Erbauer der Mounds und wohin sind sie verschwunden?

Die Frage nach den Erbauern der Mounds, nach ihrer ethnischen Zugehörigkeit war also die zentrale Frage bei diesem Knäuel von Rätseln. Die Schöpfer jener älteren Kulturen, der Adena- und der Hopewell-Kultur, waren ganz sicher nordamerikanische Indianer. Weit umstrittener ist jedoch die Frage, wer die uns zeitlich näher stehenden Gründer Cahokias und anderer Mississippistädte, die Erbauer der Tempelmounds und der großartigen Erdpyramiden waren. Sicher haben auch in den Städten der Mississippi-Kultur nordamerikanische Indianer den Hauptteil der Bevölkerung gebildet. Diejenigen aber, die in diesen Städten herrschten, die diese mit dem plötzlichen Erscheinen der Mississippi-Kultur verbundene Revolution bewirkt hatten, werden auch von sehr seriösen Forschern für Fremde gehalten. Schon Henry Harrison sprach die Überzeugung aus, daß die Erbauer der Tempelmounds, die Schöpfer dieser Mississippi-Kultur, wie man sie jetzt nennt, aus dem heutigen Mexiko gekommen sind. Diese Ansicht vertritt eine Reihe von Kennern der amerikanischen Kulturgeschichte noch heute. Über die ethnische Zugehörigkeit dieser Mittelamerikaner streiten sich jedoch diese Forscher bis zur Gegenwart.

Technisch waren der Süden und Südosten Nordamerikas den Bewohnern Mittelamerikas durchaus zugänglich. Es gab zwei Möglichkeiten: Entweder zu Fuß quer durch den Norden des heutigen Mexiko nach Arizona und dann die Stromtäler des Ohio und Mississippi entlang oder auf Schiffen vom heutigen Tabasco oder Veracruz aus die Küste des Golfs von Mexiko entlang bis zur Mississippimündung und dann den Fluß stromaufwärts. An Mexiko erinnern beispielsweise jene aus den Tempelmounds von Georgia stammenden Kupferplaketten. Auch der in den dortigen Mounds gefundene Schmuck entspricht weitgehend dem Geschmack der Mexikaner.

Bemerkenswert ist diesbezüglich auch der Gesamtcharakter dieser Mounds.

Ebenfalls mesoamerikanischen Einfluß läßt diese Perlmuttscheibe aus einem der Mounds in Eddyville im Staat Kentucky vermuten. Diese Scheibe stellt den Spieler eines rituellen Ballspiels in einer Stellung dar, die typisch für die mexikanischen »Korbballspieler« war (nach Krickeberg)

Auf Bodenerhebungen errichtete Pyramiden und Tempel waren in Mexiko üblich. Auf den Altären, die sich auf derartigen Pyramiden befanden, wurden in Mexiko auch Menschenopfer vollzogen. Es ist anzunehmen, daß die Erbauer der ersten »flachen« Mounds die Mexikaner auch in dieser Hinsicht nachahmten. Die kulturell viel weiter entwickelten Mexikaner hatten zweifellos auch mehr Erfahrungen bei der Organisation derartiger Monumentalbauten, zu denen Zehntausende von Menschen nötig waren.

Es bleibt jedoch noch eine Frage offen. Die über 4000 Jahre alten Erbauer der ersten Mounds – die Angehörigen der Adena-Kultur – kann man nicht unmittelbar mit einem der Indianerstämme identifizieren, die zu jener Zeit dort siedelten, als die Europäer nach Nordamerika kamen. Wer aber waren die Erbauer der flachen, der Tempelmounds? Falls sie wirklich aus Mexiko gekommen waren, etwa im 7. Jahrhundert, dann ist mit größter Wahrscheinlichkeit zu vermuten – auch wenn sie sich sicher mit der einheimischen Bevölkerung vermischt und höchstwahrscheinlich auch deren Sprache angenommen haben –, daß in ihrer politischen Organisation einige ursprüngliche, »mexikanische« Züge erhalten geblieben waren.

Für einen solchen Indianerstamm, der sich besonders in seiner politischen Organisation beträchtlich von den Verhältnissen abhob, die zur Zeit der Ankunft der Europäer überall sonst in Nordamerika bestanden, halten die Verfechter der These von der mexikanischen Herkunft der Erbauer der Tempelmounds den Stamm der Natchez. Die Natchez saßen zudem zur Zeit der Ankunft der Europäer unmittelbar im Zentrum des Mound-Gebietes. Darüber hinaus waren wie bei den Indianern Mexikos bei den Natchez schon in vorkolumbischer Zeit Klassen entstanden. An der Spitze des Stammes stand kein »demokratischer« Häuptling, sondern ein Alleinherrscher, von den Natchez »Sonne« genannt. Die »Sonne« trug, auch das erinnert an die Hochkulturen Mexikos, einen Mantel aus Vogelfedern, und ihr Haupt schmückte eine ebenfalls aus dem Gefieder von Vögeln gefertigte »Krone«. Hunderte von Freiwilligen dienten der »Sonne«, und Diener trugen sie bei verschiedenen Zeremonien in einer Sänfte. Wenn der Alleinherrscher verstorben war, bereiteten auch die freiwilligen Diener des Herrschers durch Selbstmord ihrem Leben ein Ende. An der Spitze der Gesellschaft der Natchez stand also die halbgöttliche »Sonne«, zur herrschenden Klasse gehörten ferner die Gruppen des Adels und der Herren, während das Volk, die Untertanen, wahrscheinlich nicht weiter differenziert war.

Es ist also möglich anzunehmen, daß die Angehörigen der Natchezaristokratie, die die Europäer in der Zeit nach Kolumbus kennenlernten, die letzten direkten Nachkommen mexikanischer Auswanderer waren, die sich freilich völlig assimiliert hatten.

So ist möglicherweise die Heimat der Erbauer jener Tempelmounds in Mexiko zu suchen. In jenem Mexiko, wo schon lange – bevor die Bewohner der Felsenstädte ihre Behausungen in die Coloradofelsen trieben, bevor die mächtigen Mounds der Mississippistädte emporwuchsen, bevor die Indianer des nordamerikanischen Südwestens auf einer hohen Mesa das erste Pueblo errichteten – die indianischen Bewohner (Mexikos und auch der mittleren Anden) die Fundamente der späteren glanzvollsten Hochkulturen des vorkolumbischen Amerika (der toltekischen, der aztekischen, der Maya- und der Inkakultur) gelegt hatten. Diese Hochkulturen, auf die die Konquistadoren zu Beginn des 16. Jahrhunderts stießen, hatten an bedeutende Vorgänger angeknüpft. Diese jedoch sind viel weniger bekannt. Die Schätze der vorangegangenen Kulturen lagen jahrhundertelang tief unter der Erdoberfläche begraben, und z. T. liegen sie noch heute dort.

Die Olmeken

Die Spuren der ältesten Amerikaner führen durch Nordamerika nach Mexiko. Skelettreste des ältesten Mexikaners hat der mexikanische Archäologe Helmut de Terra vor 20 Jahren ausgegraben und ihn nach dem Fundort *Tepexpan-Mensch* genannt. De Terra hat auch verhältnismäßig genau die Zeit bestimmt, in der der Tepexpan-Mensch in Mexiko gelebt hat: vor ca. 11 000–12 000 Jahren. Der Tepexpan-Mensch unterschied sich kulturell jedoch in keiner Weise von seinen Zeitgenossen in Nordamerika, die ebenso wie er Mammuts und Bären jagten.

Es vergingen wohl einige tausend Jahre, ehe sich die Lebensweise der Indianer in Mexiko tiefgreifend zu verändern begann.

An dieser Stelle erscheint es angebracht, eine in der Amerikanistik gebräuchliche Einteilung des gesamten amerikanischen Kontinents in ethnographisch-geographische Haupträume vorzunehmen:

1. Nordamerika einschließlich des Nordens von Mexiko

2. Mesoamerika – dazu gehören die übrigen Gebiete Mexikos einschließlich der Halbinsel Yucatán, Guatemala, Belize, El Salvador, ein Teil von Honduras und Nikaragua. Die Grenzen Mesoamerikas sind also nicht identisch mit den politischen und geographischen Grenzen Mexikos und Mittelamerikas.

3. Gebiet des Ostens und Südens von Südamerika – seine, vor Kolumbus und heute, zahlenmäßig sehr geringe indianische Bevölkerung muß jedoch unter dem Aspekt der Lebensweise und Nahrungsgewinnung wenigstens in zwei Hauptgruppen eingeteilt werden: Erstens in die Sammler und Jäger, zu denen im allgemeinen die heute bereits zum größten Teil ausgestorbenen indianischen Stämme gerechnet werden, die Feuerland, Patagonien und die argentinischen Pampas bewohnten bzw. bewohnen, ferner die auf dem Territorium des heutigen Paraguay und angrenzender Gebiete, im sogenannten Gran Chaco, lebenden Indianer sowie verschiedene Indianerstämme in Zentral- und Ostbrasilien, die hauptsächlich zur Gê-Sprachfamilie gehören. Zweitens in die Urwaldstämme, die überwiegend von Bodenbau und Fischfang leben und die Regenwaldgebiete des Stromtals des Amazonas, des Orinoco und ihrer Nebenflüsse bewohnen.

4. Andengebiet – mit dem gebirgigen Teil der Territorien der heutigen südamerikanischen Republiken Peru, Bolivien, Ekuador, Chile, Kolumbien und des Nordwestens von Argentinien. Das Andengebiet und besonders sein zentraler Teil – die mittleren Anden – gilt neben Mesoamerika als das entwickeltste Gebiet des indianischen Amerika. Dort lebten schon in vorkolumbischen Zeiten mehr als 80 % der gesamten indianischen Bevölkerung Amerikas (heute sogar 95 %).

In Mesoamerika und im Andengebiet, wo zudem viele Gegenden einer intensiven Landwirtschaft günstig sind, entstanden alle Hochkulturen des vorkolumbischen Amerika.

(Für einige Forscher beginnt Südamerika nicht am Golf von Panama, sondern schließt Panama, einen großen Teil Kostarikas und den östlichen Teil Nikaraguas ein.)

Der Kern Mesoamerikas war in erster Linie die Mesa Central, das zentrale Hochland Mexikos, zu dem man in den vorkolumbischen Zeiten das Yucatán der Maya und weitere Gebiete im Norden und äußersten Süden des heutigen Mexiko nicht hinzurechnete. Dieses Gebiet erstreckte sich vom Golf von Mexiko bis zum Stillen Ozean. Zwischen den Gebirgen im Landesinneren und dem Meer zieht sich an beiden Küsten eine tropische Zone hin. Alsbald nach der Küste erstrecken sich im Landesinneren Bergketten mit den Gipfeln Popocatépetl und Ixtacihuatl, die über eine Hochebene mit z. T. äußerst fruchtbarem Boden, mit ausreichend Sonne und Feuchtigkeit, emporragen.

Diese Landschaft, ca. 2000 m über dem Meeresspiegel gelegen, breitet sich um den Salzsee Tezcoco aus, an dem später die aztekische Metropole Tenochtitlan emporwuchs. Im Norden war Tezcoco mit den beiden kleineren Seen Xalcotan und Zumpango, im Süden mit den Salzwasserlagunen Chalco und Xochimilco verbunden. Nach den Seen, die sich in dieser Hochebene befinden, nannten die Azteken sie Anahuac (Am Rande des Wassers).

Dieser kleine Teil Mesoamerikas war wegen seiner außerordentlich günstigen Naturbedingungen schon seit den ältesten Zeiten bewohnt. Bereits jener Tepexpan-Mensch lebte hier. Die Entwicklung, die vom primitiven Jäger zum seßhaften Bodenbauern führte, verlief in Mexiko ebenso wie im Südwesten Nordamerikas bei den Pueblos. Die nordamerikanischen Pueblos und ihre Bewohner waren das lebendige Beispiel des wirtschaftlichen und kulturellen Niveaus der sogenannten mittleren Kulturen. Die Puebloindianer lebten seßhaft in Dörfern, sie bauten eine Reihe von Kulturpflanzen an. Rasch entwickelten sich recht komplizierte religiöse Systeme, die mit der Verehrung von Naturgottheiten verbunden waren. Die ökonomische und kulturelle Entwicklung der mittleren Kulturen erfolgte in einem relativ kurzen Zeitraum.

In Mexiko ist dieser Prozeß, mehr als im Südwesten Nordamerikas, besonders mit dem Anbau der wichtigsten Kulturpflanze des vorkolumbischen Amerika, dem Mais, verbunden. Der mexikanische Indianer kannte ihn bereits, bevor er den ersten Topf herstellte. Die Ursprungsform des Maises ist lange gesucht worden. Erst im Jahre 1960 fand der Archäologe McNeish in der Nähe der Stadt Tehuacan einige Orte, die 10 000 Jahre lang ständig von Indianern bewohnt gewesen waren. In den älteren Schichten fand McNeish »wilden Mais«, der hier vor rund 8 000 Jahren gesammelt worden war, während die einzelnen höheren Schichten zeigten, wie sich der Mais unter den Händen der Indianer verändert hatte. So ist heute dank der Funde von Tehuacan bekannt, daß die Indianer zum ersten Mal vor etwa 7 000 Jahren Mais anbauten.

Der Mais, der entstehende primitive Bodenbau, begann die ganze Lebensordnung und Kultur des mesoamerikanischen Indianers zu verwandeln. Er war nun schon fest mit einem bestimmten Ort verbunden – mit dem Feld, das bestellt wurde. Der Maisanbau veranlaßte ihn zur Seßhaftigkeit, so daß kleine Dörfer entstanden. Er mußte nicht mehr so häufig auf die Jagd gehen. Da ihm aber das durch die Jagd erbeutete Fleisch fehlte, versuchte er Tiere zu zähmen. Hier in Mexiko allerdings nur Hunde und einige Geflügelarten. Und da ihm diese Tiere keine Häute mehr lieferten, mußte er einen Ersatz suchen: das Weben von Stoffen. Für die Aufbewahrung der Maiskörner, die dem Indianer sein Feld spendete, erfand er schließlich die Töpferei und begann große Tongefäße zur Lagerung des Getreides herzustellen. Diese möglicherweise so verlaufene Entwicklung war vor etwa 3500 Jahren abgeschlossen. Damit hatte in Mesoamerika die Landwirtschaft endgültig gesiegt. Die weitere Entwicklung verlief vermutlich wie in Nordamerika bei den Puebloindianern. Neben dem frühen Maisanbau in Puebla und in anderen Gebieten (z. B. Tamaulipas) hat es weitere Kultivierungszentren gegeben (so für Bohnen und Kürbisse). Es handelt sich also um eine Kombination parallel verlaufender Entwicklungen, die schließlich zum Bodenbau-Komplex in Mesoamerika führte.

Derartige mittlere Kulturen haben mit Sicherheit existiert, sie müssen auch dort existiert haben, wo die Entwicklung weitergegangen ist – zu den indianischen Hochkulturen, also in den Anden, in Mesoamerika und Zentral-Mexiko. Von dieser Periode, von den mittleren Kulturen, war jedoch bis zum Beginn des 20. Jahrhunderts nur sehr wenig bekannt. Deshalb wurden die Vorgänger der Hochkulturen außerhalb Amerikas – in Atlantis, in Ägypten, in Kambodscha, in Ostchina – gesucht.

Einen wesentlichen Schlüssel für die Erschließung der mexikanischen Hochkulturen und möglicherweise auch für die Vorgänger dieser Hochkulturen liefern die mexikanischen Indianer mit ihren Codices, in ihrer eigenen Schrift geschriebenen Büchern. Die mexikanischen Indianer waren bereits in der vorkolumbischen Zeit zur Erfindung einer Schrift gelangt. Da sie die eigene Vergangenheit vermutlich interessierte, haben sie in vielen Mythen von ihr erzählt.

Von der Geschichte und den Sagen der vorkolumbischen Indianer, von der Mythologie des vorkolumbischen Mexiko wäre allerdings mehr bekannt, wenn die spanischen Eroberer und besonders einige katholische Priester nicht konsequent alle aztekischen und andere Codices vernichtet hätten. So hat sich z. B. der erste Bischof von Mexiko, Zumarraga, gebrüstet, daß er mehrere Tausend »heidnischer« Bücher eigenhändig verbrannt habe. Die Azteken hingegen vernichteten ihre historischen Handschriften um die Mitte des 15. Jahrhunderts unter der Herrschaft eines der bedeutendsten aztekischen Herrscher, Itzcoatls, selbst. Itzcoatl glaubte, wenn er die historischen Handschriften vernichte, vernichte er auch die Geschichte. Er wollte alle Nachrichten darüber auslöschen, wie die Azteken bis vor nicht allzu langer Zeit ihren Nachbarn untertan gewesen waren. Jedoch einige Codices (z. B. der Codex Vaticanus, der Codex Bologna, der Codex Borgia u. a.) haben alle Katastrophen überdauert, so daß wir aus ihnen sowie aus Chroniken, die in den ersten Jahren nach der Konquista

Frühe Keramik aus Zentral-Mexiko, den heutigen Hochlanddörfern Zacatenco (1 u. 2) und Ticoman (3 u. 4) (nach Krickeberg)

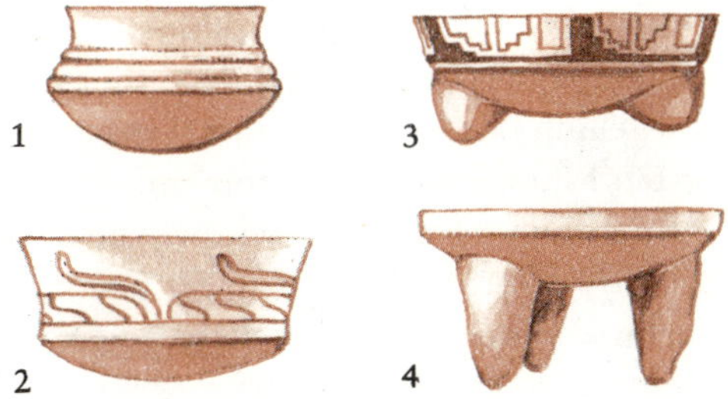

von getauften Indianern verfaßt worden sind, die Mythologie der mexikanischen Indianer kennen, Sagen darüber, wie die Welt, Mexiko und die Indianer entstanden sind. Eines dieser denkwürdigen Bücher, »Historia Chichimecoa«, wurde von dem getauften Indianer Don Fernando Alva de Ixtlilxochitl (1568–1648) verfaßt.

Ixtlilxochitl war mütterlicherseits ein direkter Nachkomme des letzten indianischen Herrschers von Tezcoco und zugleich ein unmittelbarer Nachfolger des vorletzten Aztekenherrscher Cuitlahuac. Als er als einer der ersten Indianer das katholische Kolleg des Heiligen Kreuzes in Tlatelolco absolviert hatte, wurde er Dolmetscher eines spanischen Kolonialbeamten. Der getaufte Prinz trauerte aber offenbar der vernichteten Kultur jenes Reiches nach, in dem seine Großväter geherrscht hatten. Dies mag ihn bewogen haben, zwei Bücher in spanischer Sprache über die Kultur und Geschichte seines indianischen Vaterlandes zu schreiben. In der bereits erwähnten »Chichimeken-Geschichte« berichtet der Verfasser u. a. davon, was nach der Erschaffung der Welt geschah: ... Als die Erde und die Menschen erschaffen waren, sei damit noch nicht alles »fertig« gewesen. Die Menschheit habe vier große Epochen, vier Ären, durchlaufen, die jedesmal mit einer furchtbaren Katastrophe geendet hätten. Jede Ära hatte ihren Namen. So nannten, nach Ixtlilxochitl, die mexikanischen Indianer die erste Ära der Erde Atonatiuh – »Sonne des Wassers«. Diese Epoche der Menschheit sei, wie schon der Name andeutet, durch eine Sintflut abgeschlossen worden, bei der alles Lebendige zugrunde gegangen sei. Die zweite Ära hieß Tlalchitonatiuh – »Sonne der Erde«. In diesem Zeitalter sei die Erde von Riesen bewohnt gewesen. Sie seien wiederum von einem gewaltigen Erdbeben vernichtet worden. Die dritte Ära – Ecatonatiuh – »Sonne der Winde« – soll dann von furchtbaren Stürmen zerstört worden sein. Die vierte Ära schließlich hieß Tlatonatiuh – »Sonne des Feuers«. Und als nach der Sage auch diese Epoche von einer Katastrophe ausgelöscht worden war, sei die fünfte Ära angebrochen, in der die Indianer zu seiner, Ixtlilxochitls, Zeit leben oder, besser gesagt, gelebt haben ...

Allerdings weichen auch die Mythen voneinander ab. So wird im Codex Vaticanus A dargestellt, wie sich die Menschen der ersten Ära bei der Sintflut in Fische verwandelten, wie sie beim Untergang der zweiten Ära durch einen Wirbelsturm zu Affen geworden seien usw. ...

Zelia Nuttall, eine Amerikanistin aus den USA, war die erste Forscherin, die in den Mythen und Sagen der Indianer des Hochtals von Mexiko die Widerspiegelung tatsächlicher Naturkatastrophen suchte. Nuttall hat sich auch zum ersten Mal vor 60 Jahren mit einigen zufälligen Funden beschäftigt, die auf die Existenz einer Kultur hinwiesen, die das Übergangsstadium von der Kultur der primitiven mexikanischen Jäger zu den späteren Hochkulturen Mexikos markieren könnte. Umfangreichere Beweise von der Existenz dieser Kultur lieferte die zufällige Entdeckung amerikanischer »Pompejis«. Vor mehr als 2000 Jahren war es zu einem gewaltigen Ausbruch des heute schon erloschenen Vulkans Xitle gekommen. Die furchtbare Eruption übertraf wahrscheinlich jenen Ausbruch des Vesuvs, der Pompeji begrub. Im Unterschied zu Pompeji wurden die hiesigen Bewohner rechtzeitig gewarnt, so daß sie Zeit hatten, ihre Häuser zu verlassen. Der Hauptausbruch schuf damals ein über 8000 ha großes Lavafeld (heute El Pedregal genannt).

Im Jahre 1917 versuchte eine Gruppe von Archäologen, die Lavadecke mit einem Durchmesser von 6–8 m an einigen Stellen zu durchstoßen. Das Ergebnis übertraf alle Erwartungen. Unter der Lavaschicht wurden die Überreste von Bauten entdeckt, die allerdings erst aus jüngerer Zeit stammten, sowie Gräber der ersten seßhaften, Landwirtschaft betreibenden Bewohner Mesoamerikas. Einige Zeit später wurde im Gebiet des heutigen Cuicuilco die bisher älteste Pyramide Mexikos entdeckt. Diese und andere Pyramiden sind mehr als nur bewundernswerte Bauwerke der altindianischen Architektur, sie sind Abbild und Symbol der großartigen kulturellen Entwicklung des vorkolumbischen Mesoamerika. Mit der Pyramide von Cuicuilco beginnt die Epoche des Pyramidenbaus. Ihre ursprüngliche Höhe ist unbekannt. Es konnte jedoch festgestellt werden, daß die erste mexikanische Pyramide einen runden Grundriß aufwies (mit einem Durchmesser von 135 m). Rings um die Pyramide lagen strahlenförmig Dutzende noch recht einfacher Gräber. Offenbar wurden die Toten in unmittelbarer Nähe des Kultmittelpunktes bestattet.

So zeigte sich, daß die Mythen der mexikanischen Indianer von der mehrfachen Zerstörung und Neuerschaffung der Welt die Widerspiegelung wirklicher Ereignisse waren, die sich in der ältesten Geschichte Mexikos abgespielt hatten. Diese Annahme wurde abermals gestützt, als in der Nähe des ehemaligen Ufers des Tezcoco bei Copilco die Ruinen eines indianischen Dorfes aus der Zeit der mittleren Kulturen entdeckt wurden. Die Bewohner Copilcos und die Bodenbau betreibenden Bewohner anderer Ufersiedlungen waren offenbar von einer gewaltigen Überschwemmung heimgesucht worden, die die Häuser überflutete und ihre Bewohner vertrieb.

Mit der Erforschung dieser durch eine Überschwemmung zerstörten Indianerdörfer der mittleren Kulturen begann im Jahre 1917 in Copilco der Mexikaner Gamio, die im Jahre 1939 von dem Norweger Ola Apenes in Chimahualcan abgeschlossen wurde. Der Tezcoco spendete den Indianern dieser Ortschaften an seinen Ufern genügend Fische, die ihre sonst recht eintönige Maisnahrung bereicherten. Neben der raschen Entwicklung der landwirtschaftlichen Pro-

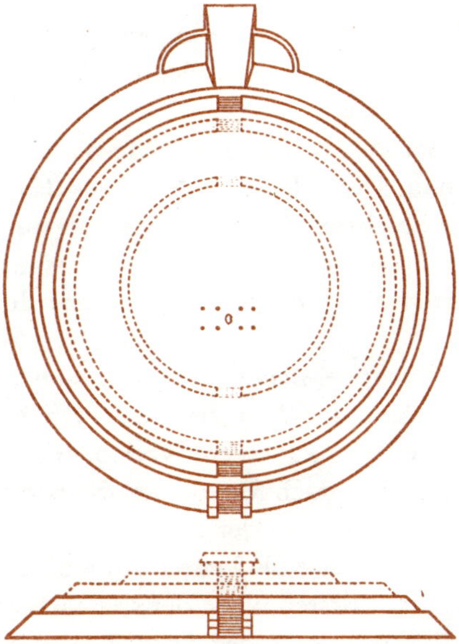

Profil und Grundriß der Pyramide von Cuicuilco, der bisher ältesten Pyramide des Hochtals von Mexiko (nach Kubler)

duktion kam es zu dieser Zeit in Zentral-Mexiko auch zu einer raschen Entwicklung der Bautechnik und der Architektur überhaupt. Die Indianer bauten sich nicht mehr nur Hütten, später Häuser und Gartenterrassen, sondern sie errichteten auch zahlreiche Tempel und dann – in Cuicuilco – die älteste bekannte mesoamerikanische Pyramide. Die Pyramide von Cuicuilco ist jedoch nicht nur das Beispiel einer großartig entfalteten Architektur in den mittleren Kulturen, sondern sie signalisiert zugleich, wie sehr zu dieser Zeit die Rolle religiöser Vorstellungen und des religiösen Kults im Leben dieser Gesellschaft gewachsen war.

Möglicherweise besteht zwischen den kleinen Tonfiguren, die an allen Fundplätzen dieser Kultur entdeckt wurden, und diesen religiösen Vorstellungen ein Zusammenhang. Eine besondere Stellung unter diesen Tonfiguren nehmen die zahlreichen mexikanischen »Venus«-Figürchen ein – zumeist 5–10 cm große Kleinplastiken nackter Frauen, die in einer charakteristischen, gleichsam tänzerischen Haltung mit hocherhobenen Armen dargestellt sind. Nach dem Ort der zahlreichsten Funde werden die Figürchen häufig als »Tänzerinnen von Tlatilco« bezeichnet. Diese kleinen »Tänzerinnen« waren vermutlich Symbole der Fruchtbarkeit und zugleich ein Ausdruck für die Rolle der Frau bei diesen Indianern.

In Tlatilco sind jedoch nicht nur Frauen-Figuren, sondern auch eigenartige Jaguarmasken entdeckt worden. Warum aber gerade Jaguarmasken? Die Jaguarverherrlichung ist charakteristisch für die Olmekenindianer, die vermutlich (noch gibt es unterschiedliche Auffassungen) die erste Hochkultur Altamerikas repräsentieren. Die Heimat der Jaguare und die Heimat derer, die ihn anbeteten – die »Jaguarindianer« –, war jedoch nicht die mittelmexikanische Hochebene, sondern der tropische Osten Mexikos, die heutigen mexikanischen Staaten Tabasco und Veracruz.

Unsere Kenntnisse über die Hochkulturen Mesoamerikas und ihre Schöpfer sind bisher sehr ungenau. Die Informationen über das ökonomische Niveau der einzelnen Kulturen beschränken sich im Grunde auf die Feststellung, daß die landwirtschaftliche Produktion vorherrschte. Desgleichen sind die Kenntnisse von der ethnischen Zugehörigkeit der Träger der einzelnen Kulturen oftmals nicht präzise.

Zu jener Zeit, als die Europäer nach Amerika kamen, gab es möglicherweise keine direkten Nachkommen der Olmeken mehr. Die Europäer erfuhren von den »Olmeken« zum ersten Mal aus einem Werk des Franziskaners Bernardino de Sahagún, der im Jahre 1529 nach Mexiko gekommen war, kaum zehn Jahre nachdem das erste Schiff Cortés' an der mexikanischen Küste angelegt hatte. De Sahagún wirkte über 50 Jahre als Lehrer am Kolleg des Heiligen Kreuzes in Tlatelolco, das nach den Vorstellungen der spanischen Kolonialverwaltung und der Kirche die bedeutendsten jungen Angehörigen des indianischen Adels im »christlichen Geist« erziehen, aus ihnen unterwürfige Mitarbeiter der Eroberer machen und es auf diese Weise den Spaniern ermöglichen sollte, die

»Venus«-Figürchen aus Ton (Tlatilco, Hochtal von Mexico)

Auf den erhalten gebliebenen Arbeiten der Olmeken sind die Gesichter der »Jaguarmenschen« mit zahlreichen Tätowierungen geschmückt (nach Covarrubias)

überwältigten Indianer noch besser und wirksamer zu beherrschen. De Sahagún unterschied sich mit seinen Idealen und seinem Verständnis für die Indianer grundlegend von den meisten Europäern seiner Zeit. Er interessierte sich für die Geschichte und die materielle und geistige Kultur der Indianer Mexikos, besonders für ihr Schrifttum. Als er das Vertrauen einiger Schüler des Kollegs gewonnen hatte, schrieb er in der aztekischen Sprache, im Nahuatl, alles auf, was ihm die indianischen Prinzen in ihrer Muttersprache erzählten. Das Endergebnis der langjährigen Sammeltätigkeit de Sahagúns war ein unermeßlich reiches Material, das er später selber redaktionell zu zwölf Büchern zusammenstellte. Das ganze Werk übersetzte de Sahagún auch ins Spanische. Der Veröffentlichung sowohl der aztekischen als auch der spanischen Fassung des Manuskripts (»Historia general de las cosas de Nueva España«) widersetzte sich die spanische Regierung hartnäckig. Sie befürchtete, daß diese Aufzeichnungen über die ein hohes kulturelles Niveau aufweisende Vergangenheit der Indianer Mexikos diese zu Versuchen »verführen« könnten, jene Verhältnisse zu erneuern.

Später, als die Herrschaft Spaniens über Lateinamerika bereits beendet war, erschien de Sahagúns Werk im Druck. Besonders in seinem 11. Buch, in dem »Olmeca, Vixtovi, Mixteca« benannten Kapitel, tauchte der Name »Olmeken« als der der gebildeten, reichen und mächtigen Bewohner des mexikanischen Küstengebietes auf. Diese »Olmeken«, deren ethnische und sprachliche Zugehörigkeit wir allerdings nicht kennen, haben offenbar in dem Gebiet gelebt, in dem einst die erste Hochkultur des alten Amerika entstanden war. Da der Name der Träger jener Kultur unbekannt geblieben ist, wurde für sie allmählich der Name »Olmeken« verwendet. Ungenaue archäologische Hinweise auf eine sehr alte Kultur hatten schon die Entdeckungen des französischen Gelehrten Dupaix gebracht, der zu Beginn des 19. Jahrhunderts im Osten Mexikos eine Menge von Figuren kleiner, sehr dicker Menschen gefunden hatte. Da alle diese von Dupaix entdeckten Plastiken eine eigentümliche, fast tänzerische Bewegung ausdrücken, wurden sie als »Tänzer« bezeichnet. Heute vermutet man, daß diese »Tänzer« in Wirklichkeit olmekische Priester darstellen.

Dupaix' »Tänzer« waren der erste Beweis für die Existenz einer eigentlichen und sicher sehr alten Kultur an der Ostküste Mexikos. Es vergingen jedoch noch mehr als hundert Jahre, bis de Sahagúns Nachrichten von den Olmeken durch Beweise bestätigt wurden. In den dreißiger Jahren des 20. Jahrhunderts begann eine Expedition der Washingtoner Smithsonian Institution unter der Leitung von Matthew Stirling das Gebiet dieser vermuteten Olmeken zu durchforschen. Die Expedition fand zwar im damaligen Olmecan anfangs keine Pyramiden und keine Paläste, die sonst im ganzen vorkolumbischen Amerika die Entstehung und Entfaltung der Hochkulturen begleiteten, doch sie entdeckte riesige, stets aus einem einzigen Basaltblock gehauene, tonnenschwere Köpfe. (Einer dieser Köpfe hat z.B. einen Umfang von 6,58 m und eine Höhe von 2,5 m.)

Nach der vorläufigen Durchforschung des Gebiets (durch Blom, La Farge, Stirling, Drucker und Covarrubias) konzentrierte sich die Aufmerksamkeit schließlich auf die vier bisher entdeckten großen Hauptzentren der olmekischen Kultur (deren eigentliche – olmekische – Namen allerdings unbekannt sind): Tres Zapotes, La Venta, Cerro de las Mesas und San Lorenzo Tenochtitlán. Keine dieser olmekischen »Städte« war aus Steinen erbaut. Den Basalt für jene gigantischen Köpfe, für große Altäre sowie für Sarkophage und steinerne Stelen (d.h. säulenartige steinerne Denkmäler), die in diesen »Städten« erhalten geblieben sind, mußten ihre Schöpfer von weither holen. So ist z.B. in der fast sumpfigen Umgebung von La Venta weit und breit kein Basaltvorkommen zu entdecken. Schließlich wurde festgestellt, daß die 20–60 t schweren Steinquader aus einem Vulkan stammen (dem heutigen San Martin Papajan), der von dem kulturellen Mittelpunkt der Olmeken 125 km entfernt lag. Wagen kannten die vorkolumbischen Indianer nicht. So sind diese viele Tonnen schweren Blöcke zunächst auf dem Seeweg und dann auf Flößen den Tonalá stromaufwärts befördert worden.

Außer den riesigen Köpfen sind in den »Städten« der Olmeken vor allem Basaltaltäre, hohe Stelen und Steinsarkophage gefunden worden. Doch von den hochentwickelten künstlerischen Empfindungen der Olmeken kann man sich auch an kleinen Gegenständen überzeugen. Mehrere tausend sind bis heute gefunden worden. Teils sind es Gegenstände des täglichen Bedarfs, häufiger müssen sie hingegen mit Ritualen in Verbindung gebracht werden. Ebenfalls gefunden wurden olmekische »Schätze«. Der Schatz aus Cerro de las Mesas enthält fast 800 Gegenstände, vorwiegend aus grünem Nephrit. Neben anderen Nephritgegenständen sind ferner eine Reihe kleiner hohler Nephritköpfe gefunden worden, die mongoloide Züge aufweisen könnten.

Als die bedeutendsten bisher bekannten Zentren der olmekischen Kultur sind die beiden Städte La Venta und das noch ältere, vor etwa 3300–3500 Jahren gegründete San Lorenzo Tenochtitlán anzusehen. San Lorenzo Tenochtitlán ist möglicherweise die älteste Stadt Amerikas (obgleich heute aus einigen anderen, nichtolmekischen Gebieten, z. B. El Baúl oder aus der frühesten Periode des sehr bedeutenden guatemaltekischen Zentrums Kaminalhuyú, sehr alte Denkmäler bekannt sind). Der Mittelpunkt des ausgedehnten Areals dieser ältesten olmekischen Metropole ist eine Art »Burgstätte«, die sich etwa 50 m über die umliegende Ebene erhebt. In diesem rund 1,5 km langen Rechteck sind mehr als fünfzig monumentale Steinplastiken entdeckt worden, neben den üblichen olmekischen Steinköpfen auch Statuen eines Gottes in Jaguargestalt, ein riesiges achtarmiges Geschöpf aus Stein, vermutlich eine gigantische Spinne, usw. Diese Standbilder waren – eventuell bei einer Rebellion – enthauptet und danach feierlich begraben worden, um sie ihrer »übernatürlichen« Macht zu berauben.

Bei der Untersuchung jener »Burgstätte« zeigte sich ferner, daß dieser ausgedehnte Bezirk nach genauen Vorstellungen der Baumeister gestaltet war: Er wird von »Engpässen« und vier »Höhenzügen« (A,B,C,D) gebildet. Dabei ist z. B. der Höhenzug A das genaue Spiegelbild des gegenüberliegenden Höhenzuges B. Im Bezirk der »Meseta« von San Lorenzo wurden des weiteren 21 kleine Seen – »Lagunas« – von zumeist sechseckigem Grundriß entdeckt, die, wie sich herausstellte, von den olmekischen Erbauern dieser Stadt ebenfalls künstlich angelegt worden waren. Der Grund dieser »Lagunas« ist mit aus Vulkanasche hergestellten Blöcken ausgelegt. Neben diesen künstlichen Wasserbassins sind in der »Burgstätte« auch mehrere Meter unter die Erdoberfläche

Diese aus Jade gefertigten Zeremonialbeile der Olmeken stellen »Jaguarmenschen« dar (nach Krickeberg)

eingelassene Kanäle entdeckt worden. Diese Kanäle sind aus Basaltblöcken in U-Form geschaffen worden.

In der Nachbarschaft des Kultzentrums von San Lorenzo haben die Bewohner dieser Stadt gelebt. Vor 3000–4000 Jahren hatte San Lorenzo schätzungsweise etwa 5000 ständige Einwohner.

Diese rätselhafte, alte Stadt Amerikas wurde von ihren Herrschern – vermutlich zu jener Zeit, als die Standbilder »geköpft« wurden – verlassen.

Zum Zentrum der olmekischen Kultur wurde nach diesen möglichen Ereignissen La Venta, ursprünglich eine Insel im Tonalá. Die neue Hauptstadt des »Jaguarvolkes« krönte eine 32 m hohe Erdpyramide von unregelmäßigem Grundriß. In ihrer Umgebung wurden wiederum mehrere Kolossalköpfe, eine Reihe von Altären, ein eigenartiges »Königsmausoleum«, ein von einer Reihe steinerner Säulen gebildeter Bau, sowie eine Art Hauptkultplatz gefunden, der wiederum von einer fest verbundenen Reihe Basaltsäulen umgeben ist.

Die Olmeken – möglicherweise die Vertriebenen von San Lorenzo – haben La Venta vor ca. 3000 Jahren gegründet. Sie haben die Stadt mindestens 300–400 Jahre lang ununterbrochen bewohnt. In La Venta ist der Jaguarkult noch weiter entwickelt worden, dessen Gestalt auch alle Altäre der Stadt zeigen. »Jaguarmerkmale« weisen jedoch auch die meisten Steinköpfe auf. Der Jaguarkopf ist auch auf dem wohl bekanntesten Bildhauerwerk der Olmeken – auf dem »Großen Altar« in La Venta – zu finden. An der Oberfläche des Altars befindet sich ein in den Stein gehauenes Jaguarfell. Ebenso wurden in dem größten bisher entdeckten Steinsarkophag (über 7 m lang) Ohrgehänge in Form von Jaguarzähnen gefunden.

Heute ist auch bekannt, daß die so häufig gefundenen olmekischen Kinderköpfe mit den etwas mongoloiden Zügen eigentlich dem Jaguargesicht nachgebildet wurden.

Wenn von den Olmeken die Rede ist, sprechen die Amerikanisten häufig von

Spuren der olmekischen Kultur wurden auch außerhalb des Hauptsiedlungsgebietes der Olmeken entdeckt, so auch diese in Felsen geritzten Bilder in der Nähe Chalchuapas in El Salvador (nach Covarrubias)

Olmekische Statuette mit sehr früher Hieroglyphenbeschriftung (nach Disselhoff)

einer »Jaguarbesessenheit«. Es scheint so zu sein, daß sich die Olmeken mit den Jaguaren geradezu identifiziert haben.

Von diesen »Jaguarmenschen«, den »Olmeken«, von denen wir nicht wissen, wer sie waren und wie sie wirklich hießen, vermutet man, daß sie die Schöpfer der »Haupterfindungen« des vorkolumbischen Mesoamerika waren. Wohl auch jener bedeutendsten: der Schrift. Die olmekische Schrift, eine Hieroglyphenschrift, ist die älteste bekannte Schrift der amerikanischen Indianer. Olmekische Hieroglyphen wurden an einer der Stelen in Tres Zapotes, auf drei Stelen in Cerro de las Mesas und auf weiteren olmekischen Denkmälern gefunden. Da bisher nur eine kleine Zahl olmekischer Inschriften bekannt ist, besteht vorläufig keine Aussicht, diese Schrift zu entziffern. Und dies um so weniger, da wir über die sprachliche Zugehörigkeit ihrer Schöpfer absolut nichts wissen. Sicher ist lediglich, daß die olmekische Schrift der späteren Schrift der Maya nahesteht. Die Schriften der Olmeken, Maya (auch der Zapoteken) weisen eine gemeinsame Schreibweise auf.

Ebenso wie die Maya kannten auch die alten Olmeken schon Ziffern, die sie auf die gleiche Weise wie die Maya schrieben: die Ziffern Eins bis Vier durch die entsprechende Anzahl von Punkten, die Fünf (die Zahl der Finger einer Hand) als einen waagerechten Strich und die weiteren Zahlen durch eine Kombination beider Zeichen. Mit diesen Ziffern ist eine der wertvollsten Angaben überliefert, die die vorkolumbischen Indianer hinterlassen haben. Auf einer kleinen (17 cm hohen) Nephritfigur, die eine Menschengestalt mit Vogelflügeln darstellt, sind mit olmekischen Zahlzeichen jene Angaben ablesbar, die unserem Jahr 162 entsprechen. Die Olmeken haben offenbar – wiederum zum ersten Mal in Amerika – auch mathematische Probleme gelöst. Wahrscheinlich sind die komplizierten Kalendersysteme, die später bei den beiden bedeutendsten Hochkulturen des vorkolumbischen Mesoamerika wieder auftauchen, ebenfalls bei diesem »Jaguarvolk« entstanden.

Zweifellos eine Erfindung der Olmeken sind auch jene säulenartigen Steindenkmäler, die Stelen, die später ebenfalls in ganz Mesoamerika zu finden sind. Diese großartigen Erfindungen jenes seltsamen »Jaguarvolkes« summierend, kann man eindeutig die Schlußfolgerung ziehen: Das Niveau dieser Kultur, die wahrscheinlich bereits vor ca. 3000 Jahren existierte, überragt das Niveau, das zur gleichen Zeit die Bewohner Tlatilcos und Ticomans und 2500 Jahre später die Bewohner der nordamerikanischen Pueblos erreicht hatten, also jener Indianer, die man als Vertreter der sogenannten mittleren Kulturen bezeichnet. Es erscheint legitim, die Kultur der Olmeken als die erste und älteste Hochkultur des vorkolumbischen Amerika zu bezeichnen. Fast erscheint es so, daß sie zu einem »Vorbild« wurde, das ungeachtet der natürlichen Hindernisse in ganz Mesoamerika Nachahmung fand. Dabei muß erwähnt werden, daß heute die eigentlichen sogenannten »archäologischen« Olmeken, die anonymen Schöpfer dieser ersten Hochkultur, von den späteren Bewohnern dieses Gebiets, den sogenannten »ethnographischen« Olmeken, unterschieden werden, über die zum ersten Mal de Sahagún informiert hat.

Ein Beweis für den »Export« der olmekischen Kultur sind z. B. Stelen, die an der entgegengesetzten Seite Mexikos, an der Pazifikküste, zu finden sind. Weitere Spuren sind vor nicht allzulanger Zeit u. a. in den mexikanischen Staaten Puebla, Morelos, Guerrero entdeckt worden.

Im Hochtal von Mexiko hatte sich bis dahin ganz kontinuierlich die »vorklassische« Kultur entwickelt. Vor einigen Jahren sind jedoch auch hier hohe hohle Köpfchen mit »Jaguarmäulern«, typische olmekische Nephritgegenstände und sogar Jaguarmasken gefunden worden. Die meisten dieser Gegenstände hat in Tlatilco und Zacatenco der mexikanische Amerikanist Miguel Covarrubias entdeckt. Dieser äußerte die Ansicht, daß das »Jaguarvolk«, dessen eigentlicher Name bisher unbekannt ist, auch auf der Mesa Central Kolonien gegründet hat (z. B. in Tlatilco), in denen die Olmeken die herrschende Schicht bildeten und die dortigen Bodenbau treibenden Ureinwohner die Schicht der Arbeitenden. Zugleich mit den Veränderungen in der politischen Ordnung brachten die Olmeken dem Hochtal von Mexiko auch ihre Kultur. Sie haben damit wahrscheinlich die kulturelle Entwicklung im Hochtal erheblich beschleunigt und somit die Bedingungen für die Entstehung der ersten dort beheimateten Hochkultur geschaffen. Sie selbst verschwanden aus der Kulturgeschichte der mesoamerikanischen Indianer, und mit ihnen verschwand auch das »Rückgrat« ihrer Welt – der allmächtige Jaguar. An die Stelle der »Jaguarmenschen« traten die Teotihuacan-Leute, die Tolteken, die Azteken und an der Golfküste die Totonaken.

Von den Totonaken bis zu den Mixteken

Die Olmeken waren die Träger der ersten Hochkultur Mesoamerikas, vermutlich des gesamten indianischen Amerika. Wann die letzten »Jaguarindianer« vom mesoamerikanischen Schauplatz abtraten, wissen wir nicht. In jener Gegend, in der das eigentliche Siedlungsgebiet der Olmeken lag, fanden die ersten Europäer die Schöpfer einer weiteren Hochkultur – die *Totonaken*. Dieses nun also totonakische Gebiet war in der Zeit der Konquista das eigentliche Eingangstor nach Mesoamerika. Auf diesem Wege gelangte Bernal Diaz del Castillo als Teilnehmer und späterer Chronist von Hernán Cortés' Expedition nach Mexiko. Die Berichte der ersten Besucher schildern die Bewohner dieses Gebiets als arbeitsame Bodenbauern, die eine ganze Reihe tropischer Kulturpflanzen, darunter auch den ungiftigen Maniok und die Batate, anbauten. Die Totonaken lebten in einer Reihe von Dörfern und in einigen Städten. Die wichtigsten sind: Cempoala, Tajín und Jalapa (Xalapa). In diesen Zentren der Totonaken fand man großartige monumentale indianische Architekturdenkmäler. Die diesbezüglich besten Berichte über das totonakische Hauptzentrum

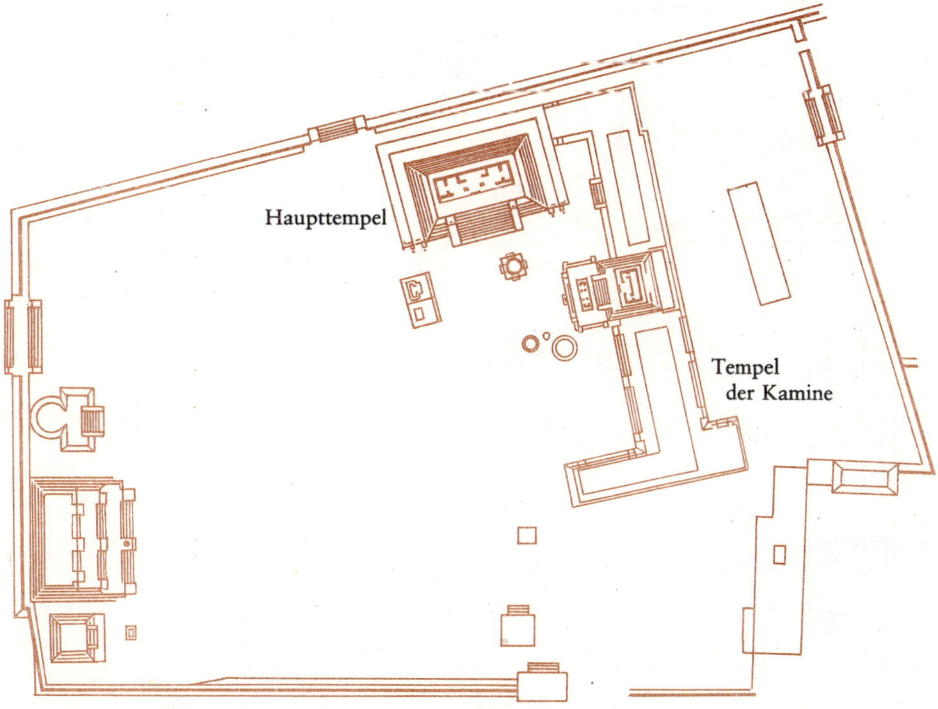

Haupttempelkomplex in Cempoala (nach Krickeberg)

Cempoala lieferten die Teilnehmer von Cortés' Expedition, die diese Stadt im Jahre 1519 besuchten.

Die religiösen Hauptgebäude Cempoalas waren miteinander zu einem riesigen Komplex verbunden, der eine Fläche von fast 5000 m² einnahm. Die Hauptmittelpunkte des religiösen Kults und besonders die hauptsächlichen Stätten zur Darbringung von Menschenopfern, die für alle indianischen Hochkulturen Mesoamerikas charakteristisch sind, waren die beiden Hauptpyramiden Cempoalas. Ein weiteres wichtiges Heiligtum des Komplexes war der sogenannte »Tempel der Schädel« – ein Bau, dessen Wände mit unzähligen aus Ton geformten und in fünf Reihen übereinander angeordneten Menschenschädeln bedeckt waren. Bevor Cempoala zum religiösen Zentrum der Totonaken wurde, hatte das nicht allzuweit entfernte Tajín diese Stellung eingenommen. Tajín ist seit der Entstehung der totonakischen Kultur (um 600) bis zu Beginn des 13. Jahrhunderts bewohnt gewesen.

Das bemerkenswerteste Bauwerk Tajíns ist eine siebenstufige Pyramide, die Hunderte mit Schlangenreliefs geschmückte Nischen aufweist. Auf einer Seite der Pyramide führt eine Treppe mit 364 Absätzen hinauf. Diese Zahl sollte wahrscheinlich der Zahl der Tage eines Jahres entsprechen. Den letzten, den 365. Tag, symbolisierte die oberste Plattform, auf der offenbar Menschenopfer vollzogen wurden.

Profil und Grundriß der totonakischen Pyramide von Tajín (nach Kubler)

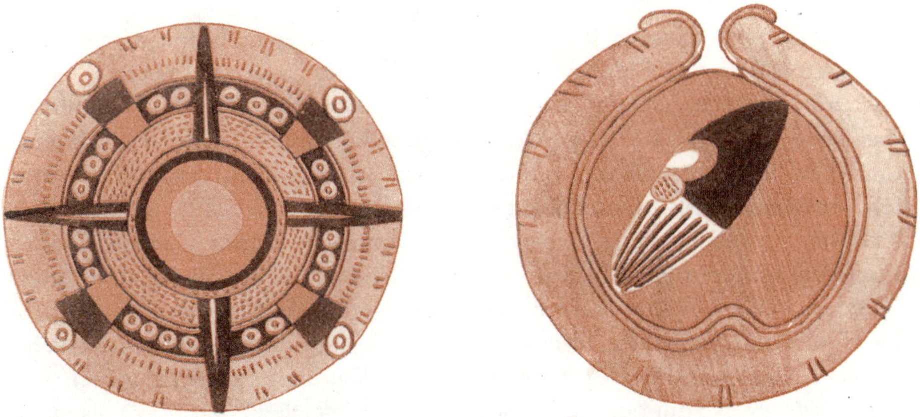

Sonnen- und Mondsymbol. Wandmalerei im »Tempel der kleinen Gesichter«, Cempoala (nach Krickeberg)

Die Religion hat vermutlich auch bei den Totonaken eine außerordentlich wichtige Rolle gespielt. Der Hauptgott der totonakischen Religion war der Gott des Regens. Ihm und allen anderen Gottheiten (der Himmelsgöttin, dem Sonnengott, dem Gott des Maises usw.) dienten Hunderte von Priestern. Cortés' Expedition traf in Cempoala auf viele schwarzgekleidete Opferpriester, deren Haar mit dem Blut zahlloser Menschenopfer gefärbt war. Die Menschen wurden von den totonakischen Priestern vor allem dem Regengott geopfert. Neben anderen Arten von Menschenopfern, die wir bei den Azteken und Maya kennenlernen werden, begegnete man bei den Totonaken noch der in regelmäßigen Abständen wiederholten Opferung von Kindern. Das Blut der bei einem großen, alle drei Jahre begangenen Kultfest geopferten Kinder wurde mit dem duftenden Harz bestimmter Bäume und den Samen auserwählter Pflanzen vermischt und an die erwachsenen Teilnehmer des Ritus verteilt.

Mit den religiösen Vorstellungen der Totonaken hängt offenbar auch ein höchst rätselhafter Gegenstand zusammen, der sehr häufig bei archäologischen Erforschungen der einstigen totonakischen Kultmittelpunkte gefunden wurde. Es handelt sich um eine Art steinerner Joche. Diese hufeisenförmigen Joche sind bis zu 50 cm lang und 30 cm breit und wurden vermutlich bei Opferzeremonien verwendet, welche Funktion sie dabei ausfüllten, ist bisher jedoch noch unbekannt.

Ebenso wie die steinernen Joche sind die sogenannten totonakischen »Palmas« bisher umstritten. Die steinernen Palmas, die den olmekischen Kultbeilen ähneln, haben ihren Namen nach der auffallenden Übereinstimmung mit der Form eines Palmenblattes erhalten. Die meisten dieser totonakischen Palmas sind dreikantige, prismatische Steinfiguren mit einem Loch in der Unterseite. Sie stellen stilisierte Tiere oder Menschen dar. Über ihre Funktion wurden viele Vermutungen angestellt. Da sie aber mehrfach in Gräbern totonakischer Adliger, besonders totonakischer Priester, gefunden wurden, ist anzunehmen, daß die Palmas der Seele eines Verstorbenen dienen und ihr helfen sollten, die Gefahren der Reise ins »Jenseits« zu bestehen.

Charakteristisch für die totonakische Kultur sind offenbar zahlreiche Plastiken, die stets lächelnde Menschengesichter und manchmal sogar fast kindliche Züge tragen. Bisher wurden in ganz Amerika keine derartigen Plastiken von »lächelnden Menschen« gefunden.

Die Totonaken haben ihr Gebiet am Golf von Mexiko etwa seit dem 7. Jahrhundert ununterbrochen bis zur Ankunft der Spanier bewohnt. Aber etwa zwischen 1050–1100 tauchte im Norden des totonakischen Gebiets (nördlich des Flusses Tuxpan) eine neue ethnische Gruppe auf – die *Huaxteken*. Sprachlich sind die Huaxteken den Maya verwandt. Kulturell stehen sie jedoch auf einer niedrigeren Stufe, und zwar sowohl im Vergleich zu den Maya als auch im Vergleich zu ihren Nachbarn, den Totonaken. Dennoch haben die Huaxteken im vorkolumbischen Mexiko eine bedeutende Rolle gespielt.

In die Kulturgeschichte des vorkolumbischen Amerika haben sich die Huaxteken als ein grausames, aber sehr mutiges und begabtes Kriegervolk eingeschrieben. Selbst die kriegerischen Azteken, die späteren Beherrscher ganz Mexikos, haben die Huaxteken niemals völlig unterworfen. Eher im Gegenteil – einer der letzten aztekischen Herrscher, Tizoc, erlitt im Jahre 1481 durch das huaxtekische Heer eine schwere Niederlage. Durch die Berichte der Azteken ist auch bekannt, daß die Huaxteken völlig nackt kämpften, daß sie sich gern tätowierten und ihr Aussehen durch künstliche Deformierungen des Schädels »verschönerten«. Mit den kriegerischen Huaxteken wurden jedoch auch die ersten Spanier nicht fertig. Zum ersten Mal schlugen die Huaxteken die Kon-

Totonakisches Steinjoch, dessen Bedeutung noch nicht eindeutig geklärt ist (nach Covarrubias)

Charakteristische Schöpfungen der Totonaken sind die sogenannten »Lachenden Gesichter«

quistadoren im Jahre 1519. Zum zweiten Mal stießen sie mit einer Strafexpedition zusammen, die der Eroberer Mexikos, Cortés, im Jahre 1521 gegen sie ausgesandt hatte. Aber auch Cortés, der Sieger über die Azteken, hat die Huaxteken eigentlich nicht unterworfen. Es gelang ihm lediglich, sie aus ihren Dörfern in die Verstecke der tropischen Wälder zu vertreiben. Als die Spanier in den ersten huaxtekischen Tempel eindrangen, um ihn zu plündern – sie glaubten, hier ebensolche Schätze zu entdecken wie in den aztekischen Tempeln Tenochtitlans –, fanden sie in dem Heiligtum lediglich die Skalpe jener spanischen Soldaten, die von den Huaxteken zwei Jahre vorher überwältigt worden waren. Die Huaxteken waren offenbar hervorragende Krieger. Ihrer militärischen Begabung haben sie es wahrscheinlich zu verdanken, daß sie in den ersten fünfzig Jahren der Herrschaft der Konquistadoren, im Gegensatz zu vielen anderen indianischen Gruppen Amerikas, der Vernichtung entgingen. Heute widmen sich diese einst so gefürchteten Krieger an den Hängen der Sierra Madre Oriental der Landwirtschaft.

Die Tempelarchitektur der Huaxteken, obwohl die Religion auch bei ihnen eine große Rolle spielte, war wenig entwickelt. Die huaxtekische Architektur unterscheidet sich jedoch von der Baukunst anderer Kulturen des vorkolumbischen Mesoamerika durch eine interessante Tatsache. Die Huaxteken scheinen, aus bisher unbekannten Gründen, eine Abneigung gegen gerade Linien, gegen Ecken und Kanten gehabt zu haben. Die meisten ihrer Tempel und »Paläste« haben einen kreisförmigen Grundriß.

So wie in vielen anderen frühen Hochkulturen Altamerikas spielten im Leben der huaxtekischen Gesellschaft die Priester eine entscheidende Rolle.

Die Huaxteken haben die dritte und letzte der Hochkulturen an der Küste

Vom Charakter der »weltlichen« Architektur zeugt dieser Wohnkomplex in Atetelco in der Nähe von Teotihuacan (nach Kubler)

des Golfs von Mexiko hervorgebracht. Diese werden daher auch als Culturas del Golfo – »Kulturen des Golfs« – bezeichnet.

Aber nicht lange nachdem an der Küste des Golfs von Mexiko der phantastische Aufstieg der olmekischen Kultur begann, erblühten zu Beginn des 1. Jahrtausends, relativ schnell und wie inspiriert vom olmekischen Vorbild oder vielleicht gar durch direkten olmekischen Einfluß, auch in Zentral-Mexiko die ersten indianischen Hochkulturen. Die erste dieser Kulturen wird nach ihrem Hauptzentrum Teotihuacan, das in der Mitte des Hochtals von Mexiko (42 km vom heutigen Mexico Ciudad entfernt) liegt, als *Teotihuacan-Kultur* bezeichnet.

Der Name Teotihuacan ist jedoch aztekisch. Den ursprünglichen Eigennamen der Träger dieser Kultur und ihres phantastischen kultischen Zentrums wird man wohl nie erfahren, da die Azteken in den letzten hundert Jahren vor der Ankunft der Spanier konsequent allen Orts- und Eigennamen in ganz Mexiko aztekische Benennungen gegeben haben.

So wie andere Hochkulturen des indianischen Mesoamerika hat die Teotihuacan-Kultur ein Bild ihrer Reife im wesentlichen nur durch ihre Monumentalarchitektur hinterlassen. Alles übrige ist größtenteils wie bei den meisten mesoamerikanischen Kulturen noch unentdeckt und unerforscht geblieben.

Teotihuacan war zweifellos das größte religiöse Zentrum, die bedeutendste Stadt des aztekischen Mexiko. Seine Größe hat selbst die Azteken in Staunen versetzt, die immerhin eine so prachtvolle Stadt wie Tenochtitlan erbaut hatten. Sie glaubten daher, Teotihuacan sei von denen errichtet worden, die nach der Sage vor den Azteken die Welt bewohnt hatten – von Riesen (Quiname). Die Azteken hatten »unbestritten« greifbare Beweise dafür, daß einst Riesen auf der Erde gelebt haben, die Teotihuacan als ihren Wohnsitz errichtet hatten. Und sie zeigten diese Beweise auch den ersten Spaniern. Es waren Knochen von Mammuts, die noch vor 12 000 oder 15 000 Jahren in Amerika lebten und deren Skelettreste die Indianer Mexikos häufig fanden. Den Vorstellungen der Azteken zufolge waren in Teotihuacan sogar Sonne und Mond geboren worden.

Die »Stadt der Riesen« und ihre Erbauer erweckten also bereits vor Kolumbus die seltsamsten Vorstellungen. Nach Kolumbus – bis in die neueste Zeit – ist die Frage, wer die Erbauer Teotihuacans waren, eines der größten Probleme der Amerikanistik geblieben. Es ist möglich, daß die Bewohner Teotihuacans nicht Angehörige eines einzigen Stammes waren. Vielleicht verband sie weniger eine gemeinsame Sprache als vielmehr gemeinsame religiöse Vorstellungen. Sonst ist von ihnen nur bekannt, daß sie gute Bodenbauern waren: Sie bauten Mais, Baumwolle und Bohnen an. Aus der Baumwolle webten sie vorzügliche Stoffe. Aus diesen Stoffen nähten sich die Bewohner Teotihuacans lange Röcke (Enagues) und Blusen (Huipiles). Die Teotihuacan-Leute waren auch u. a. hervorragende Töpfer, perfekte Maler und Schöpfer wunderschöner Mosaiken aus Halbedelsteinen.

An der Spitze ihrer Gesellschaft stand ein einziger Herrscher, der zugleich Oberpriester war. Dies bedeutete hohes Ansehen für alle Priester. Diese gesellschaftliche Rangstufe drückte sich auch in einer anderen Kleidung aus: schwarzer Umhang und eine hohe, nach oben spitzverlaufende Mütze. Die Religion hat bei den Teotihuacan-Leuten eine außerordentlich wichtige Rolle gespielt. Der Hauptgott war offenbar der Gott des Regens. Ihm war Teotihuacan zweifellos geweiht. Auch die in Zentral-Mexiko gewissermaßen »beheimatete« Gefiederte Schlange – Quetzalcoatl – erscheint in Teotihuacan u. a. als Abbildung des Regengottes. Dem hochstilisierten Bild des Regengottes begegnet man auf vielen herrlichen Wandmalereien, die wahrscheinlich alle Bauten Teotihuacans und der Städte schmückten, die zum Gebiet der Teotihuacan-Kultur gehörten.

Die religiösen Vorstellungen der Menschen in Teotihuacan sind bisher nicht

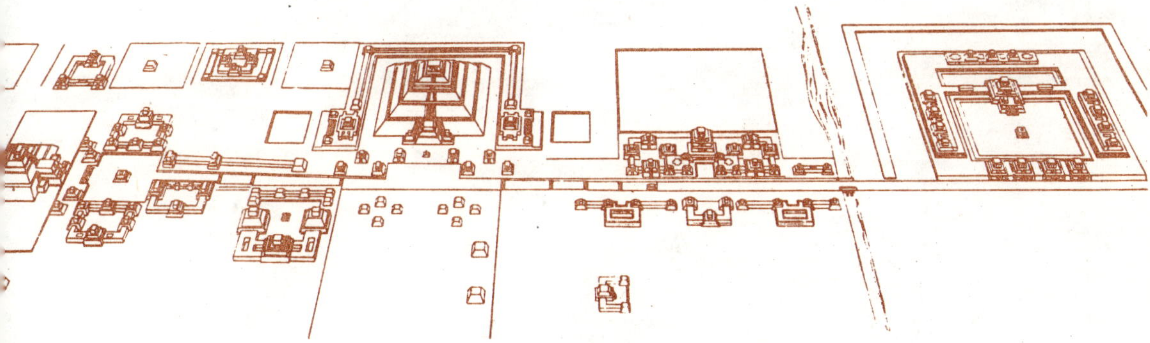

Die Hauptgebäude entlang der »Straße der Toten« in Teotihuacan (nach Kubler)

näher bekannt. Spielte auch die Religion eine außerordentlich große Rolle – davon zeugen eine Reihe großartiger Zeremonialbauten –, so war diese Stadt jedoch auch eines der größten Siedlungszentren im alten Amerika. Umfangreiche Wohnbezirke in der Umgebung der Kultanlagen weisen eindeutig darauf hin. Die Achse der phantastischen Stadt bildete eine breite Prachtstraße, auf der die Kult- und Pilgerprozessionen zum Haupttempel Teotihuacans zogen. Diese fast 2 km lange Prozessionsstraße, die von den Azteken später Mixcoatli (»Straße der Toten«) genannt wurde, war von Pyramiden und anderen Bauten gesäumt, die alle in Beziehung zum religiösen Kult standen. Längs der »Straße der Toten« erheben sich die größten Pyramiden Amerikas. Die größte von ihnen – die sogenannte Sonnenpyramide – besitzt einen Grundmauerumfang von 1000 m und eine Höhe von 63 m. Ebenso berühmt ist die zweitgrößte Pyramide von Teotihuacan, die sogenannte Mondpyramide. Von den sechzehn weiteren Pyramiden der Tempelstadt sei noch jene erwähnt, die die Azteken später Quetzalcoatl gewidmet haben. Sie ist mit 365 (d. h. der Anzahl der Tage eines Jahres) Porträts Gefiederter Schlangenköpfe geschmückt. Die eigentliche Bestimmung der Pyramiden von Teotihuacan und ihre ursprünglichen voraztekischen Namen sind bisher unbekannt. Die Erbauer Teotihuacans haben lediglich eine imposante Stadt hinterlassen, eine so gigantische Stadt, daß die Azteken verständlicherweise ihre Erbauung Riesen zuschrieben.

Teotihuacan diente seinem Zweck vom Anfang des 1. bis zum 7. Jahrhun-

Rekonstruktion der »Mondpyramide« von Teotihuacan (nach Krickeberg)

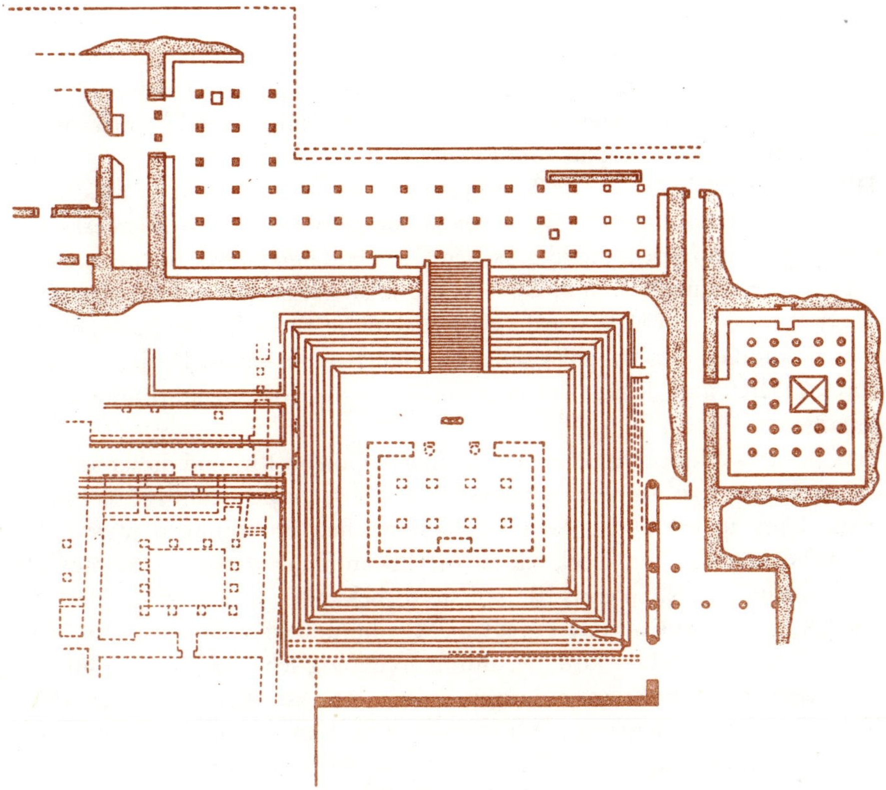

Grundriß des Zentrums von Tula, den Kolonnaden der Mauer der Jaguare (oben) (nach Kubler)

dert. Warum die Teotihuacan-Leute zu diesem Zeitpunkt dieses Siedlungsgebiet verließen und wohin sie gegangen sind, ist bisher nicht gänzlich bekannt. Bei Ausgrabungen wurden Brandspuren entdeckt, vielleicht war eine Feuersbrunst die Ursache für das Verlassen der Metropole. Die kulturellen Traditionen von Teotihuacan erhielten sich in einigen Teilen der Mesa Central, vor allem in Atzcapotzalco, bis in die frühe aztekische Zeit. Vielleicht wandten sich die Teotihuacan-Leute auch nach Cholula oder nach Xochicalco, der »Stadt der Blumenhäuser«. Möglicherweise sind sie aber auch von chichimekischen Angreifern vernichtet worden. Teotihuacan wie auch alle übrigen Städte der Teotihuacan-Kultur war nämlich nicht durch Mauern geschützt.

Eben zu der Zeit, da Teotihuacan erlosch, erschien auf dem Schauplatz der vorkolumbischen Kulturgeschichte eines ihrer bedeutendsten Völker – die *Tolteken.*

Den Tolteken und ihrer legendären Hauptstadt Tollan (Tula) haben bereits die ersten Kenner altmexikanischer Überlieferungen die hervorragendsten Leistungen und die höchste Kultur zugeschrieben. Auch die Azteken erkannten als Vorgänger einzig und allein die Tolteken an. Die Azteken, die den stärksten Staat des mexikanischen Hochlandes gebildet haben, hielten sich für die unmittelbaren Fortsetzer der toltekischen Tradition. Sie setzten zudem den Namen Tolteke mit dem Begriff Künstler gleich. So ging auch in die aztekische Sprache Die Bezeichnung Tolteke als Synonym für das Wort Erbauer, Architekt, ein. In Wirklichkeit war der Name dieses Volkes von der legendären Hauptstadt des toltekischen Staates – Tollan – abgeleitet.

Die so vielfach wiederholte Lobpreisung Tollans mußte einen rationalen Kern haben. Darüber freilich, wo dieses Tollan gelegen hat, wurde ein erbitterter Streit geführt. In dem mexikanischen Staat Hidalgo gibt es zwar heute eine Stadt mit dem Namen Tula, in deren Nähe sogar schon vor vielen Jahren eine kleinere Pyramide entdeckt wurde, aber auch diese Tatsache hat die Archäologen nicht auf die Spur Tollans geführt. Lediglich der Franzose Desiré Charnay entdeckte bereits zu Beginn der zweiten Hälfte des vorigen Jahrhunderts die Pyramide von Tula.

In Charnays Vaterland herrschte damals Napoleon III., und dieser schickte sich an, Mexiko zu erobern. Charnay begab sich in die »künftige Kolonie«, um die Lage zu erkunden. Seine archäologischen Forschungen waren also in Wirklichkeit nur ein Deckmantel für Erkundungstätigkeit. Das mexikanische Abenteuer Napoleons III. scheiterte bekanntlich später kläglich. Im Jahre 1885 tauchte Charnay erneut in Mexiko und in Tula auf, diesmal als Agent des Franzosen Lorillard, der durch archäologische Felduntersuchungen in Mittelamerika zu Ruhm gelangen wollte. Mit der Leitung seiner »Forschungsexpedition« betraute er Charnay. Die Expedition suchte z. B. die Ruinen der Mayastadt Yaxchilán auf. Die »Forscher« tauften sie jedoch zu Ehren ihres Geldgebers auf den Namen Lorillard.

Charnay kehrte noch einmal nach Tula zurück. Er sah sich die Pyramide von allen Seiten an, säuberte sie ein wenig und beschädigte sie gehörig. Und so glaubte dank Charnay überhaupt niemand mehr an Tula. Erst als in den 30er Jahren des 20. Jahrhunderts der Mexikaner Alfonso Caso Monte Albán entdeckt hatte, erinnerte man sich an das kleine mexikanische Provinzstädtchen.

Die damals begonnenen Ausgrabungen in Tula legten die Fundamente einer prächtigen Metropole frei, die offenbar jenes legendäre Tollan, die Hauptstadt des toltekischen Staates war, in der jedoch neben den eigentlichen Tolteken auch die Angehörigen einer Reihe anderer indianischer Gruppen gelebt hatten. Im Codex Chimalpopoca ist u. a. von einer Konföderation der ältesten mexikanischen Städte die Rede, zu der angeblich Cuauhchinanco (im heutigen Staat Pueblo), Cuauhnahuac und Huaxtepec (im heutigen Staat Morelos) und Cuahuapan (im heutigen Bundesdistrikt) gehörten. Die Hauptstadt dieser Konföderation soll Tula gewesen sein. In dem gleichen Codex sind auch die Namen der einzelnen Herrscher der toltekischen Dynastie, die in Tollan residierten, verzeichnet. Da aber bei den Tolteken offenbar der Begriff jener

Fassadenausschnitt des rekonstruierten toltekischen »Jaguartempels« in Chichén Itzá (nach Krickeberg)

höchsten Zeiteinheit – jenes 52jährigen Zyklus – entstanden war, den fast alle indianischen Völker Mexikos verwendeten, geben viele Nachrichten als Dauer der Regierungs- oder der Lebenszeit des betreffenden toltekischen Herrschers stets 52 Jahre an. Das entspricht sicher nicht den Tatsachen.

Wenn man versucht, aus der Menge widersprüchlicher Angaben der Codices und der ersten Chronisten festzustellen, seit wann dieses toltekische Herrschergeschlecht in Tollan residierte und wann vermutlich Tollan gegründet wurde, kommt man zu dem Schluß, daß der erste Herrscher der toltekischen Dynastie möglicherweise um das Jahr 720 den »Thron« bestiegen hat.

Die toltekischen Herrscher gründeten ihre neue Hauptstadt an jenem Ort, den sie bei ihrer langen Wanderung aus ihrer Huehue Tlapallan genannten Urheimat gesucht hatten. Der erste der Toltekenherrscher hieß Chalchiuhtlanetzin. Nach ihm sollen Nacoxoc, Mitl-Tlacomihua, die Herrscherin Xihuiquenitzin und Ixtacalzin den »Thron« in Tollan bestiegen haben. Aber der berühmteste und zugleich letzte Herrscher dieser ersten toltekischen Dynastie war der später zur Gottheit erhobene Quetzalcoatl, der im Jahre 925 die Herrschaft antrat.

Quetzalcoatl hieß allerdings in Wirklichkeit nach seinem Geburtsjahr Ce Acatl Topiltzin und war den toltekischen Sagen zufolge der Sohn des Himmelsgottes und der Göttin Mutter Erde. Dieser Ce Acatl Topiltzin soll u. a. der Reformator des Kalenders gewesen sein, er soll neue Mischungen seltsamer Metalle entdeckt und die Entwicklung der Kunst in Tollan gefördert haben. Obwohl Ce Acatl Topiltzin die Tolteken und andere Völker seines Staates ständig zur Verträglichkeit ermahnt haben soll, kam es in den Jahren seiner Herrschaft zu erheblichen religiösen Streitigkeiten, die schließlich in einem Bürgerkrieg gipfelten. Ce Acatl Topiltzin mußte aus Tollan fliehen. Er kehrte dorthin zurück, wo angeblich seine alten Vorfahren gelebt hatten – ans Meer im Osten, in das Land Tlallan-Tlapallan-Tlatlayayan (»Land der schwarzen und roten Farbe«). Wenn man diese Namen in unsere Begriffe übersetzt, stellt man fest, daß »Schwarz und Rot« im vorkolumbischen Mexiko den gleichen Sinn hat wie in unserem Sprachgebrauch »schwarz auf weiß« – also »Schrift«. Quetzalcoatl kehrte demnach in seine Heimat an der Meeresküste zurück, wo die schwarze und rote Schrift entstanden war – also zweifellos nach dem Lande Olman, in das einstige Stammesgebiet der Olmeken.

Die Sage vom Weggang, eigentlich der Flucht des Gott-Herrschers Quetzalcoatl aus Tollan ans Meer, nach späteren Legenden sogar auf die andere Seite des Meeres, wo er gen Himmel gefahren sei, wurde die unerwartete Hauptwaffe der Spanier bei der Eroberung Mexikos. Die mexikanischen Indianer sahen und begrüßten in den Konquistadoren, die »von der anderen Seite des Meeres« kamen, Quetzalcoatls verheißene Rückkehr.

Zusammen mit Quetzalcoatl verließen damals, offenbar vertrieben von einer wichtigen Gruppe der nichttoltekischen Bevölkerung des Staates, zahlreiche Gruppen der Tolteken Tollan, die nach dem Süden Mexikos gingen und besonders die dortigen Mixteken kulturell beeinflußten. Eine große Gruppe von

Tolteken erreichte damals jedoch insbesondere die von den Maya besiedelte Halbinsel Yucatán und eroberte dort einen Großteil der wichtigsten Städte der Maya (u. a. Chichén Itzá, Tulum, Uxmal, Mayapán).

Als die religiösen Streitigkeiten, die den Staat erschüttert hatten, beendet waren – offenbar durch den Sieg der Anhänger des Gottes Tezcatlipoca, dessen Verehrung die Azteken von dieser »zweiten Generation der Tolteken« übernommen und außerordentlich entfaltet haben –, bestieg die zweite Dynastie der Toltekenherrscher den verwaisten »Thron« Quetzalcoatls, jene Dynastie, die als »Schlangendynastie« bezeichnet wird, da alle ihre Angehörigen mit Ausnahme des ersten, des Matlaloxochitl (»Neun Blüten«), auch den Titel »Schlange« in ihrem Namen führten: Mitlacoatzin, Tlilcoatzin und schließlich Cecoatl (geboren um 1098), der unter dem Namen Huemac bekannter ist. Dieser Herrscher zog sich durch die Ehe mit einer Fremden das Mißfallen seines Volkes zu und beging Selbstmord. Aber durch das freiwillige Opfer war das Unglück, das den Tolteken die »Fremde« gebracht hatte, nicht abgewendet. Eine furchtbare Epidemie brach aus, die noch von einer katastrophalen Hungersnot begleitet wurde. Sechs Jahre nach Huemacs Freitod wurde das ruhmreiche Tollan-Tula von den Tolteken für immer verlassen.

Von den bisher freigelegten Palästen und Tempeln des toltekischen Tollan ist besonders jener Tempel, der dem Gott des Morgensterns gewidmet war, interessant. Die Ruinen dieses Tempels sind erst im Jahre 1940 freigelegt worden. Es stellte sich heraus, daß unter der Erdablagerung eine fünfstufige Pyramide mit einer Grundfläche von 43 × 43 m erhalten geblieben war, verziert mit Reliefs der Gefiederten Schlange und Bildern des Adlers, der bei den Tolteken als Symbol der Tapferkeit galt. Das breite Tor, das den Eingang in die Tempelpyramide bildete, war mit zwei Steinpfeilern geschmückt, die von Köpfen Gefiederter Schlangen gekrönt waren. Die Säulen des Heiligtums bestanden aus 5 m hohen Steinfiguren, die vielleicht den toltekischen Herrscher und Hohepriester, vielleicht auch Krieger darstellten. Die gewaltigen Statuen (es wurden acht gefunden) waren aus vier Quadern gearbeitet und durch Schäfte miteinander verbunden. Neben diesen sogenannten Atlanten sind in Tula auch Steinskulpturen gefunden worden, die den toltekischen Regen- und Sturmgott Chac-Mool darstellen, dem man später in der Mayametropole Chichén Itzá erneut begegnen wird. Am Bauch der heiligen Figur befindet sich eine schalenförmige Vertiefung, in die Opfergaben gelegt wurden. Außer in Tollan sind in der letzten Zeit auch in Cholula und einigen anderen Orten Zentral-Mexikos toltekische Bauten und Figuren entdeckt worden.

Im Gegensatz zu Zentral-Mexiko – dem dort gelegenen Hochtal – und der Golfküste galt der Norden Mexikos bereits in vorkolumbischen Zeiten als das Gebiet der »Barbaren«. Und tatsächlich hat sich auch keine der indianischen Hochkulturen des vorkolumbischen Mexiko in diesem nördlich der zentralen »Meseta« liegenden Gebiet entwickelt. In der Geschichte des vorkolumbischen Mexiko nimmt jedoch der Süden eine sehr bedeutende Stellung ein. Dort sind jene Gräber, Gräber buchstäblich voller goldener Schätze, gefunden worden.

Während Teotihuacan und einige andere voraztekische Städte ihre Federschlangenköpfe fast herausfordernd entgegenstreckten, mußten die Forscher die Schätze der »goldenen Gräber« tief im Innern der Erde suchen. Eines dieser goldenen Gräber wurde auf dem Monte Albán (der ursprüngliche indianische Name ist unbekannt) im Jahre 1931 von Alfonso Caso entdeckt. Der Monte Albán (»Weißer Berg«) erhebt sich über der Stadt Oaxaca im Süden der Mexikanischen Republik. Unter dem bewaldeten Gipfel dieses Berges lag aber eine Stadt begraben, in der 1500 oder 1600 Jahre und vielleicht noch länger überaus kultivierte Menschen gelebt, ihre Tempel gebaut, ihre Toten bestattet und ihnen auf die Reise ins »Jenseits« unvorstellbar prächtige goldene Gegenstände und Kleinodien mitgegeben hatten.

Die bisher freigelegten Ruinen von Monte Albán zeigen, daß diese Stadt der *Zapoteken* eine der größten Metropolen des vorkolumbischen Amerika überhaupt war. Die wichtigsten Bauten säumen von allen vier Seiten einen riesigen Platz. Doch interessanter als die Tempel, Paläste und großen Stelen dieser so ausgedehnten zapotekischen Stadt sind jene »goldenen Gräber« von Monte Albán. Diese »goldenen Gräber«, ihre unter der Erdoberfläche verborgenen Schätze sind, im Unterschied zu der absoluten Mehrzahl der anderen Meisterwerke der vorkolumbischen indianischen Künstler, den Konquistadoren nicht völlig zum Opfer gefallen.

Die Bewohner Monte Albáns haben diese Gräber für ihre angesehensten Toten (offenbar für Priester und Angehörige der Aristokratie) grundsätzlich unter der Erde errichtet. Aus den Hieroglypheninschriften in den Gräbern (»Sieben Türkise«, »Vier Affen«) läßt sich schwerlich die staatliche oder kirchliche Funktion des Bestatteten erschließen. Es ist unbekannt, ob die Inschriften wirklich den Namen des Toten wiedergeben (auch wenn in Altamerika der Name oftmals durch die Verbindung einer Zahl mit dem Namen eines Gegenstands ausgedrückt wurde) oder ob diese Bezeichnungen nicht die Todestage der Verstorbenen sind. (Die Zapoteken hatten sich nämlich einen eigenen, interessanten Kalender geschaffen. Das zapotekische Jahr dauerte 260 Tage, es hatte vier »Quartale« von je 65 Tagen. Diese zapotekischen Vierteljahre waren in 5 Monate mit je 13 Tagen eingeteilt.) Da in den Gräbern nur Zeichen für die Zahlen 1–13 gefunden wurden (eine Inschrift bedeutet z. B. »Dreizehn Tode«) ist es möglich, daß die Hieroglypheninschriften das Sterbe- oder Geburtsdatum des Bestatteten angeben.

Die aus Stein erbauten und stets mit einem großen Steinquader verschlossenen Gräber waren eigentlich künstliche Nachbildungen von Höhlen, in denen viele der indianischen Kulturvölker ihre Herrscher und Priester in den ältesten Zeiten bestattet hatten. Der Grund dafür ist in den Vorstellungen der Zapoteken über ihre eigene Vergangenheit zu suchen. Sie glaubten, daß sie am Anfang ihrer Geschichte aus Höhlen auf die Welt gekommen seien. Auf dem gleichen Wege wollten sie zu ihren toten Ahnen zurückkehren. In Monte Albán sind zum ersten Mal in der Geschichte der altamerikanischen Forschungen Gräber gefunden worden, die man mit der Pracht ägyptischer Grabstätten vergleichen kann. Die Bewohner Monte Albáns haben ihre »künstlichen Totenhöhlen« (und das ist bei den Indianern ganz ungewöhnlich) sogar mit reichen Wandmalereien geschmückt. Die Gräber waren mit irdenen Gefäßen ausgestattet, auf denen Götter dargestellt waren.

Den unermeßlich größten Goldschatz Monte Albáns entdeckte hingegen am 9. Januar 1932 Casos Assistent, Juan Valenzuelo. Der Schatz, den Valenzuelo erblickte und der schon 800 Jahre lang in dem unterirdischen Grab, das die Ordnungszahl Nr. 7 erhielt, ruhte, wurde später mit der Entdeckung des Grabes des Pharaos Tut-ench-Amun verglichen. Sieben Tage und sieben Nächte lang holte Casos Expedition Gegenstände von unermeßlichem künstlerischem Wert aus dem Grab. Allein in diesem Grab sind etwa 500 Kostbarkeiten gefunden worden.

Darunter die herrliche, fein gearbeitete Maske des Gottes Xipe Totec, Halsketten aus Perlen von der Größe kleiner Eier, Ohrgehänge aus Nephrit und Obsidian, prachtvoll gearbeitete goldene Armringe, aus 900 Gliedern bestehende Halsketten, eine goldene Tabakdose, Türkiszierat, Muschel- und Silberschmuck. Ferner Urnen und aus reinem Bergkristall gehauene Menschenschädel.

Insgesamt wurden über 150 Gräber in den Jahren 1931/32 im zapotekischen Monte Albán entdeckt. Keines hat jedoch jenes Grab Nr. 7 übertroffen.

Monte Albán ist aber nicht nur voller goldener Wunder, es ist auch voller Rätsel. Obwohl die Zapoteken schon vor 2000 Jahren in der Umgebung Monte Albáns gelebt haben, obwohl sie auch zur Zeit des Kolumbus dort lebten und

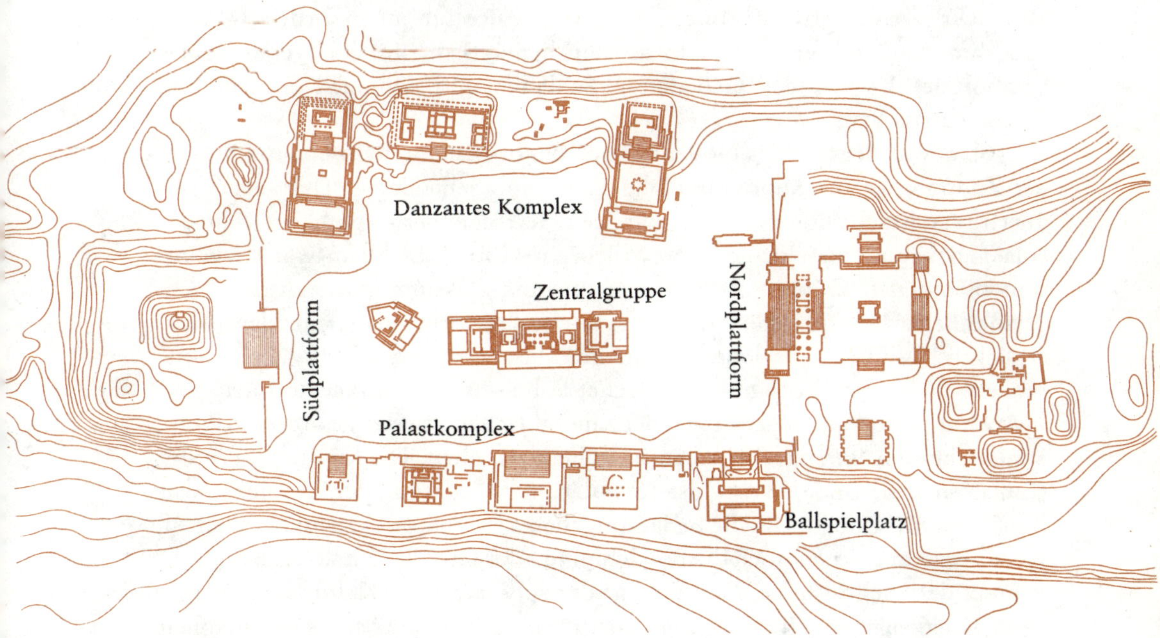

Den großen Kultplatz von Monte Albán schmücken eine Reihe von Pyramiden und ein Korbballspielfeld (nach Krickeberg)

auch noch heute dort leben, so trug dennoch die Studie, die der Entdecker dieser zapotekischen Stadt, Alfonso Caso, schrieb, den Titel: »La tumba 7 de Monte Albán es Mixteca« (Das Grab Nr. 7 von Monte Albán ist mixtekisch). Gesichert ist heute, daß die Zapoteken zu jener Zeit, die als »Monte Albán V« bezeichnet wird und das 14. und 15. Jahrhundert umfaßt, von den Mixteken aus ihrer goldenen Stadt (und auch aus ihren anderen Städten Xoxo und Cuilipan) vertrieben wurden. So waren die Toten im Grab Nr. 7 von Monte Albán (acht Männer und eine Frau) sehr wahrscheinlich Angehörige der mixtekischen Herrscherfamilie, die in dem damals von den Mixteken okkupierten Monte Albán residierte.

Als die Zapoteken aus »ihrem« Monte Albán vertrieben worden waren, schufen sie sich eine neue Metropole in Lyobaa (die Azteken nannten sie Mitla). Hier in Lyobaa (»Wohnung des Todes« oder »Haus der Ewigen Ruhe«) war nach den Vorstellungen der vorkolumbischen Indianer Mesoamerikas der Eingang zur Unterwelt, die Pforte zum »jenseitigen« Leben. So wird vermutet, daß zahlreiche »Pilger« aus ganz Mexiko nach Lyobaa-Mitla kamen, um ihren Tod zu erwarten. Zeugnis von der Bedeutung dieser Stadt legen – neben einigen anderen Palästen Lyobaas – der »Säulenpalast«, der »Nordpalast« und der »Südpalast« ab, die sich von der übrigen vorkolumbischen Architektur Mexikos vor allem dadurch unterscheiden, daß sie nur eine einzige Etage aufweisen. Die Paläste waren mit Friesen, aus weißen Steinen zusammengesetzten Mosaiken und herrlichen Wandmalereien geschmückt. Die Reste der erhaltenen Paläste sind im wesentlichen mit einem einzigen Motiv geschmückt – einer stufenförmigen Spirale, Xicalcoliuhqui (wörtlich »Verzierung am Kürbis«) genannt, die in Wirklichkeit ein äußerst vereinfachtes Symbol des Kopfes der Gefiederten Schlange und demnach ein Sinnbild Quetzalcoatls war.

Lyobaa war der Sitz des Hohepriesters, des höchsten religiösen Funktionärs der Zapoteken. Sie nannten ihn Uija-Tao (den »Sehenden«). Der »Sehende« übertraf an Machtfülle eigentlich auch den Herrscher der Zapoteken. Denn der Uija-Tao kannte als einziger den Willen der Götter. Er allein war dazu imstande, mit den Göttern zu sprechen und die Zukunft vorherzusehen. Ein gewöhnlicher zapotekischer Sterblicher durfte das Antlitz des »Sehenden« nicht erblicken. Der Uija-Tao lebte in seinem Palast in strenger Einsamkeit, ohne Frauen. Trotzdem durfte nur sein eigener Sohn seine Nachfolge antreten.

Auch die anderen Angehörigen der zapotekischen Priesterschaft – die Pitao, Veze-Eche und Pixana – standen in hohem Ansehen. Die künftigen Priester studierten an besonderen religiösen Schulen. Der Hauptgott der Zapoteken war der Regengott Cocijo. Um die Bedeutung dieses Hauptgottes zu unterstreichen, wurde seinem Namen noch die Bezeichnung »der Große« (Pitao) angefügt.

Einer der wichtigsten Charakterzüge der zapotekischen Kultur war die Existenz einer eigenen Hieroglyphenschrift. Einige zapotekische Hieroglyphen (z. B. die Hieroglyphe »Sonne«) hat der Entdecker Monte Albáns, Alfonso Caso, entziffert. Ebenso sind auch die zapotekischen Zahlzeichen, die genau

Palastkomplex in Mitla

wie bei den Maya mit Hilfe von Punkten und Strichen geschrieben wurden, entziffert.

Insgesamt sind heute bereits über hundert zapotekische Hieroglyphen bekannt.

Die älteste und sicher interessanteste Inschrift schmückt steinerne Platten mit der Darstellung sogenannter »Tänzer«. Die Abbildungen dieser Menschen, die die Mexikaner heute allgemein als Danzantes (Tanzende) bezeichnen, findet man auf den Steinplatten, mit denen die Erdpyramide umkleidet war, eines der Bauwerke, die die »Plaza« von Monte Albán umgaben. Die Steine stellen diese fast nackten Männerfiguren in ganz unnatürlichen Stellungen dar, so als ob sie überhaupt keine Knochen hätten, die Beine verkrümmt, die Köpfe kegelförmig, die Lippen angeschwollen. Es scheint, als hätten die Schöpfer dieser steinernen Porträts vor allem krankhafte Zustände ihrer Modelle betonen wollen. Die Körper dieser »Tänzer« sind verschiedentlich, besonders am Bauch, mit vorläufig völlig rätselhaften Hieroglyphen bedeckt. Diese aus dem ältesten Monte-Albán-Zeitalter stammenden seltsamen »Tänzer« beweisen zweifellos die Anwesenheit der Olmeken in dieser Stadt beziehungsweise deren Kultureinfluß auf Monte Albán.

Mit vielen Merkmalen ihrer Kultur standen die Zapoteken ihren Nachbarn, den südmexikanischen *Mixteken* nahe. Deren älteste Spuren führen ins

7. Jahrhundert. Doch erst nachdem die Mixteken durch die Berührung mit den Tolteken, die sich teilweise am Ende des 12. Jahrhunderts, nach dem Verlassen von Tollan-Tula, im Gebiet der Mixteken niedergelassen hatten, entscheidend beeinflußt worden waren, kam es zur stürmischen Entfaltung der mixtekischen Kultur. Und da die Mixteken im Unterschied zu den Zapoteken und den meisten anderen Hochkulturen Mexikos niemals einen Großstaat mit einer zentralisierten Staatsmacht geschaffen haben, sondern immer in eine Reihe von Zwergstaaten zersplittert waren, ist es einigen toltekischen Familien gelungen, sich in den einzelnen mixtekischen Herrschaftsbereichen eine solche Stellung zu erobern, daß sie schließlich selbst die Herrschaft an sich reißen konnten. Aus der Geschichte der Azteken wissen wir z. B., daß Montezuma I. die Tochter eines dieser toltekischen Herrscher, Atonaltzina, geheiratet hat.

Die Mixteken verband ihre gemeinsame Religion. Das Zentrum des Kults war die Stadt Achiotlan, wo im Haupttempel der Hohepriester einen riesigen Smaragd hütete, den sie »Herz des Volkes« nannten und der ein Symbol dieser überstaatlichen heiligen Einheit der Mixteken war.

Das beste Zeugnis vom kulturellen Niveau, das die Mixteken in dieser Zeit der »toltekischen Beeinflussung« erreicht hatten, legt gewiß jenes Grab Nr. 7 von Monte Albán ab. Die Mixteken haben sich vor allem durch ihre Goldschmiedekunst, besonders durch ihre herrlichen aus Goldblech gefertigten Filigranarbeiten, ihre wundervolle Keramik und ihre Bilderhandschriften in die Geschichte des indianischen Amerika eingeschrieben.

Die Mixteken haben hingegen keine so großartigen Architekturdenkmäler wie andere indianische Völker hervorgebracht. Auch der Glanz ihrer »Staatsmacht« war nicht sehr bedeutend. Dennoch sind über die Mixteken weit mehr genauere historische Angaben als über die Schöpfer jeder anderen der bereits erwähnten indianischen Hochkulturen Altamerikas bekannt, da sich die Mixteken eine eigene Bilderschrift geschaffen hatten, die durch die beigefügten Illustrationen größtenteils verständlich ist. Mehrere mixtekische Codices sind erhalten geblieben, die nicht nur die religiösen Vorstellungen ihrer Verfasser wiedergeben, sondern auch die Ereignisse seit jenem Jahr 838 (der Gründung der ersten mixtekischen Dynastie in Tilantongo) oder sogar schon seit dem Jahr 692 (Codex Bodleyianus) bis zur Konquista verzeichnen. Einer der mixtekischen Codices schildert auch die Verhältnisse nach der Eroberung Amerikas bis zum Jahre 1642. Kein anderes indianisches Volk Amerikas hat einen so genauen, gut datierten Bericht über seine Geschichte in einem Zeitraum von fast 1000 Jahren hinterlassen. Das bedeutendste der mixtekischen Bücher ist der aus 53 Blättern bestehende Codex Vindobonensis, der 13,50 m lang ist. Der in England aufbewahrte Codex Nuttall ist 11,22 m lang und umfaßt 44 Blatt. Besondere Aufmerksamkeit widmen alle mixtekischen Codices der Person des wahrscheinlich bedeutendsten mixtekischen Herrschers mit Namen »Acht Hirsche«.

Ein Abbild der mixtekischen Kultur stellen auf ihre Weise die nördlichen Nachbarn, die Azteken, dar. Die Azteken haben offenbar von ihnen eine ganze Menge gelernt: in erster Linie die Schrift, jedoch geht auch die Entfaltung ihres Kunsthandwerks auf mixtekische Vorbilder zurück.

Auf den ersten Blick – im Vergleich mit dem olmekischen und totonakischen Osten, der toltekischen und teotihuacanischen Mitte und dem zapotekischen und mixtekischen Süden – hat das westliche Gebiet Mexikos nichts Bemerkenswertes aufzuweisen. Und dennoch hat schon der erste Vizekönig Neuspaniens, Antonio de Mendoza, einen anonymen Franziskanermönch damit beauftragt, einen Bericht über das indianische Kulturvolk im Westen Mexikos zu schreiben, dem der Vizekönig eine ganz besondere Rolle in der Geschichte des indianischen Mexiko zuschrieb. Dieses indianische Kulturvolk im Westen Mexikos waren die *Tarasken,* die den heutigen mexikanischen Bundesstaat Michoacán bewohnten. Michoacán – wie es die Indianer nennen – bedeutet wörtlich »Land der Fischer«. Mit Recht, denn der Stolz dieses reizvollen Staates Mexikos sind viele ausgedehnte Süßwasserseen, darunter der berühmte Pátzcuaro, der fast 2200 m über dem Meeresspiegel liegt und noch heute Hunderten von Fischern den Lebensunterhalt sichert. An den Ufern des Pátzcuaro war die Hauptstadt des vorkolumbischen Staates der Tarasken – Tzíntzuntzan (»Stadt der Kolibris«) – emporgewachsen. Mit diesem Ort ist auch die älteste Geschichte der Tarasken verbunden, wie sie jener spanische Chronist aufgezeichnet hat. (Die Tarasken sollen, ähnlich wie z. B. später die Azteken, von einem anderen Ort in ihre anmutige bergige Heimat gekommen sein. Ihre Urheimat ist bisher noch nicht gefunden worden.) Nach der Ankunft am Pátzcuaro schlossen sich die drei bisher verfeindeten Gruppen der Tarasken zu einem Dreibund zusammen. Die Schaffung dieses Dreibundes schreiben die Tarasken ihrem ersten wirklichen Herrscher Tariácuri zu. Tariácuris Großneffe Tzitzi Phandácure dehnte dann die Macht der Tarasken weit nach Norden und Süden aus. Sein Sohn Tangaxoan war der erste taraskische Herrscher, der mit den Europäern in Berührung kam. Es war in Tenochtitlan, wo Tangaxoan mit Cortés zusammentraf. Sein späteres Schicksal glich dem Schicksal anderer indianischer Herrscher während der Konquista. Im Jahre 1532 wurde er von einem der grausamsten Konquistadoren, Nuño de Cuzmán, verbrannt, weil er ihm seinen Schatz nicht auslieferte. Den Schatz der Tarasken hatte jedoch bereits vor Jahren der spanische Hauptmann Cristobal de Olid geraubt.

Da die Tarasken einen wahren höchsten Herrscher hatten, wird deutlich, wie

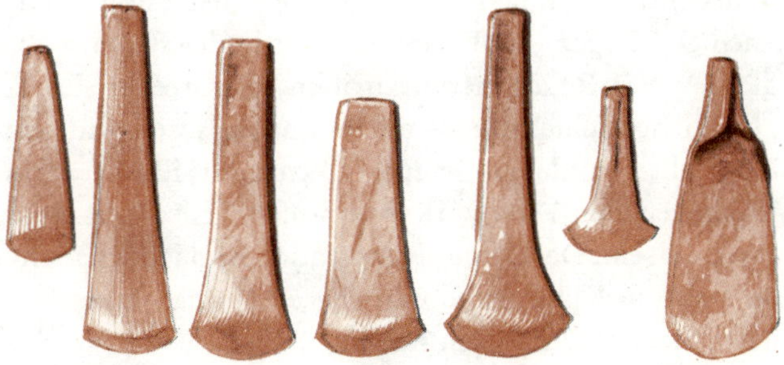

Werkzeuge der Tarasken aus Kupfer (nach Krickeberg)

weit bei ihnen der Prozeß der Bildung eines wirklichen Staates gediehen war. Der sehr absolut regierende Herrscher erwählte sich auch schon zu Lebzeiten seinen Nachfolger. Entweder war es ein Sohn oder ein Neffe des Herrschers. Der Herrscher war nicht nur das einzige zivile und militärische Oberhaupt der Tarasken, sondern auch der oberste Richter und zugleich der höchste religiöse Funktionär. Ein Ausdruck dieser Rolle war die Tatsache, daß allein er das Standbild des höchsten Gottes der Tarasken, Curicáveri, bewahren durfte. Dem Herrscher stand ein Rat von »Ministern« zur Seite: für militärische Angelegenheiten, für die Rechtspflege und für den religiösen Kult.

Die religiösen Vorstellungen der Tarasken waren sehr kompliziert. In ihrem Mittelpunkt stand die Verehrung des Feuers, die in einem so vulkanreichen Land wie Michoacán verständlich ist. Auch der Name der Hauptgottheit Curicáveri, der ursprünglich nur in Pátzcuaro angebetet wurde, bedeutet wörtlich »Großer Träger des Feuers«. Die Hauptpflicht der »Anzünder des Feuers«, Cúriti-Echa genannten Priester, war, Scheiterhaufen zu errichten und zu Ehren Curicáveris Feuer anzufachen. Der Kult des Feuers griff in der taraskischen Gesellschaft in alle Lebensbereiche ein. Ein junger Ehemann durfte z. B. erst dann zu seiner Frau ziehen, wenn er vor deren Haus einen großen Scheiterhaufen errichtet hatte. Dem »heiligen Feuer« wurden auch die Kriegsgefangenen geopfert, deren sich die Tarasken im Kampf bemächtigt hatten. Die dem Feuer zu Opfernden wurden mit den Symbolen Curicáveris – einer hohen Haube und goldenen Sonnenscheiben – geschmückt. Einerseits war Curicáveri die Gottheit des Himmels – die Gottheit der jungen, glühenden himmlischen Sonne, andererseits der Gott der Erde – der feurigen, vulkanischen mexikanischen Erde. Weitere Gottheiten der Tarasken waren Uréndelua Vécara – der Morgenstern, Xaratanga – der Mond, die Göttin der Ernte, ferner der Gott des Südens, Mimixcoa, und der Gott des Nordens, Huitznahua (in diesen Bezeichnungen klingen die Namen jener indianischen Stämme nach, die diese Gebiete einst bewohnten), und schließlich die Göttin der Regenwolken, deren Name jedoch unbekannt ist.

Die größten Kultfeste zu Ehren dieser Göttin fanden im taraskischen Thermalbad Zinapécuaro an den Ufern des Gebirgssees Cuitzeo statt, und zwar im Herbst, wenn schon Wolken und Nebel alle Täler des waldreichen Michoacán einhüllten. Die Teilnehmer des Kults warfen die Herzen der Menschenopfer in die Quellen Zinapécuaros. Die schon erkalteten Menschenherzen schlugen verschiedentlich den Dampf der Quellen nieder und erzeugten so einen künstlichen »heiligen Regen« zu Ehren der Göttin der Regenwolken. Wenn es gelang, auf diese Weise Regen hervorzurufen, erwarteten die Teilnehmer des Kults ein glückliches Schicksal; sie tanzten ausgelassen und schwenkten hoch über dem Kopf ihre goldenen Kulthalsketten zu Ehren der Göttin. Diese goldenen Kultgegenstände der vorkolumbischen Tarasken müssen ungewöhnlich schön gewesen sein. Derartige Gegenstände sind jedoch nicht mehr gefunden worden, da sich die Konquistadoren dieses Goldschatzes bemächtigten und ihn vermutlich eingeschmolzen haben.

Taraskische Yácatas in Tzíntzuntzan (nach Kubler)

Die Tarasken, die in Altmexiko die Kunsthandwerke zu besonderer Vollkommenheit entwickelten, haben eine bemerkenswerte Keramik hervorgebracht und Obsidian verarbeitet – in der Metallbearbeitung übertrafen sie alle anderen Völker Mesoamerikas –, besonders bewundernswert ist ihre Herstellung von Mosaiken aus Vogelfedern.

Die taraskische Architektur reichte zwar nicht an das Niveau z. B. der zapotekischen heran, aber dennoch sind noch Reste einiger Meisterwerke der taraskischen Baukunst erwähnenswert. Die typischsten Bauten sind die auf gewaltigen Sockeln errichteten sogenannten Yácatas (Tempelpyramiden). So bestand z. B. der Haupttempel in Tzíntzuntzan aus einer 425 m langen und 250 m breiten Plattform, zu der Dutzende von Stufen hinaufführten. Auf der Plattform standen fünf Yácatas – miteinander verbundene runde Tempelpyramiden. Im Unterschied zu den Bauten einiger anderer indianischer Hochkulturen waren diese taraskischen Tempel und Herrschergebäude stets zu einem einzigen riesigen Komplex verbunden. Außer dieser Tempelpyramide sind noch einige weitere bekannt, so die Yácata im taraskischen Paracutino, die jedoch im Februar 1943 während eines Vulkanausbruchs unter einer 300 m hohen Lavadecke begraben wurde.

Die Tarasken von Michoacán unterschieden sich durch ihre Kultur und ihre Sprache von allen anderen benachbarten indianischen Gruppen des vorkolumbischen Amerika, und noch mehr unterschieden sich die Tarasken in ihrem Aussehen von ihren vorkolumbischen Nachbarn: Sie rasierten sich sehr konsequent den Kopf und alle übrigen behaarten Körperteile, die Männer ebenso wie die Frauen. Daher nannten die Azteken ihre kahlköpfigen Nachbarn auch Chuaochpanne, wörtlich »Glatzköpfe«.

Die Tolteken, die nach dem Zerfall ihres Staates Tollan verlassen hatten, ließen sich z. T. unter dem Namen Culhua unmittelbar am Tezcoco, dem Hauptsee Mexikos, nieder, an dessen Ostufer sie die Stadt Colhuacan gründeten. Andere Gruppen der Tolteken gelangten bis in das Yucatán der Maya und das zapotekisch-mixtekische Oaxaca. Eine große Gruppe von Tolteken zog nach dem Tode Huemacs am Ende des 12. Jahrhunderts sogar bis in die heutigen mittelamerikanischen Republiken Honduras, El Salvador und Nikaragua, wo sie als Pipil mit den Spaniern zusammentrafen.

Das »Vakuum«, das in der Meseta durch den Zerfall des mächtigen Toltekenstaates entstanden war, füllte das »Hundevolk« der Chichimeca, genauer der Teochichimeca, oder wie wir sie auch nennen können, der eigentlichen *Chichimeken* aus. Diese Gruppe mehrerer einfacher Nomadenstämme, die ursprünglich im Norden Mexikos lebten, machte sich um die Mitte des 12. Jahrhunderts auf und zog, geführt von ihrem legendären ersten Häuptling Xolotl nach Süden. Der Angriff der Chichimeken begrub endgültig die letzten Reste des Staates und der Macht der Tolteken. Damit war für die Chichimeken der Weg frei zum Hochtal von Mexiko. Xolotl bestimmte den Chichimeken als ersten Standort einen kleinen Hügel, der seit jenen Zeiten Xoloc (»Xolotls Stadt«) heißt. Zu Beginn des 13. Jahrhunderts bildeten dann die Chichimeken am Ufer des Sees schon einen eigenen kleinen Staat, dessen Hauptstadt in den letzten Regierungsjahren Xolotls und unter seinem Nachfolger das am Westufer des Sees gelegenen Tenayuca (14 km von Mexiko Ciudad entfernt) war.

Zu einer besonders großen Entfaltung der Macht und der Kultur der Chichimeken kam es unter dem vierten Chichimekenherrscher – Quinatzin (1298–1357). Dieser hat sich in die Geschichte der Chichimeken mit mehreren bedeutenden Taten eingeschrieben. Erstens verlegte er die Hauptstadt des Staates von Tenayuca nach Tezcoco, zweitens lud er eine Gruppe schreibkundiger Mixteken in seine Hauptstadt ein, damit sie die Chichimeken mit der Schrift und dem Kalender vertraut machten, und schließlich sandte er Boten zu den kriegerischen Verwandten der Chichimeken, die im Norden Mexikos geblieben waren, mit der Aufforderung, ebenfalls nach der Meseta überzusiedeln und so die Macht der Chichimeken zu stärken. Der Aufforderung wurde entsprochen. Ein Teil der Neuankömmlinge ließ sich in Tezcoco nieder, ein anderer Teil in der heutigen Sierra Nevada, wo sie später einen eigenen Staat – Tlaxcala – gründeten. Und noch eine weitere Aktivität Quinatzins war für die spätere Geschichte des Hochtals von Mexiko von außerordentlicher Bedeutung. Dieser Herrscher der Chichimeken sagte sich der Legende nach von seiner ursprünglichen Muttersprache los und nahm für sich und sein Volk eine neue Sprache an – die Sprache der Tolteken von Colhuacan. Offensichtlich übernahmen die Chichimeken in einem längeren historischen Prozeß die Kultur der Unterworfenen. Da das Toltekische auch einer der Dialekte des Nahuatl ist – der Sprache, die auch die Azteken sprachen, die als letzte in das Hochtal von Mexiko kamen –, ermöglichte dieser Prozeß die künftige Annäherung der Azteken und der einstigen Chichimeken.

Unter dem Nachfolger Quinatzins, dem fünften Chichimekenherrscher Techolal, zerfiel die mühsam erlangte Einheit der Chichimeken des Hochtals von Mexiko wieder. Das Leben der einstigen »eigentlichen« Chichimeken, der Nachkommen Xolotls, konzentrierte sich auf die Stadt Tezcoco. Die Verwandten der Chichimeken, die den eigentlichen Chichimeken in das Hochtal von Mexiko gefolgt waren, bildeten an den Ufern des Sees nun schon eigene unabhängige Stadtstaaten. Der wichtigste von ihnen war Xalcotan, der Stadtstaat der Otomí, der von dem Otomíherrscher Chiconcuah auf einer der See-Inseln am Nordufer gegründet worden war, sowie das bedeutende Atzcapotzalco, die Stadt der mächtigen Tepaneken.

Auf diese Stadtstaaten, Atzcapotzalco, Tezcoco, Colhuacan und andere, trafen die Azteken.

Die Azteken

Am Ufer des Tezcoco wurde offenbar ein bedeutendes Stück vorkolumbischer Kulturgeschichte geschrieben. Der Mensch von Tepexpan, die Träger der mittleren Kulturen, die Teotihuacan-Leute und die Tolteken, sie alle haben unmittelbar an diesem See oder in seiner Nähe gelebt.

Und so war, noch bevor die Azteken in das Hochtal von Mexiko und an den Tezcoco kamen, dieses kleine Gebiet fast schon übervölkert. Direkt am Ufer des Sees und in seiner nächsten Umgebung waren Dutzende von Städten und Dörfern emporgewachsen: Zumpango, Apazlo, Ehecatepec, Tecpayocan, Citlaltepec, Cuahtitlan, Popotla, Xochimilco, Tlacopan und viele andere. Für die spätere Geschichte der Azteken sind aber besonders drei am Ufer des Sees gelegene Städte von Bedeutung, die zu der Zeit, als die Azteken in das Hochtal von Mexiko kamen, am größten und auch am mächtigsten waren: Atzcapotzalco, Colhuacan und Tezcoco.

Jede dieser Städte war ein selbständiger Stadtstaat. Atzcapotzalco war das Zentrum des Staates der Tepaneken, in Tezcoco herrschten die Chichimeken, und die Bewohner Colhuacans schließlich hielten sich für Tolteken. Selber nannten sie allerdings ihren ursprünglich toltekischen Stamm nun Acolhua. Alle Stämme, die an den Ufern des Sees ihre Stadtstaaten gründeten, waren erst in späterer Zeit von Norden her in dieses Hochtal gekommen. Den gleichen Weg zum Tezcoco kamen im 13. Jahrhundert auch die Schöpfer einer der bedeutendsten Kulturen Altamerikas – die *Azteken.*

Die Azteken nannten sich jedoch nach ihrem alten Stammeshäutling Mexitli (auch Mexi-Chalchiutlatonac) Mexica. Dieser hatte über die künftigen Azteken zu der Zeit geherrscht, als sie ihre legendäre Urheimat Aztlan verließen, von der auch der Name Azteken abgeleitet ist. Aztlan war wahrscheinlich eine inmitten eines großen Sees gelegene Insel. Dort in Aztlan lebten die Azteken bis zum Jahre 1068. In diesem Jahr brachen sie, wie die Sagen berichten, auf und traten zusammen mit acht weiteren verwandten Stämmen, die in ihrer Nachbarschaft siedelten und mit denen sie durch eine verwandte Sprache verbunden waren, den Weg nach Süden an. Alle diese und viele andere Stämme Mesoamerikas sprachen und sprechen noch heute Dialekte einer einzigen gemeinsamen Sprache – des Nahuatl. Diese Stämme werden daher mit dem gemeinsamen Namen Nahua bezeichnet.

Die zukünftigen Azteken hatten sich, geführt von Mexitli, auf die Wanderschaft begeben. Sie sollen eine Statue ihres Hauptgottes Huitzilopochtli (offenbar ein vergöttlichter alter Häuptling der Azteken) mit sich geführt haben, die die Gabe der menschlichen Sprache und die Gabe der Voraussehung besessen und den Azteken geraten haben soll, wohin und wann sie sich auf den Weg

Huitzilopochtli, die aztekische Hauptgottheit (nach Codex Telleriano-Remensis)

begeben sollen. Auf ihrem Zug nach Süden, in das Zentrum Mexikos, haben die Azteken, wie ihre Sagen berichten, oftmals haltgemacht. Jedesmal mindestens für ein Jahr. Sie suchten sich einen geeigneten Boden aus, bestellten ihn, und wenn die Felder abgeerntet waren und die Frauen die Kinder geboren hatten, brachen die Azteken wieder auf und setzten, von Huitzilopochtli geleitet, ihren Weg fort.

Nach längerer Zeit hielten sie abermals an und lebten mehrere Jahre in ihrer zweiten, ebenso legendären Urheimat Chicomoztoc, im Land der »Sieben Höhlen«. Die sieben Höhlen symbolisieren offenbar die sieben Sippen, aus denen der Stamm der Azteken damals bestand. Es ist allerdings auch möglich, daß die Bezeichnung Chicomoztoc nur ein anderer Name für Aztlan war.

Von den weiteren Aufenthalten der Azteken erwähnen die Chronisten noch einen Coatltepec (»Schlangenberg«) genannten Ort, an dem sie im Jahre 1143, nach Beendigung eines 52jährigen Zyklus, das Kultfest des Neuen Feuers feierten. Drei Jahre später gelangten sie zu dem nun schon unbewohnten Tula. Aber obwohl die Hauptstadt des toltekischen Staates schon 86 Jahre unbewohnt war, hat die Berührung mit den noch immer in der Umgebung Tulas ansässigen Tolteken die Kultur der Azteken wesentlich bereichert. Etwa 20 Jahre lang ließen sie sich in der Nähe der Ruinen Tulas nieder. Und dieser Kontakt mit der toltekischen Tradition hat den halbnomadischen nordmexikanischen Indianerstamm, wie bereits erwähnt, kulturell stark beeinflußt.

In den 70er Jahren des 12. Jahrhunderts brachen die Azteken von neuem auf. Als sie, geleitet von den Ratschlägen Huitzilopochtlis, an den mexikanischen See Pátzcuaro gelangten, meinten viele, daß es nirgends auf der Welt schöner sein könne, und sie schlugen vor, daß sich der Stamm für immer in dieser Landschaft niederlassen solle. Und diejenigen, denen der Pátzcuaro am meisten gefiel und die von dem langen Marsch jenes Tages am müdesten waren, sollen sogleich in den See gesprungen sein. Die anderen, die weniger Entschlossenen, baten die Statue um Rat. Doch Huitzilopochtli sprach: »Das ist noch nicht das richtige Land.« Und er befahl, den Marsch unverzüglich fortzusetzen. Die Azteken wandten ein, daß viele ihrer Gefährten noch badeten und weit inmitten des Sees schwammen. Doch Huitzilopochtli blieb unerbittlich. Er ordnete auch an, daß sie die Kleider derer, die badeten, mitnehmen sollten. Als dann die Nackten wieder ans Ufer stiegen, fanden sie dort weder ihre Sachen noch ihren Stamm.

Sie blieben an dem Ufer des Sees, siedelten sich dort an, und ihre Nachkommen leben noch heute am Pátzcuaro. Und so sollen, nach der aztekischen Sage, die Tarasken entstanden sein.

Diejenigen, die den Marsch fortgesetzt hatten, die Azteken, fanden aber schließlich doch noch einen Ort, der ihnen und den Göttern gefiel. Als sie im 13. Jahrhundert in das Hochtal von Mexiko, an die Ufer des Tezcoco, gelangten, beschlossen sie, sich dort niederzulassen. An den Ufern des Sees standen aber schon Dutzende von Städten. Alle Stämme, die diese Städte erbaut hatten, wohnten ausschließlich in ihnen und in ihrer nächsten Umgebung. Die einzelnen Uferstädte stritten sich erbittert um jeden Platz am See, um den fruchtbaren Ackerboden, an dem es bereits mangelte. Doch der Zugang zum See war nicht bewacht. Und so konnten die Azteken bis zum See vordringen und sich als höchst ungebetene Gäste an der gemeinsamen »Tafel« des Hochtals von Mexiko niederlassen.

Zu der Zeit, als die Azteken an den See kamen, führte sie Tenoch an, und nach ihm gaben sie sich ihren dritten Namen – Tenochca. Das Volk Tenochs ließ sich an den Ufern des Sees auf dem Hügel Chapultepec (»Berg der Heuschrecken«) nieder.

Den Azteken war freilich klar, daß die benachbarten Uferstädte, auch wenn sie ihnen den Aufenthalt nicht verweigert hatten, alles tun würden, um die Neuankömmlinge zu vernichten. Sie waren daher bestrebt, sich durch verschiedene Heiraten einen Platz in der neuen Heimat zu erkämpfen. Zu ihrem neuen Stammesoberhaupt erwählten sie Huitzilihuitl, den Sohn einer »Adligen« und eines »Prinzen« der Stadt Zumpango. Aber auch das half nichts. Der Herrscher von Colhuacan ließ Huitzilihuitl nach einiger Zeit umbringen.

Tenoch hatte sich mit seinem Stamm im Jahre 1256 auf dem »Berg der Heuschrecken« niedergelassen. Aber auch nach einem Vierteljahrhundert hatten die Azteken ihre demütigende, halb abhängige Stellung nicht geändert. Sie mußten u. a. Tribute an die herrschenden Städte abführen, im Heer Colhuacans dienen, als der Herrscher dieser Stadt, Chalchiuhtlatonac, mit der Stadt Xochimilco Krieg führte. Auch der Sieg, den die aztekische Hilfe den Truppen Colhuacans brachte, änderte nichts an der unfreien Lage der Azteken. Ganz im Gegenteil, im Jahre 1325 beschloß der Herrscher von Colhuacan, Coxcoxtli, der damals in der Stadt residierte, mit den ungebetenen fremden Gästen endgültig abzurechnen. Und so begann er einen nächtlichen Überfall auf das »Az-

Wohnsitze im Hochtal von Mexiko zu der Zeit, als Tenochtitlan, die Stadt der Azteken, bereits erbaut war (nach Covarrubias)

tekenviertel« vorzubereiten. Doch die Azteken erfuhren rechtzeitig von der Gefahr, und in einer dunklen Nacht verließen sie auf Hunderten von Booten heimlich Colhuacan. Sie irrten auf dem See umher und suchten an seinen Ufern ein sicheres Versteck. Aber die Ufer waren alle besetzt, und ein Durchzug durch das Gebiet einer der Uferstädte hätte für die damals zahlenmäßig noch schwachen und schlecht bewaffneten Azteken die völlige Vernichtung bedeutet.

So blieben ihnen nur zwei Möglichkeiten: entweder zu sterben oder – im wahren Sinne des Wortes – auf dem Wasser zu leben. Sie wählten das Leben und kreuzten auf dem See, bis sie eine sumpfige, unbewohnte kleine Insel fanden, auf der sie sich niederließen. Erst mit jenem Jahr, das im aztekischen Kalender als tecpatl bezeichnet worden ist und das unserem Jahr 1325 (?) entspricht, beginnt die wirkliche Geschichte der Azteken. (Hier muß erwähnt werden, daß entgegen früheren Ansichten der Beginn der politischen Geschichte der Azteken bis in die siebziger Jahre des 14. Jahrhunderts verlegt wird.)

Sie gaben ihrer Inselsiedlung den Namen Tenochtitlan. Als erstes bauten sie genau im Zentrum der Insel einen dem Huitzilopochtli geweihten Tempel. Von dem Tempel aus teilten sie die Insel – den Himmelsrichtungen entsprechend – in vier annähernd gleich große Teile ein: Cuepopan, Teopan, Moyotlan und Aztacalco, in denen sich die vier aztekischen Phratrien niederließen. Der Aufbau Tenochtitlans war sehr schwierig. Es fehlten Holz und Steine, und so mußten die Azteken eigentlich das gesamte Baumaterial bei ihren Nachbarn in den Uferstädten kaufen. Sie bezahlten mit dem, was der See ihnen spendete – mit Wasservögeln, Krebsen, Schilfrohr.

Auf der Insel mangelte es zudem an landwirtschaftlicher Nutzfläche. So suchten sie auch den Ackerboden im See. In dieser Zeit kam ihnen eine der bewundernswertesten voraztekischen Erfindungen, die Chinampas (»schwimmende Gärten«) – schwimmende künstliche Inseln, die durch die Verbindung von Baumästen, fruchtbarem Lehm, Flechtwerk usw. entstanden waren – zu Hilfe. Diese auf dem See schwimmenden »Felder« waren außerordentlich ertragreich. Die aztekischen Bewohner der Vorstädte der heutigen Hauptstadt der Mexikanischen Republik Xochimilco, Chalco und anderer wirtschaften z. T. noch heute auf diese Weise.

Den Azteken fehlte auf ihrer Insel aber nicht nur Land, sondern auch Trinkwasser. Auf der Insel gab es zwar eine Quelle, die einwandfreies Trinkwasser spendete, doch deren Ergiebigkeit konnte mit den schnell wachsenden Ansprüchen der Aztekenstadt nicht Schritt halten. Sie mußten sich also eine Art »Zisternenschiff« bauen und das Wasser auf ihre Insel befördern. Die mächtigen Stadtstaaten beobachteten mit großem Mißtrauen, wie sich inmitten des Sees eine neue Stadt erhob, die bereits mit vielen prächtigen Bauten geschmückt und von einer rasch zunehmenden Einwohnerschaft bevölkert war. Da die Inselstadt in dem Teil des Sees lag, auf den Atzcapotzalco Anspruch erhob, zwang Acolnahuac, der Herrscher von Atzcapotzalco, die Azteken, die Oberherrschaft seiner Stadt anzuerkennen und ihm einen gehörigen Tribut zu zahlen. So hatten sich die Azteken auch durch ihre Flucht vom Festland nicht aus ihrer abhängigen Stellung befreien können. Zudem kam es 13 Jahre nach der Gründung Tenochtitlans zu Streitigkeiten zwischen den einzelnen Sippen, und die Unzufriedenen verließen schließlich Tenochtitlan und siedelten sich auf einer kleineren, bis dahin unbewohnten Nachbarinsel an, die sie Tlatelolco nannten. Diese zweite aztekische Stadt stand ebenfalls unter der Oberherrschaft Atzcapotzalcos. Die Bewohner von Tlatelolco, die kein eigenes Stammesoberhaupt hatten, baten Tezozomoc, den neuen Herrscher von Atzcapotzalco, den Sohn des inzwischen verstorbenen Acolnahuac, um einen seiner Söhne als Herrscher. Tezozomoc erfüllte ihre Bitte, und so übernahm Tezozomocs Sohn, Caucaupitzahuac, die Herrschaft in Tlatelolco. Durch die Wahl Caucaupitzahuacs wurde der bisher einheitliche Stamm der Azteken für mehr als hundert

Jahre in zwei selbständige Gruppen, zwei selbständige Städte gespalten. Der Hauptteil lebte freilich auch weiterhin in dem viel größeren und wesentlich bedeutenderen Tenochtitlan. 51 Jahre nach der Gründung Tenochtitlans wählten die Azteken ihren ersten wirklichen Herrscher. Bis dahin wurden sie von einem Stammesoberhaupt geführt. Dieser erste Herrscher der Azteken war Acamapichtli. Acamapichtlis Mutter war eine Tochter des Herrschers über das mächtige Colhuacan, sein Vater war Azteke. Der Verwandtschaftsbund sicherte somit den Azteken die Unterstützung dieser Stadt gegen Atzcapotzalco. Als nach dem Tod Acamapichtlis dessen vierter Sohn, der zweite Herrscher der Azteken, Huitzilihuitl (»Kolibrifeder«), den »Thron« in Tenochtitlan bestieg, wurde der beträchtliche Tribut, den die Azteken bis dahin an Atzcapotzalco gezahlt hatten, auf die symbolische Abgabe einiger Fische beschränkt.

Huitzilihuitl heiratete auf den Rat der Azteken die Tochter Ayaucihuatls, des Herrschers von Atzcapotzalco. Das Kind, das aus dieser Ehe hervorging, war der »Hauptgrund«, der seinen Großvater nötigte, Tenochtitlan von den bedrückenden Abgaben ganz zu befreien.

Am Ufer des Sees hatten sich indessen die Streitigkeiten zwischen den einzelnen Stadtstaaten zugespitzt. Auf der einen Seite stand das tepanekische Atzcapotzalco, auf der anderen Seite das ursprünglich chichimekische Tezcoco. Die Azteken, die später die Zwistigkeiten für sich entschieden, waren auch mit Tezcoco durch Verwandtschaftsbeziehungen verbunden. Der Herrscher dieser Stadt, Ixtlilxochitl (nicht zu verwechseln mit dem späteren indianischen Chronisten), hatte eine der Töchter des ersten Herrschers der Azteken, Acamapichtli, geheiratet, und aus dieser Verbindung ging später der bedeutendste nichtaztekische Herrscher des Hochtals von Mexiko, Netzahualcoyotl, hervor.

Der lange Krieg, den Ixtlilxochitl von Tezcoco gegen Tezozomocs Atzcapotzalco führte, endete schließlich mit einem Kompromiß.

Zu dieser Zeit starb in Tenochtitlan Huitzilihuitl, und die Azteken erwählten zu ihrem neuen Herrscher Chimalpopoc (»Strahlender Schild«). Seine Regierung war mehr von den äußeren Verhältnissen beeinflußt als von den Veränderungen, zu denen es in Tenochtitlan selbst kam. Am Ufer entbrannte nämlich von neuem der Krieg zwischen dem kampflustigen, aber nun schon alten Tezozomoc, dem Herrscher von Atzcapotzalco, und der von Ixtlilxochitl regierten Stadt Tezcoco. Die Azteken versuchten, diese Zeit ausnutzend, jenen Wall von Wasser zu überwinden, der sie vom Leben des Ufers und dem Land trennte. So erbauten sie in kurzer Zeit eines ihrer originellsten Werke – einen Damm, der Tenochtitlan mit dem Seeufer verband. Der Bau gelang, und die Azteken konnten von da an zum ersten Mal den See ohne Boote überqueren. Der Damm beschleunigte aber auch wesentlich die Versorgung der rasch wachsenden aztekischen Metropole mit Trinkwasser.

Der eiserne Ring der Isolierung war damit gesprengt. Aber die Antwort ließ nicht auf sich warten. Als der kriegslüsterne Tezozomoc starb, wurde sein jüngster Sohn, Maxtla, Herrscher der Tepaneken. Maxtla verfügte nicht nur über Kampfeslust wie sein Vater; er hatte noch andere Eigenschaften: Verschlagenheit und Grausamkeit. Er sandte seine Männer aus, alle Herrscher der einzelnen Städte, die den Expansionsbestrebungen der Tepaneken im Wege stehen konnten, zu ermorden. Das erste Opfer war im Jahre 1428 der »Erbauer des Dammes«, der Führer der Azteken, Chimalpopoc. Danach sollten Netzahualcoyotl, der neue Herrscher von Tezcoco, und der Herrscher von Collmacan umgebracht werden.

Bei Chimalpopocs Begräbnis kamen die Herrscher aller bedrohten Städte zusammen, und da Maxtlas Pläne bekannt geworden waren, vereinbarten sie, Maxtla zuvorzukommen und mit vereinten Kräften Atzcapotzalco von mehreren Seiten anzugreifen. Die Azteken wählten, ohne den Rat Atzcapotzalcos zu befolgen, dem sie immer noch untertan waren, Itzcoatl (»Obsidianschlange«) zu ihrem neuen Herrscher. Die Wahl rief das äußerste Mißfallen Maxtlas hervor. Aber noch bevor Maxtla mit seinem Herr in Tenochtitlan eingreifen konnte, eröffneten die Azteken den Kampf.

Itzcoatl sandte nach allen Seiten Boten mit der Bitte um Hilfe aus. Diesmal gingen die beiden Aztekenstädte gemeinsam vor, weil die Befreiung von der Oberherrschaft Atzcapotzalcos auch im Interesse der Azteken von Tlatelolco lag. Das dritte Heer gegen Atzcapotzalco schickte Netzahualcoyotl, der Herrscher von Tezcoco. So griffen die vereinigten Truppen Atzcapotzalco überraschend von drei Seiten an. Nach der Schlacht, die nur wenige Tage dauerte, war Atzcapotzalco vernichtet. Die Bewohner der anderen von Tepaneken bewohnten Städte, besonders Tlacopans, schlugen sich auf die Seite der siegreichen Azteken.

Das aztekische Tenochtitlan hatte sich auf diese Weise nicht nur vom Joch Atzcapotzalcos befreit, sondern war auch zu einer der mächtigsten Städte im Hochtal von Mexiko geworden. Die Azteken verstanden, ihre einmalige strategische Lage zu nutzen. Sie brauchten sich nicht auf Verteidigung beschränken, sie konnten selbst angreifen. Statt des Tributs, den sie Atzcapotzalco hätten zahlen müssen, wollten sie nun selbst eintreiben, herrschen. Vorläufig waren freilich die Azteken noch nicht so stark, um ihre Herrschaftspläne allein verwirklichen zu können. Itzcoatl bot daher Tezcoco und den Tepaneken von Tlacopan ein Bündnis an: die Schaffung eines Dreibunds zur Verteidigung und vor allem zum Angriff. So entstand in den 30er Jahren des 15. Jahrhunderts eine militärische Konföderation, in der dem Namen nach alle beteiligten Stadtstaaten gleichberechtigt waren, jedoch nahmen von Anfang an in diesem Dreibund die Azteken eine Vormachtstellung ein. Das aztekische Tenochtitlan wurde die Hauptstadt der Konföderation. In der Innenpolitik, bei der Regelung ihrer eigenen Angelegenheiten, blieben die drei Stadtstaaten völlig unabhängig voneinander. In der Außenpolitik und besonders in militärischen Fragen sowie bei einigen anderen bedeutenderen Problemen stimmten sie sich aufeinander ab.

Die Angelegenheiten der Konföderation regelte ein »oberster Rat«, der in späterer Zeit seinen Sitz in Tenochtitlan hatte. Seine Mitglieder waren außer den Vertretern der einzelnen Städte – die freilich ausschließlich aus den Reihen der Aristokratie stammten – noch die drei Hueytlatoani, also die Herrscher der drei Städte der Konföderation. Nach der Herkunft, zu der sie sich bekannten, nannte sich der aztekische Herrscher Culhua Tecuhtli. (Die Culhua waren die Nachkommen der Tolteken, von denen die Azteken über die Mutter ihres ersten Herrschers, Acamapichtli, ihre Herkunft ableiteten.) Der zweite hieß Chichimeca Tecuhtli (die Bewohner Tezcocos hielten sich bekanntlich für die Nachfahren der Chichimeken) und der dritte schließlich Tepaneca Tecuhtli – »Herrscher von Tlacopan«, einer tepanekischen Stadt.

Die ersten drei Hueytlatoani verteilten unter sich die Aufgaben, die ihnen und ihren Nachfolgern bei der Regelung der Angelegenheiten der Konföderation zufallen sollten. Netzahualcoyotl, der Herrscher von Tezcoco, übernahm die Verantwortung für die Gesetzgebung der Konföderation und für die öffentlichen Bauten, Totoquihuatzin von Tlacopan förderte die Kunst und das Handwerk, und Itzcoatl widmete sich vor allem der Leitung der Außenpolitik der Konföderation, der Lösung von Streitigkeiten, die zwischen ihren einzelnen Mitgliedern entstehen konnten. Er wurde auch der Tlacatecuhtli, der Oberbefehlshaber der verbündeten Truppen. So war von Anfang an Itzcoatl – und in seiner Person die Azteken – die entscheidende Kraft des Dreibunds. In späteren Jahren trat Tlacopan fast ganz in den Hintergrund, und Tezcoco wurde der Sitz der Musen, hier lebten die mexikanischen Philosophen und Rechtsgelehrten.

Die aztekische Gesellschaft zerfiel in zwei ihrer gesellschaftlichen Stellung nach verschiedene Gruppen. Die Privilegierten hießen Tecuhtli (»Herren«), alle anderen – die Menschen ohne Vorrechte – Macehualtin (»Arbeitende«).

Von den »Herren« berichten die Codices und ersten Chroniken sehr ausführlich. In späterer Zeit wurde die Bezeichnung Tecuhtli nur für die höchsten Vertreter Tenochtitlans und auf dem Lande für die Statthalter der einzelnen aztekischen Städte und Dörfer verwendet. Die Tecuhtli brauchten im Unterschied zu den einfachen Azteken keinen Tribut abzuführen. Der Staat betraute sie mit hohen Ämtern, für deren Ausübung sie luxuriöse Kleidung und Schmuckgegenstände erhielten. Für die Nahrung, den Bau eines schönen Hauses und die zahlreiche Dienerschaft der Tecuhtli mußten die Bewohner der ihnen unterstehenden Stadt oder Ortschaft aufkommen.

Ein Tecuhtli hatte auch Anspruch auf einen besonderen »Titel« – tzin –, der an den Namen angehängt wurde. Der ruhmreiche Cauthemoc z. B., der Held des Verteidigungskampfes Tenochtitlans gegen die Spanier und Cortés' bedeutendster indianischer Gegenspieler, nannte sich auch Cauthemotzin.

Derartige Beziehungen zwischen dem Tecuhtli auf der einen Seite und der Stadt oder dem Dorf, das er verwaltete, auf der anderen Seite bestanden nur außerhalb des eigentlichen Tenochtitlan. In Tenochtitlan entsprach die Stellung des Tecuhtli der Funktion des Calpullec, des Oberhauptes einer der zwanzig traditionellen aztekischen Sippen – der Calpulli. Die Wahlen der Calpullec waren in den letzten 100 Jahren der Existenz Tenochtitlans schon eine sehr formale Angelegenheit. Diese wichtige Funktion hatten sich im Laufe der Zeit fast völlig die Angehörigen der einzelnen aztekischen Adelsfamilien angeeignet.

Der Adel war bei den Azteken bereits eine erbliche Institution. Daher stammt auch eine weitere aztekische Bezeichnung dieser Herrenklasse – Pilli (»Söhne«), Söhne eines hochgestellten Mannes selbstverständlich. Später wurden die niedrigeren Gruppen der privilegierten Schichten als Pilli bezeichnet. Der Adel war also erblich.

Die Calpulli, die Sippe, war mit dem Stamm durch die Tlatocan (»Redner«) verbunden, die aber ebenfalls ausschließlich aus den Reihen der »Herren« stammten. Jede Sippe war in dieser aztekischen Versammlung durch einen Delegierten vertreten. (Der »oberste Rat« trat regelmäßig einmal im Monat – das heißt alle zwanzig Tage – zusammen.) Alle zwanzig aztekischen Sippen waren in vier Phratrien eingeteilt. In Tenochtitlan wohnte jede dieser Phratrien in einem der vier Viertel dieser Stadt.

Die Versammlung der Tlatocan wählte – zumindest in älterer Zeit – »im Namen des ganzen Volkes« die sechs höchsten Vertreter der Azteken. Unter ihnen spielte natürlich derjenige die Hauptrolle, der die Außenpolitik Tenochtitlans und später die ganze Konföderation leitete und der – und das war bei einem so kriegerischen Volk, wie es die Azteken waren, noch wichtiger – den Oberbefehl über die aztekischen Truppen innehatte. Wegen dieser Hauptfunktion wurde der Herrscher Tenochtitlans Tlacatecuhtli genannt. Tlacatecuhtli war z.B. Montezuma II. und alle seine oben erwähnten Vorgänger. Das Amt des Tlacatecuhtli war erblich. Die Spanier kamen selbstverständlich in erster Linie eben mit diesem Repräsentanten der Azteken in Berührung. Denn er war es, der alle Beziehungen mit Fremdlingen zu regeln hatte, der das aztekische Heer befehligte, der den Krieg erklärte und Frieden schloß.

Der aztekische Tlacatecuhtli suchte sich bereits zu seinen Lebzeiten in der Regel unter seinen Verwandten einen Nachfolger aus. Formell wurde allerdings der Herrscher bis zu den letzten Tagen des Staates gewählt. In dieser Hinsicht unterschieden sich die Verhältnisse in Tenochtitlan wesentlich von den Verhältnissen im verbündeten Tezcoco, wo nach dem Gesetz *der* Sohn neuer Herrscher wurde, den die Hauptfrau des Regenten geboren hatte.

Im Schatten der Macht und des Ruhmes des Tlacatecuhtli stand der zweitwichtigste Funktionär des Aztekenstaates – der Cihuacoatl (»Schlangenfrau«). Er war der »Vizeherrscher«. In der Zeit, wenn sich der Tlacatecuhtli an der Spitze der Truppen der Konföderation auf einem Feldzug befand, wurde der Cihuacoatl der »amtierende« Herrscher von Tenochtitlan. Seiner Funktion nach war er das Oberhaupt der Azteken in den inneren Angelegenheiten und damit auch der Vorsitzende des »obersten Gerichts«. Dieses Gericht bestand aus dreizehn weiteren angesehenen Männern.

Den »obersten Rat« des Staates bildeten neben dem Tlacatecuhtli und dem Cihuacoatl noch vier weitere Funktionäre.

Am anderen Ende der gesellschaftlichen Stufenleiter standen die einfachen Azteken – die Macehualtin. Jeder Macehualli lebte in Tenochtitlan in einer der zwanzig Sippen, den Calpulli. Die einfachen Azteken waren vorwiegend in der Landwirtschaft als Bauern tätig. Ihre Sippe teilte ihnen von dem Gemeindeboden (Calpoalli) ein Stück Land (Tlallilli) zur Bearbeitung zu, von dessen Ertrag der Macehualli und seine Familie lebten.

Die Hauptanbaupflanze war der Mais, aus dem sie Mehl zum Fladenbacken herstellten. Der Mais, dieses Hauptnahrungsmittel der Azteken, hatte sogar eine eigene Göttin namens Tzinteotl. Neben Mais bauten die aztekischen Bauern auch Agaven, Bohnen, Paprika, Tomaten, Tabak und in ihren Kolonien den Kakaobaum an, aus dessen Bohnen sie ein von den Azteken Chocolatl genanntes Getränk zubereiteten. Als Haustiere, die ihnen Fleisch gaben, hielten sie vor allem Hunde und Truthühner.

Aus den Blättern der Agave (Maguey) gewannen die Azteken einen Saft, aus dem sie durch Gärung ein stark berauschendes Getränk, Octli genannt (das heutige Pulque), zubereiteten.

Die Agave diente gleichzeitig der Herstellung weiterer nützlicher Dinge: Aus den Dornen wurden Nadeln und Stecknadeln fabriziert, aus den Wurzeln Nahrung gewonnen, mit Agavenblättern wurden die aztekischen Häuser gedeckt. Das landwirtschaftliche Hauptgerät der Azteken war die Coa, eine Art hölzerner Hacke.

Neben der Bearbeitung des landwirtschaftlichen Bodens war die zweite Hauptpflicht eines Macehualli der Dienst in der Armee der Konföderation. Die Macehualtin kämpften gern. Und das nicht nur, weil für die Azteken der Kampf, der Krieg, das unterhaltsamste Spiel, die ehrenhafteste Pflicht und die beste Art der Verehrung der Götter war, sondern auch, weil sich ein »Arbeitender« u. a. in der Armee durch seine Tapferkeit eine Auszeichnung verdienen konnte, die ihm dann den Aufstieg in die höheren Schichten der aztekischen Gesellschaft ermöglichte.

Auf der gesellschaftlichen Stufenleiter standen unter den »Arbeitenden« noch weitere Gruppen persönlich freier Menschen, die die aztekische Gesellschaft jedoch verachtete: die Tlamatli (»Hand, die keinen Boden hat«) – also Bauern, die aus unbekannten Gründen keinen Anspruch auf ein Tlallilli, ein Stück Land, hatten und daher ihre Dienste anboten; und die Tlatlacotin, die Sklaven.

Die Azteken wurden entweder zu Sklaven, weil sie vom Standpunkt ihrer Gesetze aus ein Verbrechen verübt hatten (z. B. der Raub eines Kindes oder der Einbruch in ein Heiligtum wurde auf diese Weise geahndet), oder auch deshalb, weil sie so arm waren, daß sie sich lediglich als Sklaven verkaufen konnten. Die aztekischen Sklaven konnten sich nach einer gewissen Zeit aus der Sklaverei loskaufen. Ihr Besitzer gab sie frei, nachdem sich der Sklave vor vier vertrauenswürdigen Zeugen verpflichtet hatte, seinen »Wert« seinem ehemaligen Eigentümer innerhalb einer bestimmten Frist abzuzahlen. Frei werden konnte ein Sklave auch, wenn er nach dem Tod des Besitzers die Witwe heiratete. Ein solcher Mann, der die Sklaverei gegen die Ehe mit der Witwe eingetauscht hatte, wurde häufig – als neues Familienoberhaupt – zum Besitzer aller übrigen Sklaven des verstorbenen Eigentümers.

Viele nichtaztekische Sklaven brachte jedoch das Heer von seinen siegreichen Kriegszügen mit. Diese Kriegsgefangenen erwartete in der Regel der Opfertod.

Am Ausgang des 15. Jahrhunderts begannen sich die Azteken jedoch bewußt zu werden, welche wirtschaftliche Bedeutung die Arbeit der Sklaven für die Entwicklung Tenochtitlans haben könnte. So nahm neben den zur Opferung bestimmten die Zahl jener, die als rechtlose Arbeiter am Leben blieben, zu. Auf zwei Märkten, in Tlatelolco und in Atzcapotzalco, wurden diese Sklaven zum Kauf angeboten.

Eine besondere Stellung nahm eine weitere privilegierte Schicht ein, deren Bedeutung in Tenochtitlan in jenen letzten so glanzvollen 100 Jahren außerordentlich wuchs: die Händler (Pochteca). Die Familien der Händler wohnten in gesonderten Vierteln Tenochtitlans, deren Angehörige sich nur untereinander heirateten. In späterer Zeit durften wiederum lediglich die Kinder der Pochteca Händler werden.

Die aztekischen Pochteca hatten ihren eigenen Gott (Yacatecuhtli), den sie sich als reisenden Händler vorstellten. Aufgrund ihres Reichtums veranstalteten sie in Atzcapotzalco zu Ehren Yacatecuhtlis im Monat Panquetzaliztli feierliche Kultfeste, die mit der Opferung vieler Menschen verbunden waren. Ihren Sonderstatus hatten sie sich in erster Linie durch die wertvollen Nachrichten verdient, die sie den aztekischen Heerführern über die militärischen und wirtschaftlichen Verhältnisse jener Länder vermittelten, die sie besucht hatten. Neben diesem »Nachrichtendienst« schätzten die Azteken auch den Beitrag des Handels zur wirtschaftlichen Entwicklung Tenochtitlans. Aus Gebieten, die nicht der militärischen Macht der Azteken unterlagen, brachten die Händler viele wertvolle Waren mit, so z. B. die Federn des Quetzalvogels aus dem fernen Guatemala. Solch eine Geschäftsreise der aztekischen Händler dauerte sehr lange – in der Regel über ein Jahr. Der Familie eines Händlers waren während seiner Abwesenheit verschiedene Beschränkungen auferlegt: Die Frauen und Kinder durften sich u. a. nur aller 60 Tage einmal waschen.

Die Händler verkauften ihre Ware auf den einzelnen Sippenmärkten und auf dem zentralen Markt in Tenochtitlan. Einige Märkte waren auf den Verkauf bestimmter Waren spezialisiert. So gab es z. B. in Cholula einen Edelsteinmarkt, und in Acolman wurden Hunde verkauft.

Die Hauptrolle bei der Vergrößerung der Macht und des Ruhmes von Tenochtitlan und der Konföderation spielte die Armee des Dreibunds, in der freilich mehr und mehr die Azteken die führende Stellung einnahmen. Der Dienst in der aztekischen Armee war eine Ehre und eine Grundpflicht jedes Azteken. Tenochtitlan hatte zwar kleine Einheiten von Berufskriegern, doch eine wirklich starke Armee entstand erst in Kriegszeiten. Alle aztekischen Männer, die Waffen tragen konnten, wurden in diesen Zeiten zu Kriegern. Sogar die Priester waren verpflichtet, an den Feldzügen teilzunehmen. Die Teilnehmer von Cortés' Expedition schätzten die Gesamtzahl der aztekischen Krieger auf 150 000 Mann. Die militärischen Einheiten bestanden aus den

Angehörigen der einzelnen aztekischen Calpulli. Das eigentliche aztekische Heer, das die Hauptmacht der Truppen des Dreibunds bildete, hatte demnach zwanzig »Divisionen«. Jede Calpulli des aztekischen Stadtstaates hatte zugleich die Versorgung ihrer »Division« zu sichern. Die höhere militärische Einheit bestand jeweils aus fünf »Divisionen« der vier Phratrien Tenochtitlans. Die militärischen Einheiten wurden von Offizieren befehligt, für die die Kriegsführung Beruf geworden war.

Die »Offiziere« (Tlacateccatl – »Einer, der Menschen drillt«) genossen wie bei jedem anderen kriegerischen Volk auch bei den Azteken Vorrechte. Je nach ihrem Rang trugen sie eine Kleidung, die entweder mit gelben oder mit grünen Vogelfedern bedeckt und mit Gold verziert war. Der oberste Herrscher der Azteken (z. B. Montezuma) trug einen prächtigen mit Nephritschmuck behängten Mantel aus bunten Vogelfedern. Auf dem Rücken war dieser Mantel mit dem Abbild eines Schmetterlings geschmückt, dessen Körper aus Gold und dessen Flügel den Federn grüner Vögel nachgebildet waren. Der goldene Schmetterling war das Symbol des aztekischen Kriegsgottes Itzpapalotl. Die einfachen Krieger waren hingegen mit einem schlichten Baumwollgewand bekleidet.

Krieger und Offiziere einfacher Herkunft, die sich auf außergewöhnliche Weise im Kampf ausgezeichnet hatten, konnten für ihre hervorragenden Verdienste in den »Adelsstand« erhoben werden. Die aztekischen »Ritter für Verdienste« nannten sich »Adler« oder »Jaguare«, um auszudrücken, daß ihr Mut der Kühnheit dieser Tiere glich. Diese Cuauhpipiltin hüllten sich im Kampf in ein Jaguarfell oder schmückten sich mit Adlerfedern. Sie genossen sowohl zu Lebzeiten wie angeblich auch nach dem Tode verschiedene Vorrechte. Für ihre Verdienste konnten sie höhere militärische Befehlshaber werden. Die höchsten »Offiziersränge« allerdings waren ausschließlich dem Geburtsadel vorbehalten.

Der Krieg (yaoyotl) war bei den Azteken eine besondere, im wahren Sinne des Wortes heilige Aufgabe, ein Dienst an den Göttern. Allein die beiden Zeichen, mit denen der Krieg in den aztekischen Codices bezeichnet wurde und die den Ausdruck altlachinolli, d. h. »Blut und Feuer«, ergeben, lassen den Schluß zu, daß der Krieg gleichsam eine »heilige Handlung« war.

Der »heilige Krieg« wurde nach strengen Regeln geführt. Bereits die Kriegserklärung war sehr kompliziert. Wenn der Dreibund beschlossen hatte, sich ein bisher unabhängiges Land, eine Stadt oder einen bisher unabhängigen Stamm zu unterwerfen, schickte er zu dessen Oberhäuptern nacheinander drei Gesandtschaften mit der Maßgabe, sich der Konföderation freiwillig zu ergeben. Zuerst wurde zu den »auserwählten Feinden« eine Gesandtschaft Tenochtitlans geschickt, die von einem dazu ausersehenen Quahquahnotzin (»Botschafter und Unterhändler«) angeführt wurde. Dieser wandte sich z. B. an den »obersten Rat« der auserwählten Stadt mit dem Vorschlag, sich dem Dreibund freiwillig zu unterwerfen und den Schutz der Konföderation anzunehmen, deren Händlern das Betreten des Gebietes zu erlauben, im Haupttempel ein Bild des Gottes Huitzilopochtli aufzustellen und – was das Wichtigste war – sich kampflos zu verpflichten, in regelmäßigen Abständen eine bestimmte Anzahl von Gegenständen als »freiwillige Gabe« abzuliefern. Der Quahquahnotzin überreichte zugleich ein Verzeichnis der gewünschten »Gaben«. Wenn der »oberste Rat« diesem Ansinnen nicht entsprechen wollte, übergab ihm der Quahquahnotzin im Namen der Konföderation als Geschenk Schilde und Spieße, »... damit ihr nicht sagen könnt, wir hätten euch überfallen, ohne daß ihr euch wehren konntet«.

Nach Ablauf eines aztekischen Monats (d. h. nach 20 Tagen) besuchte eine weitere Gesandtschaft die zur Unterwerfung auserkorene Stadt, diesmal angeführt von dem Achcuatzin, dem Sonderbotschafter des zweiten Mitgliedstaates des Dreibunds, Tezcoco. Der Achcuatzin wiederholte die Aufforderung, und wenn sich der »Feind« auch diesmal nicht ergab, gipfelte diese Vorbereitungsphase nach abermals 20 Tagen in der dritten Gesandtschaft, die diesmal der Herrscher Tlacopans, des dritten Mitglieds der Konföderation, anführte. Und erst wenn es der »Feind« auch diesmal ablehnte, sich dem Dreibund zu unterwerfen, trat der Kriegszustand ein.

Doch auch danach begannen die militärischen Operationen der Konföderation nicht sofort, sondern erst an dem Tag, den die Wahrsagepriester als besonders günstig bezeichnet hatten.

Der Angriff der Truppen der Konföderation war stets gut vorbereitet. Die Kriegspläne der Azteken stützten sich auf die Berichte der Händler und auf die Informationen des »Nachrichtendienstes«. Die Armee der Konföderation bediente sich nämlich eines weitverzweigten Netzes von »Spionen«. Im Nahuatl wurden sie als Quimichtin, als »Mäuse«, bezeichnet. Die Quimichtin streiften in der Tracht des betreffenden Volkes in dessen Gebiet umher und sammelten die erforderlichen Informationen.

Im Krieg benutzten die Azteken für den Nahkampf zumeist hölzerne Spieße, die in einer Obsidianspitze endeten. Diaz, ein Teilnehmer von Cortés' Expedition, der selbst an vielen Kämpfen gegen die Azteken teilgenommen hatte, vermerkt in seiner Chronik, daß diese Obsidianspieße wirksamer als die eisernen Lanzen der Spanier gewesen seien. Im Kampf schützte sich der aztekische Krieger durch einen mit Leder überzogenen Holzschild. Der Kopf der Offiziere war außerdem durch eine Art Holzhelm geschützt. Für den Kampf auf größere Entfernungen verwendeten die aztekischen Truppen Pfeil und Bogen, jedoch wurde der Nahkampf – Mann gegen Mann – bevorzugt. Nicht nur weil dabei jeder Azteke seine persönliche Tapferkeit beweisen konnte, die als höchste Tugend galt, sondern auch weil er sich zugleich eines lebenden Gefangenen bemächtigen konnte, der dann als Opfer für die Götter die wertvollste Kriegsbeute der Azteken, das wertvollste Ergebnis des Kampfes war. Eines der Hauptanliegen der aztekischen Feldzüge war die Gefangennahme der Feinde, um diese dann opfern zu können.

Die Opferung eines Kriegsgefangenen war weder ein Ausdruck ihrer Grausamkeit noch ein Ausdruck ihres »Hasses gegen den Feind«. Ganz im Gegenteil:

Zwischen dem geopferten Gefangenen und dem, der ihn gefangengenommen hatte und ihn daher den Göttern opfern durfte, bestand eine Art mystische Verwandtschaft. Davon zeugt auch der Satz, den der glückliche Krieger aussprach, der einen Gefangenen gemacht hatte: »Das ist mein geliebter Sohn.« Und der Gefangene antwortete dem Mann, der ihn alsbald zum Opferstein führen würde: »Das ist mein geliebter Vater.«

Der Gefangene widersetzte sich seinem Schicksal in der Regel nicht und entfloh daher fast nie aus der Gefangenschaft. Durch die Überlieferung der ersten Chronisten sind eine ganze Reihe von Fällen bekannt, in denen ein Gefangener, der aus irgendeinem Grund nicht geopfert worden war, selbst entschieden die Opferung forderte. So hatte sich beispielsweise Tlahuicole, der Herrscher von Tlascala, im Kampf gegen die Azteken mehrmals durch außergewöhnlich tapfere Taten ausgezeichnet. Schließlich bemächtigten sich die Azteken Tlahuicoles. Doch da sie den Mut mehr als jede andere menschliche Eigenschaft schätzten, töteten sie Tlahuicole nicht, sondern vertrauten ihm im Gegenteil die Führung einer Abteilung ihres eigenen Heeres an, mit der Tlahuicole erfolgreich am Feldzug der Azteken gegen die Tarasken teilnahm. Als der Kriegszug siegreich beendet und die Abteilung Tlahuicoles nach Tenochtitlan zurückgekehrt war, bat der gefangene Herrscher darum, endlich auf dem Opferstein getötet zu werden. Wenn ein Gefangener aus irgendeinem Grunde nicht geopfert wurde, geschah es nicht selten, daß er sich selbst tötete, um zumindest durch den Freitod den Göttern sein Blut darzubringen.

Eine ganz eigenartige Institution, die auch in der Zeit, da die Azteken keinen Feldzug unternahmen, Gefangene auf den Opferstein führen sollte, war der sogenannte »Blumenkrieg«, d. h. ein vorgetäuschter Krieg, in dem Mannschaften einzelner Städte, z. B. Tenochtitlans und Tlascalas, gegeneinander kämpften. Die im Kampf besiegte Mannschaft (solche Blumenkriege dauerten allerdings in der Regel viele Jahre) wurde den Göttern geopfert.

Ein »normaler« Krieg war nach den gegenseitig anerkannten Bedingungen in dem Augenblick beendet, wenn die militärische Konföderation den zentralen Tempel in der Hauptstadt des feindlichen Landes erobert hatte. Damit hatte nach den Vorstellungen der Azteken ihr Kriegsgott Huitzilopochtli über die Götter des Feindes gesiegt, der »Gerechtigkeit war Genüge getan«, und die Feindschaft konnte beendet werden.

Nach Beendigung der Kampfhandlungen schickten die Besiegten eine Gesandtschaft. Nach wiederum streng eingehaltenen Regeln wurde den Siegern das »Schuldbekenntnis« mit der Bitte verkündet, die Konföderation und deren Götter mögen den Schutz über das Gebiet der Besiegten übernehmen. Als Gegenleistung für diesen »Schutz« erboten sie sich, regelmäßig eine bestimmte Anzahl von »Gaben« an Tenochtitlan abzuführen.

Entsprechend dem gesellschaftlichen Gefüge und dessen Funktion hatten die Azteken bereits eine Klassengesellschaft hervorgebracht. Doch während z. B. bei den benachbarten Maya das Ausbeutungsstreben der herrschenden Klasse in erster Linie auf die eigene Gesellschaft gerichtet war, war der Charakter des

Aztekenstaates durch die Unterwerfung und Ausbeutung anderer Stämme und Völker gekennzeichnet. Der Reichtum der Azteken ist ganz zweifellos aus militärischen Eroberungen hervorgegangen. Die Azteken wurden auf diese Weise nach und nach die unumschränkten Herrscher des ganzen vorkolumbischen Mexiko. Mit Ausnahme der Tlaxcalteken gab es in ihrer weiteren Umgebung keinen Stamm, kein Volk, kein Gebiet, das sie nicht militärisch kontrollierten und ausbeuteten. Im Unterschied zum Inka-Reich gliederten die Azteken die eroberten Gebiete ihrem Staat nicht als gleichberechtigte Provinzen, sondern nur als »Kolonien« an. Diese Kolonien waren nicht am staatlichen Leben der Azteken beteiligt. Das Territorium des aztekischen Staates war eigentlich nur auf die Stadt Tenochtitlan und ihre nächste Umgebung beschränkt. Alles, was außerhalb dieser Grenzen lag, betrachteten die Azteken nicht als ihr Land, sondern nur als Gebiete, die ihnen untertan waren. Es ist also richtiger, nicht von einem »Aztekenreich« zu sprechen, sondern von einem »großen, von den Azteken beherrschten Gebiet«.

In diesem beherrschten Gebiet existierten 38 in ihren inneren Angelegenheiten z. T. selbständige Staaten und Kleinstaaten, die man als Protektorate bezeichnen kann. In diesen Protektoraten residierten mit Zustimmung der Konföderation eigene einheimische Herrscher. In den Hauptstädten der Protektorate saßen freilich auch aztekische Gouverneure, die Petacalcatli, die darüber wachten, daß die dortigen Herrscher eine Politik entsprechend den Wünschen Tenochtitlans betrieben, und die besonders dafür zu sorgen hatten, daß die Protektorate die vorgeschriebenen Abgaben ordnungsgemäß und zu den festgesetzten Fristen (zwanzigtägigen, achtzigtägigen oder halbjährlichen) in die Lager und Speicher von Tenochtitlan, Tezcoco und Tlacopan abführten.

Zur Eintreibung dieser Steuern hatte die Konföderation einen umfangreichen Beamtenapparat sogenannter Calpixqui (Tributeinnehmer) eingerichtet, die das Gebiet eines Protektorats bereisten und die Steuern einforderten. In der Hauptstadt des Protektorats bestand ein Provinzsteueramt, in dem neben den Calpixqui Dutzende von Schreibern alle Steuerpflichten und ihre Erfüllung sorgfältig registrierten.

Der Gesamtumfang dieser Abgaben, die die 38 Protektorate an die Konföderation abzuführen hatten, war erheblich. Im zweiten Teil des Codex Mendoza befindet sich eine Übersicht über die Tributpflichten der aztekischen Kolonien während eines halben Jahres (in den zu jener Zeit gebräuchlichen spanischen Maßen). Die Kolonien mußten an Tenochtitlan unter anderem abführen:

Mais – 140 000 Fanegas (1 Fanega = 55,5 Liter)
Bohnen – 105 000 Fanegas
Ölsamen – 105 000 Fanegas
Kakaobohnen – 1260 Säcke
Salz – 6000 Kegel
Rote Paprikaschoten – 1600 Säcke
Agavenbranntwein – 2400 Krüge

Honig – 1700 Krüge
Mexikanische »Zigarren« – 36 000 Bündel
Holz – 5400 Frachten
Balken – 5400 Stück
Bretter – 10 800 Stück
Bambusstäbe – 18 000 Ballen
Bemalte Kürbisse (Gefäße) – 27 600 Stück
Liegematten – 12 000 Stück
Kalk – 19 200 Frachten
Baumwolle – 4800 Ballen
Vogelfedern (zum Schmuck) – 32 800 Bündel
Komplette Kriegeruniformen – 600 Stück
Mit kostbaren Federn verzierte Uniformen für hohe Offiziere – 65 Stück
Papier aus Agaven – 48 000 Bündel
Kopalharz für religiöse Zeremonien – 3600 Körbe
Flüssige Ambra zur Herstellung von Weihrauch – 100 Krüge
Bälle für Kultspiele – 16 000 Stück
Feine, bei religiösen Zeremonien verwendete Vogelfedern – 20 Säcke

Den Gehorsam der Bewohner jener 38 Protektorate gewährleisteten »militärische Stützpunkte« der Armee des Dreibunds, die an strategisch wichtigen Stellen postiert waren.

So kannten die Bewohner der Provinzen des Aztekenstaates eigentlich nur drei Vertreter der Konföderation: den Gouverneur, die Armee und den besonders gehaßten Tributeintreiber. Schon Diaz erwähnt später, wie hochmütig und herrisch die aztekischen Steuereintreiber, die auch vor Strafen bei nicht pünktlicher Abgabe nicht zurückschreckten, mit der Bevölkerung der unterworfenen Gebiete umgingen.

Der Beginn dieser Oberherrschaft der Azteken – Tenochtitlans und seiner weniger bedeutenden Partner im Dreibund, Texcocos und Tlacopans – war mit der Regierungszeit des Tlacatecuhtli Itzcoatl verbunden. Die von Itzcoatl geführte militärische Konföderation eroberte nach und nach das gesamte an den Ufern des Sees gelegene Gebiet. Städte, die sich der aztekischen Oberherrschaft widersetzten, wurden häufig vernichtet. Itzcoatl hinterließ, als er im Jahre 1440 starb, seinem Nachfolger Montezuma I., genannt Ilhuicamin (»Himmlischer Bogenschütze«), nicht nur die Oberherrschaft über die Konföderation, sondern bereits über das ganze Hochtal von Mexiko.

Der einzige Rivale des Dreibunds, der im Hochtal noch Widerstand leistete – eine von der Stadt Chalco geführte Konföderation von 21 Städten im südlichen Teil des Hochtals –, wurde von dem »Himmlischen Bogenschützen«, der bis 1469 regierte, vernichtet. Nachdem Montezuma I. das Hochtal von Mexiko beherrschte, dehnte er seine Macht noch wesentlich weiter aus. Er unternahm mehrere Feldzüge und unterwarf den Azteken einen mexikanischen Indianerstamm nach dem anderen. Er führte Kriege gegen Cholula, Tehuacan

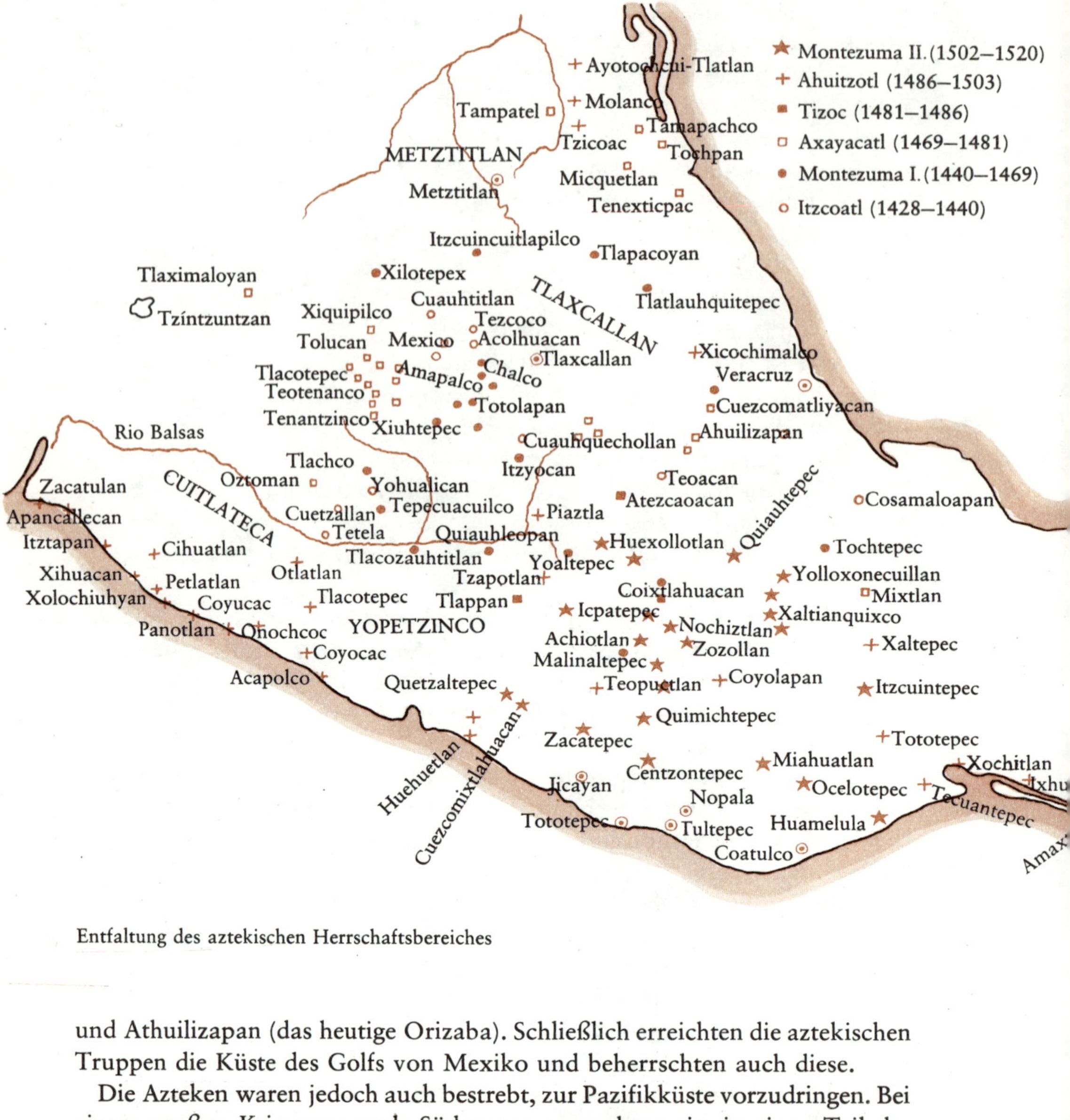

Entfaltung des aztekischen Herrschaftsbereiches

und Athuilizapan (das heutige Orizaba). Schließlich erreichten die aztekischen Truppen die Küste des Golfs von Mexiko und beherrschten auch diese.

Die Azteken waren jedoch auch bestrebt, zur Pazifikküste vorzudringen. Bei einem großen Kriegszug nach Südwesten versuchten sie, in einen Teil des Gebietes der Zapoteken und Mixteken vorzustoßen. Nach einer Reihe von Kämpfen vernichtete das aztekische Heer in der großen Schlacht bei Huaxyacac (dem heutigen Oaxaca) die Truppen der Mixteken und Zapoteken. Dieser Sieg Montezumas öffnete der Konföderation den Zugang zum Pazifik.

Der Enkel Itzcoatls, der neue Herrscher von Tenochtitlan, Axayacatl, er herrschte von 1469–1481, setzte diese Eroberungszüge in südlicher Richtung fort, er gelangte bis an den Golf von Tehuantepec. Axayacatl war es auch, der die beiden Zentren Tenochtitlan und Tlatelolco wieder vereinigte.

Die Kriegszüge der Azteken, deren Aufgabe es nun nicht mehr war, Land zu erobern, sondern in erster Linie Ungehorsame zu bestrafen und Aufrührer niederzuwerfen, wurden auch unter der Regierung der letzten Aztekenherrscher: Tizocs, Axayacatls Bruder, der nur fünf Jahre, von 1481–1486 regierte, seines anderen Bruders Ahuitzotl (1486–1502) und schließlich auch unter dem letzten Aztekenherrscher Montezuma II., genannt Xocoyotzin (der »Jüngere«), fortgesetzt.

Über die Regierungsjahre (1502–1520) Montezumas II., des »Jüngeren«, berichten die ersten Chronisten sehr ausführlich. Interessant ist in diesen Berichten jene Tatsache, daß es, ebenso wie bei den Inka, auch in der Konföderation kurz vor der Ankunft der Spanier zu ersten erbitterten Streitigkeiten gekommen ist. Von den drei Mitgliedern des Dreibunds war Tlacopan schon völlig bedeutungslos geworden, und sein Herrscher, Totoquihuatzin, regierte eigentlich nur noch formell. Die gesamte Konföderation wurde uneingeschränkt von den Azteken, von Tenochtitlan, beherrscht. Solange im dritten Stadtstaat des Dreibunds, Tezcoco, Netzahualpilli herrschte, gab es auch keine Schwierigkeiten. Netzahualpilli hatte aber nicht schon vor seinem Tode, wie es früher in Tezcoco üblich war – er selbst war schon mit sieben Jahren von seinem Vater zum künftigen Herrscher ausersehen worden –, einen seiner zahlreichen Söhne zu seinem Nachfolger bestimmt. Und so meldeten sich, als Netzahualpilli im Jahre 1515 starb, in Tezcoco mehrere Bewerber als Nachfolger. Einige Adlige wollten den »Prinzen« Ixtlilxochitl, einen Verwandten und Namensvetter des Autors jener zwei bedeutenden Bücher über die Geschichte des indianischen Mexiko, als neuen Herrscher. Doch die Azteken von Tenochtitlan setzten in Tezcoco einen anderen Sohn Netzahualpillis, den ihnen ergebenen Cacama, ein, der zudem ein leiblicher Neffe Montezumas II. war, der zu dieser Zeit in Tenochtitlan herrschte.

Schien auch die Ordnung wieder hergestellt, so warteten doch Ixtlilxochitl und mit ihm viele führende Angehörige des Stadtstaates Tezcoco auf eine Gelegenheit, um Cacama davonzujagen. Jede Gesellschaft, jeder Staat, der auf Ausbeutung beruht, ist letztlich schwach. Daher konnten sich die Azteken in dem Kampf, in dem sich das Schwert der Spanier mit der Obsidianwaffe kreuzte, nicht auf die Hilfe ihrer Untertanen verlassen. Diese Tatsache beeinflußte auch den Verlauf und schließlich den Ausgang dieses Ringens um die Macht eindeutig zu Ungunsten der Azteken.

»Inter arma silent musae! – Wenn die Waffen sprechen, schweigen die Musen!« sagten die Römer. Bei den Azteken nahmen jedoch zu allen Zeiten die Musen einen wichtigen Platz im gesellschaftlichen Leben ein. Ebenso wurde der Erziehung der Kinder in einem differenzierten Schulwesen viel Aufmerksamkeit gewidmet. In einigen Schulen (Telpuchcalli) wurden die Söhne des einfachen Volkes unterrichtet. Gelehrt wurden besonders die Geschichte der Azteken, landwirtschaftliche Arbeiten, handwerkliche Fertigkeiten, und natürlich wurde großer Wert auf die Ausbildung im Umgang mit den Waffen gelegt. In anderen Schulen (Calmecac) wurden die Söhne privilegierter Familien,

Jünglinge, die vor allem für den Priesterstand vorbestimmt waren, die Offiziere oder Würdenträger werden sollten, erzogen. Die Hauptunterrichtsfächer in den Calmecac waren daher: aztekische Religion, Organisation und Geschichte des Staates, Lesen, Schreiben und Rechnen, Astronomie, Astrologie, Dicht- und Redekunst. Der Besuch dieser Schulen war, zumindest in Tenochtitlan, obligatorisch.

Die Jungen wurden in beide Schulen erst nach der Pubertät aufgenommen, in der Regel mit 15 Jahren. Die ganze Art der Erziehung war in beiden Schultypen grundsätzlich verschieden. In den Calmecac, die in der Nähe der Tempel standen (daher stammt auch die ungenaue Bezeichnung »Klosterschulen«), herrschte in der Tat eine »klösterliche Ordnung«. Die Erzieher, d. h. die Priester, legten großen Wert auf absoluten Gehorsam, anständiges Benehmen und tiefe religiöse Begeisterung. Der Schultag war für einen Schüler an einem Calmecac niemals zu Ende. Da jeder Absolvent eines Calmecac Priester werden konnte – und es oft auch wirklich wurde –, dienten und opferten die Schüler noch in der Nacht den Göttern, besonders Quetzalcoatl, dem Beschützer des Priesterstandes, dem sie selbst geweiht waren. Die Schüler gingen des Nachts aus dem Calmecac an einen einsamen erhöhten Ort und zündeten dort kleine Scheiterhaufen an, um die Götter mit duftendem Rauch zu grüßen. Bei dieser Gelegenheit opferten sie auch selber ihr eigenes Blut, indem sie sich die Haut, vor allem die Ohrläppchen, mit spitzen Agavendornen aufritzten.

Die Schüler der Telpuchcalli hatten nur geringe soziale Aufstiegsmöglichkeiten. Daher lehrte diese »Schule für das Volk« weder Zurückhaltung noch vornehmes Benehmen. Die Lehrer der Telpuchcalli waren Krieger, die Schüler lernten jedoch nicht nur für den Staat zu kämpfen, sondern auch für den Staat zu arbeiten. Ein Bestandteil des Unterrichts war daher die Beteiligung am Bau gemeinnütziger Werke: Kanäle, Dämme und Befestigungen. Wenn der tägliche Unterricht in den Telpuchcalli beendet war, gingen die Schüler in ihre Cuicacalco (»Haus des Gesangs«) genannten »Klubs«, um sich mit Gesang und Tanz zu vergnügen.

Die Azteken legten großen Wert auf die Bewahrung des Wissens und der Gelehrsamkeit. Deren allgemeine Grundlage war ihre eigene Philosophie, die eine der denkwürdigsten Erscheinungen der indianischen Kultur überhaupt ist. Die Philosophie wurde von sogenannten Tlamatini (»Weisen«) gepflegt, die bei den Azteken hohes Ansehen genossen.

Nicht weniger bemerkenswert ist die aztekische Medizin, die auf den meisten Gebieten das Niveau der europäischen Heilkunde jener Zeit übertraf. Die aztekischen Ärzte (Ticitl) kannten auf Grund dessen, daß in Tenochtitlan alljährlich Tausende von Menschen geopfert wurden, die Anatomie des menschlichen Körpers weit besser als ihre Zeitgenossen in Europa. Und sie wußten wahrscheinlich auch viel besser über die Funktionen der einzelnen Körperorgane Bescheid.

Unter allen Wissenschaften, mit denen sich die vorkolumbischen Azteken beschäftigten, nahm die Astronomie, die Sternkunde, eine ganz hervorragende

Die Zeichen für die 20 Tage des aztekischen Kalenders

Stellung ein. Die Azteken haben auf der Grundlage ihrer astronomischen Beobachtungen ein höchst präzises Kalendersystem entwickelt. Das aztekische Sonnenjahr (xihuitl) war genauso lang wie das unsere, es hatte 365 Tage, die in 18 Monate mit je 20 Tagen eingeteilt waren, zu denen dann am Jahresende noch 5 sogenannte unglückliche Tage zugezählt wurden. Das aztekische Jahr begann am 12. Februar unseres Kalenders und endete am 11. Februar. Jeder Monat des aztekischen Jahres hatte seinen Namen. Desgleichen hatte jeder Tag eines Monats sein Zeichen. Der Name eines jeden Tages war auch mit einer aztekischen Gottheit verbunden. So war z. B. der 1. Tag des Monats – cipatli (»Alligator«) – mit dem Gott Tonacatecuhtli verknüpft, der 2. Tag gehörte dem Gott Quetzalcoatl, der 6. Tag dem Gott Tlaloc. Ebenso hatte jede Stunde des Tages und der Nacht ihren Namen und ihren Gott. Die erste Stunde des Tages war die Stunde des Gottes Xiuhtecuhtli, des Feuergottes, die letzte Nachtstunde gehörte dem Regengott Tlaloc.

Die Azteken hatten daneben noch einen zweiten, tonalpohualli genannten »heiligen Kalender der Priester«. Dieser hatte nur 260 Tage, die in 13 Monate mit je 20 Tagen eingeteilt waren. Seine Herkunft und seine Bedeutung sind bis heute umstritten geblieben.

Neben der Sonne und dem Mond widmeten die Sternkundigen ihre Hauptaufmerksamkeit dem Umlauf der Venus. In älteren Zeiten scheint es bei den Azteken sogar ein Jahr gegeben zu haben, das gerade der Länge eines Umlaufs der Venus, d. h. 584 Tagen, entspricht.

Das aztekische Kalendersystem, das von einer ausgeprägten Fähigkeit zum abstrakten Denken und der raschen Entfaltung mehrerer Wissenschaftsgebiete zeugt, gipfelte in den sogenannten »Zyklen«, die 4 × 13, d. h. 52 Jahre dauerten. Am Ende eines solchen Zyklus erwarteten die mexikanischen Indianer immer das Kommen einer gewaltigen, alles vernichtenden Naturkatastrophe. Auf diese Verheerung der Welt bereiteten sie sich in den letzten »unglücklichen« 5 Tagen vor, mit denen das 52. Jahr eines Zyklus endete. Die Kinder wurden zu Hause eingeschlossen. Alle Feuerstellen mußten gelöscht werden. Und vor allem mußte ein jeder ausnahmslos sämtliches Haushaltgeschirr zerschlagen.

Das Ende des »alten Zyklus« (letztmalig im Jahre 1507 gefeiert) erwarteten die Bewohner Tenochtitlans auf einem »Sternenberg« genannten Hügel. Das Ende des »alten Zyklus« war gekommen, wenn der Stern Aldebaran (nach anderen Berichten die Plejaden) im Zenit stand. Dann entzündete der Herrscher feierlich ein neues Feuer, und danach beging das ganze Land, ganz Mexiko mit riesigen Festen den Jubeltag des »Neuen Feuers« – die glückliche Beendigung des alten Kalenderzyklus und den Beginn eines neuen. Überall flammten von neuem Feuerstellen auf, die Kinder durften die Häuser wieder verlassen, und die Handwerker begannen neue Gefäße anzufertigen.

Von großer Bedeutung für die aztekische Kulturgeschichte ist die Schrift und die Literatur dieses Volkes. Die Azteken haben entweder auf gegerbte Hirschhaut oder auf ein besonderes, aus Maguey (Agave) hergestelltes Papier geschrieben. Die Blätter der aus solchem Papier angefertigten Codices wurden zu langen Streifen zusammengeklebt und sodann von den Schreibern, die mit Recht als Künstler galten, wie Leporelloalben zusammengefaltet. Die Azteken schrieben eine piktographische Schrift: Die Zeichen für verschiedene Dinge konnten aneinandergereiht ein neues Wort, einen neuen Begriff ergeben, der insgesamt einen ganz anderen Sinn hatte als die ursprünglichen Bilderzeichen, aus denen er sich zusammensetzte. Diese piktographische Schrift läßt sich mit der mixtekischen vergleichen. Ebenso hatten sie mit den Mixteken die Zahlzeichen gemeinsam. Die Eins schrieben sie als Finger, aber sonst bezeichneten sie die Zahlen von Eins bis Zwanzig mit Punkten oder Strichen. Die Zwanzig schrieben sie als Wimpel. Die nächste Potenz – 20 × 20, also 400 – wurde mit dem Symbol eines brennenden Baumes (was »so viel wie Haare« bedeutete) wiedergegeben, 20^3 schließlich – also 8000 – wurde mit einem Sack symbolisiert (was bedeutete: »so unzählbar viel, wie Körner in einem Sack voll Kakaobohnen sind«).

Die Azteken hatten eine fast unvorstellbar reiche, außerordentlich entfaltete Literatur. So pflegten sie eine ganze Reihe literarischer Gattungen: wissenschaftliche Abhandlungen, dramatische Werke und erzählende Prosa. Alle diese literarischen Genres spielten allerdings nur eine zweitrangige Rolle. Unter Literatur verstanden sie und mit ihnen alle Nahuatl sprechenden und schreibenden Stämme und Völker des vorkolumbischen Mexiko vor allem Poesie. So wurde im Nahuatl das Wort Cuicani nicht nur im Sinne von »Dichter«, sondern auch von »Sänger« gebraucht. Also war die aztekische Poesie grundsätzlich

Aztekische Schriftzeichen und ihre Bedeutung (nach Krickeberg)
Hauptwörter: 1 Tag, 2 Fest, 3 Sonne, 4 Nacht, 5 Wolke, 6 Regen, 7 Stein, 8 Sand, 9 Berg, 10 Höhle, 11 Steppe, 12 Wasser, 13 Obsidian, 14 Edelstein, 15 Binse, 16 Agave, 17 Rohr, 18 Gold, 19 Kupfer, 20 Palast, 21 Haus, 22 Markt, 23 Ballspielplatz, 24 Mauer, 25 Weg
Eigenschaftswörter: 26 erdig, 27 gespalten, 28 gekrümmt, 29 steinig
Tätigkeitswörter: 30 singen (Cuicatlan), 31 fressen (Te cua loyan), 32 riechen (Xochi-iya-can), 33 drücken (A-tzac-can), 34 stechen (Zozollan), 35 kochen (A-totonil-co)

Aztekische Ziffern und Zahlwörter
a) 1 (Punkt oder Finger), b) 20 (Fahne), c) 400 (Haare), d) 8 000 (Tasche), e) 10 Masken aus Edelsteinen, f) 20 Beutel Cochenille (roter Farbstoff), g) 200 Ballen Kakaobohnen, h) 400 Ballen Baumwolle, i) 400 Sirupgefäße, j) 8 000 Bündel Blätter mit Kopalharz, k) 20 Körbe mit je 1 600 Stück Kakaobohnen, l) 402 Baumwolldecken dieses Musters

zum öffentlichen Vortrag bestimmt. Die Werke der Dichtersänger, die besonders großen Widerhall in der aztekischen Öffentlichkeit fanden, wurden durch mündliche Überlieferungen von Generation zu Generation weitergegeben. In diesen Gesängen meditierten die Cuicani oft über sich selbst ...

Seht, das bin ich, ein Sänger,
ich schaffe ein Lied voller Glanz wie edle Smaragde,
wie Smaragde so funkelnd und schön,
über die Macht meiner Stimme gebiet ich,
über des Flötenspiels Harmonie
und über den Klang der Glocken,
der goldenen Glocken Klang,
so sing ich mein duftendes Lied,
das gleich Juwelen erstrahlt,
mein Lied, leuchtend wie Edelsteine,
des blühenden Frühlings Gesang.

Die Entfaltung der schönen Literatur im alten Mexiko wurde in erster Linie durch das Nahuatl ermöglicht, durch die gemeinsame Sprache einer Reihe mexikanischer Nahuastämme, deren einzelne Dialekte sich nur verhältnismäßig wenig voneinander unterscheiden. In besonderem Maße hat sich der Herrscher von Tezcoco, Netzahualcoyotl, um die Poesie bemüht.

Netzahualcoyotl gab seinem Stadtstaat weise Gesetze, er war ein Philosoph, wie es nur wenige im vorkolumbischen Mexiko gab, er war vielleicht der bedeutendste der bekannten religiösen Reformatoren in Altamerika, seine Stadt und ihre Umgebung schmückte er mit herrlichen Bauten, vor allem aber liebte er die Dichtkunst. War doch einer der vier »Minister« Netzahualcoyotls Beauftragter für Wissenschaft und Kunst.

Netzahualcoyotl beschäftigte an seinem Hof professionelle Dichter, aber nicht deshalb, um die Größe und den Glanz seiner Ära besingen zu lassen, sondern aus Liebe zur Poesie. Dieser Herrscher setzte sogar, um die Entwicklung der Dichtkunst in seinem Staat zu fördern, »Staatspreise« aus, mit denen er die Sieger in den gesamtstaatlichen Dichterwettstreiten auszeichnete, die zu seiner Zeit aufgrund seiner Initiative alljährlich in Tezcoco veranstaltet wurden.

Mit Netzahualcoyotl setzt wohl auch das sogenannte »goldene Zeitalter« der Nahualiteratur ein. Die Poesie wurde zu dieser Zeit bereits differenzierter gepflegt. So existierten verschiedene Arten von Gedichten: Gedichte über Blumen, Kriegsgedichte, Frühlingsgedichte (stets voller philosophischer Meditation) und ferner die eigenartigen Chalcoayotl, nach der Stadt Chalco benannt, in der sie am meisten gepflegt wurden. Doch das weitaus bedeutendste dichterische Genre der Azteken waren die religiösen Gedichte und unter ihnen jene großartigen Teocuicatl, religiöse Hymnen, die zu Ehren der wichtigsten aztekischen Götter, vor allem des Huitzilopochtli, des Quetzalcoatl, des Tlaloc, des Tlazolteotl und anderer, verfaßt und vorgetragen wurden.

Ebenso wie die Poesie wurde die bildende Kunst geliebt. Die Azteken waren sich freilich auch noch zu der Zeit, als die Spanier nach Mexiko kamen, wohl bewußt, daß ihre Vorfahren noch vor acht bis zehn Generationen sehr primitiv gewesen waren. Oft nannten sie diese Vorfahren Chichimeca Azteca (»Barbaren von Aztlan«). Die Chichimeken waren für die Azteken das Symbol alles Grausamen, Ungebildeten, Primitiven. Ganz anders dachten sie über die Tolteken. Und so bezeichneten sie alles, was mit der bildenden Kunst und den Kunsthandwerken in Tenochtitlan zusammenhing, als »toltekisch«. Sogar die Kunsthandwerker selber wurden im aztekischen Dialekt des Nahuatl mit dem Wort Tolteca bezeichnet und eine jede solche Kunst überhaupt als Toltecayotl (»toltekische Dinge« oder »toltekische Angelegenheiten«).

Neben dem toltekischen Vorbild verdanken die aztekischen Handwerke den südmexikanischen Mixteken wesentliche Anregungen. Die Mixteken waren es offenbar auch, die in Tenochtitlan und den anderen Städten des Hochtals von Mexiko die großartige Entfaltung der Goldschmiedekunst inspiriert haben. Die mixtekischen Goldschmiede hatten sich damals besonders in der Stadt Atzcapotzalco niedergelassen, die später zum bedeutendsten Zentrum der Goldschmiedekunst in der Meseta überhaupt wurde. Aus dem Gold fertigten die Azteken herrlichen Schmuck sowie verschiedene Gebrauchsgegenstände an.

Die meisten dieser prachtvollen Dinge sind jedoch nicht erhalten geblieben. Die Konquistadoren haben auch jene Goldgegenstände eingeschmolzen. Einige dieser Kleinodien wurden Karl V. aus Mexiko übersandt. Von ihnen zeugen heute lediglich Verzeichnisse in spanischen Archiven: u. a. ein goldener Spiegel in Form einer Sonne, ein Spiegel aus purem Gold, fünf Schmetterlingsfiguren, von denen drei aus Gold gehämmert und mit Edelsteinen geschmückt waren, eine Schädelnachbildung aus Gold, eine goldene Schildkröte, zwei goldene Flöten, ein mit fünf Herzen verziertes Goldgeschmeide.

Als Albrecht Dürer im Jahre 1520 in Brüssel einen Teil dieser Schmucksachen aus Montezumas Schatz erblickte, schrieb er darüber: »... ich habe aber all mein lebtag nichts gesehen, das mein hercz also erfreuet hat als diese ding.«

Ein sehr beliebtes aztekisches Kunsthandwerk war die Anfertigung von Zierstickereien und Applikationen sowie von Kopfschmuck aus farbenprächtigen Kolibri- oder anderen Vogelfedern.

Die Azteken stellten auch Töpferwaren her, obgleich sie die Töpferscheibe noch nicht kannten. Sehr gern verarbeiteten sie verschiedene bunte Steine, vor allem Halbedelsteine. Eine weitere künstlerische »Spezialität« der Azteken, die allerdings religiösen Zwecken diente, war die Verzierung menschlicher Schädel mit Halbedelsteinen.

Unter den aztekischen Künsten nahm die Architektur eine besondere, aber sehr bedeutende Stellung ein. Von den Monumentalbauten der aztekischen Baumeister sind nur noch wenige erhalten: die Fundamente der Tempel in Mexiko Ciudad, die Stadtmauern in Neyotl, der Rundtempel in Calixtlahuaca und ferner der im Jahre 1936 entdeckte Tempel in Malinalco. Dieser Tempel war in Form einer Pyramide in den Felsen gehauen. Sein Bau muß den Arbeitern, die nur Steinwerkzeuge benutzten, ungeheure körperliche Anstrengungen abgefordert haben.

Eine geniale Leistung der aztekischen Architekten war der Bau der Hauptstadt ihres Staates – seinerzeit die größte in Amerika und sicher eine der größten der damaligen Welt überhaupt – Tenochtitlan. Am 8. November 1519, als

Erzeugnisse aztekischer Töpfer (nach Covarrubias)

Rekonstruktion der aztekischen Pyramide von Tenayuca im Hochtal von Mexiko

Cortés und seine Soldaten zum ersten Mal diese Metropole betraten, könnten in Tenochtitlan bis zu 600 000 Einwohner gelebt haben.

Tenochtitlan lag inmitten eines Salzsees auf miteinander verbundenen kleinen Inseln. Verschiedene Gebäude Tenochtitlans standen auf Steinen unmittelbar über dem Wasser. Durch drei Dämme, die nach Tepeyac, Tlacopan und Chapultepec führten, war die Stadt mit dem Festland verbunden. Die Dämme endeten an den Eingangstoren der Stadtmauern. Durch die Stadt führten aber nicht nur Straßen, sondern auch zahlreiche Kanäle. Der Stolz der Stadt, das Symbol der wachsenden Macht der Azteken und ihrer einzelnen Herrscher, waren deren Paläste, vor allem der Axayacatls und Montezumas II. Da Montezuma den Palast Axayacatls den Spaniern als Wohnsitz anbot, ist eine Beschreibung des Palastes überliefert. Er bestand aus Dutzenden flacher Steingebäude. Alle 7000 Teilnehmer von Cortés' Expedition fanden in diesem Palast bequem Unterkunft. Montezumas Palast war freilich noch imposanter. Seine Besonderheit war ein riesiges Aviarium (Vogelhaus), in dem Tausende buntfarbener Vögel der reichen mexikanischen Natur gesammelt waren. Allein für Montezumas Vögel sorgten 300 Diener. Ein weiterer Stolz des Palastes war eine Art zoologischer Garten. Die besondere Fürsorge der Azteken galt selbstverständlich den Schlangen. Sie wurden in hölzernen Käfigen gehalten, die mit den bunten Federn seltener Vögel ausgelegt waren. Und noch eine Sammlung von »Naturwundern« besaß Montezuma. Ebenso wie seltsame Tiere und ungewöhnliche Vögel »sammelte« er auch menschliche Wesen, denen die Natur auf irgendeine Weise ein absonderliches Aussehen verliehen hatte: u. a. Menschen von Zwergwuchs, Mißgeburten.

Montezuma lebte wie ein Gott der aztekischen Mythen. Selbst die Pracht des Madrider Königshofes schien den Spaniern gegenüber dem Reichtum des allmächtigen Montezuma zu verblassen. Gleich am zweiten Tag nach seiner Ankunft in Tenochtitlan wurden Cortés und seine Gefährten zu einem Gastmahl in Montezumas Palast eingeladen. Auserwählte aztekische »Edelleute« bedienten die Gäste, nur seine ganz persönliche Bedienung oblag jungen, anmutigen Mädchen, die aus dem gesamten aztekischen Gebiet auserkoren worden waren. Montezuma pflegte eine Menge Fleisch von Waldtieren, Truthühnern und jungen Hunden zu essen, er erhielt täglich frische Fische, die vom Golf von Mexiko herangeschafft wurden, und aus einem goldenen Becher trank er Chocolatl. Nach dem Mahl rauchte er. An Hofnarren und besonders an hervorragenden Artisten hatte Montezuma großes Vergnügen. Des Abends erleuchteten Fackeln aus Kienholz, die einen angenehmen Harzduft verbreiteten, seinen Palast.

Montezuma hatte viele Frauen, aber er widmete ihnen verhältnismäßig wenig Zeit. Er kleidete sich mehrmals täglich um, aber nie zog er ein Gewand ein zweites Mal an. Bei den religiösen Zeremonien pflegte er sich in ein goldenes Gewand zu hüllen. Ebenso ist bekannt, daß Montezuma, wie eigentlich alle Azteken, sehr auf Reinlichkeit bedacht war.

Einige Tage nach dem Empfangsfest zeigte Montezuma den Spaniern den religiösen Mittelpunkt Tenochtitlans, den Haupttempel – Teocalli –, der einem der Hauptgötter der Azteken, dem Kriegsgott Huitzilopochtli, geweiht war. Der Tempel war eigentlich eine etwa 30 m hohe Pyramide, auf der sich zwei Heiligtümer befanden. In dem einen stand eine riesige Steinplastik Huitzilopochtlis, die mit einer Kette aus goldenen Gesichtern und silbernen Menschenherzen geschmückt war. Diesem Standbild des Gottes wurden auch die von Opferpriestern mit einem Obsidianmesser aus der Brust der Geopferten herausgetrennten Menschenherzen dargebracht. Das zweite Heiligtum soll dem Gotte Tezcatlipoca geweiht gewesen sein.

Die Religion spielte bei den Azteken eine bestimmende Rolle. Der Mexikaner Alfonso Caso, einer der besten Kenner dieser Kultur, betont, daß die Bedeutung der Religion für die Azteken so gewaltig war, daß sich ihre ganze Existenz buchstäblich um die Religion drehte. Götter sowie religiöse Kulte gab es daher viele. Immer wenn sie eine Stadt erobert, einen fremden Stamm unterworfen hatten, entführten sie mit der Beute und den Sklaven auch die einheimischen Götter, nahmen sie als die ihren an und begannen sie in Tenochtitlan zu verehren.

Die Azteken glaubten an ein höchstes göttliches Paar, an das höchste göttliche Westen Ometecuhtli und dessen Gefährtin. Dieses Paar hielten sie für die »Eltern« aller aztekischen Götter und mittels derer auch für die Schöpfer der ganzen Menschheit. Daher wird Ometecuhtli auch Tonacatecuhtli (»Herr unseres Fleisches«) genannt. Dieses Schöpferpaar lebte nach den Vorstellungen der Azteken irgendwo fern im Weltall – im entferntesten, im dreizehnten Himmel, getrennt durch Raum und Zeit von den Menschen auf der Erde, ohne das Schicksal der Azteken zu bestimmen oder in dieses einzugreifen.

In ihren Gebeten und Riten wandten sich die Azteken jedoch nur an Götter, die aus der Vereinigung dieser beiden Schöpfer hervorgegangen waren. Zu der Zeit, als die Spanier nach Mexiko kamen, verehrten die Azteken drei Hauptgötter. Zu diesen drei gehörte der ursprüngliche Stammesgott der Tenochca, der Herr des Krieges und der Sonne – Huitzilopochtli. Er war der Hauptgott des eigentlichen Tenochtitlan. Der zweite Hauptgott war der Herr des Priesterstandes, der Gott der Bildung und des Windes usw. – Quetzalcoatl (»Gefiederte Schlange«). Der dritte Hauptgott schließlich war zu jener Zeit Tezcatlipoca (»Rauchender Spiegel«). Seinen Namen hatte der göttliche Tezcatlipoca nach dem Spiegel aus Obsidian erhalten, den er immer bei sich trug und in dem er alles sehen konnte, was an jedem Ort der Welt geschah, geschehen war und geschehen würde.

Obwohl die Azteken ein so kriegerisches Volk waren, spielte dennoch die Landwirtschaft, die auch bei ihnen die Grundlage für die Ernährung bot, eine bedeutende Rolle. Daher genossen neben diesen drei Hauptgöttern verschiedene Götter und Göttinnen der Ernte, der Fruchtbarkeit, des Regens, Schutzpatrone der einzelnen Pflanzen die höchste Verehrung. So besonders der Gott Tlaloc bzw. alle Götter dieses Namens. Tlaloc, der Gott des Regens, war schon lange vor der Ankunft der Azteken in der Meseta verehrt worden, doch darüber hinaus hatte jede Gemeinde ihren eigenen Tlaloc. Die Frau des Haupttlaloc soll die Göttin der Flüsse und Seen, Chalchihuitlicue, gewesen sein, die als reizvolle Jungfrau dargestellt wurde. Die Schwester Tlalocs war die Göttin der Ernte Chicomecoatl (»Sieben Schlangen«). Die weibliche Gottheit der Blüten, Xochiquetzal, war gleichzeitig auch die Schutzpatronin der Handwerker. Von den weiblichen Göttinnen aber nahm wohl die Herrin des Maises, Tzintcotl, den höchsten Platz ein. Die Göttin der so vielfach nützlichen Agave hieß Mayahuel. Sie war gleichzeitig die Schutzpatronin des Branntweins Octli. Eine weitere Gottheit des Branntweins war Tepoztecatl, der höchste Gott in Tepoztlan. Sowohl als Vegetationsgottheit wie auch als Gott der Menschenopfer wurde Xipe Totec verehrt.

Ebenso interessant wie die aztekischen Gottheiten waren auch die religiösen Riten. Alle Riten wurden von Priestern vollzogen. Ein sehr wichtiger Bestandteil des Rituals war die Opferung. Und von allen Opfergaben genoß bei den Azteken Menschenblut die höchste Wertschätzung. Menschenblut war nach den religiösen Vorstellungen der Azteken die »Nahrung der Götter«. In den aztekischen Codices ist in der Regel das Zeichen für »Blut« durch das Zeichen für »Edelstein« oder für »Blume« ersetzt. Die Azteken hielten es für ihre heiligste Pflicht, den Göttern diese »Nahrung« zu beschaffen und darzubringen. Nach den religiösen Vorstellungen war das Menschenopfer, die rituelle Tötung eines Menschen, die geeignetste Form dieser Pflichterfüllung. Die Menschenopfer wurden auf dem Tichcatl (einem runden Opferstein) durch Opferpriester vollzogen. Den für diesen Ritus bestimmten Menschen wurde mit einem Obsidianmesser die Brust aufgeschnitten, das Herz herausgerissen und der Altar des Tempels mit dem Herzblut besprengt. Als die Spanier von Cortés' Expedition den größten Tempel von Tenochtitlan betraten, sollen sie dort mehr als 130 000 Schädel von geopferten Menschen erblickt haben.

Jedoch waren auch verschiedentlich Azteken zu einer Opferung bereit, um sich dadurch ein besseres Leben im »Jenseits« zu sichern. Die von den Priestern zur Opferung ausersehenen Menschen genossen in der Regel hohe Wertschätzung. Besonders aber jene Gefangenen, die einem der drei Hauptgötter, dem Tezcatlipoca, geopfert werden sollten. Ein Jahr vor der Opferung wurde unter den Kriegsgefangenen der Schönste und von Geburt Vornehmste ausgewählt. Acht Priester lehrten ihn in diesem Jahr die Lebensart eines Herrschers. Die Menschen verehrten ihn, als ob er selbst ein Gott wäre. Einen Monat vor der Opferung wurden ihm vier der schönsten Mädchen gegeben. Am Tag der Opferung wurde der auf diese Weise Geehrte in einem feierlichen Zug zum Tempel geführt. Dort nahm er Abschied von seinen vier Frauen und den acht Priestern, die ihn ein Jahr lang betreut hatten, und man führte ihn langsam die breite Tempeltreppe hinauf. Auf jeder Stufe des Tempels zerbrach der Geweihte eine »heilige« Flöte. Erst danach vollzog sich die Opferung des privilegierten Kriegsgefangenen. Einfache Kriegsgefangene wurden in kleineren »lokalen« Zeremonien geopfert.

Verschiedentlich wurden die Kriegsgefangenen auch auf eine Weise geopfert, die die Spanier später »gladiatorio« nannten. Der Gefangene, der »Gladiator«, wurde an einen schweren Stein gebunden, jedoch so, daß ihm genügend Bewegungsfreiheit blieb. Mit hölzernen Waffen mußte der Gefangene gegen mehrere besser ausgerüstete und selbstverständlich auch sich frei bewegende aztekische Krieger kämpfen. Besiegte er sie dennoch, erlangte er die Freiheit.

Frauen und Kinder wurden bei den Azteken seltener geopfert. Frauen bisweilen zu Ehren der Göttin der Erde, während Kinder gelegentlich zu Ehren des Gottes der Fruchtbarkeit geopfert wurden. Die Azteken ehrten die Götter ferner mit Liedern, Tänzen sowie religiösen Kultdramen.

Entsprechend den Vorstellungen der Azteken entwich nach dem Tode die Menschenseele in das Sonnenreich Tlalocan (d. h. die Seele der im Kampf gefallenen, durch Blitzschlag getöteten oder an den Folgen bestimmter Krankheiten verstorbenen Azteken und selbstverständlich auch derer, die sich freiwillig zur Opferung gemeldet hatten). Die übrigen Seelen kämen dagegen in das Wolkenreich Mixtlan.

Die aztekischen Priester (Tlamacazqui) wurden nach dem Gott benannt, dem sie dienten. So nannte sich der Priester des Tlaloc z. B. Quetzalcoatl-Tlaloc-Tlamacazqui. Der Name Quetzalcoatls wurde vorangestellt, weil dieser der Schutzpatron des Priesterstandes war.

Bemerkenswert ist jene Tatsache, daß es in Tezcoco zu dem in der vorkolumbischen Kulturgeschichte einmaligen Versuch gekommen ist, von dem Glauben an viele Götter (Polytheismus) zu dem Glauben an einen einzigen Gott (Monotheismus) überzugehen. Der Urheber dieser Bestrebungen war der Philosoph, Gesetzgeber und Dichter, der Herrscher von Tezcoco, Netzahualcoyotl, der die Vielzahl der verehrten Götter durch den Glauben an den Gott Ipalnemohuani ersetzen wollte. Dieser Gott war nach der Lehre Netzahualcoyotls unsichtbar und unbekannt. Er war der Schöpfer alles Lebendigen und Leblosen, also auch des Menschen. Der Reformator Netzahualcoyotl erbaute diesem Gott in Tez-

Opferstein, Obsidianmesser mit Mosaikgriff und Gefäß der Azteken für das Opferblut

coco einen Tempel, auf dessen Dach sich ein zehnstöckiger Turm erhob. Neun Stockwerke symbolisierten neun verschiedene Himmel, das zehnte mit Gold und Perlen geschmückte Stockwerk sollte offenbar den Sitz dieses einzigen Gottes versinnbildlichen. Dieser religiöse Reformversuch Netzahualcoyotls fand aber keine Resonanz. Die Verehrung Ipalnemohuanis blieb nur auf den »Herrscherhof« beschränkt. Nach dem Tode Netzahualcoyotls kehrte auch sein Sohn zu den ursprünglichen religiösen Vorstellungen zurück.

Von Chavín bis Tiahuanaco

In Mesoamerika hatten sich erstmals in vorkolumbischer Zeit Hochkulturen in einem langen Entwicklungsprozeß zu großer Blüte und Schönheit entfaltet. Das zweite Zentrum der Hochkulturen war der westliche Teil Südamerikas, besonders das Gebiet der mittleren Anden. Die Azteken hatten im vorkolumbischen Mexiko nicht nur zahlreiche bis dahin unabhängige Kleinstaaten liquidiert, sondern auch vielen Orten aztekische Bezeichnungen gegeben. Sie waren bestrebt, die gesamte bisherige Kulturgeschichte Mexikos zu »aztekisieren«. Alles, was an den Ruhm und die Größe voraztekischer Kulturen erinnern konnte, sollte vernichtet werden und in Vergessenheit geraten. So haben die Azteken auch aus diesem Grund im 15. Jahrhundert selber einen Teil ihrer Codices verbrannt. Ganz ähnlich verlief die Entwicklung im Andengebiet. Die Europäer fanden hier das größte, mächtigste aller indianischen Reiche, das jemals in Amerika existiert hat – das Reich der Inka. Die Inka waren ebenso wie die Azteken bemüht, im Gedächtnis der Bewohner ihres Reiches alle Erinnerungen an die vorinkaische Vergangenheit der mittleren Anden auszulöschen. Die gründlichen und konsequenten Inka haben bei der »Inkaisierung« des Andengebietes noch größere Erfolge erreicht als die Azteken bei der »Aztekisierung« Mexikos.

Der Amerikanist Philip Ainsworth Means sagte zu diesem Vorgang, daß dieses ganze Gebiet einen unauslöschlichen »Inkaanstrich« trage. Dieser in den mittleren Anden allgegenwärtige »Inkaanstrich« hat viele Forscher zu der Überzeugung geführt, daß die vorinkaische Kulturgeschichte des Andengebiets, das Gepräge und Niveau der vorangegangenen Kulturen, niemals mehr erhellt werden könnten. Diese Ansichten haben sich nicht gänzlich bestätigt. Dank der langjährigen Forschungen vieler Archäologen (z. B. Engel und Kauffman) ist heute zumindest ein grundlegender Überblick über die zeitliche Abfolge jener weniger bekannten vorinkaischen Kulturen im westlichen Teil Südamerikas möglich. Geographisch betrachtet nehmen den größten Teil dieses Gebietes die Anden oder Cordillera de los Andes ein. Diese ziehen sich in Nordsüdrichtung in einer Länge von fast 7500 km hin, ihre Breite beträgt 150–900 km. Die Anden bestehen aus zwei, in Kolumbien aus drei Ketten. Die beiden Andenketten Perus treten in Bolivien wieder auseinander, um dazwischen das ausgedehnte Gebiet des bolivianischen Altiplano zu bilden. An der heutigen chilenisch-argentinischen Grenze vereinigen sich die Anden wieder, um bis Feuerland einen Gebirgszug zu bilden.

Das Gebiet der mittleren Anden kann man als selbständiges geographisches Ganzes aus dem gesamten Andenraum herauslösen. Es nimmt im wesentlichen das Territorium der heutigen südamerikanischen Republiken Peru und Bolivien, ohne ihre tropischen Ostgebiete, sowie den südlichen Teil Ekuadors, den Norden Chiles und den Nordwesten Argentiniens ein.

Da der Kern dieses Gebietes Peru ist (zu dem in der Kolonialzeit auch das heutige Bolivien gehörte), bezeichnen viele Forscher diesen Raum als »Peru«.

Das eigentliche Peru zerfällt vom geographischen Standpunkt aus in drei völlig verschiedene Gebiete: die Küstenzone, das Hochland von Peru und schließlich die Osthänge der Anden und die angrenzenden Tiefebenen, die zumeist mit dem gemeinsamen Namen Montaña bezeichnet werden.

Auf dem Territorium Boliviens (einst »Hochperu« oder »Alto Perú« genannt) erstreckt sich einerseits zwischen den beiden Andenketten eine Hochebene, das bolivianische Altiplano, andererseits das Gebiet der Ostanden.

Die Küste Perus – vorwiegend ein Sandgürtel in einer Breite von 20 bis 150 km – gehört heute zu den ödesten und zudem im Sommer trockensten Gebieten der Erde überhaupt. Diese Wüste wird jedoch an einigen Stellen durch die Läufe kleiner Flüsse unterbrochen, in deren Tälern sich die meisten indianischen Kulturen der Vorinkazeit entfaltet haben.

Diese »Küstenkulturen« waren allerdings in ihrer absoluten Mehrheit jeweils immer nur auf dieses eine Tal oder höchstens noch auf das Nachbartal beschränkt. Derartige Flüsse, die in der Küstenwüste Oasen bildeten, gibt es an die dreißig. Für die Erschließung der indianischen Kulturen sind die Flüsse Piura, Lambayeque, Pacasmayo, Chicama, Moche, Virú, Santa, Nepeña und Casma die bedeutendsten. Diese fließen durch das Gebiet der Nordküste. An der mittleren Küste befinden sich die Flüsse und Ortschaften Huarmey, Paramonga, Supe, Chancay, Ancón, Rimac und Pachacamac; an der Südküste schließlich die Oasen Cañete, Chincha, Pisco, Paracas, Ica und Nazca. Daher sind auch einige der Benennungen für die vorinkaischen Kulturen von den Namen der lebenspendenden Flüsse abgeleitet, in deren Tälern sie sich entfaltet haben.

Im Landesinnern – im sogenannten »Hochperu« – befinden sich zwischen den einzelnen Ketten der Anden »Becken«, in denen die überwiegende Mehrheit der indianischen Bevölkerung des mittleren Andengebietes lebte und auch heute noch lebt.

Verfolgte man diese für die Kulturgeschichte der amerikanischen Indianer so wichtigen Becken von Norden nach Süden, würde man zuerst auf das Cajamarca-Becken stoßen, danach auf die Täler der Flüsse Callejon de Huaylas und Santa, auf das Cuzco-Becken, das südperuanische Becken nördlich des Titicacasees, an das sich dann in Bolivien das Altiplano anschließt, das sich südlich des größten südamerikanischen Sees (8400 km^2), des Titicacasees, in einer durchschnittlichen Höhe von rund 4000 m über dem Meeresspiegel ausbreitet. Der Titicacasee ist durch den Fluß Desaguadero mit einem weiteren bolivianischen See, dem Poopó, verbunden.

Von der Ankunft der ersten Menschen in den mittleren Anden sind bisher nur sehr bruchstückhafte Kenntnisse vorhanden. Die Anwesenheit von Menschen – Großwildjägern – ist lediglich durch etwa 9 500 Jahre alte Funde im

Andengebiet nachweisbar. Die Jäger haben den einzigen möglichen Weg genommen: durch den Golf von Panama entlang dem Lauf der kolumbianischen Flüsse Cauca und Magdalena längs der Küste Ekuadors. Bekannt ist über diese Großwildjäger lediglich, daß sie sich auf einer ähnlichen Kulturstufe befanden wie der nordamerikanische »Folsommensch« jener Zeit. Sie jagten das südamerikanische Großwild – namentlich Pferde, Kamele und Hirsche. An der Nordküste Perus, in der Pampa de los Fosiles und besonders in den Tälern Chicama und Pacasmeyo haben Junius Bird und Rafael Larco Hoyle mehrere Werkstätten gefunden, in denen die ersten Bewohner der mittleren Anden ihre Steinwerkzeuge anfertigten.

Aufgrund des sogenannten Fundes von *Punín* kann man sich annähernd ein Bild von der Gestalt des damaligen Menschen machen. In dem in Ekuador gelegenen Punín wurden ein Menschenschädel und -knochen gefunden, die aus dieser ersten Siedlungsperiode stammen. Ein Vulkanausbruch begrub zusammen mit den Menschen auch die damaligen Andentiere, unter anderem einen großen Mastodonten.

Der Schädel von Punín entspricht seinem Typ nach einigen Schädelfunden, die der dänische Archäologe Lund in der ersten Hälfte des vorigen Jahrhunderts in mehreren Höhlen in der Umgebung des Distrikts Lagoa Santa (Minas Gerais, Brasilien) gemacht hat. Da es sich um den ersten derartigen Fund in Südamerika überhaupt handelte, hat damals der »Mensch von Lagoa« zu vielen Vermutungen Anlaß gegeben. Besonders das Alter dieser Skelettreste ist im vergangenen Jahrhundert erheblich überschätzt worden.

Die sichersten Nachrichten über die ältesten Bewohner Südamerikas haben wir jedoch erst aus dem fernen Süden dieses Erdteils – aus Patagonien und Südchile. Die in Chile von Junius Bird entdeckte Höhle *Palli Aike* ist vermutlich der älteste von Menschen bewohnte Ort Südamerikas. Mit Hilfe der Radiocarbonmethode ist das Alter der Skelettreste des ältesten Bewohners von Palli Aike (selbstverständlich mit der entsprechenden möglichen Abweichung) auf 8650 Jahre bestimmt worden.

Weitere Forschungen Birds – das Studium der Muschelabfallhaufen, ähnlich derer der nordamerikanischen Fischer –, die er im chilenisch-peruanischen Grenzgebiet in der Umgebung der nordchilenischen Städte Arica, Pisagua und Taltal durchgeführt hat, zeigen, daß sich auch in den mittleren Anden, wenn auch vorläufig nur an der Küste, ebenso wie in Chile Menschen schon lange vordem angesiedelt hatten, ehe es zur Erfindung des Bodenbaus kam, und daß sie sich auch ohne den Ertrag des Bodenbaus – vor allem durch Fischfang aus dem Meer – genügend Nahrung zu verschaffen wußten.

In diesem Gebiet Südamerikas, in den von toter Wüste umgebenen fruchtbaren Flußoasen, ist es auch erstmals, ohne Zweifel nach einem ebenfalls sehr langen Entwicklungsprozeß, zur landwirtschaftlichen Nutzung des Bodens gekommen.

Bisher wurden fünf kleine Ortschaften im peruanischen Küstengebiet entdeckt, in denen bereits vor fast 5000 Jahren diese ältesten seßhaften südamerikanischen Bodenbauern lebten: Puemape, Milago, Cerro Prieto, Aspero und Huaca Prieta. Dieser letzte Ort gab auch jener äußerst einfachen Kultur, die noch keine Töpferei kannte, ihren Namen: *Huaca-Prieta-Kultur.* Ihre Träger bauten Kürbisse, Paprika, Lucuma genanntes Obst und auch schon Baumwolle an. Mais kannten sie jedoch nicht. Ihre Nahrung ergänzten die Bewohner von Huaca Prieta durch das, was ihnen das Meer bot, besonders durch Weichtiere. Sie wohnten in halb unterirdischen Hütten, die einen, manchmal auch zwei Räume aufwiesen. Ihre Arbeitsgeräte stellten diese ersten südamerikanischen Bodenbauern fast ausschließlich aus Stein her. Sie kannten bereits gewebte Baumwollstoffe.

Aufgrund neuester Funde (Reste von Zuchtbohnen) u. a. in der Guitarrero-Höhle in der Nähe des Flusses Santo ist jedoch anzunehmen, daß bereits vor ca. 10 000 Jahren im Andengebiet landwirtschaftliche Produktion betrieben wurde.

Die Baumwollstoffe der Huaca-Prieta-Leute wurden später mit Ornamenten versehen, vor allem mit hochstilisierten Menschenfiguren. Jene frühen Träger der Kultur von Huaca Prieta wurden bis in die sechziger Jahre des 20. Jahrhunderts für die weitaus ältesten Bodenbauern Südamerikas gehalten. Jedoch wurden von dem französischen Archäologen Frédéric Engel im Wüstensand der Küste Südperus, in dem Pampa de Santo Domingo genannten Gebiet, die Skelettreste eines Menschen gefunden, die vermutlich 8600 bis 10 000 Jahre alt sind. Dieser Mensch von Santo Domingo hatte bereits vor 9000 Jahren Kürbisse gepflanzt. Außerdem wurden zusammen mit diesen Skelettresten auch Überreste von Fischernetzen (die ältesten bisher bekannten) sowie eine einfache Flöte gefunden (bisher ebenfalls das älteste erhaltene indianische Musikinstrument). Weitere Funde Engels bestätigten erneut, daß auch in den Anden der Bodenbau tatsächlich schon vor ca. 8000 oder 9000 Jahren entstanden war. Also etwa zur gleichen Zeit wie in Mesoamerika.

Sehr bedeutungsvoll ist auch jene andere Entdeckung Engels in der Nähe von Cerro Paloma, südlich von Lima. Hier fand er im Jahre 1966 das bisher älteste indianische Bauwerk – die Überreste eines viereckigen Steinbaus. Dieses Bauwerk in Cerro Paloma, dessen Alter (bzw. das Alter der darin gefundenen organischen Überreste) auf 6300 Jahre bestimmt wurde, stammt also aus einer Zeit, aus der mit Ausnahme des Nahen Ostens auf der ganzen Welt keine erhalten gebliebenen Bauwerke bekannt sind.

Vor einigen Jahren wurde in Peru – im Flußgebiet des Mito, in der Nähe des Ortes *Cotosh* – das älteste bisher bekannte Denkmal der indianischen Monumentalarchitektur entdeckt: die Ruinen des sogenannten »Tempels der gekreuzten Hände«. Dieser Tempel ist nachweislich vor 4200 Jahren aus unbearbeiteten Steinen errichtet worden. Das Heiligtum steht auf einer 8 m hohen terrassenartigen Plattform. Die Innenwände des viereckigen Baus sind jeweils mit zwei bis drei Nischen geschmückt. In einer davon wurde eine Plastik gekreuzter Hände gefunden, die diesem Tempel auch seinen Namen gegeben hat. Den Eingang in den Tempel bildet an der Südseite ein über 2 m hohes Tor.

Der »Hauptaltar« befand sich an der Nordwand in einer größeren, offenbar der Hauptnische. Jene gekreuzten Hände waren vermutlich eine zentrale Erscheinung in der Religion der Cotosh-Leute.

Es ist interessant, daß der ursprüngliche Tempel von Cotosh vor ca. 3 800 Jahren mit neuen Mauern umbaut und auf seinem Dach ein neuer Tempel errichtet worden ist, von dem aber unvergleichlich weniger erhalten geblieben ist. Der Bau des Tempels von Cotosh hat zweifellos ein hohes Niveau an gesellschaftlicher Organisation vorausgesetzt und erfordert.

Etwa 3 000 Jahre alt sind zwei weitere Bauten der indianischen Monumentalarchitektur Südamerikas: der reich gegliederte Tempel in Chuquitanta und das Heiligtum in Las Haldas. Auf Denkmäler der ältesten sehr weit entwickelten Kultur Südamerikas stoßen wir jedoch erst einige Jahrhunderte später in dem Ort Chavín de Huantár. Die Träger der *Chavín-Kultur* brachten vor allem bedeutende Werke aus Stein hervor. Bekannt sind diese Denkmäler hauptsächlich aus ihrem am besten erhaltenen Zentrum Chavín und dem Haupttempel (»El Castillo«), in dessen unterirdischen Gängen eine Granitsäule entdeckt wurde, die der Klinge einer riesigen Lanze

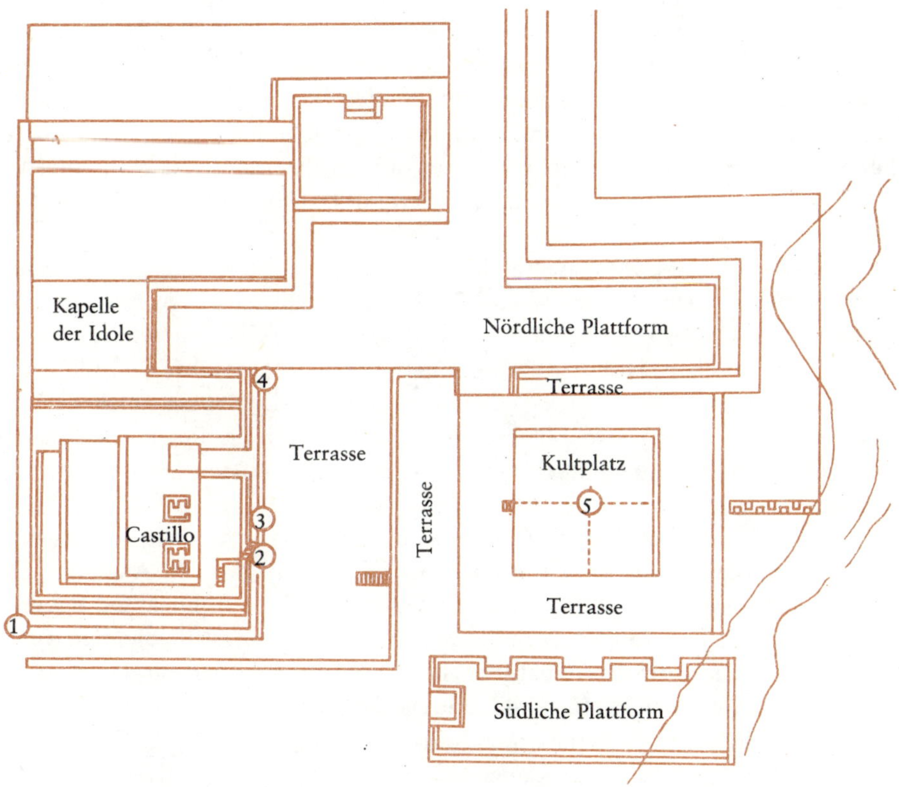

Plan der freigelegten Teile von Chavín de Huantar, des Zentrums der Chavín-Kultur: 1 Jaguarskulpturen, 2 Hauptplatz und Treppe, 3 Säulen, 4 Kondorskulpturen, 5 »Obelisk« (nach Tello)

gleicht. Diese Säule, »El Lanzón« genannt, stellt ein Wesen – halb Mensch, halb Jaguar – dar. Das Siedlungszentrum der Chavín-Leute, der Wohnplatz Chavín, lag am Mozna, im gebirgigen Teil des Binnenlands von Nordperu. Zu einer Stadtgründung ist es offenbar nicht gekommen, da es in dem kleinen Tal, in dem Chavín lag, u. a. nicht genügend landwirtschaftlichen Boden zur Ernährung der Bewohner einer ständig bevölkerten Stadt gegeben hätte. Chavín war eher nur ein religiöser Mittelpunkt, ein Ort, in dem nur Priester, Vollzieher kultischer Handlungen, wohnten.

Die zentrale Gestalt in der Religion der Chavín-Leute war (wie bei den Olmeken) die Verehrung einer merkwürdigen katzenartigen Gottheit, deren Bild uns diese Indianer vielerorts hinterlassen haben. Diese »Katzenporträts« stellen zumeist nicht die ganze Gestalt dieses Tiers dar, sondern nur seine Pranken, ein andermal wieder nur seine blutunterlaufenen Augen. Deshalb ist auch nicht mit Sicherheit zu sagen, um welches Tier es sich eigentlich handelt: um den Puma oder – möglicherweise – um den Jaguar.

Neben unzähligen Abbildungen ihrer Hauptgottheit haben uns die Chavín-Leute das älteste bisher bekannte Kultzentrum Südamerikas hinterlassen. Den von Terrassen und Steinbauten gebildeteten Baukomplex von Chavín »krönt« ein 13 m hohes Gebäude mit einer Grundfläche von 72×75 m, das die heutigen Peruaner »El Castillo« nennen. Das Gebäude hat drei Stockwerke, eine Reihe von Versammlungsräumen, sogar perfekte Luftschächte und außerdem 24 unterirdische Gänge, deren Zweck allerdings unklar geblieben ist. In diesem religiösen Zentrum sind auch die ältesten indianischen Skulpturen Südamerikas gefunden worden, von denen die Stele Raimondi die berühmteste ist. Der Fries der Raimondi-Stele stellt vermutlich einen »Jaguarmenschen« dar.

Aus der Blütezeit der Chavín-Kultur stammt vermutlich auch die seltsame Steingalerie in Cerro Sechín – eine Reihe von Steinstelen, die mit Friesen menschlicher Gestalten geschmückt sind, die z. T. an die berühmten »Tänzer« vom mexikanischen Monte Albán erinnern. Vor einigen Jahren wurde eine Stadt der Chavín-Leute, eine Ansiedlung im Tal des Flusses Nepeña, in der Nähe des Ortes Cerro Blanco, entdeckt. Die Wände dieser Ansiedlung sind mit Malereien geschmückt, die in dem charakteristischen Chavín-Stil ausgeführt sind.

Wirtschaftlich stützt sich die Chavín-Kultur auf eine entwickelte Landwirtschaft. Der Maisanbau ist seit etwa 3400 Jahren im zentralen Andengebiet bekannt. Wesentlich älter ist jedoch die Kultivierung von Bohnen und Baumwollarten. Die amerikanischen Indianer haben mindestens 100 wichtige Kulturpflanzen angebaut, die peruanischen Indianer etwa ein Drittel davon.

Desgleichen wurden Hunde und Lamas gezähmt. Letzteres ist das wichtigste aller Tiere, die die vorkolumbischen Indianer gezähmt haben. Das Lama, ein Verwandter der altweltlichen Kamele, ist allerdings viel kleiner als seine rezenten Verwandten in Asien und Afrika. Dennoch hatte es große Bedeutung für das Leben der Anden-Indianer. Das Lama trug Lasten, es gab seinem Züchter

Fleisch für die Nahrung, Wolle für die Kleidung, und sogar der Kot des Lamas wurde in dem kalten Klima der Anden als wertvoller Brennstoff geschätzt. Interessant ist die Tatsache, daß das von den Chavín-Leuten gezüchtete Lama noch fünf Zehen hatte, während das heutige Lama nur noch zwei besitzt. Schutz und Pflege der Lamas gehörten wahrscheinlich schon in früherer Zeit zu den wichtigsten Pflichten eines jeden Indianerdorfes in den Anden. Im Reich der Inka konnte ein Lamahirte, der das Verenden auch nur einiger weniger Tiere verschuldet hatte, mit dem Tode durch Steinigung bestraft werden.

Die Träger der Chavín-Kultur stellten ihre Werkzeuge aus Stein oder Knochen her. Von den Metallen kannten sie nur Gold. Es diente ihnen zur Anfertigung von Schmuckgegenständen, besonders Ohrgehängen, die stets mit dem Motiv der katzenartigen Gottheit verziert waren. Auch die Töpferei ist den Chavín-Leuten nicht mehr unbekannt gewesen.

Die Umwälzung in den wirtschaftlichen und kulturellen Verhältnissen, die zweifellos dieses anscheinend so plötzliche Erscheinen der Chavín-Kultur bewirkt hat, läßt den nicht bewiesenen Schluß zu, den Ursprung dieser so bedeutenden südamerikanischen Kultur möglicherweise in Mesoamerika zu suchen. In Tlatilco, unweit von Mexiko Ciudad, ist Keramik ungefähr gleichen Alters gefunden worden, die unstreitig der Keramik von Chavín ähnelt. Auch der Dekor entspricht einander. Auf der »Trasse« zwischen Tlatilco und Chavín sind auch bereits einige weitere Keramikfunde gemacht worden, die den Gegenständen von Chavín und Tlatilco ähnlich sind (z. B. am Babahoyo in Ekuador, im Uluatal in Honduras). Und noch ein weiteres Fragezeichen gibt es hier. Jene »katzenartige« Hauptgottheit, die die Chavín-Leute ständig dargestellt haben, ähnelt sehr dem Jaguar. Die Forscher erinnerten sich daher zwangsläufig an die Olmeken – das »Jaguarvolk«, dessen kultureller Einfluß in Mesoamerika erheblich war. Ebenso wie bei den Olmeken dominierte offenbar in der Chavín-Kultur der Jaguarkult. Desgleichen kommt zu dieser Zeit in Peru die Abplattung von Schädeln auf, die in Mesoamerika bereits weit verbreitet war. Schließlich haben jene Forscher, die die Ansicht vertreten, die Olmeken bzw. ein anderes mesoamerikanisches »Volk« hätte diese Kultur in die mittleren Anden gebracht, noch ein weiteres Argument: Zu der Zeit, da die Chavín-Kultur erscheint, kommt gleichzeitig in Peru der Anbau einer bis dahin dort unbekannten Kulturpflanze – des Maises – auf, den die Mesoamerikaner zu dieser Zeit aber bereits 2000 Jahre lang angebaut haben. Es gibt freilich auch gegenteilige Auffassungen. Verschiedene peruanische Forscher nehmen an, daß es die Chavín-Leute waren, von denen ein Teil nach Norden ausgewandert sei – bis an den Golf von Mexiko, wo sie dann unter dem Namen Olmeken bekannt geworden seien. Der peruanische Archäologe indianischer Herkunft, Julio Tello, ist hingegen der Meinung, daß die Chavín-Kultur jenseits der Anden – in Amazonien – entstanden sei, wovon jener Jaguarkult zeuge. Dies sind jedoch vorläufig nur Vermutungen. Solange neue archäologische Funde nicht zur Aufklärung der Chavín-Kultur beitragen, solange ist Zurückhaltung beim Aufstellen von allzu kühnen Hypothesen angebracht.

An die Traditionen der Chavín-Kultur, deren Einfluß sehr weit reichte, knüpften jüngere Anden-Kulturen, vorwiegend der Küstengebiete, an. Von der Chavín-Kultur aber unterscheiden sie sich grundsätzlich durch ihre begrenzte Wirkung auf zwei bis drei Nachbartäler. Die genaue Datierung dieser Kulturen ist sehr schwierig. Von diesen lokal begrenzten Kulturen verdienen besonders jene Aufmerksamkeit, die an der Südküste Perus zu finden sind. Die bedeutendste ist die sogenannte *Paracas-Kultur*.

Die reichen Schätze der Paracas-Kultur wurden in den trockenen peruanischen Küstengebieten gefunden. Auf der Halbinsel Paracas wurden zwei sehr reiche unterirdische Begräbnisstätten entdeckt, die aus der Blütezeit dieser Kultur stammen. Die eine, »Paracas-Cavernas« genannt, ist ein System unterirdischer, über 7 m tief in die Uferfelsen gehauener Schachtgräber, in denen die Mumien der ehemaligen Bewohner der Halbinsel, in tadellos erhaltene Totentücher gehüllt, bestattet waren. In jedem der flaschenförmigen Schachtgräber befanden sich einige Dutzend Mumienbündel.

Die Hinterbliebenen hatten den Toten verschiedene Gegenstände, unter anderem auch Goldschmuck, in die Grabkammern mitgegeben. Wie die Funde in den »Paracas-Cavernas« zeigen, war die Metallverarbeitung ein besonders entwickelter Zweig der handwerklichen Produktion. Neben reinem Gold verwendeten die Goldschmiede von Paracas auch eine Kupfergoldlegierung. Die in den Schachtgräben gefundene Keramik ist jedoch noch recht einfach. Die Erbauer der unterirdischen Begräbnisstätten haben noch aus Stein oder Knochen gefertigte Gegenstände (z. B. beinerne Messer) benutzt.

Viele Mumien von Paracas haben nicht nur deformierte, sondern auch trepanierte, d. h. chirurgisch geöffnete Schädel. Vor einigen Jahren war man der Meinung, daß die trepanierten Schädel der Mumien von Paracas ein Beweis für das kriegerische Wesen der Bestatteten seien. In Alt-Peru gab es nämlich eine der am meisten verbreiteten Waffen, die sogenannte Makana, die an einen mittelalterlichen europäischen Streitkolben erinnert. Ihr aus Stein und später auch aus Bronze gefertigter runder »Kopf« war mit mehreren scharfen Spitzen bewehrt. Zudem paßten die Spitzen der gefundenen Makanas in einigen Fällen ganz genau in die Löcher der trepanierten Schädel jener gefundenen Mumien.

Heute kann jedoch vermutet werden, daß die durchbohrten Schädel ihre Ursache in einem wohl eigenartigen Kult der Paracas-Indianer haben. Die trepanierten Schädel zeigen zugleich, welch hohen Entwicklungsgrad die Medizin in den mittleren Anden schon in der Vorinkazeit erreicht hatte. Die »Chirurgen« von Paracas (möglicherweise waren es Priester) waren z. B. bereits in der Lage, aus geöffneten Schädeln Knochenteile zu entfernen, die das Gehirn zusammendrückten und Lähmungen bewirkten. Die »Ärzte« der Vorinkazeit benötigten für ihre Eingriffe natürlich eine Reihe chirurgischer Instrumente. Diese sind auch, und nicht nur in Paracas, bereits gefunden worden – unter anderem Pinzetten, Obsidianmesser, Nadeln und eine Art Skalpelle, ja sogar Aderpressen zur Abklemmung von Blutgefäßen.

Die Öffnungen des bei den Riten oder im Kampf durchstoßenen Schädelkno-

Schachtgrab mit Mumienbündeln der Paracas-Kultur (nach Chachot)

chens bedeckten die indianischen »Chirurgen« mit Goldplatten. Ihre chirurgischen Instrumente jedoch waren aus Stein und Knochen angefertigt. Da sie so vollkommen waren, lag nach ihrer Entdeckung der Gedanke nahe, sie erneut zu erproben. Zwei peruanische Ärzte wagten einen solchen Versuch. Mit tadellosem Ergebnis nahmen sie mit den alten Instrumenten mehrere chirurgische Eingriffe vor.

Aus etwas jüngerer Zeit stammt die zweite bekannte Begräbnisstätte dieser Kultur: »Paracas-Necropolis«. Im Jahre 1925 grub Julio Tello in niedrigen mit rotem Sand bedeckten Hügeln eine ganze kleine unterirdische Stadt – eine Totenstadt – aus, in deren aus Stein und getrockneten Ziegeln erbauten Grabkammern er 429 Mumienbündel, ähnlich denen aus den Cavernas, fand. Viele der Bündel waren wiederum mit goldenen Amuletten geschmückt. In diesen Gräbern wurden auch Steinäxte, Töpferwaren und Nahrungsmittel gefunden. Die bemerkenswertesten Funde sind jedoch die »Mantas«, die reich bestickten Totentücher, in die jene Mumien gehüllt waren. Die Gewebe sind mit herrlichen, farbig ausgeführten Ornamenten geschmückt – mit stilisierten Vögeln, Tieren und seltsamen Ungeheuern. Die Färber von Paracas haben damals prachtvolle Farben hervorgebracht, besonders blaue, grüne, gelbe und braune Töne.

An die Paracas-Kultur knüpft unmittelbar eine weitere wichtige Kultur, die *Nazca-Kultur* (100–500) an, deren Spuren im gleichnamigen Tal und im Ica-Tal in Südperu, etwa 200 km südlich von Paracas, zu finden sind. Während die Paracas-Kultur vor allem meisterhafte Gewebe hinterlassen hat, sind aus Nazca in erster Linie bemerkenswerte Erzeugnisse der Töpferkunst überliefert. Ohne Hilfe der Töpferscheibe haben die Nazca-Leute formvollendete, wie mit feinster Glasur überzogene Gefäße geschaffen. Die Grundfarbe der Nazca-Keramik ist, neben zehn weiteren Farben, ein sattes Rot.

Architekturdenkmäler aus Stein sind aus dieser Kultur-Periode nicht überliefert. Mit dem Namen dieser Kultur sind zwei seltsame Entdeckungen verbunden, die noch nicht völlig aufgeklärt sind. Die erste von ihnen ist ein rätselhafter Bau, den die heutigen Peruaner »La Estaquería« nennen. Im Mittellauf des Nazca-Flusses sind Dutzende und Hunderte von Algarrobastämmen (Stämmen

Doppelbecher der Nazca-Kultur

Hauptmotiv auf der Keramik der Nazca-Kultur war eine »katzenartige Gottheit«

des Johannisbrotbaumes) in streng geordneten Reihen aufgestellt. Das Zentrum dieses merkwürdigen Bauwerkes bildet ein von zwölf Reihen mit je zwanzig Säulen umgebenes Quadrat. In dem vollkommen trockenen Klima ist dieser Bau aus Johannisbrotbäumen genau in jener Gestalt erhalten geblieben, in der ihn die Bewohner Nazcas vor mehr als 1000 Jahren errichtet haben.

Unweit der Meeresküste, in der Nazca-Region, in dem 70 km langen und 2 km breiten Palpa-Tal, ist in den dreißiger Jahren unseres Jahrhunderts eine weitere überaus überraschende Entdeckung gemacht worden. Dieses ausgedehnte Tal ist mit zahlreichen, gerade aneinandergereihten flachen Erdlöchern und besonders mit endlosen Reihen von Steinen angefüllt, die zu den verschiedensten aus Bergen, Hügeln und anderen erhöhten Orten heraustretenden geometrischen Figuren angeordnet sind. Verschiedene Linien verlaufen parallel, andere bilden ganze Flächen, die sich von der Oberfläche dieses Tals farbig abheben. An anderer Stelle findet man wiederum riesige Spiralen, die ebenso beschaffen sind.

Diese seltsamen Reihen von Stein- und Erdlochketten haben die Forscherin Maria Reiche schließlich veranlaßt, sich dieses Tal von Bord eines Flugzeuges aus zu betrachten. Diese Perspektive erbrachte neben verschiedenen Strichen überdimensionale Figuren von Vögeln, Spinnen, Fischen, Schlangen, Affen, Füchsen und anderen Tieren. Da diese Tierdarstellungen nur aus der Vogelperspektive, nur »vom Himmel aus«, erkennbar sind, liegt der Schluß nahe, daß ihre Schöpfer sie für ihre Götter gestaltet haben.

Jene, die diese einzigartige Galerie angelegt haben, sind wohl ebenfalls die Naczca-Indianer, die dieses Gebiet vor 1500 Jahren bewohnten. Zudem entspricht die Art und Weise, mit der sie diese offenbar »heiligen«Tiere in den Wüstensand zeichneten, dem Stil, in dem die Nazca-Indianer die gleichen Tiere auf ihrer berühmten Keramik darstellten.

Neben diesen Tierbildnissen offenbarte der Blick aus dem Flugzeug jedoch noch ein weiteres Rätsel: jene endlosen Geraden. Manche verlaufen parallel,

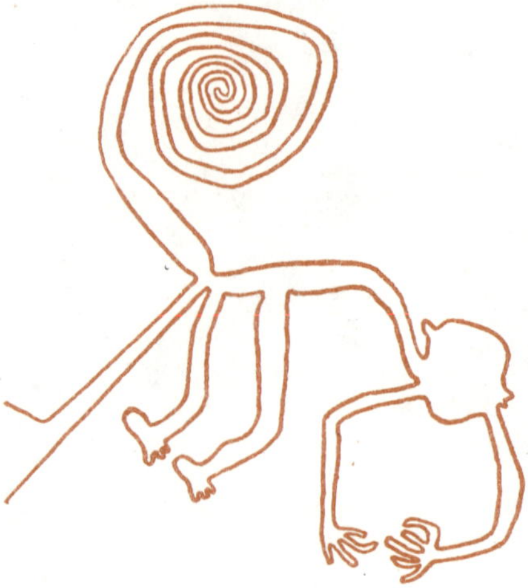

Scharrbild eines ca. 90 m großen Affen der Nazca-Kultur (nach Reiche)

andere kreuzen sich und wieder andere verbinden sich zu riesigen Dreiecken. Maria Reiche hat bei ihrem Flug festgestellt, daß die 23 offenbar wichtigsten Geraden von *einem* Ort ausgehen – von einem Quadrat von 3 m Seitenlänge. Eine dieser Geraden steht offenbar mit der Tag- und Nachtgleiche in Zusammenhang, zwei andere mit der Sonnenwende. Die meisten dieser Geraden sind genau 182 m lang, andere wiederum 26 m, einige erreichen eine Länge von mehreren Kilometern. Möglicherweise diente diese imposante »Wüstengalerie« den Bewohnern Südperus als Kalender. Wie die Nazca-Indianer dieses Werk vollbrachten ist bis heute ungeklärt.

Ungefähr um die gleiche Zeit, da in diesem Gebiet der Südküste die Nazca-Kultur nachweisbar ist, wurde im Norden, in der alten Region der Chavín-Indianer, eine weitere bemerkenswerte Kultur geboren – die *Mochica-Kultur*, die sich über ein relativ großes Gebiet erstreckte. Die Mochica bewohnten 24 jener von den Küstenflüssen gebildeten Oasen. Jede dieser Oasen ist von der anderen durch einen völlig toten Wüstenstreifen getrennt.

Diese schmalen, regelmäßig überschwemmten Täler spendeten aber ihren indianischen Bewohnern ausreichende oder gute Ernten. Der Mais reifte sogar zweimal im Jahr. Zudem gehören die Wasser an der Küste Perus zu den reichsten der ganzen Welt. So schenkte es auch den dort lebenden Indianern eine Unmenge von Fischen und Weichtieren.

Die Mochica haben tatsächlich wahre »Pyramiden« von Muschelschalen hinterlassen.

Das größte Interesse verdienen jedoch zwei ihrer Bauwerke – Pyramiden –, die sich unweit der heutigen peruanischen Stadt Trujillo erheben. Die eine dieser Pyramiden, heute »Huaca del Sol« (Heiligtum der Sonne) genannt, ist mit 400 m Länge und 140 m Breite wohl das größte indianische Bauwerk an der peruanischen Küste überhaupt. Ihre kleinere Nachbarin wird als »Huaca de la Luna« (Heiligtum des Mondes) bezeichnet.

Doch diese Indianer, die mit dem Namen der später in diesem Gebiet angetroffenen Bevölkerung als Moche oder Mochica bezeichnet werden, haben nicht nur Tempel errichtet, sondern auch große öffentliche Bauwerke. Erwähnt seien hier die außerordentlich breiten Straßen der Mochica. Da diese Straßen – ihre Reste sind in der Pampa von Chicama erhalten – genau 9,80 m breit sind und jede Seite einiger aus dieser Zeit stammenden Pyramiden der Mochica 98 m mißt, könnte man vermuten, daß die Maße 98 m oder 9,80 m eine besondere Bedeutung hatten.

Erwähnung verdient ebenfalls das ausgedehnte System von Kanälen, mit denen die Mochica-Bauern ihre Felder bewässerten. Ein solcher Kanal, der das Wasser aus dem Chicama-Fluß ableitete, ist z. B. 113 km lang, und bei Ascopa haben die Mochica sogar einen 15 m hohen Aquädukt erbaut.

Aber mehr noch als diese gewaltigen Bauwerke der Mochica erregten die Malereien auf der Keramik Aufmerksamkeit. Man kann mit Recht behaupten, daß die ganze mannigfaltige Kultur der Mochica auf den Keramik-Gefäßen dargestellt ist. Abgebildet wurden Fischer, Bauern, Krieger und Tänzer. Diese Malereien geben Aufschluß über die Kleidung der Mochica, ihre Musikinstrumente, ihre Haustiere (Lama und Hund), ihre Waffen, ihre Art, Stoffe zu weben usw. Durch die Abbildungen ist bekannt, daß sie verschiedene Kulturpflanzen angebaut haben – besonders Mais, Maniok, Kürbisse, Pfeffer, Bohnen, Kartoffeln und eine Süßkartoffelart.

Selbst über die gesellschaftlichen Verhältnisse im Siedlungsgebiet der Mochica gibt diese Keramik Auskunft. Die undifferenzierte Sippengesellschaft der peruanischen Indianer gehörte bereits der Vergangenheit an. Auf einem der Gefäße ist ein Gefangener mit einem hölzernen Joch um den Hals dargestellt. Auf Dutzenden anderer Gefäße befinden sich Szenen aus dem Leben des höchsten Herrschers und der Gebietsoberhäupter. Auf mehreren Gefäßen ist eine »Reise« des höchsten Herrschers abgebildet: Vier gebeugte Diener tragen den Herrscher in einer prächtigen, reich verzierten Sänfte. Weitere Diener

Kampfszene auf einem Keramikgefäß der Mochica

schützen ihn mit großen Schirmen vor der Sonne. Die Keramik der Mochica bezeugt eindeutig – und das ist für die weitere Entwicklung der indianischen Zivilisation in den Anden, die in der Schaffung des Inka-Reiches ihren Gipfelpunkt erreichte, wichtig –, daß bei den Mochica bereits eine strenge soziale Differenzierung bestand. Der höchste Herrscher (Cie Quich) wurde auf der Keramik oft als Jüngling dargestellt. In den einzelnen Tälern der Mochica-Gebiete herrschten Gebietsoberhäupter (Alaec). Zu den privilegierten Gruppen gehörten vermutlich auch jene, die, wie auf einem Gefäß dargestellt, die Aufsicht in einer Art Webereiwerkstätte innehatten. In der Gesellschaft der Mochica hat es aber auch bereits eine weitgehende Arbeitsteilung gegeben. Die Keramik zeigt uns u. a. Bodenbauern, Fischer, Heilkundige, Weise, Krieger Weber, Musikanten.

Sämtliche herrschenden Gruppen, die gesamte Herrenklasse, hieß in der Sprache der Mochica Sie. Zu ihren wichtigsten Vertretern gehörten die militärischen Befehlshaber. Als Hauptzeichen ihrer Würde trugen diese Mochica eine ungewöhnliche, hohe Kopfbedeckung, die u. a. mit Vogelfedern und goldenen Halbmonden verziert war. Als weiterer Schmuck dienten goldene oder kupferne Ohrgehänge sowie ein Mantel, der mit verschiedenen geometrischen Ornamenten geschmückt war, die möglicherweise als »Wappen« der einzelnen privilegierten Familien zu deuten sind. Schuhe trugen die Mochica nicht. Auf den Gefäßen erscheinen jedoch die Füße hoher Beamter in der Regel nicht unbekleidet. Der einfache Mochica trug ein schlichtes Hemd, das an den heutigen südamerikanischen Poncho erinnert. Die Frauen waren – den Gefäßdarstellungen zufolge – nur mit einem einfachen langen Hemd bekleidet. Kriegsgefangene hingegen wurden völlig nackt dargestellt, es sei denn, sie waren der sozialen Herkunft nach höher gestellt. So finden wir auf einigen Gefäßen Zeichnungen gefangener feindlicher Befehlshaber, die auch in der Gefangenschaft in Sänften getragen wurden. Die Hauptwaffe der Mochica-Krieger waren mit Kupfer- oder Steinköpfen bewehrte Keulen und Speere mit Kupferklingen.

Die Mochica-Kultur war nicht ausschließlich eine Priester-Kultur. Die Verehrung der eigenartigen Jaguargötter, das Erbe der alten Chavín-Kultur, hatte sich erhalten. Ihre neuen Götter jedoch suchten die peruanischen Indianer am Firmament. (Die Inka verehrten später vor allem die Sonne.) Die Mochica beteten eine Mondgottheit an, in der Mochica-Sprache Si genannt. Dieser Name ähnelt sehr der Eigenbenennung der Herrenklasse.

Auch von ihren Göttern und ihrer Religion berichten die Mochica wiederum auf zahllosen Gefäßen, die der Peruaner Rafael Larco Hoyle zusammengetragen hat. Hoyle war es auch, der auf einigen Gefäßen der Mochica-Keramik die Darstellung von Bohnen entdeckte, die mit verschiedenen Strichen, Kreuzen, Kreisen und Punkten gleichsam »beschrieben« sind. Diese »beschriebenen« Bohnen wurden auch auf erhalten gebliebenen Stoffen der Mochica gefunden. Hoyle vermutet, daß diese ungewöhnlichen Bohnen eine Art »Papier« der Mochica und jene Zeichen eine entstehende Schrift waren. Sollte sich diese

Ansicht bestätigen (eine Reihe von Amerikanisten verwirft sie allerdings heute noch völlig), wäre zum ersten Mal in der Geschichte des indianischen Südamerika die Existenz einer Schrift nachgewiesen.

Die Offenheit, mit der die Mochica auf ihren Gefäßen ihr Leben darstellten, macht diese Keramik zu einem Unikat. Die Mochica und ihr an Ausdehnung kleiner Staat haben somit eine Kultur hinterlassen, die als Hochkultur bezeichnet zu werden verdient.

Nachfolger der Mochica-Kultur wurde nach einer langen Zwischenperiode, zu der an anderer Stelle Ausführungen erfolgen werden, die *Chimú-Kultur.* Geographisch nahm das Chimú-Reich in seiner ersten Entwicklungsetappe zunächst das ehemalige Gebiet der Mochica ein. Auch die Kultur der Chimú erwuchs aus den reichen Traditionen der Mochica-Kultur.

Während jedoch die Mochica-Kultur und alle anderen Küstenkulturen (Ancón, Paracas, Nazca, Cupisnique) auf ein kleines Küstengebiet beschränkt blieben, beherrschte das Chimú-Reich bald den ganzen 1000 km langen Küstengürtel: von der Stadt Tumbéz im Norden bis in die Gegend Limas, der Hauptstadt des heutigen Peru.

Das Chimú-Reich entstand im 12. oder 13. Jahrhundert, jener historischen Periode des Andengebietes, die verschiedentlich als Zeit der Städtebauer bezeichnet wird. In der Blütezeit der Chimú-Kultur wuchsen an der Küste (aber auch im Binnenland u. a. in der Gegend von Yungua, Huaras) viele reiche Städte empor. Die imposanteste dieser Städte war Chan-Chan – die Hauptstadt des Reiches. Chan-Chan war nach einem genauen Plan auf einer Fläche von etwa 17 km^2 angelegt worden. Die von Wällen umgebene Stadt war in zehn Stadtviertel oder eher zehn Komplexe miteinander verbundener Bauten eingeteilt. Alle Viertel der Chimú-Metropole nahmen eine gleich große Fläche ein (rund 450 × 350 m). Die einzelnen Viertel waren durch mächtige, bis zu 9 m hohe Mauern voneinander getrennt. Zwischen den einzelnen Stadtvierteln lagen bewässerte Felder, die den Bewohnern die Grundnahrung sicherten. Jedes Viertel hatte auch eigene Wasserspeicher und eigene Begräbnisstätten.

In Chan-Chan befinden sich vier Pyramiden. Zur Unterscheidung wurden sie nach den spanischen Haupteigentümern benannt, die das Gebiet der einstigen Chimú-Metropole besetzt hatten: Huaca del Obispo, Huaca de Toledo, Huaca de la Rosa und Huaca de Concha. Die Toledo-Pyramide ist die interessanteste, da sie offenbar dem Herrschergeschlecht als Grabmal diente. Diese Funktion kam im indianischen Amerika nur ganz selten einer Pyramide zu.

Chan-Chan war in der Vorinkazeit zweifellos mit etwa 60 000 Bewohnern die größte Stadt des indianischen Südamerika. Die Innenwände ihrer Häuser verzierten die Chimú in Chan-Chan mit Friesen. In einem Gebäudekomplex ist z. B. ein solcher 7 m langer und 14 m breiter Fries gefunden worden, auf dem »Vogelmenschen«, die Fische und Krabben in den Schnäbeln oder Mündern halten, dargestellt sind.

Die Bewohner Chan-Chans, die Schöpfer der Chimú-Kultur, die – wie alle Indianer Amerikas – Rad und Wagen nicht kannten, haben dennoch 5–8 m breite Straßen angelegt, die in der Umgebung Chan-Chans sogar eine Breite von 25 m erreichen.

Viele der Bauwerke des ausgedehnten Chimú-Reiches wurden vom Flugzeug aus entdeckt. Auf diese Weise wurden im Jahre 1942 über 50 Chimú-Festungen ermittelt, die einen mehrere Kilometer langen »Wall« ergaben. Im Santa-Tal wurde auf diese Art ein 5 m breiter und etwa 3 m hoher Wall von 64 km Länge entdeckt. Dieser Wall führt von der Meeresküste bis zu einem hoch in den Bergen gelegenen, heute Suchimancillo genannten Ort. Möglicherweise sollte mit dem Wall, der in einer aus Stein erbauten Festung endete, das Reich der Chimú vor fremden Angriffen und Einflüssen geschützt werden.

Neben der Architektur hatte die Metallverarbeitung bei den Chimú eine bisher nicht gekannte Entwicklung erfahren. Sie beherrschten besonders die Herstellung verschiedener Legierungen und stellten gleichzeitig erstmals in Südamerika Bronze her. Aus Bronze und Kupfer fertigten sie Messer, Hacken, Speerspitzen und andere Gegenstände an. Gold verwendeten sie zur Herstellung von Kultgegenständen und Schmuck. Diese Goldschätze (Masken, Ohrgehänge) sind z. T. erhalten geblieben. Die Chimú benutzten allerdings sehr häufig auch Silber, was möglicherweise auf eine Vergöttlichung des Mondes hinweist. Der Mond und der Mondkult spielten in der Religion der Chimú offenbar eine sehr große Rolle. Wurde doch z. B. eine Sonnenfinsternis mit Kultfesten zu Ehren des Mondes gefeiert, der wohl, wie man annahm, im Kampf mit der Sonne gesiegt hatte.

Über die Religion der Chimú ist ebenso wie über die Gesellschaftsordnung bisher nur sehr wenig bekannt. Die Einteilung Chan-Chans in zehn Stadtviertel legt den Gedanken nahe, daß in jedem dieser selbständigen Viertel die Angehörigen der miteinander verwandten Gruppe einer Ayllú, jener im Andengebiet weitverbreiteten Sippengemeinschaft, wohnten. An der Spitze des Reiches stand ein unumschränkter Herrscher, der sich selbst Chimú nannte. (Chimú – der Name, der diesem Reich gegeben wurde, war ursprünglich, ebenso wie die Bezeichnung Inka, der Name der unumschränkten Alleinherrscher des Reiches und nicht der Name des Reiches selbst.) Sehr komplexe Bauten, wie der Bau der Pyramiden von Chan-Chan, die aus getrockneten Ziegeln errichtet sind, haben zweifellos eine perfekte Organisation öffentlicher Arbeiten erfordert, die von einem umfangreichen Stab von Beamten und Technikern geleitet und sicher von vielen Tausenden von Arbeitern ausgeführt wurden.

Die Chimú – die Herrscher des Reiches – behaupteten, ähnlich wie die Inka, daß sie aus einem anderen Land gekommen seien. Aber während Manco Capac und Mama Ocllo, die ersten legendären Inka, angeblich von Süden nach Cuzco, vom Titicacasee, gekommen seien, schildern die Legenden die Ankunft der Chimú in Peru genau umgekehrt. Die Chimú seien von Norden her, und zwar über das Wasser gekommen. Diese Legenden verdienen insofern Aufmerksamkeit, weil in ihnen der Gedanke enthalten ist, daß die Vorfahren der Chimú ebenso wie die der Chavín-Indianer im vorkolumbischen Mesoamerika zu suchen sind. Diese Möglichkeit wird noch durch eine weitere Tatsache gestützt.

Im ganzen vorkolumbischen Mexiko begegnet man – wie bereits erwähnt wurde – einem weitverbreiteten Schlangenkult. In den Anden hingegen nicht. Lediglich in Chan-Chan sind in den Erdgeschossen der Paläste eigenartige Kämmerchen entdeckt worden, in denen wahrscheinlich Schlangen gehalten wurden. Der Name Chan selbst bedeutet in einigen mexikanischen Indianersprachen »Schlange«. Es scheint also, daß Chan-Chan, das Zentrum der Chimú, ebenso wie viele Städte in Mesoamerika, den Schlangen geweiht war.

Diese Analogien dürfen nicht unbeachtet bleiben, ebensowenig wie jene Sagen von der Ankunft des ersten legendären Chimú in Peru. Diese Sagen berichten zunächst von dem mächtigen Naym-Lap, der mit einer Flotille von Balsas (floßartige, mit Segeln versehene Wasserfahrzeuge) an der Mündung des Faquisllanga anlegte und mit seiner Frau Geterni sowie mit seinen vielen Nebenfrauen und Kindern an Land ging. Vierzig hervorragende Männer sollen Naym-Lap begleitet haben, unter ihnen des Herrschers Ratgeber Occhocalo, der königliche »Oberkoch« Pita Zofi, der zugleich auf einer riesigen Muschel blies, um überall die Ankunft des Herrschers anzukündigen, sowie Naym-Laps Liebling Llapchillulli, der für den Herrscher wunderschönen Zierat aus Vogelfedern anfertigte. Am Ort der Landung gründete Naym-Lap eine Stadt, der er den Namen Chot gab. In dieser Stadt soll er einen herrlichen »Wundertempel« erbaut haben. Die Sagen berichten weiter, daß nach dem Tode Naym-Laps sein ältester Sohn Chium den Thron bestieg. Chium heiratete die schöne Prinzessin Zalzdoni, die ihm zwölf Söhne gebar. Und nun erzählen, ähnlich wie die Bibel, die Chimú-Legenden von den zwölf Söhnen Chiums, die nach allen Richtungen in die Welt hinauszogen und einzelne Stämme gründeten. So besiedelte Nor das Cinto-Tal, Cala ging nach Süden in das Gebiet Tucume usw. Chium aber blieb in Chot, wo er den heiligen Tempel bewachte. Nach seinem Tod haben dann der Sage nach noch weitere Fortsetzer der ruhmreichen Dynastie den Chimú-Thron bestiegen: Escuñain, Muscuy, Cuantipalles, Allascunti, Nifab-Nech, Mulumuslan, Llamocoil, Lanipatcum, Acunta und schließlich Fempallec. Der unglückliche Fempallec soll in seinem kurzen Leben viele böse Taten verübt haben, bis er schließlich die Ungunst der Götter erregte. Und die Götter sandten eine Reihe von Naturkatastrophen, Mißernten und schließlich eine furchtbare Hungersnot in das Chimú-Reich. Die Priester und der Adel des Reiches sollen nun erkannt haben, daß Fempallec nicht würdig sei, der Herr des Reiches zu sein, sie erhoben sich gegen ihn und ertränkten den letzten legendären Herrscher im Meer.

Nach diesen Chimú-Herrschern folgten Oberhäupter, über die bereits mehr bekannt ist. Ebenso gibt es Informationen darüber, wie die Macht und der Ruhm Chimús untergingen. Das Reich wurde schließlich von seinen mächtigeren Rivalen, den Inka, überwältigt. In der letzten Schlacht 1476 besiegten die besser organisierten und zahlenmäßig überlegenen Truppen des Inka Yupanqui das Heer der Chimú, das ihr letzter Herrscher, Chimo Capac, befehligte, und Chimú wurde Tahuantinsuyu, dem Reich der Inka, angeschlossen.

Mit dem Untergang des Chimú-Reiches verschwand das letzte mächtige, gut organisierte Reich, das als einziges imstande war, dem immer mehr erstarkenden Tahuantinsuyu zu trotzen. Den Inka eröffnete erst die Vernichtung Chimús die Möglichkeit zur Schaffung des größten und ausgedehntesten indianischen Staates im vorkolumbischen Amerika.

In die Kulturgeschichte des vorkolumbischen Peru hat sich aber auch eine einzelne, unabhängige, selbständige Stadt eingeschrieben – Pachacamac. In dieser Stadt befand sich die einzige bekannte »Orakelstätte« Südamerikas, die den peruanischen Indianern bereits am Ende des 1. Jahrhunderts, also in den Zeiten der Mochica und Chimú, diente, und sie diente ihnen auch noch in den Zeiten der Inka, die in Pachacamac einen großen Tempel ihrer Hauptgottheit – der Sonne – errichteten.

Jedoch verdient in der vorinkaischen Zeit Perus noch die *Kultur Tiahuanacos* Aufmerksamkeit. Diese Kultur trägt den Namen ihres religiösen Hauptzentrums – der Kultmetropole Tiahuanaco, eines Ortes, der mehr als jeder andere im indianischen Amerika von zahllosen Legenden, von einer Menge phantastischer Vorstellungen und Vermutungen umwoben ist. Zu dem besonderen Zauber, der von Tiahuanaco ausgeht, hat wohl auch die Lage dieser Ruinenstätte beigetragen. Sie befindet sich auf einer Hochebene, fast 4000 m über dem Meeresspiegel und 20 km südlich vom Titicacasee entfernt, im heutigen Bolivien.

Dieses Kultzentrum (Wohngelände sind in Tiahuanaco nicht gefunden worden) besteht aus vier Teilen, die eine verhältnismäßig kleine Fläche von 500 × 1000 m einnehmen. Der erste Bereich ist die Akapana, eine 14 m hohe Stufenpyramide. In der Nachbarschaft der Akapana befindet sich die sogenannte Kalasasaya, ein Geviert von rund 130 m Länge, das von einer Reihe steinerner Pfeiler gesäumt wird. Innerhalb des Areals der Kalasasaya steht das Sonnentor, das aus einem einzigen 7 t schweren Andesitblock gearbeitet wurde. In seinem oberen Teil ist das Sonnentor mit einem reichen Relief geschmückt, in dessen Mitte sich eine Menschenfigur befindet, von deren Haupt stilisierte Sonnenstrahlen ausgehen, die z. T. in Pumaköpfen enden. An der Gewandung des »Hauptgottes« von Tiahuanaco befinden sich wiederum Pumamotive sowie Bilder von Kondoren und Fischen. Es wird vermutet, daß die am Sonnentor dargestellte Gestalt der höchste Gott der Tiahuanaco-Indianer war. Dieser Gott, vermutlich Viracocha, war für die Inka der Schöpfer der Welt.

Aus ähnlich großen Steinblöcken besteht auch ein weiteres Bauwerk Tiahuanacos – das Pumator (Puma Puncu).

Neben diesen Hauptbauten befinden sich in Tiahuanaco riesige Steinstatuen. Diese kolossalen Standbilder (die mehr eine Übergangsform zwischen wirklichen Statuen und Stelen darstellen) schmückten einstmals den Raum der Kalasasaya: der »Mönch«, der »Bischof« und vor allem die größten Steinstatuen des vorkolumbischen Amerika, die selbst die gigantischen steinernen Köpfe der Olmeken übertreffen und nach ihren Entdeckern Monolito Bennett und Monolito Ponce Sangines benannt sind. Der Monolito Bennett ist über

Die Akapana in Tiahuanaco, eine ursprünglich ca. 15 m hohe Stufenpyramide mit Toren auf jeder Stufe (nach Busto)

7,85 m hoch. Der fast rechteckige Kopf der Statue ist mit einer eigenartigen »Krone« geschmückt, die Augen sind fast viereckig, es sieht aus, als stünden Tränen darin. Die Hände umgreifen die Brust. In der Nähe des Bennett-Monolithen ist ein kleiner Pumakopf mit blauen Augen und rotem Rachen ausgegraben worden. Vermutlich waren also auch die großen Standbilder, die möglicherweise »Priester-Könige« darstellen, mit Farbe bedeckt.

Die riesigen Steinstatuen und Steinquader, aus denen die »Ewige Stadt« Amerikas erbaut war, drängen die Frage auf: Wie sind diese riesigen Steinblöcke nach Tiahuanaco befördert worden, wenn der nächste Steinbruch etwa 6 km entfernt liegt? Annähernde Berechnungen ergaben, daß etwa 3000 Menschen nötig waren, um an einem Tag einen einzigen Steinquader von diesem nächsten Steinbruch zur Baustelle zu transportieren. Die »Ewige Stadt« Amerikas ist offenbar durch die hervorragend organisierte Arbeit vieler tausend Menschen erbaut worden.

Die Einzigartigkeit Tiahuanacos hat vor Jahren wahrhaft phantastische Vorstellungen erweckt. So wurde behauptet, daß diese »Ewige Stadt« die älteste Stadt der ganzen Welt sei, die vor 250000 Jahren gegründet worden sein soll! Der Forscher Artur Posnanski vertrat die Ansicht, daß die Stadt vor 17000 Jahren entstanden und »die Wiege des amerikanischen Menschen« sei.

In neuerer Zeit sind jedoch steinerne Denkmäler der Tiahuanaco-Kultur auch außerhalb dieser Stadt gefunden worden: in Sollkatiti, Chiripa, Wancani und vor allem in Pucara und Huari im Mantaro-Tal. Hier wurden umfangreiche unterirdische Galerien und eine Reihe steinerner Statuen entdeckt. Von

Tiahuanaco bis Pucara sind es jedoch 250 km, bis nach Huari sogar 510 km. Es ist offensichtlich, daß sich der Einfluß dieser Kultur in der zweiten Hälfte des 1. Jahrtausends nicht nur über das ganze Hochland von Peru, sondern auch über viele Küstentäler von Ekuador bis nach Nordchile erstreckte.

Beredtes Zeugnis von der Ausbreitung der Tiahuanaco-Kultur über das ganze Gebiet der mittleren Anden legen die Keramik und die Textilien der hiesigen Indianer aus der zweiten Hälfte des 1. Jahrtausends ab. Fast überall begegnet man den ursprünglich nur in Tiahuanaco verwendeten Mustern und Motiven des Sonnentors.

Wie und durch wen die Tiahuanaco-Kultur in die entferntesten Orte Perus gelangt ist, darüber ist fast nichts bekannt. Es scheint jedoch sicher zu sein, daß die Tiahuanaco-Kultur diese große Verbreitung der Religion verdankt, deren zentrale Gestalt wahrscheinlich jener am Sonnentor der »Ewigen Stadt« dargestellte Gott Viracocha war.

Zentralfigur des Sonnentor-Frieses in Tiahuanaco, die nach vorherrschender Meinung vermutlich den Gott Viracocha darstellt (nach Busto)

Die Inka

Goldglänzend Erstaunen war der Süden.
Die hohen Einsamkeiten
von Macchu Picchu, am Tor des Himmels,
waren ausgefüllt mit Ölen und Gesängen,
es hatte der Mensch in den Höhen
die Horste der Riesenvögel zerstört,
und im neuen Reich unter den Gipfeln
berührte der Landmann den Samen
mit seinen schneewunden Fingern.

El Cuzco leuchtete auf wie ein Thron
von Warttürmen und Kornkammern,
und jenes fahle Schattengeschlecht,
in dessen offnen Händen Diademe,
kaiserliche Amethyste zitterten,
war die denkende Blüte der Welt.

Auf den Terrassen keimte
des Hochlands Mais,
und über vulkanische Pfade hin
zogen Götter und Riesengefäße. (Pablo Neruda)

Die Inka waren weder ein Stamm noch ein Volk. Der Name »Inka« ist die Bezeichnung für den Herrscher des Reiches im Süden der Anden. Neben dem Inka gab es in diesem Reich noch weitere, mit vielen Vorrechten ausgestattete Angehörige der sogenannten Capac Ayllú, Verwandte des Inka, die mit ihm auch durch einen gemeinsamen Vorfahren und das Bewußtsein verbunden waren, zur »königlichen« Ayllú, zum königlichen Geschlecht, zu gehören.

Das Land der Inka, Tahuantinsuyu, lag im südwestlichen Teil Südamerikas, im Gebiet der Anden. Tahuantinsuyu, richtiger Tahu-an-Tin-Suyu (»Land der vier Teile«), ist der Name des Reiches, den die Inka ihrem Land gegeben haben. Dieser Name besagt, daß der »Staat« der Inka offenbar einstmals aus vier Teilen – Provinzen – bestand. Seit den ältesten Zeiten der Legenden und Mythen war das Herz, der Mittelpunkt Tahuantinsuyus stets die Stadt Cuzco. In den verschiedenen Himmelsrichtungen, annähernd Norden, Osten, Südwesten und Südosten, erstreckten sich die einzelnen Provinzen Tahuantinsuyus. Die größte von ihnen, Collasuyu, lag in der Umgebung des Titicacasees. Zu ihr gehörten das heutige Bolivien, das nördliche Chile und ein Teil Argentiniens. Die zweite der Provinzen, Cuntisuyu, lag im Südwesten Cuzcos. Das Gebiet der dritten

An der Spitze der Gesellschaft des Inka-Reiches stand der fast wie ein Gott verehrte Inka. Nach seinem Tode wurde die Mumie durch Cuzco getragen (aus der »Cronica« des Huaman Poma de Ayala)

Provinz Tahuantinsuyus, Chinchasuyus, umfaßte den nördlichen Teil des heutigen Peru und das heutige Ekuador. Antisuyu schließlich lag im Osten des Landes und umschloß die Osthänge der Anden.

Diese Einteilung Tahuantinsuyus wird Pachacuti Inka Yupanqui zugeschrieben. Zu jener Zeit konnte er freilich das Gebiet seines relativ kleinen »Staates« noch leicht und gerecht teilen. In späteren Jahren wäre das weit schwieriger gewesen, denn Tahuantinsuyu erreichte in der Zeit seiner Blüte eine Ausdehnung von mehr als 950 000 km^2 und hatte damals mindestens 5–7 Millionen Einwohner.

Die Inka haben keine Bücher geschrieben, und die Angaben in Form verknoteter Schnüre (Quipu) vermitteln keine historischen Nachrichten über die Herkunft der Inka. Jedoch berichten die Mythen der Inka über die Entstehung der Welt und der Menschen und auch darüber, wie und woher die ersten »göttlichen« Inka auf die Welt gekommen sind ...

Die göttliche Sonne beobachtete voller Mitleid, wie die Menschen auf der Erde lebten. Wie wilde Tiere, ja noch schlimmer. Und nicht einmal sie, die göttliche goldene Sonne, verehrten sie. Bis sich eines Tages die Sonne der Menschen erbarmte – und ihre Kinder vom Himmel herab zu ihnen auf die Erde sandte: ihren Sohn Manco Capac und ihre Tochter Mama Ocllo. Diese aber wußten nicht, wohin und zu wem sie auf der Erde gehen sollten. Die Sonne gab ihnen jedoch einen Stab aus purem Gold mit und befahl ihnen, sich dorthin zu wenden, wohin sie der goldene Stab führen werde, und wo sie diesen mühelos in die Erde stoßen könnten, dort sollten sie sich niederlassen. Manco Capac und Mama Ocllo stiegen zum Titicacasee hinab und begaben sich auf den Weg nach Norden. Oftmals versuchten sie, den goldenen Stab in den Boden zu stoßen, jedoch die Erde nahm ihn nicht auf. Als sie in ein Tal kamen, das Cuzco (»Nabel«) hieß, versuchten sie abermals, den Stab in den Boden zu stoßen – und siehe da – der goldene Stab fuhr leicht und tief in die Erde.

Da sprach Manco Capac zu seiner Schwester Mama Ocllo, die zugleich seine Frau war: »Sieh, unser Vater, der Sonnengott, wünscht, daß wir in diesem Tal bleiben, uns hier niederlassen, hier leben und so seinen göttlichen Willen erfüllen.« Daher gründeten sie hier also eine Stadt, die sie ebenso wie das Tal Cuzco nannten. Den Menschen, die hier lebten, gaben sie eine Religion, Gesetze und eine Ordnung. Manco Capac lehrte die Männer, das Land zu bestellen und kostbare Erze zu fördern. Mama Ocllo lehrte die Frauen, Stoffe zu weben und den Haushalt zu führen. Und sie selbst stellten sich als Inka an die Spitze des Staates, den sie geschaffen hatten ...

Es gibt viele dieser Legenden. Alle stimmen darin überein, daß der Gründer des Inka-Reiches Manco Capac war, der sich zum Beweis seiner göttlichen Herkunft Inka (»Herr«) nannte, und daß seine Frau Mama Ocllo war, die ebenso wie alle ihre Nachfolgerinnen in der Quechuasprache als Coya bezeichnet wurde. Coya – die Königin – war nicht nur die Schwester ihres Bruders, des Inka, sondern auch seine gesetzliche Frau. So leitete also die bedeutendste Herrschergruppe des vorkolumbischen Amerika, die Dynastie der Inka, ihre Herkunft unmittelbar von der göttlichen Sonne ab. Durch das strenge Verbot, einen Partner zu heiraten, der nicht ihrem Geschlecht entstammte, wuchs die Dynastie der Inka, der Nachkommen des legendären Paares Manco Capac und Mama Ocllo, nicht allzusehr an. Zur Zeit der Eroberung Perus durch die Spanier zählte die gesamte Sippe des Inka mit allen Verwandten, die in der »königlichen« Ayllú geboren, d. h. »direkte Nachkommen der Sonne« waren, nicht mehr als 518 Personen. Die Nachfolger des legendären Manco Capacs und Mama Ocllos waren:

	jeweils seine Gemahlin
der zweite Inka – Sinchi Roca,	– Mama Coca
der dritte Inka – Lloque Yupanqui,	– Mama Caua
der vierte Inka – Mayta Capac,	– Mama Tucucaray
der fünfte Inka – Capac Yupanqui,	– Curihipsy
der sechste Inka – Inka Roca,	– Mama Micay
der siebente Inka – Yahuar Huacac,	– Mama Chicya
der achte Inka – Viracocha Inka,	– Mama Rondocaya
der neunte Inka – Pachacuti Inka Yupanqui	– Mama Anacuarqui
der zehnte Inka – Tupac Inka Yupanqui,	– Mama Ocllo II.
der elfte Inka – Huayna Capac,	– Arauna Ocllo
der zwölfte Inka – Huascar,	– Chucuy Huypa

Der dreizehnte, man kann sagen, ungesetzliche Inka war Atahualpa. Nach dem Tode Atahualpas übernahmen, bereits in der Zeit der Konquista, noch weitere Inka die Herrschaft, der letzte von ihnen war Tupac Amaru (genannt »Der Erste«). Die Macht dieser Herrscher, die, schon nach der Eroberung Tahuantinsuyus, zumeist in dem noch nicht unterworfenen Gebiet der östlichen Anden »regierten«, war jedoch äußerst begrenzt.

Da über die vorkolumbische Geschichte des Andengebietes bisher viel weniger bekannt ist als über die Geschichte Zentral-Mexikos, sind auch die Informationen über die Geschichte der vorinkaischen Hochkulturen einschließlich der Herrschaftsperiode der ersten sechs Inka nur sehr spärlich. Über Manco Capac berichtet die Legende von der Gründung eines kleinen Staates im Cuzco-Tal. Dieses später größte Reich des vorkolumbischen Amerika ist wahrscheinlich in der zweiten Hälfte des 12. Jahrhunderts entstanden.

Als Manco Capac gestorben war, soll er sich in einen Stein verwandelt haben, den seine Nachfolger als kostbare Relique behüteten.

Der zweite Inka, Sinchi Roca, festigte seinen kleinen Staat im Innern und leitete die ersten Eroberungen ein. Diese verliefen in südliche Richtung, zum Titicacasee hin. Die Eroberung und die Angliederung dieser Gebiete wurden auch unter dem dritten, vierten und fünften Inka – Lloque Yupanqui, Mayta Capac und Capac Yupanqui – fortgesetzt.

Der sechste Inka, Inka Roca, änderte zum ersten Mal die Richtung der Eroberungszüge und versuchte sich des Gebietes der tropischen Wälder zu bemächtigen, die in den Niederungen nordöstlich von Cuzco lagen. Doch erst der siebente Inka, Yahuar Huacac, begann mit der planmäßigen Ausbreitung der Macht Tahuantinsuyus. Zunächst baute er ein kleines, jedoch gut ausgebildetes Berufsheer auf, das unter der Leitung zweier sehr talentierter Heerführer, Apo Maytas und Vicaquiras, eine Reihe kleiner Länder besiegte, die in der Nachbarschaft des Cuzco-Tales lagen. Alle diese Länder wurden dem Reich angeschlossen.

Der Nachfolger Yahuar Huacacs, der später ermordet worden sein soll, wurde Viracocha Inka. Er vollendete mit Hilfe der beiden erwähnten Heerführer die Unterwerfung der Aymará sprechenden Stämme. Während die Inka am Titicacasee kämpften, entbrannte in der Nachbarschaft Cuzcos zwischen den beiden mächtigsten Stämmen, den Chanca und den Quechua, die zu jener Zeit neben Tahuantinsuyu in den peruanischen Anden lebten, ein heftiger Kampf. Der vernichtende Angriff der Chanca zerschlug die Stammeseinheit der Quechua. Der größere Teil des Stammes geriet so unter die Oberherrschaft der siegreichen Chanca.

Die Heerführer der Inka begriffen, daß sich hier für Tahuantinsuyu eine leichte Beute bot, und so zwangen sie den Rest des Stammes der Quechua zum »freiwilligen« Anschluß an Tahuantinsuyu. Diese Tatsache war für die spätere Geschichte des Inka-Reiches von außerordentlicher Bedeutung. Der zahlenmäßig kleine Stamm der Quechua (der »Menschen aus dem warmen Tal« – sie hatten ursprünglich in dem Tal des Flusses Apurimac gelebt, einem Gebiet, das sich durch ein sehr mildes Klima auszeichnet) sprach einen Quechua-Dialekt, den die Inka möglicherweise wegen des reichen Wortschatzes übernahmen. Mit der ihnen eigenen Konsequenz begannen sie diese Sprache etwa zu Beginn des 15. Jahrhunderts in ihrem Reich einzuführen. Hundert Jahre später sprach bereits die große Mehrheit der Bewohner Tahuantinsuyus Quechua.

Die Chanca, ermutigt durch ihren Sieg über die Quechua, beschlossen nun, ihren größten Rivalen, das Reich der Inka, zu vernichten. Im Jahre 1437, das erste Datum, das für die Geschichte Tahuantinsuyus exakt angegeben werden kann, unternahmen die Chanca ihren Angriff. Sie besiegten das Inkaheer und standen alsbald vor Cuzco. Die Stadt und mit ihr auch das Reich schienen verloren zu sein. Viracocha Inka floh zusammen mit dem Nachfolger, den er sich erwählt hatte, seinem Sohn Urcon, und einer Reihe weiterer Mitglieder der Capac Ayllú aus Cuzco und verbarg sich in einer entlegenen Gebirgsfestung. Doch nicht alle ergaben sich. Jene beiden, nun schon sehr alten Heerführer, Apo Mayta und Vicaquira, waren mit ihren Abteilungen in der Stadt geblieben und verteidigten zusammen mit den beiden anderen Söhnen des Inka, Urcons Brüdern, Yupanqui und Roca, das Zentrum des Reiches. Yupanqui übernahm schließlich den Oberbefehl über alle in Cuzco verbliebenen Truppen.

Kurz darauf begannen die Chanca den Sturm auf die Stadt. Die Verteidiger Cuzcos wehrten sich standhaft. Und so verloren die Angriffe der Chanca immer mehr an Kraft. Völlig unerwartet griff nun auch noch eine abgesplitterte Abteilung des Inkaheeres die die Stadt belagernden Chanca von der Flanke her an, so daß aus den Belagerern plötzlich Belagerte wurden. Nach einigen Stunden war das Heer der Chanca besiegt.

Für den Angriff auf Cuzco rächten sich die Inka an ihren gefährlichsten Feinden auf furchtbare Weise. Sie zogen den gefangenen Chanca bei lebendigem Leibe die Haut ab.

Nun, da die Quechua Tahuantinsuyu »freiwillig« beigetreten und die Chanca vernichtet waren, stand den Expansionsbestrebungen der Inka im ganzen peruanischen Binnenland kein ernsteres Hindernis mehr im Wege. Jedoch auch in den inneren Verhältnissen kam es zu einer Veränderung. Nach dem Tod des Viracocha Inka (1438) übernahm nach dem Gesetz sein Sohn Urcon die Herrschaft, doch sein Bruder Yupanqui, der Sieger über die Chanca, riß durch eine Palastrevolution mit Hilfe seiner militärischen Befehlshaber, die mit ihm Cuzco verteidigt hatten, die gesamte Macht an sich, und bald darauf wurde er vom Hohepriester offiziell zum neuen – neunten – Inka Tahuantinsuyus gekrönt. Er nahm den Namen Pachacuti Inka Yupanqui an.

Pachacuti Inka Yupanqui festigte durch eine Reihe organisatorischer Maßnahmen die Stärke Tahuantinsuyus. Sein Sohn – der zehnte Inka –, Tupac Inka Yupanqui (er bestieg im Jahre 1471 den Thron), dehnte die Grenzen des Reiches wesentlich aus. Zunächst unternahm er einen großen Feldzug nach dem Norden Perus bis in das Gebiet des heutigen Ekuador – in die Gegend von Quito. Während der Regierungszeit des zehnten Inka erfolgte auch die endgültige Unterwerfung des Chimú-Reiches, des stärksten und mächtigsten Gegners des Inka-Reiches. Bereits früher hatten die Heere der Inka zu wiederholten Malen erfolglos versucht, in das Chimú-Gebiet vorzudringen, doch erst jetzt, während der Herrschaft des Tupac Inka Yupanqui, war es ihnen gelungen, einen Großteil der Bewässerungsanlagen im Hinterland wichtiger Uferstädte zu vernichten und dadurch das Schicksal der Chimú zu besiegeln. Die Hauptstadt Chan-Chan wurde von den Inka zur Strafe dafür, daß die besiegten Einwohner dieser Stadt es abgelehnt hatten, den Glauben der Sieger, der Sonnenanbeter, anzunehmen, völlig vernichtet.

Bald nach der Rückkehr nach Cuzco begann Tupac Inka Yupanqui einen neuen Feldzug vorzubereiten – die größte militärische Operation, die jemals im vorkolumbischen Amerika durchgeführt wurde. Mit einem riesigen Heer zog er durch das ausgedehnte Gebiet des heutigen Bolivien in den Norden des heutigen Argentinien, überquerte danach abermals die Anden, stieg in die wasserlose Wüste Atacama in Nordchile hinab und rückte durch das Gebiet des heutigen Chile immer weiter – mehr als 1000 km – nach Süden vor, bis er den Maule erreicht hatte.

Erst dort brachte ihn der erbitterte Widerstand der chilenischen Araukaner zum Stehen.

Als Tupac Inka Yupanqui im Jahre 1493 starb, hinterließ er seinem Sohn, Huayna Capac, ein Reich, das in ganz Amerika nicht seinesgleichen hatte. Seine Nordgrenze war etwa 5000 km von der Südgrenze entfernt. Huayna Capac vollendete das Werk seines Vaters durch die Unterwerfung der Urwaldstämme in der peruanischen Montaña und durch den Sieg über die Chiriguano, eines indianischen Stammes, der zu Beginn des 16. Jahrhunderts die Südostgrenze Tahuantinsuyus angegriffen hatte. Huayna Capac mußte jedoch vor allem die inneren Verhältnisse im Inka-Reich neu ordnen, das durch die Feldzüge seines Vaters so unermeßlich groß geworden war.

Die Eroberung derart großer Gebiete erforderte den Aufbau einer mächtigen Heeresmacht. Tahuantinsuyu besaß nur eine berufsmäßige militärische Truppe – eine Art Leibwache des Inka. Weitere militärische Verbände wurden erst in Kriegszeiten aufgestellt. Die militärischen Einheiten wurden in den einzelnen Ayllú gebildet, aus denen dann die höheren militärischen Verbände in den Provinzzentren hervorgingen. Jeder männliche Angehörige Tahuantinsuyus war zum Kriegsdienst verpflichtet. Die Disziplin war äußerst streng. Ein Soldat, der beim Marsch auf einer Reichsstraße von der Straße abbog, konnte mit dem Tode bestraft werden.

Ihre vielen militärischen Siege haben die Inkaheere aufgrund ihrer straffen Organisation und ihrer zahlenmäßigen Stärke errungen. Der Eindruck des Inkaheeres auf die Feinde Tahuantinsuyus ist sicher frappierend gewesen, da letztere zumeist zahlenmäßig vielfach unterlegen waren. Sofern den Feind nicht die Furcht vor diesem riesigen Heer in die Flucht schlug, wurde die zweite der »psychologischen Waffen« der Inka eingesetzt – der Lärm. Das ganze Heer begann ein ohrenbetäubendes Gebrüll, beschimpfte den Gegner und trompetete auf Muscheln. Wenn jedoch auch diese »Waffe« den Feind nicht zur Flucht

Ausdehnung des Inka-Reiches (nach Linné)

bewegte, begann der Kampf. Zuerst schossen die Bogenschützen ihre Pfeile ab. (Diese Abteilungen bestanden ausschließlich aus Angehörigen der den Inka untertanen Urwaldstämme.) Danach überschütteten die Schleuderer den Feind mit einem Regen von Steinen, und die eigentlichen Fußtruppen der Inka rückten mit Speeren und Streitäxten, den morgensternartigen Makanas, vor. Die endgültige Entscheidung brachte also der Kampf Mann gegen Mann. Seit jenem historischen Sieg über die Chanca im Jahre 1437 ist das Inkaheer in keiner Schlacht von entscheidender Bedeutung besiegt worden.

Die gefangengenommenen militärischen Befehlshaber des Feindes wurden in Cuzco in unterirdischen Zellen Giftschlangen ausgesetzt. Der großen Mehrheit der Gefangenen drohte jedoch keine Gefahr. Ein Teil von ihnen wurde zwar zunächst nach Cuzco geführt, um auf dem Hauptplatz vor dem Tempel der Goldenen Sonne zu Boden zu fallen, damit der »Sohn der Sonne« – der Inka – über sie hinwegschreiten konnte. Aber nach dieser Zeremonie wurden sie freigelassen und konnten in ihre, nun schon Tahuantinsuyu angegliederte Heimat zurückkehren. Vom Standpunkt der Inka waren sie nun Bürger des Reiches mit allen Rechten und Pflichten.

Tahuantinsuyu verwirklichte, vor allem seit der Zeit des Pachacuti Inka Yupanqui, als einziges der vorkolumbischen Reiche Amerikas konsequent eine Kolonisationspolitik, die einer der besten Beweise für das organisatorische Talent der Herrscher dieses Staates ist und deren Ergebnisse bis heute die Nationalitätenfragen in den Andenrepubliken nachhaltig beeinflussen. In jedem eroberten Gebiet führten die Inka als erstes Quechua als einzige ausschließliche Sprache ein. Zugleich nahmen sie oftmals einen fast völligen Austausch der Bevölkerung vor. In den neu angegliederten Gebieten des Reiches siedelten sie Quechua sprechende Kolonisten aus Gegenden an, die schon lange zu Tahuantinsuyu gehörten. Diese Mitimaes genannten Kolonisten, denen das Wirtschafts- und Verwaltungssystem des Inka-Reiches vertraut war, ordneten sich ihm auch in ihrer neuen Heimat augenblicklich unter, so daß die neuen Länder rasch den Charakter eroberter Gebiete verloren und gleichwertige Bestandteile Tahuantinsuyus wurden. Bestandteile, die voll in das wirtschaftliche und staatliche Leben des großen Reiches integriert waren. Umgekehrt wurden die ursprünglichen Bewohner dieser Gebiete häufig in das Innere Tahuantinsuyus umgesiedelt, wo sie sich in der neuen Umgebung schnell an den Lebensrhythmus des Inka-Reiches anpaßten. Diese Politik stärkte wesentlich die Einheit des Reiches. Dutzende, ja Hunderte oft völlig verschiedenartiger und sich sprachlich gänzlich fremder indianischer Stämme wurden so in Bürger Tahuantinsuyus verwandelt, deren ursprünglich unterschiedliche Kultur im Laufe der Zeit sehr ähnliche Ausprägungen erfuhr. Zu der Zeit, als die Europäer nach Amerika kamen, sprach vermutlich ungefähr jeder vierte Indianer Quechua. Diese Staatssprache Tahuantinsuyus ist auch heute noch die verbreitetste Indianersprache Amerikas, die in den Andenrepubliken alle übrigen Indianersprachen, mit Ausnahme des Aymará, fast völlig verdrängt hat.

Huayna Capac, der letzte Inka vor der Ankunft der Spanier, hat in den 34 Jahren seiner Herrschaft das Reich außerordentlich gefestigt. Im Jahre 1524 starb Huayna Capac plötzlich (im Norden des Reiches war eine Pestepidemie ausgebrochen), ohne ausdrücklich bestimmt zu haben, welcher von seinen Söhnen sein Nachfolger werden sollte. In einem solchen Fall hatte der älteste gesetzliche Sohn, also Huascar, Anspruch auf die Herrschaft.

Darstellung von Inkakriegern auf altperuanischer Keramik

Huascar wurde in Cuzco vom höchsten Priester zum neuen Inka gekrönt. In Quito war damals einer von Huascars Stiefbrüdern, Atahualpa, Statthalter, der den unerwarteten Tod des Vaters für seine Zwecke nutzen wollte. Er erklärte daher, daß sein Vater, als er im Sterben lag, gewünscht habe, Tahuantinsuyu zu teilen, weil das Reich nicht mehr von einem einzigen Ort aus regiert werden könne. In der nördlichen Hälfte des Reiches solle er, Atahualpa, herrschen. So wurde zu jener Zeit, als die Konquistadoren bereits irgendwo im Norden, in Kuba oder in Panama, standen, um den Weg zu den legendären Schätzen ebenso legendärer Reiche zu suchen, das mächtigste von ihnen, das Inka-Reich, von Erbfolgestreitigkeiten erschüttert, die in einem erbitterten Bruderkrieg gipfelten. Den Krieg gewann schließlich Atahualpa, in dessen Dienst die besten damaligen Heerführer des Reichs wie z. B. Chalcuchima und auch die besten militärischen Einheiten standen, die noch Huayna Capac aufgebaut hatte. Das Ende dieses Krieges stellte jedoch die einstige Stabilität des Reiches nicht wieder her.

Die Grundzelle des riesigen »Bienenstaates« war die Ayllú – die Sippe, die aber zur Zeit der letzten Inka schon eindeutig auf territorialer und nicht mehr auf verwandtschaftlicher Basis organisiert war. Jede Ayllú nutzte gemeinsam einen bestimmten, streng abgegrenzten Teil landwirtschaftlichen Bodens. In jedem Dorf und jeder Stadt gab es in der Regel einige Ayllú. Mehrere Dörfer zusammen bildeten einen »Bezirk«, der von einem Curaca, einem vom Inka ernannten Beamten, verwaltet wurde. Mehrere Bezirke zusammen bildeten schließlich eine der vier Provinzen Tahuantinsuyus.

Jeder einfache Bewohner Tahuantinsuyus, Hatunruna (oder auch Puric) genannt, war für sein ganzes Leben an seine Ayllú gebunden, er bearbeitete mit ihr den Boden, er zog mit ihr in den Kampf. In der Ayllú wurden auch die hauptsächlichen religiösen Riten vollzogen, offenbar in den ursprünglichen, in der Quechuasprache Huaca genannten Sippenheiligtümern.

Ein Mann war im Prinzip verpflichtet, zu heiraten und, wenn irgend möglich, sich ein Mädchen aus der gleichen Ayllú zur Frau zu nehmen. Von dem gemeinsamen Boden wurde jedem verheirateten Mann ein fest umgrenztes Stück Land, Tupu genannt, zugeteilt. Für jedes Kind, wenn es ein Junge war, bekam die Familie ein weiteres Tupu, war es ein Mädchen, ein weiteres halbes Tupu. Der gesamte Boden in ganz Tahuantinsuyu war grundsätzlich in drei Teile geteilt. Der erste Teil gehörte der göttlichen Sonne, und der Ertrag dieses »göttlichen Drittels« diente zur Ernährung der Priester und der Opfer, der zweite Teil gehörte dem Staat und dem Inka, und der Ertrag des dritten Teils gehörte dem einfachen Volk.

Die Hauptfrucht der Landwirtschaft war der Mais (in der Quechuasprache Sara), in weniger fruchtbaren Gebieten wurden u. a. Kartoffeln (Papa), Bohnen (Terwi), Paprika (Reqoto), Quinoa (eine eiweißreiche Körner liefernde Meldenart) angebaut.

Die Bestellung der Felder begann in Tahuantinsuyu im August. Der Inka selbst eröffnete die landwirtschaftlichen Arbeiten mit einer goldenen Hacke auf dem »königlichen Feld« in Cuzco. Da das vorkolumbische Amerika den Pflug nicht kannte, benutzten die Andenindianer für die landwirtschaftlichen Arbeiten Grabstöcke, die etwa so groß wie ein erwachsener Mensch waren. Den von den Männern aufgegrabenen Boden bearbeiteten die Frauen mit Hacken.

Aufgrund des Wassermangels in den Anden existierte in Tahuantinsuyu ein verhältnismäßig gutes System von Bewässerungskanälen. Oberhalb Cuzcos sind bis heute die Reste eines riesigen Wasserspeichers erhalten geblieben, aus dem in Zeiten der Dürre weit entfernten Orten Wasser zugeführt wurde.

Außer durch Bewässerung wehrten sich die Bodenbauern des Inka-Reiches auch noch durch den Bau sogenannter Hängeterrassen gegen den Wassermangel. Da es im gebirgigen Hochland Perus, in dem das Kerngebiet Tahuantinsuyus lag, kaum größere, für die landwirtschaftliche Produktion geeignete Ebenen gab, mußten die Andenindianer ihre Felder unmittelbar an den Hängen der einzelnen Täler anlegen. Sie mußten in die steilen Hänge buchstäblich Stufe um Stufe hineinschneiden und durch kleine Steinmauern absichern, damit in der Regenzeit das Wasser den Boden nicht von den einzelnen Stufen hinunterspülte. Der Bau dieser Hängeterrassen, die zu den großen Leistungen der Inka-Kultur gehören, wurde vermutlich von den Verwaltungsbehörden des Reiches projektiert sowie deren Anlage organisiert. In Tahuantinsuyu war die gemeinsame Bearbeitung des Bodens die erste Pflicht eines jeden einfachen Angehörigen des Reiches.

Ebenso war die Haltung der Lamaherden organisiert, die gleichfalls jeweils auf drei »Haupteigentümer«, die Sonne (d. h. die Funktionäre der Staatsreligion), den Inka und das Volk, verteilt waren. Eine grundlegende, vom Staat den Frauen auferlegte Arbeitspflicht, war das Spinnen und das Weben von Stoffen.

Die vollkommene staatliche Organisation des Landes regelte auch die Speicherung und die Verteilung der landwirtschaftlichen Erzeugnisse. In jeder Provinz gab es zwei Speicher, einen »göttlichen« und einen »staatlichen«. Aus den staatlichen, dem Inka gehörenden Speichern wurden die Staatsbeamten, das Heer, die Erbauer der Straßen und Festungen sowie der Hof des Inka eingekleidet und beköstigt. Aus den »göttlichen« Speichern erhielten die Priester Kleidung und Kost. In Zeiten einer Hungersnot oder Naturkatastrophe, die die Ernte vernichtet hatte, wurden die staatlichen Speicher geöffnet und standen auch dem Volk zur Verfügung.

Die Hauptpflicht der arbeitenden Mehrheit der Bewohner Tahuantinsuyus war also eine Tätigkeit zum Nutzen des Staates. Da es in Tahuantinsuyu kein Geld gab, erfüllte der einfache Bewohner des Reiches seine »Steuerpflicht« gegenüber dem Staat entweder durch landwirtschaftliche Arbeiten, durch den Dienst im Heer oder durch die sogenannte Mita. Die Mita, eine ursprünglich urgesellschaftliche Einrichtung gemeinsamer Arbeit für gemeinsame Zwecke, verpflichtete, nach Anordnung des Inka, alle oder bestimmte Angehörige des Reiches, an staatlich wichtigen Bauten zu arbeiten oder verschiedene Dienste zum Nutzen des Reiches zu leisten, gegebenenfalls auch in den staatlichen Bergwerken. Die Mita ermöglichte es, in wenigen Tagen Zehntausende von Menschen für staatswichtige Arbeiten zusammenzurufen. Auf diese Weise wurden in Tahuantinsuyu Paläste, Tempel, Wasserleitungen, Bewässerungsanlagen, Brücken, Straßen und gewaltige Festungen erbaut. So ist z. B. verbürgt, daß für den Bau der Festung Sacsahuaman, in der Vorstadt von Cuzco, 30 000 Menschen zum gleichen Zeitpunkt eingesetzt wurden.

Wer nicht arbeiten konnte, Kranke und Witwen, erhielt vom Staat alles Lebensnotwendige, vor allem Kleidung und Kost.

Die Hatunruna, das Volk, waren in zwölf Altersklassen eingeteilt. Die letzte Klasse, die Menschen über 60 Jahre, waren von jeglicher Arbeit befreit, jene, die älter als 50 Jahre waren, brauchten nur wenig zu arbeiten. Aufgrund derartiger Organisationsprinzipien unterschieden sich die einfachen Bewohner Tahuantinsuyus kaum durch materiellen Reichtum. Es gab kein Geld, es gab kein Privateigentum an Grund und Boden, es gab keine Bettelei, es gab keine dem Besitz entspringenden »Krankheiten« wie Habgier, Selbstsucht und Neid. Dies bedeutet jedoch nicht, daß das Volk, die Hatunruna, nicht ausgebeutet wurde, denn von der Arbeit des Volkes lebten die Priester, die Curaca – die Aristokratie des Inka-Reichs, die verschiedene höhere und niedrigere staatliche Funktionen ausübte – und schließlich der Inka selbst und die Mitglieder der Capac Ayllú. Auch gab es in Tahuantinsuyu eine Gruppe völlig rechtloser Menschen, Yanacuna genannt. Ursprünglich handelte es sich bei den Yanacuna um Bewohner einer Provinz, die sich gegen die Inkaherrschaft erhoben hatten. Sie bildeten eine Art von »outlaws«, außerhalb der Gesellschaft Stehende. Später wurde diese Bezeichnung häufig als Synonym für »Diener« verwendet. Daher wurden die Angehörigen dieser gesellschaftlichen Gruppierung noch ca. 40 Jahre nach der Konquista auf mehr als 40 000 geschätzt.

An der Spitze Tahuantinsuyus stand der in seiner Herrschaft unumschränkte, als Sapa (»Der Einzige«) bezeichnete Inka. Er wurde als unmittelbarer Nachkomme der göttlichen Sonne, ja als ein Gott betrachtet und verehrt. Von dieser

Tributablieferung im alten Peru (aus der »Cronica« des Huaman Poma de Ayala)

vermeintlichen Abstammung wurde sein anderer Name, Intip Cori (»Sohn der Sonne«), hergeleitet. Seinen Nachfolger wählte er unter seinen Söhnen aus. Es mußte nicht immer der erstgeborene Sohn sein. Bevor ein Inka den Thron bestieg, bereitete er sich im Kreise von Gelehrten »auf seine Berufung« vor. Danach legte er gewisse aristokratische Staatsprüfungen, Huaranchicoa genannt, ab. Wenn ein Inka die Herrschaft antreten sollte (einige Herrscher übergaben noch zu ihren Lebzeiten ihr »Amt« an einen Nachfolger), mußte er drei Tage lang, ehe er feierlich gekrönt wurde, in der Einsamkeit fasten. Die »Krone« des Inka war die Llautu, eine Art Kranz, der aus einer Reihe miteinander verflochtener farbiger Wollschnüre bestand, die mehrmals um den Kopf gewunden wurden. Das Kennzeichen des Inka war ein goldenes Zepter von etwa 50 cm Länge, das mit drei Federn des Coraqueque, eines sehr seltenen Gebirgsvogels, verziert war. Der Inka saß auf einem niedrigen, aus kostbarem dunkelrotem Holz geschnitzten Thron. Wenn er Besuche empfing, war er durch einen Vorhang von dem Besucher getrennt. Nur in ganz seltenen Fällen wurde der Vorhang gehoben, und allein dann durfte der auf diese Weise besonders ausgezeichnete Gast vor das Angesicht des Inka treten.

Der Inka trug im wesentlichen die gleiche Kleidung wie seine Untertanen, sie war jedoch aus besseren Stoffen gefertigt, die von Mädchen aus dem »Kloster der Sonnenjungfrauen« gewebt wurden. Niemals aber trug er dasselbe

Hängebrücke über einen Fluß im Reich der Inka (aus der »Cronica« des Huaman Poma de Ayala)

Gewand zweimal. Die Speisen wurden dem Inka auf einem goldenen Tablett serviert. Was er übrigließ, verbrannten die Priester feierlich.

Einige Inka, besonders Tupac Inka Yupanqui, pflegten viel zu reisen. Seine Reise trat der Inka in einer mit Gold verzierten hölzernen Sänfte an. Der Sänfte war ein besonderer Trupp von Trägern zugeteilt. Der Inka hatte, wie bereits erwähnt, eine einzige gesetzliche Frau, die Coya, diese war grundsätzlich seine eigene Schwester.

Nach dem Tod des Inka wurde sein Leichnam mumifiziert. Die Mumie des Toten wurde in seiner Hauptresidenz aufbewahrt. Der Palast galt von dieser Zeit an als eine Art Heiligtum. Der nachfolgende Inka erbaute sich einen neuen Palast. Die Mumie wurde auf einen goldenen Thron gesetzt. Neben dem Thron befand sich ein lebensgroßes goldenes Standbild des Inka. Diese goldenen Statuen waren in Cuzco begehrte Beuten der spanischen Eroberer. Verlorengegangen sind jedoch auch die Mumien der Inka. Aus den Aufzeichnungen eines der Chronisten ist bekannt, daß die Mumien des Inka Huayna Capac und zweier Vorgänger (sowie ihrer Frauen) um die Mitte des 16. Jahrhunderts gefunden wurden. Sie sind jedoch bald danach auf Befehl des spanischen Vizekönigs an den Mauern des Krankenhauses von Lima vergraben worden.

Der Inka war der unumschränkte, ausschließliche Herr in seinem Reich. Er war ein »lebender Gott«, der absolute Gesetzgeber, der oberste Heerführer. Er hatte alle Rechte, alle Macht, allen Ruhm. Trotzdem waren die Inka bestrebt, als freundliche, weise und gerechte Landesväter zu erscheinen.

Zur herrschenden Klasse gehörten neben den Inka noch weitere privilegierte Gruppen der Bevölkerung Tahuantinsuyus. In erster Linie die Pakayoc (»Großohren«), spanisch Orejones genannt. Die Pakayoc waren die Blutsverwandten der Inka – die Angehörigen der Capac Ayllú, der Königssippe. Sie lebten zumeist in Cuzco und bekleideten die höchsten Staatsämter, unter anderem das zweithöchste Amt in Tahuantinsuyu, das Amt des Hohepriesters. Auch alle vier Apo, die Gouverneure der vier Provinzen des Reiches, waren »Großohrige«. Das Kennzeichen ihrer Zugehörigkeit zur Familie der Inka waren neben anderen äußeren Zeichen und Dekors vergrößerte, langgezogene Ohrläppchen (die Vergrößerung erfolgte mit Hilfe großer Ohrpflöcke). Zur herrschenden Klasse gehörte auch die Curaca. Es waren Adlige, Beamte, die das Bindeglied zwischen den Inka und dem Volk darstellten. Die einzelnen Curaca unterschieden sich durch die Anzahl der ihnen unterstellten, dem Staat zu Steuerleistungen verpflichteten Angehörigen des Volkes. Der höchste Curaca war aufgrund dieser Klassifizierung der Hono Curaca (»Herr über 10 000 Menschen«) der niedrigste der Pacaka Curaca (»Herr über 100 Menschen«). Die Curaca regelten nicht nur das Leben und die Produktionstätigkeit der ihnen Unterstellten, sondern sie nahmen auch regelmäßig deren Zählung vor, so daß alljährlich sehr exakte Berichte in Form von Knotenschnüren mit den hauptsächlichen statistischen Angaben in Cuzco eintrafen.

Der Adel war demzufolge im Reich der Inka an eine Funktion im Staat gebunden. Er war zwar erblich, aber verlieh nicht nur Rechte und Besitz, sondern verpflichtete in erster Linie die Angehörigen der privilegierten Schicht bestimmte, genau festgelegte leitende Funktionen auszuüben. Neben diesen staatlichen Organisatoren gab es in Tahuantinsuyu auch eine Art »Vorarbeiter«, Gehilfen eines Pacaka Curaca, die die Arbeit von 10 oder 50 Menschen leiteten. Diese »Vorarbeiter«, die ihrer Herkunft nach Hatunruna waren, wählte der Curaca nach eigenem Gutdünken aus.

Der Wohnsitz der Inka, der meisten »Großohrigen« und vieler Curaca war Cuzco, für die Inka der »Nabel der Welt«. Die Stadt war etwa 100 Jahre vor Pizarros Invasion offenbar planmäßig umgebaut worden. Es ist daher nicht bekannt, wie Cuzco in älteren Zeiten ausgesehen hat. Der Umbau wird dem zehnten Inka, Tupac Inka Yupanqui, zugeschrieben, der, auf der Grundlage der Mita, etwa 20 000 Menschen zum Bau seiner Residenz beorderte. Auf jene Zeit beziehen sich auch die ältesten Nachrichten über soziale Unruhen der vorkolumbischen Indianer. 6 000 Menschen beförderten täglich von den viele Kilometer entfernten Mayuner Steinbrüchen 100 t schwere Quader nach Cuzco. Die Steinblöcke mußten über felsiges Gebiet transportiert werden. Eines Tages löste sich solch ein Quader, zerriß das Transportseil und tötete 400 Menschen. Dieses Unglück bewegte die Fronarbeiter zur Rebellion. Sie erschlugen die Organisatoren des Transports. Der Umbau wurde später dennoch vollendet.

Die Bewohner Tahuantinsuyus verglichen ihre Hauptstadt mit dem Körper eines Pumas, jenes Tieres, das sie wegen seiner Tapferkeit und Stärke verehrten. Der Kopf des Pumas war die Festung Sacsahuaman, der Schwanz der Fluß Vilcamayu. Cuzco bestand aus zwei sich recht deutlich voneinander unterscheidenden Teilen: Hunan Cuzco (Obercuzco) und Hurin Cuzco (Untercuzco).

Das Zentrum der Stadt lag in Hurin Cuzco um den zentralen Platz, den »Platz der Freude« (Huacapata). Vom »Platz der Freude« führten Straßen in die vier Himmelsrichtungen, die Cuzco – den »Nabel der Welt« – mit den »vier Teilen der Welt«, den vier Provinzen Tahuantinsuyus, verbanden. Zur Zeit der Ankunft der Spanier standen um den »Platz der Freude« die Paläste mehrerer Inka – damals bereits deren Tempel: der 30 m breite und 160 m lange Palast des achten Inka, Viracocha Inka, der Palast des Tupac Inka Yupanqui und schließlich der Palast, den der letzte legale Inka, Huascar, bewohnt hatte und in den der Usurpator Atahualpa eingezogen war.

Doch der Stolz Cuzcos waren nicht nur die Paläste der Inka, sondern der großartige, Curicancha (»Goldener Hof«) genannte Tempelkomplex. Der »Goldene Hof« war an jener Stelle errichtet worden, an der einst der legendäre Inka Manco Capac mit seiner Gemahlin, Mama Ocllo, nach der Ankunft im Cuzco-Tal die erste Hütte erbaut haben soll. Den Hauptteil des Curicancha bildete der »Tempel des Gottes der Goldenen Sonne«, des Inti. Der Tempel des Inti, in den Gesängen der Dichter das »goldene Wunder des Südens« genannt, war offenbar nur dem Inka vorbehalten gewesen, der sich als der unmittelbare »Nachkomme« der Goldenen Sonne betrachtete. Das Innere des Tempels war buchstäblich aus Gold. An der Westseite des Heiligtums befand sich ein mit Smaragden verziertes Bild des Inti aus Gold. Dieses Bild, offenbar eine mehrere Meter große goldene Scheibe, war so angebracht, daß es die ersten Strahlen der Morgensonne reflektierte. An den Fenstern und Türen des Tempels funkelten Edelsteine. Die Innenwände des Heiligtums aber waren mit Goldblech verkleidet. Und selbst die äußere Vorderfront des Tempels war mit einem Goldrahmen verziert. Die Decke des Heiligtums schmückten Holzschnitzereien, und auf dem Fußboden lagen golddurchwirkte Teppiche. An den Wänden standen mit Mais gefüllte Truhen, den der Inka auf dem »königlichen Feld« angebaut hatte. (Der Inka eröffnete nämlich – ähnlich wie der Kaiser im alten China – alljährlich die landwirtschaftlichen Arbeiten in Tahuantinsuyu und bestellte in zeremonieller Weise das »königliche Feld« in der Vorstadt Cuzcos.) Auch sämtliche Kultgegenstände, u. a. Vasen und Kelche, waren im Tempel des Inti aus Gold. Kein Wunder, daß die spanischen Eroberer, als sie die goldenen Wunder Cuzcos erblickten, ihren eigenen Augen nicht trauten.

An den Sonnentempel schlossen sich mehrere Kapellen an: die Kapelle der Morgenstern-Gottheit, des Donners und des Blitzes, des Regenbogens und die Kapelle der Mama Quilla – des Mondes. Der Mond wird überall auf der Welt mit weiblichen Gottheiten in Verbindung gebracht. So war auch die Kapelle der Mama Quilla für die Coya, die Frau des Inka, bestimmt. Keine andere Frau

Lamafigürchen der Inka (nach Linné)

hatte Zutritt zu der Kapelle. In dieser Kapelle wurden die Mumien der verstorbenen gesetzlichen Frauen der Inka beigesetzt. Während der Tempel des Inti reich mit Gold verziert war, hatten die Inkabaumeister die Einrichtung der Kapelle des Mondes mit Silber geschmückt. Der Intitempel, die Kapelle des Mondes sowie die anderen Kapellen säumten den Intipampa (»Sonnenfeld«) genannten Innenhof des Goldenen Hofes.

In dieser Metropole lebten im Jahre 1534, dem Jahr, in dem die Konquistadoren nach Cuzco kamen, etwa 200 000 Menschen. Aufmerksamkeit verdienen noch heute in Cuzco die Ruinen der Festung Sacsahuaman, das Observatorium, Intihuatana, zur Beobachtung der Tagundnachtgleiche und die Überreste des Yachahuasi, einer Bildungsanstalt zur Erziehung der Kinder des Adels. Auch die Mauern der Tempel des Curicancha sind erhalten geblieben. Sie dienten dem Kloster, das sich die Dominikaner an der Stelle des einstigen Goldenen Hofes erbauten.

In den Tempeln Cuzcos und des ganzen Reiches huldigten die Quechua sprechenden Bewohner einer Reihe von Göttern. Eine der wichtigsten in Tahuantinsuyu verehrten Gottheiten war Con Ticsi Viracocha (oder auch nur Viracocha), der Schöpfer der Welt, der Schöpfer aller anderen Götter. In Cuzco und einer Reihe weiterer Städte des Reiches standen zur Zeit der Ankunft der Spanier goldene Standbilder des Viracocha. Zu jenen, die Viracocha erschaffen haben sollen, gehörte auch die bedeutendste Gottheit Tahuantinsuyus, an die sich die Gläubigen unmittelbar wandten, Inti, die Goldene Sonne, der legendäre göttliche Ahnherr des Herrschergeschlechts. Es ist zu vermuten, daß auch der Name der Dynastie der Inka vom Namen dieses Gottes abgeleitet wurde. Der Bedeutung nach rangierte nach Inti Illapa, der Gott des Wetters, des Donners und des Blitzes. Die Menschen wandten sich besonders mit Bitten um Regen an ihn, da Illapa, so meinten die Bewohner Altperus, aus dem »Himmelsfluß« (unserer Milchstraße) Wasser auf die Erde senden konnte. Die Frau der Sonne war Mama Quilla, die Mond-Gottheit. Neben diesen

Gottheiten wurden weitere Sterne und Sternbilder verehrt. Eine besondere Verehrung genoß Mama Pacha, die sehr alte Erd-Gottheit (sie wurde besonders bei den Gebirgsindianern angebetet) und ebenso die (vor allem von den Küstenindianern verehrte) Mama Kocha, die Mutter des Meeres. Neben diesen Gottheiten kannten die Bewohner Tahuantinsuyus freilich auch eine Reihe böser übernatürlicher Kräfte und Geister. Das Landvolk verehrte ferner eine Reihe verschiedener Orte, Berge, Höhlen, Felsen usw., die einen gemeinsamen Namen hatten, der offenbar ursprünglich jene Stätten bezeichnete, an denen in der Zeit der vollen Blüte der Sippengesellschaft die religiösen Riten der Sippe, die Huaca, vollzogen wurden. In der Gesellschaft des Inka-Reiches, zu einer Zeit, da die Gentilgesellschaft schon im Zerfall begriffen war, wurden die religiösen Zeremonien von berufsmäßigen Priestern vorgenommen, an deren Spitze der höchste geistliche Würdenträger des Reiches, der Hohepriester, der Huillacumu, stand.

Ausgehend von den Riten wurden in Tahuantinsuyu eine Reihe großartiger Kultfeste gefeiert, die auf die einzelnen Monate des Inkajahres verteilt waren. Das peruanische Jahr hatte 365 Tage und war ebenso wie unser Jahr in 12 Monate eingeteilt. Die Genauigkeit des Inkakalenders erreichte allerdings bei weitem nicht die Vollkommenheit der Kalendersysteme der mesoamerikanischen Indianer. Der erste Monat des Inkajahres entsprach unserem Dezember, der letzte Monat unserem November. Bereits im ersten Monat wurden großartige Feste gefeiert. Hieß er doch auch in der Quechuasprache Capac Raymi (»Herrlicher Feiertag«). So fand im Dezember ein dreitägiges Fest statt, mit dem die Reife des Maises gefeiert wurde. Mit der Landwirtschaft stehen auch die Bräuche verschiedener anderer Inkamonate in Verbindung. So feierte man im Mai den Festtag der Mama Sara, das Fest der »Mutter des Maises«. Im Juni, in der Quechuasprache Inti Raymi, wurde, wie der Name andeutet, ein grandioses, mit vielen Opfern verbundenes Fest zu Ehren der göttlichen Sonne begangen. Im Juli, im Cahuahuarqui, wurde auf Anordnung des Inka Roca, der vor allem den Bau der riesigen Bewässerungsanlagen des Inka-Reiches veranlaßte, der Festtag des Wassers gefeiert. Derartige religiöse Riten und Feste, die mit dem landwirtschaftlichen Kalender der Inka zusammenhingen, sowie Feiertage, die mit der Familie und der Würde des Inka verbunden waren, fanden in Tahuantinsuyu regelmäßig das ganze Jahr hindurch statt. In Cuzco wurden die Feste stets auf dem Hauptplatz Huacapata abgehalten.

Wenn man das aztekische Mexiko mit dem vorkolumbischen Peru vergleicht, kann man feststellen, daß die religiösen Bräuche der Inka wesentlich humaner waren, obwohl auch die Inka gelegentlich Menschenopfer vollzogen. Im Vollzug der Religion spiegelt sich deutlich der Unterschied zwischen den beiden indianischen Hochkulturen wider. Macht und Reichtum Tahuantinsuyus beruhten in erster Linie auf der »Hacke«, auf der gut organisierten staatlichen Wirtschaft.

Auf religiösem Glauben beruhte auch eine weitere interessante Institution des Inka-Reiches, die Aclla Cuna, die »Sonnenjungfrauen«. Tahuantinsuyu forderte von seinen gewöhnlichen Bürgern alles. Der Mann sollte dem Reich und dem göttlichen Inka seine Kraft und die Früchte seiner Feldarbeit geben oder ihm bei staatlichen Bauten oder im Heer dienen. Ein Mann wurde in Tahuantinsuyu also nach seinen mit der Arbeit oder dem Kriegsdienst verbundenen Fähigkeiten bewertet. Was konnte hingegen die Frau geben? Sie besitzt Schönheit und Reize, daher besuchte Jahr für Jahr ein Staatsbeamter, ein »Schätzer«, Apopanaca genannt, die Inkasiedlungen und begutachtete alle Mädchen. Besonders anmutige und schöngewachsene Mädchen wurden ausgewählt; man nannte sie in der Quechua-Sprache Aclla Cuna (»Auserwählte Jungfrauen«). Die übrigen Mädchen blieben bis zu ihrer Hochzeit im Verband der väterlichen Ayllú.

Die Heirat war in Tahuantinsuyu für Mann und Frau buchstäblich eine Bürgerpflicht. Wenn sich ein junger Mann bis zum 25. Lebensjahr und ein junges Mädchen bis zum 18. Lebensjahr nicht selbst einen Lebensgefährten erwählt hatten, griff wiederum der Staat ein. An einem festgesetzten Tag mußten sich alle ledigen Männer und Frauen in der Provinzstadt einfinden, und der zuständige Beamte stellte dann nach eigenem Gutdünken Ehepaare zusammen. Gegen eine derart gewaltsame Eheschließung war kein Einspruch möglich.

Die »Auserwählten Jungfrauen« hingegen wurden in klosterartige Häuser in den Hauptstädten der vier Provinzen Tahuantinsuyus gebracht. In diesen »Klöstern« wurden sie vier Jahre lang auf Staatskosten in häuslichen Arbeiten unterrichtet – sie lernten kochen, weben, spinnen usw. Wenn die vier Jahre verstrichen waren, wurden die »Auserwählten Jungfrauen« erneut begutachtet. Manche wurden Staatsbeamten und verdienten Offizieren zur Frau gegeben, die übrigen wurden als Mama Cuna (Mütter-Dienerinnen des Sonnengottes) auserkoren. Diese »Vestalinnen« des Inka-Reiches schworen, in ewiger Reinheit zu leben. Sie hatten verschiedene »heilige« Arbeiten zu verrichten, z. B. die Zubereitung der Speisen und Getränke für den Opferdienst. An der Spitze aller »Sonnenjungfrauen« stand die Hohepriesterin Coya Pasca.

Das größte »Kloster der Sonnenjungfrauen« befand sich in Cuzco. Umgeben von einer hohen Mauer, soll es eines der interessantesten Bauwerke Tahuantinsuyus gewesen sein.

Hauptsächliches Baumaterial waren im Inka-Reich Steine. Die am besten erhaltenen Reste der Inka-Architektur sind verschiedene bedeutende Festungsbauten, besonders Ollantaytambo, in der Nähe des einst beliebten Sommersitzes der Inka im Yucay-Tal. Bei Ollantaytambo besiegte Inka Manco II. in einer der wichtigsten Schlachten die Spanier, nachdem er nach der Ermordung Atahualpas das verwaiste Zepter des unterjochten Reiches übernommen hatte. Auf Ollantaytambo gehen auch viele Ereignisse des Quechua-Schauspiels – des Spiels vom tapferen Ollantay, der so sehr liebte, daß er sich selbst dem Inka widersetzte – zurück. Ollantay selbst wird häufig der Festungsbau zugeschrieben. Neben Ollantaytambo war die Festung Sacsahuaman in der Vorstadt Cuzcos der bedeutendste Bau.

Ein charakteristisches Element der Inka-Architektur waren trapezförmige Türöffnungen mit Nischen (nach Hagen)

Ein besonders eindrucksvolles Zeugnis der Inka-Architektur ist jedoch Machu Picchu. Dem Entdecker von Machu Picchu, dem amerikanischen Archäologen Hiram Bingham, kam zugute, daß er den alten Quechuasagen von riesigen Inkastädten am Urubamba Glauben schenkte. Ebenso wie die Entdekker der Mayastädte vertiefte sich Bingham in Sage um Sage, suchte Indianer, die von legendären Städten zu berichten wußten. Als Bingham bereits genauere Angaben besaß, organisierte er im Jahre 1911 eine Expedition, und von 1912 an legte er Stufe für Stufe, Mauer für Mauer einer riesigen toten Stadt frei. Machu Picchu liegt etwa 120 km östlich von Cuzco in einer wilden, wenig bewohnten Gegend am Urubamba. Diese Stadt hatte Inka Pachacuti in den Jahren seiner Herrschaft gegründet. Damals war Machu Picchu jedoch nur ein Glied des ausgedehnten Verteidigungssystems Tahuantinsuyus. Die Blütezeit für diese Stadt kam erst nach der Ankunft der Spanier, nach der Eroberung Cuzcos und der meisten anderen Gebiete des Reiches. Machu Picchu wurde damals zum Zentrum, in dem Tahuantinsuyu, gleichsam unberührt von dem verheerenden Sturm der Konquistadoren, seine »goldenen alten Zeiten« zu Ende lebte. Die Priester sangen ihre Hymnen, die »Sonnenjungfrauen« versahen ihre Pflichten. Von hier pflegten die Krieger von Zeit zu Zeit auszuziehen, um auf fernen Schlachtfeldern gegen die neuen Herrscher Perus zu kämpfen. Aber die Männer kehrten oft nicht zurück, die »Sonnenjungfrauen« gebaren keine Kinder mehr, immer dichter umwuchs der Urwald Machu Picchu, bis der Tag kam, an dem die letzte Bewohnerin starb. Und so fand Bingham, als er nach 400 Jahren die vermutlich niemals eroberte Stadt entdeckte, Dutzende weiblicher Skelette.

Neben dem Festungsbau, der mit der durchdachten militärischen Organisation Tahuantinsuyus zusammenhing, verdienen viele andere öffentliche Bauten der Inka Aufmerksamkeit.

Größte Bewunderung muß dabei zweifellos den Inkastraßen, von denen einst Alexander von Humboldt sagte, daß sie das vortrefflichste Werk seien, das der

Mensch je vollbracht habe, zuteil werden. Tahuantinsuyu wurde von zwei Hauptstraßen durchzogen. Die erste, die sogenannte Königsstraße, war bis zum Anfang 20. Jahrhunderts vermutlich die längste Straße der Welt. Die Königsstraße begann an der Nordgrenze des Reiches, im heutigen Ekuador (in der Nähe des Äquators), und endete am Maule, an der Grenze zwischen dem Inka-Reich und dem Siedlungsgebiet der Araukaner im mittleren Chile (am 35. Breitengrad). Die Gesamtlänge dieser Königsstraße betrug ca. 5 250 km. Die zweite, die Küstenstraße, begann in Túmbez, dem Ort, an dem später die Spanier zum ersten Mal das Gebiet Tahuantinsuyus betraten, und verlief in südlicher Richtung, bis sie sich in Chile (in der heutigen Stadt Copiapó) mit der Königsstraße verband. Die Küstenstraße, möglicherweise die ältere von beiden Straßen, war in ihrer gesamten Länge 7,50 m breit und damit breiter als die Königsstraße. Die Inkastraßen wurden in ihrer gesamten Länge von kleinen Steinmauern gesäumt. Die beiden in Nordsüdrichtung verlaufenden Hauptverkehrsadern waren außerdem noch durch eine Reihe von Querstraßen miteinander verbunden.

Dieses Straßennetz war aus mehreren Gründen geschaffen worden. In erster Linie wohl, um im Rahmen der Eroberungszüge die Operationen beschleunigen zu können. Die Straßen ermöglichten jedoch auch den gegenseitigen Verkehr zwischen den einzelnen Gebieten Tahuantinsuyus, dies war wiederum für die wirtschaftliche Stabilisierung des Reiches von großer Bedeutung. Der Wichtigkeit des Straßennetzes waren sich die Inka wohl bewußt, und so wurde der Straßenbau von »Ingenieuren«, einer Art technischer Regierungskommission, geleitet. Diese legte die Trasse der Straße fest. Den eigentlichen Bau führten die Bewohner der Gemeinden aus, durch deren Gebiet die einzelnen Straßenabschnitte verliefen. So ging der Bau der Straßen auf der Grundlage der Mita relativ zügig voran.

Beim Bau dieser Straßen mußten die schwierigsten natürlichen Hindernisse überwunden werden: an einer Stelle eine Höhe von 5 160 m, steinerne Dämme wurden über sumpfigem Gelände angelegt, auch die Urwälder waren kein Hindernis, ebensowenig wie zahlreiche Wasserläufe, über die Hängebrücken gezogen wurden, deren Seilbefestigung aus Lianen- und Rohrgeflecht bestand. Für diese Hängebrücken hatten jeweils die Bewohner des nächsten Ortes zu sorgen. Sie erfüllten damit in der Regel ihre »Steuerpflichten« gegenüber dem Reich. Die älteste dieser Brücken war die 45 m lange Hängebrücke über den Apurimac, die schon unter Inka Roca angelegt worden war.

An allen Straßen hatte man in Abständen eines Tagesmarsches Vorrats- und Rasthäuser, Tambo oder Tampu genannt, errichtet. Die Tambos beköstigten u. a. die Pilger und die reisenden Beamten, sie versorgten die vorrückenden Heere mit Proviant. Auf den Straßen reiste man freilich zu Fuß, alle Lasten wurden auf dem Rücken befördert. Nur der Inka, die »Großohrigen« und die hohen Beamten wurden in Sänften getragen.

Eine bemerkenswerte Institution des Inka-Reiches war eine Art staatlicher Postdienst. Er oblag eigens dafür ausgewählten und von Jugend an trainierten

Läufern, Chasqui genannt. An allen Straßen standen stets zwei Chasqui bereit. Der eine ruhte sich aus, und der andere beobachtete seinen Wegabschnitt, der jedoch niemals länger als 3 km war. Wenn der wartende Chasqui einen Kurier erspäht hatte, eilte er ihm entgegen, bekam im Laufen die mündliche Nachricht übermittelt oder empfing einen Quipu, eine Meldung in Gestalt von Knotenschnüren. Da die Abschnitte kurz waren, wurden Staatsnachrichten mit Hilfe dieser klug erdachten Stafette sehr schnell überbracht. Die Höchstleistung dieser altamerikanischen Stafette betrug bis zu 400 km am Tag.

So waren die Straßen, die Brücken, die Tambos usw. nicht nur ein Beweis großen technischen Könnens, sondern auch ein Beispiel guter Organisation.

Von den einzelnen Wissenschaftsgebieten wurde in Tahuantinsuyu besonders die Astronomie gepflegt, die den Rhythmus der landwirtschaftlichen Arbeiten festlegen sollte.

Noch bis vor wenigen Jahren bestand die Meinung, daß die Andenindianer, wie auch die Indianer der übrigen Teile Südamerikas, im Unterschied zu den mesoamerikanischen Indianern keine Schrift gekannt haben. Diese Ansicht kommt jedoch allmählich ins Wanken, auch wenn keinerlei Schrift-Codices gefunden wurden. So hat, wie bereits erwähnt, der peruanische Archäologe Rafael Larco Hoyle auf bemalten Gefäßen der Mochica-Kultur Bohnen abgebildet gefunden, auf die Zeichen gemalt sind. Hoyle hat auch Gefäße entdeckt, auf denen Gestalten entweder Zeichen auf jene Bohnen malen oder sie sogar, wie es scheint, lesen. An dieser Stelle soll die lange vergessene Nachricht des Chronisten Pedro Sarmiento de Camboa erwähnt werden, der behauptet hat, in der Nähe des Sonnentempels von Cuzco habe ein Gebäude – eine Art »Staatsarchiv« – gestanden, in dem in goldenen Rahmen eigenartige »Gobelins«, Stoffe, zu sehen waren, auf denen – eingewebt – die wichtigsten Ereignisse der Geschichte Tahuantinsuyus aufgeschrieben gewesen seien. Der Zutritt zu diesem Gebäude sei freilich allen, außer den Inka und einigen auserwählten Geschichtsschreibern untersagt gewesen. Erst kürzlich haben einige Forscher verkündet, daß es ihnen gelungen sei, aus Ornamenten bzw. aus Zeichen zusammengesetzte »Inschriften« zu entziffern, die die Gewänder von Andenindianern schmückten. Es könnte also sein, daß auch die indianischen Hochkulturen Südamerikas eine Schrift, möglicherweise eine piktographische Schrift, gekannt haben, die jedoch ein geheimnisvolles Standesprivileg der Inka und einiger ihrer nächsten, wohl blutsverwandten Beamten war.

An dieser Stelle sei darauf hingewiesen, daß die Inka und die Mitglieder der »königlichen« Ayllú untereinander nicht Quechua gesprochen haben sollen, sondern die unbekannt gebliebene Sprache ihrer Urheimat. Und auch darauf sei hingewiesen, daß, im Unterschied zu den Maya und einigen anderen indianischen Hochkulturen Mesoamerikas, die Dichtung und möglicherweise auch die Schrift in Tahuantinsuyu nicht von Priestern, sondern von einer besonderen Gruppe von Gelehrten, von »Literaten«, gepflegt wurde, die in der Quechua-Sprache Amauta hießen.

Eine wirkliche Schrift ist dennoch bei den Inka bisher nicht nachgewiesen worden. Bekannt sind lediglich die Knotenschüre, mit deren Hilfe Nachrichten übermittelt wurden. Der Grundbestandteil des Quipu war eine Hauptschnur, an der eine Reihe weiterer kleinerer verschiedenfarbiger Schnüre vertikal befestigt waren. Diese Schnüre wurden verknotet. Farbe, Anzahl der Knoten und wohl auch die Art der Verknotung drückten die Mitteilung aus. Mit einiger Sicherheit kann heute gesagt werden, daß die Quipu vor allem für Zahlenangaben dienten. Die in regelmäßigen Abständen an den Schnüren angebrachten Knoten stellten von unten nach oben Zehner, Hunderter, Tausender und selbst Zehntausender dar. War eine Null anzugeben, lösten die Quipucamayoc, wie die »Schreiber« im Inka-Reich hießen, dieses Problem, indem sie die betreffende Stelle übersprangen. Diese Quipucamayoc meldeten mit Hilfe der Knotenschnüre vor allem grundlegende statistische Angaben – Einwohnerzahlen eines Ortes, einer Provinz, Arbeitsleistungen – und manchmal, jedoch nur selten, auch andere Mitteilungen nach Cuzco.

Die Farbe einer Schnur bezeichnete genau, wen oder was die Meldung betraf. So bedeutete z. B. die rote Farbe – Soldaten (die Knoten an einer roten Schnur sodann deren Anzahl), die gelbe Farbe – Gold, die weiße Farbe – Silber, Schwarz zeigte dagegen die Zeit an (Schwarz deshalb, weil der Quipu mitteilte, wieviele Nächte seit dem Tage vergangenen waren, an dem das Ereignis stattgefunden hatte, von dem in der Meldung die Rede war). Der Quipu war ohne Zweifel eine sehr nützliche Einrichtung. Daher wurden auch die Quipucamayoc vom Staat sorgfältig auf die Ausübung ihres Amtes vorbereitet und gehörten in Tahuantinsuyu zu den angesehenen Bürgern.

Die Tatsache, daß die absolute Mehrheit der Bewohner Tahuantinsuyus zweifellos keine Schrift kannte und keine Bücher schrieb, hat die Entwicklung der Quechua-Dichtung jedoch nicht behindert. Es gab Hymnen, Legenden, Sagen und kurze Epen, die vom Krieg gegen die Chanca erzählten, von den Taten der Inka Yahuar Huacac und Mayta Capac, Balladen, Gebete und auch dramatische Dichtungen. Nur wenige sind jedoch bekannt. Aber auch diese Bruchstücke zeigen die Macht des Wortes der Dichter Tahuantinsuyus. Wertvolles der aztekischen Dichtung ist durch den Priester Bernardino de Sahagún übermittelt worden. Altperu kannte jedoch keinen de Sahagún. Das bedeutendste überlieferte Werk der Quechua-Dichtung ist das Drama »Ollantay«. Die Zeit der Entstehung dieses Dramas ist ungewiß. Vermutlich ist der ursprüngliche vorkolumbische Text in den Jahren der spanischen Herrschaft geändert worden, und wahrscheinlich haben auch die Dichter ständig seine revolutionäre Schärfe zugespitzt. Die Quechuaindianer liebten und lieben das Stück. Das Stück wurde unter den Indianern auch in der Zeit der spanischen Besetzung aufgeführt. Und es ermutigte. Es sagte etwas anderes als die Kirche: »Wenn du im Recht bist, wehre dich! Wehre dich selbst gegen den Mächtigen! Das Recht wird immer siegen. Der Mensch wird siegen und sein Gefühl, nicht die Macht.« Ollantay war ein Beispiel dafür.

Das Schicksal des Dramas war ebenso erregend wie das Schicksal seines Helden. Das Stück war wie alle anderen Inka-Dramen verlorengegangen. Aber

Quipucamayoc (aus der »Cronica« des Huaman Poma de Ayala)

das Volk hatte es nicht vergessen. Im Dominikanerkloster in Cuzco wurde sein in Quechua abgefaßter Text in jener Fassung gefunden, in der er offenbar zur Zeit der revolutionären Stürme Tupac Amarus II. aufgeführt worden war. Das Drama, auf das bereits vorher der indianische Autor Salcamayhua hingewiesen hatte, gab der spanische Geistliche Antonio Valdez in der Quechua-Originalfassung zum ersten Mal im Jahre 1775 im Druck heraus. Schon bald danach wurde es in eine Reihe von Sprachen übersetzt.

Das Drama »Ollantay« läßt sich wohl nur, auch aufgrund seiner literarischen Qualitäten, mit einem anderen Werk der indianischen Dichtung vergleichen, dem ebenso bedeutsamen Quiché-Drama »Popol Vuh«.

Das Quechua-Drama erzählt von dem Heerführer Ollantay, der nicht vom Blut der Inka war. Aber dennoch wagte er etwas, was in Tahuantinsuyu unglaublich war. Er verliebte sich in die Tochter des Inka Pachacuti Yupanqui, die schöne Cusi Coyllur, und sprach zu ihr von seiner Liebe. Und Cusi Coyllur (»Heller Stern«) wies den Wagemutigen nicht ab, sondern im Gegenteil, sie erwiderte sein Gefühl. Und da ein echtes Gefühl auch das Unmögliche wagt, gestand Ollantay seine Liebe seinem Herrn, dem göttlichen Sohn der Sonne, dem großen Inka Pachacuti:

»Erhabener Inka, Enkel der Sonne. Du weißt, wie treu ich immer zu dir gehalten, dir gedient habe. Für dich habe ich den Feind geschlagen. Mein Name allein schreckt deine Feinde. Für dich habe ich das Hohe Land – Huanansuyu –

unterworfen, um deines Ruhmes willen habe ich das Feuer zu den Chanca im Lande Chinchasuyu getragen. Und ich habe ihren Herrscher, Hanko Hualla, zermalmt bei Yahuar Pampa auf dem blutigen Felde. Für dich habe ich gekämpft. Um deinen Ruhm zu vergrößern. Und du, Inka, hast mich reich belohnt dafür. Einen goldenen Helm hast du auf meinen treuen Kopf gesetzt, du schenktest mir Waffen aus purem Gold. Zum Herrn des Andenlandes hast du mich erhoben. Und fünfmal zehntausend Soldaten gabst du mir. All das lege ich in Demut dir zu Füßen. Mein Land und mein Heer, den goldenen Helm, die Macht und den Ruhm, um die allerhöchste Gnade von dir zu erflehen ... Gib mir, o Inka, den Hellen Stern! Um deine Tochter – um den Hellen Stern bitte ich dich. Gib mir den Stern, und sein Glanz und sein Leuchten und deine väterliche Huld werden mir Kraft verleihen. Gib mir Cusi Coyllur, o Inka, und treuer als je zuvor werde ich zu dir stehen. Und wenn es sein muß, opfere ich freudig auch mein Leben für dein Reich, Inka ...

Pachacuti: Weißt du, wer du bist? (zornentbrannt) ... Du bist ein gewöhnlicher, ein einfacher Mensch – du bist mein Untertan –, weniger als ein Mensch bist du. So ist der Lauf der Welt. Jeder muß an dem Platz stehen, an den der Inka ihn gestellt hat. Du bist kein Mensch, Ollantay – du bist ein Untertan. Und allzu hoch hast du in deinem Stolz gegriffen.

Ollantay: So durchbohre denn lieber mein Herz ...

Pachacuti: Nicht du, Ollantay, ich selbst entscheide, was mit dir geschieht. Du hast, Ollantay, deine Bitte nicht bedacht. Geh. Auf der Stelle! Geh mir aus den Augen ...«

Und Ollantay geht wirklich zu seinen Soldaten in das »Hohe Land« zurück. Und rüstet sich zum Kampf. Cusi Coyllur gebiert indessen in Cuzco ein Mädchen, dem sie den Namen Yma Sumac gibt. Der erzürnte Inka sperrt beide, die Mutter und das Neugeborene, in das »Kloster der Sonnenjungfrauen«. Aber er trennt sie voneinander. Und so wächst Yma Sumac in dem Kloster allein an der Seite ihrer Gefährtin Pitu Salla auf.

Der Inka will Rache nehmen und rüstet ebenso wie Ollantay ein Heer aus, das der Feldherr Ramiñahui befehligen soll. Ollantay vernichtet in der ersten Schlacht das Heer des Inka, Ramiñahui selbst kann entkommen. Monate und Jahre vergehen. Ramiñahui kehrt zurück. Durch eine List bemächtigt er sich seines Widersachers und bringt ihn nach Cuzco. Zu jener Zeit erkennen einander in Cuzco, im »Kloster der Sonnenjungfrauen«, Mutter und Tochter – Cusi Coyllur und Yma Sumac. Zur gleichen Zeit stirbt der alte Pachacuti plötzlich, und Tupac Inka Yupanqui übernimmt die Herrschaft. Dieser soll den gefangenen Ollantay bestrafen. Als jedoch der neue Inka erfährt, daß seine Schwester wegen ihrer Liebe zu Ollantay schon über zehn Jahre im »Kloster der Sonnenjungfrauen« gefangengehalten wird und als er auch Yma Sumac, die Tochter seiner Schwester und Ollantays, kennenlernt, bestraft er Ollantay für die Auflehnung gegen seinen Vater nicht mit dem Tode, sondern ...

Tupac Yupanqui: »Genug nun. Nehmt ihm die Fesseln ab. Und du, Ollantay, steh auf und komm zu mir. Wenn du willst – kannst du fliehen. Du bist frei wie ein Lama in den Anden. Ich möchte, daß du die Stärke meines Herzens erkennst: Ich erhebe dich höher, als dich mein Vater erhoben hat. Du warst Heerführer und Herr in Antisuyu. Nunmehr ernenne ich dich zu meinem Stellvertreter, zum Stellvertreter des Inka. Du wirst nicht in Tambo leben. Hier in Cuzco sollst du dich niederlassen und neben mir auf dem Throne sitzen ...« (Nachdichtung des Autors).

Die Muisca

Der »Süden«, das waren in der Kulturgeschichte Altamerikas die mittleren Anden. Den »Norden« repräsentierte Zentral-Mexiko und Mesoamerika. Jedoch wirkliche »Goldkulturen« wurden zwischen diesen beiden Gebieten des indianischen Amerika gefunden: im gebirgigen Nordwesten Südamerikas, auf dem Territorium des heutigen Kolumbien. Die alten kolumbianischen Indianer dieser Gebiete haben außerordentlich bedeutende Werke ihrer Goldschmiedekunst hinterlassen (im »Goldmuseum« der Hauptstadt der Republik Kolumbien, in Bogotá, werden 750 000 goldene Gegenstände dieser indianischen Kulturen aufbewahrt). Von diesen Indianern stammt auch jene verlockende wie auch phantastische Legende, die bereits die ersten Eroberer in einen »Goldrausch« versetzte. Es ist die Sage vom vergoldeten König, spanisch El Dorado, eine Sage, die nicht einmal erfunden war. Der in Gold gehüllte König war der Herrscher eines kleinen Staates der Muisca.

Doch wer waren die Vorgänger der Muisca? Von ihnen ist unvergleichlich weniger als z. B. über die Vorgänger der Azteken in Mexiko oder der Inka in Peru bekannt. Diese ältesten Kulturen haben noch kein Gold, keine goldenen Gegenstände hinterlassen, sondern nur Steine, große, eigenartige steinerne Standbilder von Menschen mit kurzen Beinen und zoomorphen Gesichtszügen. Aus den Mündern treten große Reißzähne hervor (vielleicht handelt es sich auch hier wieder wie bei den Olmeken und vermutlich auch in Chavín um Symbole einer Jaguargottheit).

Diese Denkmäler einer alten Kultur wurden erstmals in der Nähe der Ortschaft San Agustín im Quellgebiet des kolumbianischen Flusses Magdalena gefunden. Daher werden sie auch, da der indianische Name unbekannt ist, *San-Agustín-Kultur* genannt. Den steinernen Zeugen dieser ältesten bekannten Kultur des Nordwestens Südamerikas begegnete man zum ersten Mal auf kleinen natürlichen Hochflächen, sogenannten Mesitas, wörtlich »Tischlein«. Es wurden nach und nach bereits an die 300 jener Steinfiguren entdeckt, auf deren Körper verschiedentlich auch noch der Kopf eines »Schutztieres« abgebildet ist. Einige indianische Stämme glaubten nämlich, daß der einzelne ständig mit einem bestimmten Tier verbunden sei, mit dem er die gleichen Lebensschicksale teile; möglicherweise spiegelt sich aber auch in diesen eigenartigen Statuen die uralte Vorstellung wider, daß sich die Götter, die den Lauf der Welt lenken würden und die Schicksale der Menschen bestimmten, sich auch in Tiere verwandeln könnten.

Außer auf den »Mesitas« wurden Denkmäler der San-Agustín-Kultur an Flußläufen und Trinkwasserquellen gefunden. Um sie herum hatten die Indianer von San Agustín – die noch namenlosen Schöpfer dieser Kultur – zahlrei-

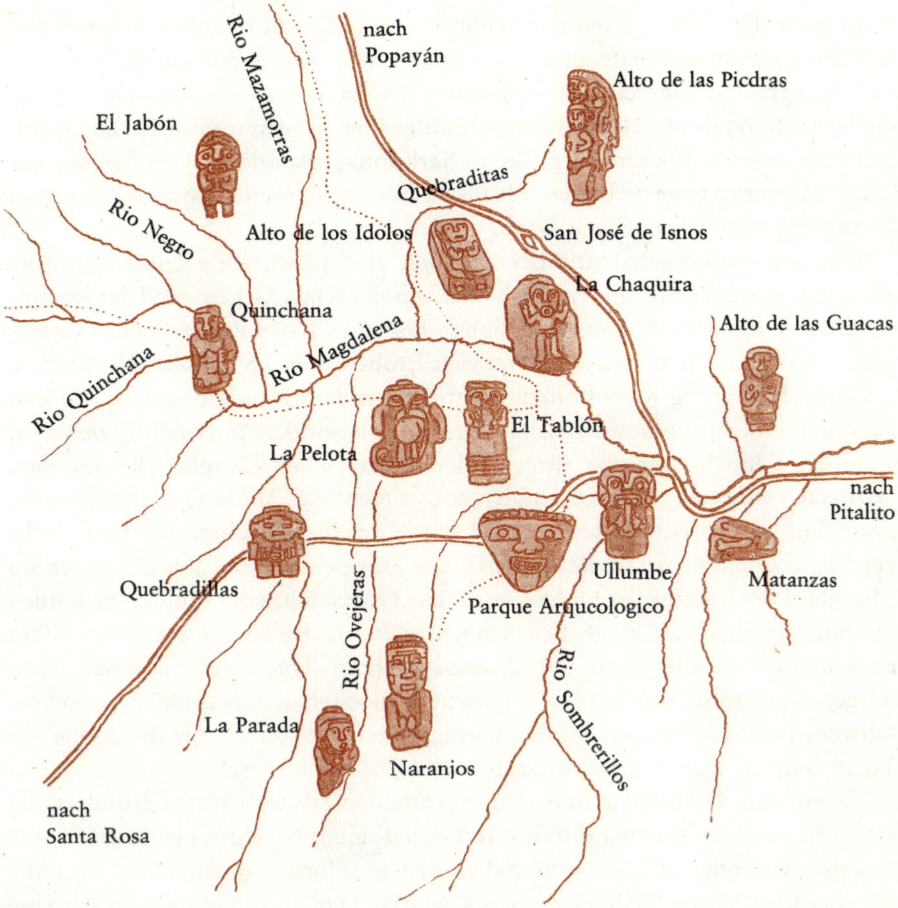

Fundplätze der Kultur von San Agustín (nach Duque Gómez)

che Statuen von Molchen, Kaulquappen und Fröschen aufgestellt. Es handelt sich hierbei offenbar um eine besondere Art der Verehrung des Wassers, der Feuchtigkeit.

Zur gleichen Zeit, da diese Indianer im Quellgebiet des Magdalena Tiere, Männer mit Jaguarzähnen und zweiköpfige Gestalten in den Stein meißelten, wurde im Westen Kolumbiens, im mittleren Teil der Anden, eine andere, bisher ebenso namenlose Kultur geboren, die mit dem spanischen Namen *Tierradentro* bezeichnet wird. Diese Benennung bedeutet »Land in der Mitte« – inmitten der Anden und zwischen zwei heute bedeutenden kolumbianischen Städten: Neiva und Popayán.

Die Menschen aus dem Tierradentro haben keine Standbilder, keine halb unterirdischen Tempel hinterlassen. Alle Schätze ihrer Kultur wurden in ungewöhnlichen Schachtgräbern entdeckt. Die häufig tief verborgenen Grabkammern sind mit der Erdoberfläche durch einen engen senkrechten Schacht verbunden. Die Grabstätten der Schöpfer dieser Kultur nahmen im Laufe der Zeit immer mehr an Breite und Länge zu. Die Innenwände der Kammern waren zudem stets mit eigenartigen schwarzroten Malereien geschmückt. Starke Pfeiler stützten die Decken dieser Schachtgräber. In den unterirdischen Kammern befanden sich keine Särge, keine Sarkophage, sondern nur mit geometrischen Mustern verzierte Urnen, oft bis zu hundert Urnen (also hundert derart Bestattete) in einem einzigen Grab.

In einem dieser Schachtgräber ist auch eine prachtvolle goldene Maske gefunden worden. Mit diesem wohl ältesten goldenen Gegenstand der kolumbianischen Indianer setzten jene Funde goldener Kostbarkeiten der indianischen »Goldkulturen« ein, die später viele Eroberer nach Kolumbien lockten.

Goldverarbeitung war offenbar nicht nur bei den Muisca bekannt, sondern auch bei anderen kolumbianischen Gruppen, besonders aber den *Quimbaya*, einer die Chibcha-Sprache sprechenden indianischen Gruppe, die aus dem heutigen Venezuela nach Kolumbien gekommen war. Diese Quimbaya waren zweifellos die bedeutendsten Goldschmiede des indianischen Amerika. Sechs vereinigte Quimbayastämme siedelten zur Zeit der Ankunft der Europäer am Mittellauf des kolumbianischen Cauca. Die Goldschätze der Quimbaya fanden die Spanier ebenfalls in großen Schachtgräbern, die eine Tiefe bis zu 30 m erreichten. Fast alles, was die Quimbaya ihren Toten auf die letzte Reise mitgegeben hatten, war aus Gold: Flaschen, Glocken, Kultgegenstände, Helme, schwere Brustschilde und hohle Figuren. Sogar die Urnen, die die Asche der Toten bargen, waren verschiedentlich aus Gold.

Neben den Quimbaya und den eigentlichen Muisca sind besonders die kolumbianischen *Tairona* durch ihre Goldarbeiten berühmt geworden. Diese Indianer wohnten in vorkolumbischer Zeit im Norden des Landes, am Fuße der heutigen Sierra Nevada de Santa Marta. Daß ihre Kultur wirklich eine »goldene« war, bezeugt schon der Name dieses indianischen Volkes. Wörtlich übersetzt, bedeutet er »Goldschmiede«. Außer durch die Bearbeitung von Edelmetallen ragten die Tairona als bedeutende Baumeister und Architekten hervor, besonders aber als Erbauer von Straßen, die alle Wohnorte der Tairona miteinander verbanden. Diese aus Stein gebauten Straßen überquerten auch Wasserläufe, in der Regel mit Hilfe breiter Dämme.

Verschiedene Städte der Tairona erreichten eine Ausdehnung von mehreren Quadratkilometern. Die Häuser dieser Städte waren auf hohen Steinterrassen erbaut. Inmitten jeder Ortschaft stand ein Tempel, dessen Verwalter, die Priester, wie auch die Adligen, ebenso wie in Tierradentro, in große Schätze bergenden Schachtgräbern bestattet wurden. In einem dieser Gräber fand man etwa 8 000 aus Karneol, Achat und anderen Edelsteinen bestehende Perlen; jedoch auch immer wieder und in erster Linie Gold.

Mehr jedoch als diese ersten »Goldvölker«, die Tairona und die Quimbaya, verdienen das eigentliche »Land des vergoldeteten Königs« und jene Indianer Aufmerksamkeit, die diesen Staat und schließlich auch jene Legende von El Dorado geschaffen haben – die Muisca und ihre bedeutende Kultur.

Die *Muisca*, die Schöpfer der einzelnen Muisca-Staaten, gehören zu der weitverzweigten Familie der Chibcha sprechenden Völker, deren Angehörige zu Beginn des 16. Jahrhunderts sehr ausgedehnte Gebiete des nordwestlichen Südamerika und zahlreiche Gegenden Mittelamerikas – des heutigen Panamas, Kostarikas und des Südens Nikaraguas bis zu den beiden großen Nikaragua-Seen – bewohnten. Die Chibcha sprechenden »Muisca« (ihr Name bedeutet »Menschen«) unterschieden sich jedoch von all diesen Sprachverwandten durch das hohe Niveau ihrer Kultur und die Eigenart ihrer Gesellschaftsordnung.

Die hochentwickelten Muisca bewohnten zu der Zeit, als die Spanier kamen, vor allem das Hochland von Bogotá (etwa 2500 m über dem Meeresspiegel). Das Siedlungsgebiet der Muisca durchfließen die östlichen Nebenflüsse des Magdalena, gleichzeitig befinden sich in diesem Gebiet eine Anzahl von Seen (sogenannte »Lagunen«). Die klimatischen Bedingungen sind nicht sehr günstig, der Waldbestand relativ gering. Jedoch ist der Boden außerordentlich fruchtbar. Daher scheint es nicht verwunderlich zu sein, daß sich die kolumbianischen Indianer seit den ältesten Zeiten gerade hier niedergelassen haben und somit diese Hochebene zu einer ebensolchen »Wiege« indianischer Kulturen wurde, wie es in Mesoamerika das Gebiet der mexikanischen Seen war. Diese Landschaft hatte die größte Bevölkerungsdichte im ganzen vorkolumbischen Amerika. Zu Beginn des 16. Jahrhunderts lebten hier rund 60 bis 70 Menschen auf einem Quadratkilometer. Menschen und kulturell entwickelte Völker, die vielleicht einmal eine ähnliche kulturell-politische Einheit geschaffen hätten, wie es die Azteken in Mexiko getan haben.

Rekonstruktion eines terrassenartigen Kultplatzes der Tairona (nach Reichel-Donatoff)

Zur Zeit der Ankunft der Spanier befand sich diese Entwicklung allerdings noch in ihren Anfängen. So trafen die Europäer bei den Muisca nicht einen, sondern neun im Entstehen begriffene Staaten an. In diesen Staaten waren die ehemaligen Stammesverbände der Muisca vereinigt. In den Chibcha-Sprachen hießen diese Staaten Uzaque. Ein solcher Uzaque bestand in der Regel aus den Bewohnern eines einzigen größeren Tals, aus den Angehörigen eines ehemaligen Stammesverbandes, die etwa 80 bis 120 Dörfer bewohnten. An der Spitze eines Uzaque stand ein Oberhaupt, dessen Rang bereits erblich war (eine Art »Fürst«), der vom Herrscher des Staates in seinem Amt lediglich bestätigt wurde. An der Spitze eines Dorfes stand ebenfalls ein Oberhaupt oder Kazike. Dieses Oberhaupt war es, welches das Leben derer bestimmte, die den Staat auf ihren Schultern trugen – u. a. die persönlich freien Muisca-Bauern. Diese Bauern bauten Kartoffeln, Mais, Maniok, Quinoa, Bataten, Koka, Tomaten und Tabak an. Als Haustiere hielten sie sich Hunde. Neben den persönlich freien Muisca, den Bauern, Bergleuten, Handwerkern, Händlern, arbeiteten in den Staaten der Muisca auch zahlreiche Sklaven – Kriegsgefangene – für das »Wohl des Staates«, für seine Herrscher, Fürsten, Kaziken, Offiziere und Priester.

Die Handwerker webten Stoffe, stellten Töpferwaren relativ einfacher Art her oder bearbeiteten Edelmetalle und Edelsteine, vor allem Smaragde. Besonders in der Bearbeitung des Goldes hatten die Muisca eine außerordentliche Meisterschaft erreicht. Die Smaragdgewinnung hingegen wurde in Bergwerken vorgenommen, die z. T. noch heute in Betrieb sind.

Die Muisca gewannen auch Salz aus den salzhaltigen Quellen des Hochlandes, indem sie das salzhaltige Wasser in Gefäßen verdunsten ließen. Die größte Salzgewinnungsstätte befand sich in Nemocono. Das Salz war für sie ein wichtiges Handelsobjekt. Alle vier Tage fanden in einer Reihe von Muisca-Städten, u. a. in Zipaquira oder Turmeque, große Märkte statt, auf denen Gewebe, Salz und vor allem Kokablätter angeboten wurden.

Die Muisca haben jedoch auch, und diese Erscheinung war ein Novum, den »Außenhandel« außerordentlich entwickelt. Wichtigstes Handelsobjekt war das Salz, für dessen Ausfuhr diese Indianer eine eigens dafür bestimmte Straße gebaut hatten, die von den Hochtälern im Norden fast bis ans Meer führte. Auf dieser »Salzstraße« drangen später die spanischen Eroberer in das Land der Muisca ein. Außer Salz »exportierten« die Muisca auch Smaragde und Gewebe. Bei ihren kolumbianischen Nachbarn erhandelten sie in erster Linie Gold.

Die Muisca sind die einzigen Indianer des vorkolumbischen Amerika, wohl aufgrund ihrer ausgedehnten Handelstätigkeit, die Goldgeld prägten. Die spanischen Chronisten, die darüber die ersten Nachrichten hinterlassen haben, nannten diese kleinen »Goldscheiben« Tejuelos.

Mehr Aufmerksamkeit als den Händlern, Bauern, Bergleuten und Handwerkern der Muisca widmeten die spanischen Chronisten, die ersten Besucher des Muisca-Landes, den Vertretern der herrschenden Klasse, den Repräsentanten der einzelnen Staaten, und besonders den eigentlichen Herrschern, den »goldenen Königen« oder »goldenen Fürsten«. Zur Zeit der Ankunft der Europäer lebten die Muisca in neun Staaten: Sachica, Tinjaca, Chipata, Saboya, Guanenta, Tundana, Iraca, Tunja und Bogotá. Die erstgenannten sechs Staaten spielten zu Beginn des 16. Jahrhunderts keine bedeutende Rolle mehr. Aus Iraca, in dessen Gebiet große Städte lagen, waren seit jeher zahlreiche hohe geistliche Würdenträger der Muisca hervorgegangen. Die Macht fast über das ganze Land hatten jedoch allmählich die Herrscher der Staaten Tunja und Bogotá übernommen. Der Herrscher von Tunja bezeichnete sich als Zake, und der Herrscher von Bogotá, des südlich auch Zake genannten Staates, nannte sich Zipa. Der Zipa herrschte in der Zeit, als die Europäer kamen, bereits über 13 kolumbianische Täler. Weitere Staaten beherrschte der Zipa durch Verträge oder Verwandtschaftsehen. Der Staat Bogotá wuchs und erstarkte unvergleichlich schneller als jeder seiner Rivalen. Wenn die Spanier einige Jahrzehnte später gekommen wären, hätten sie vermutlich im Lande der Muisca nur ein einziges Reich – Bogotá – und an dessen Spitze einen einzigen Herrscher – den Zipa – vorgefunden.

Mit seinem mächtigsten Konkurrenten – Tunja – maß Bogotá vermutlich erst am Ende des 15. Jahrhunderts seine Kräfte, als der Zipa Saguamachica die Herrschaft angetreten hatte. Saguamachica überfiel zunächst die beiden bisher unabhängigen Fürstentümer Fusagasugá und Tibaguy und gliederte sie seinem Staat an. Gerade zu jener Zeit versuchte sich jedoch der Herrscher des bedeutenden Vasallenfürstentums Guatavitá von Bogotá loszulösen. Er bat daher den Nachbarstaat Tunja um Hilfe. Der Zipa zwang jedoch den Herrscher Guatavitás zum Gehorsam und zog selbst mit seinem Heer gegen Tunjá. In jener Schlacht, an der an die 50 000 Krieger teilgenommen haben sollen (die Muisca kämpften mit Lanzen, Speerschleudern und Holzkeulen), fielen jedoch beide Herrscher, der Zake und der Zipa, so daß der Konflikt ungelöst blieb. Der neue Zipa Nemecense (»Pumaknochen«) gliederte seinem Staat weitere Fürstentümer an, doch in einer erneuten Schlacht mit dem Heer Tunjas wurde auch er verwundet und erlag seinen Verletzungen.

So übernahm in dem bedeutendsten der Muisca-Staaten kurz vor der Ankunft der Spanier ein neuer Zipa, Tisquesesa, die Herrschaft. Sein militärischer Oberbefehlshaber bereitete, gerade als die Konquistadoren kamen, einen erneuten Kriegszug gegen Tunja vor.

Der Zipa leitete seine Herkunft vom Mond ab. Sein Rivale, der Zake, wurde hingegen von seinen Untertanen als Abkömmling der Sonne verehrt. Die Mutter des ersten Zake war eine Indianerin names Goranchacha, der Vater angeblich die Sonne. Die »göttliche Herkunft« dieser Herrscher motiviert die Verehrung, die die Muisca ihren höchsten Herrschern angedeihen ließen. Niemand durfte dem Herrscher in die Augen blicken, und er empfing nur Besucher, die seiner Schatzkammer vorher ein kostbares Geschenk übergeben hatten. Der Herrscher reiste in einer mit goldenen Leisten verzierten Sänfte aus edlem Holz. Sein Gewand war mit Goldplättchen geschmückt, sein Haupt mit einem Diadem, und um die Schultern trug er einen prächtigen Umhang, er wohnte in einem Palast aus Holz, der mit goldenen Platten verkleidet und mit Schnitzereien und Wandmalereien geschmückt war.

Der Herrscher hatte das Recht auf eine unbegrenzte Anzahl von Frauen. Die einfachen Muisca mußten daher verschiedentlich ihre Töchter als »Steuer« an ihn abführen. Ansonsten erfüllten die Steuerzahler ihre Abgabenpflicht gegenüber dem Herrscher in Form landwirtschaftlicher oder handwerklicher Erzeugnisse. Die Steuereinnehmer waren die wichtigsten Beamten in allen Staaten. Eventuelle Steuerrückstände wurden von ihnen auf eine höchst ungewöhnliche Art und Weise eingetrieben. Der Steuerbeamte band an der Tür des Hauses, in dem der Schuldner wohnte, einen eigens zu diesem Zweck abgerichteten Puma an und quartierte sich selbst bei dem säumigen Steuerzahler ein. Der Schuldner hatte für jeden Tag, den der Beamte bei ihm verbrachte, zusätzlich einen Ballen Leinwand zu zahlen, und dem Puma, der den Ausgang bewachte, mußte er täglich zwei Tauben »servieren«. (Es muß sich freilich um andere Vögel gehandelt haben, die der Chronist in Ermanglung eines entsprechenden spanischen Ausdrucks als Tauben bezeichnet hat.) Die eingebrachten Steuern teilte der Herrscher nach eigenem Ermessen auf sich, den Adel, die Offiziere und die Priesterschaft auf.

Wenn der Herrscher starb, übernahm in der Regel der Sohn seiner ältesten Schwester die Staatsgeschäfte. In dem mächtigsten der Muisca-Staaten, in Bogotá, regierte der »Kronprinz«, bevor er die Herrschaft antrat, in einem der Fürstentümer, in Chía. Es ist daher anzunehmen, daß die Zipa ursprünglich nur in Chía geherrscht haben. Daher wurde auch der »Thronfolger« von Bogotá oft als Chía bezeichnet. Der künftige Herrscher bereitete sich sechs Jahre lang auf die Ausübung seines Amtes vor. Er lebte nur im Tempel, ging nur des Nachts aus, durfte kein Fleisch essen, seine Nahrung nicht würzen und mußte vor allem jeglichen Umgang mit Frauen meiden.

Hatte der »Kronprinz« die Vorbereitungszeit auf seine Herrscherwürde mit Erfolg bestanden, konnte er die Nachfolge antreten. Die Einsetzung des neuen Herrschers war bei den Muisca ein höchst feierlicher Akt. Und zwar nicht nur, wenn der Herrscher eines Staates die Macht übernahm, sondern auch, wenn der Kazike eines Fürstentums sein Amt antrat. Eben mit der »Thronbesteigung« des Kaziken jenes Bogotá hörigen Staates Guatavitá ist jene Sage verbunden, die die Konquistadoren wie keine andere anlockte: Die Sage vom vergoldeten König – vom »El Dorado«. Auf dem Gebiet dieses Staates lag ein gleichnamiger See, einer der heiligsten im Lande der Muisca. Zu diesem See wurde bei der Übernahme der Herrschaft der neue Fürst, der »Thronfolger« Guatavitás, in einer goldenen Sänfte getragen. Am Ufer des Sees stieg der Herrscher aus der Sänfte und zog sich nackt aus. Die Priester rieben seinen Körper mit duftendem Harz ein und bestreuten ihn gänzlich mit Goldstaub. Der in Gold gehüllte Herrscher bestieg nun, zusammen mit den Priestern, ein Floß und fuhr bis in die Mitte des Sees, dort warfen der vergoldete König und seine Begleiter goldene Kleinodien, Diademe, Halsketten und Ringe in den heiligen See.

Die Fortsetzung der Zeremonie wird in den spanischen Chroniken wie

Die Sage vom vergoldeten König, dem »El Dorado«, wird auch durch eine Goldschmiedearbeit der Muisca bestätigt, die einen Kaziken und sein Gefolge auf einem Floß auf dem Guatavitá darstellt

folgt geschildert: Hatte das Floß die Mitte des heiligen Sees erreicht und alles Gold war geopfert, stieg der Herrscher vom Floß, tauchte in den See und kehrte sodann gereinigt, der goldenen Hülle ledig, zu seinem Volk zurück, das ihn nun als »gesetzlichen« Herrscher anerkannte.

Die Sage von dem vergoldeten König der Muisca und dem mit Schätzen gefüllten Guatavitá bewegte natürlich die Europäer. In den vierziger Jahren des 16. Jahrhunderts brachen nacheinander drei Expeditionen der Konquistadoren, geleitet von Quesada, von Federmann und von Belalcázar, in das Land des vergoldeten Königs auf und eroberten es schließlich. Die Beute war erheblich.

Jedoch der wirkliche Goldschatz (ein Schatz, der im Unterschied zu anderen nicht in die Welt der Märchen gehört) ruhte offenbar auf dem Grunde des heiligen Sees. So war es auch immer wieder dieser See, der die Europäer interessierte und anlockte. Vorwiegend waren es Kaufleute, die die weite Reise unternahmen.

Zum ersten Mal wurde der See bereits rund 50 Jahre nach der Ankunft der Europäer auf Veranlassung des Kaufmanns Antonio Sepúlveda gründlich durchforscht. Sepúlveda ließ einen Kanal in das felsige Ufer des Guatavitá hauen und leitete auf diese Weise tatsächlich einen Teil des Wassers ab. Dem sumpfigen Grund entnahm er eine Anzahl goldener Gegenstände, die sich heute im »Goldmuseum« Bogotás befinden.

Im 19. Jahrhundert besuchte Alexander von Humboldt den Guatavitá-See.

Er fertigte eine genaue Karte des Sees an und war ebenfalls der Meinung, daß der sumpfige Grund dieser Lagune wertvolle Kunstgegenstände berge. Dieser Goldschatz, der vom hohen Niveau der Kultur der Goldländer zeugen wird, harrt noch heute seiner Bergung.

Jedoch war der Guatavitá nicht der einzige »goldene« See der Muisca. Verbürgte Nachrichten sprechen davon, daß sich ähnliche Gegenstände im Fúquene und im Siecha befinden. Aus dem Siecha wurde auch eine die »Krönungszeremonie« darstellende Goldplastik geborgen.

Die »Krönungszeremonie« in den Wassern der heiligen Seen war offenbar von den religiösen Vorstellungen der Muisca beeinflußt. Von diesen ist leider wenig bekannt. Die kolumbianischen Indianer verehrten vor allem Sonne und Mond, die in den Tiefen des Himmels gelebt haben sollen. Erst später, als die Menschen bereits die Erde bewohnten, sei von Osten der Gott Bochica zu den Muisca gekommen. Bochica, der Gott der Krieger und der Könige, habe die Muisca gute Sitten, gegenseitige Achtung und Liebe gelehrt. Der Widersacher Bochicas, Chibchacum (»Stab der Chibcha«), war der Gott der Bergleute, Goldschmiede und Händler.

Die religiösen Zeremonien leiteten die Priester (Xeque), die auch die Tempel, die sich in jeder größeren Ortschaft der Muisca befanden, verwalteten. Besonders bedeutende Heiligtümer haben die Muisca in den heiligen Städten Chía und Iraca und in der Hauptstadt Bogotá erbaut. In den Tempeln wurden den Göttern zahlreiche Opfer dargebracht: Gold und Smaragde in besonderen Opferkörben. Jedoch auch Menschenopfer haben die Muisca vollzogen. Besonders häufig wurden bei diesen Opferzeremonien Kriegsgefangene und 15–16jährige Jünglinge fremder Stämme, die man Mojas nannte, getötet. Diese Mojas betrachtete man als Vermittler zwischen den Menschen und der Sonne. Daher wurden sie auf hohen Bergen und in aller Frühe, wenn der erste Sonnenstrahl auf die Erde fiel, geopfert.

Die Priester, die diese Menschenopfer zu Ehren der Sonne vollzogen, die im Namen der Götter Gold und Smaragde als Opfergaben in ihren Tempeln entgegennahmen, waren vermutlich auch die »Veranstalter« der feierlichsten Zeremonien – der »Krönungen« an den Ufern der heiligen Seen der Muisca.

Menschen auf der »Brücke«

Jene, die diese »Goldkulturen« im Nordwesten Südamerikas geschaffen hatten – die Chibcha sprechenden Stämme –, haben in vorkolumbischer Zeit auch im südlichen Teil Mittelamerikas gelebt. Und eben dort, in den heutigen mittelamerikanischen Republiken Panama und Kostarika (und möglicherweise auch im heutigen Nikaragua und El Salvador), haben sie bemerkenswerte Kulturen hervorgebracht. Bisher sind nur einige wenige dieser Kulturen bekannt, und das Wissen über sie ist unvergleichlich geringer als über die Kulturen der mittleren Anden oder Zentral-Mexikos. Die Wissenschaft ist sich lediglich darüber einig, daß dieses Gebiet, die »Brücke« zwischen Mesoamerika und den Anden, nach einer Reihe vorangegangener Wellen in der Zeit vor der Konquista, von zwei Seiten her besiedelt wurde: In das südliche, von den Maya bewohnte Gebiet (d. h. südlich des heutigen Guatemala und Honduras) sind von Norden her vor allem Nahua sprechende Stämme, also Verwandte z. B. der Azteken und Tolteken, eingewandert. Von Süden her sind dagegen Chibcha sprechende Stämme, also u. a. Verwandte jener Muisca, in dieses Gebiet vorgedrungen. Auch diese Kulturen haben sich in erster Linie wiederum durch ihre kunstvollen Goldarbeiten ausgezeichnet. Die Goldschätze Panamas und Kostarikas sind bereits den Spaniern bekannt gewesen. Kolumbus selbst hat auf seiner vierten Reise (1502–1504), dic ihn die Ostküste Mittelamerikas bis zur heutigen Mündung des Panamakanals entlangführte, die goldenen Gegenstände der dortigen Indianer, besonders ihren prachtvollen goldenen Brustschmuck, bewundert. Und Gonzalo de Badajoz, einer der ersten Spanier, der in das Gebiet der »Goldschmiede« von Zentral-Panama – nach Coclé – vordrang, erhielt von dem dortigen Herrscher, einem Kaziken, mehrere bis zum Rand mit Goldschmuck gefüllte Körbe als Geschenk. Da sich einer der Expeditionsteilnehmer jedoch an der Tochter des Kaziken verging, mußten die Spanier den ergrimmten Indianern das Gold zurückgeben. Panama bekam jedoch auf den spanischen Karten den Namen Castilla del Oro (»Goldkastilien«) und Kostarika seinen bis heute gebräuchlichen Namen, der so viel wie »Reiche Küste« bedeutet.

Die Chibcha sprechenden Stämme, die das spätere »Goldkastilien« und die »Reiche Küste« bewohnten, haben keine großen Staatsgebilde hervorgebracht. Dieses ganze Gebiet war in vorkolumbischen Zeiten in eine Reihe kleiner Staaten zersplittert. Die Kulturen, die dort existiert haben, werden heute in der Regel mit geographischen Namen bezeichnet: u. a. die *Talamanca-Kultur*, die ein Gebiet umfaßte, das auf der einen Seite von dem gleichnamigen Gebirge und auf der anderen vom Karibischen Meer umgrenzt war, sowie die *Diquis-Kultur*, benannt nach dem indianischen Namen des Flusses, in dessen Tälern

Karte von Westpanama mit den vorkolumbischen Hauptkulturen

die Spuren dieser Kultur entdeckt wurden (Diquis bedeutet in der Sprache der dortigen Indianer »Großer Fluß« – der spanische Name des Diquis lautet Rio Grande de Terreba). Die Diquis-Kultur hat Werke hinterlassen, die zu den eigenartigsten, rätselhaftesten Altamerikas gehören: hunderte mit höchster Präzision bearbeiteter Steinkugeln. Diese Kugeln erinnern fast, aufgrund des Ausmaßes, an die Kolossalköpfe der Olmeken. An die Olmeken (und an Chavín) erinnern aber auch die Steinplastiken von Diquis, die Jaguare und Menschen mit einer Jaguarmaske darstellen.

Das vorkolumbische Kostarika und besonders das vorkolumbische Panama sind jedoch in erster Linie wiederum »Goldländer«. Die dortigen Indianer haben sowohl reines Gold verarbeitet als auch Kupfergoldlegierungen hergestellt. Auf ihren goldenen Gegenständen haben sie nur selten Menschen allein dargestellt. Häufig hingegen einen Menschen, der sich im Schnabel eines Vogels windet. Weitere beliebte Motive dieser »Goldschmiede« waren Jaguar, Affe, Alligator und Frosch. Frosch und Alligator erinnern an den verbreiteten Kult des Wassers, der offenbar bei diesen Chibcha sprechenden Stämmen existiert hat. Auf verschiedenen Goldarbeiten wurden von diesen Indianern auch ihre Gottheiten abgebildet. Andere Goldgegenstände, von denen die ersten europäischen Besucher dieses Teiles Amerikas berichteten, sind jedoch nicht erhalten geblieben.

Gold haben nicht nur diese, sondern auch alle vorkolumbischen Kulturen Panamas verarbeitet, die wiederum mit den geographischen Namen jener Gebiete bezeichnet werden, in denen sich ihr Siedlungszentrum befand: *Veraguas, Chiriquí* und *Coclé*.

Coclé ist zweifellos die bekannteste von diesen relativ unbekannten Kulturen. Ihren goldenen – und auch tönernen – Spuren begegnet man an der Südküste des westlichen Teils von Panama, besonders auf der Halbinsel Azuero am Golf von Panama. Die Träger der Coclé-Kultur waren Ackerbauern. Sie pflanzten wiederum vor allem Mais (aus dem sie auch Branntwein brannten), aber auch Kartoffeln und Baumwolle an, die sie zu feinen Geweben verarbeiteten. In den Wäldern dieses Golfküstenlandes jagten sie Hirsche, Tapire, Leguane und Pekaris (Nabelschweine). Handel betrieben sie mit Gold und Salz. (Goldene Gegenstände der Coclé-Kultur sind auch in den Brunnen, den Cenotes, der Mayastädte gefunden worden.)

Durch die Berichte der ersten spanischen Besucher existieren auch Informationen über den Totenkult und die Bestattungsbräuche dieser Indianer. So haben die Teilnehmer der Expedition Gaspar de Espinosas Aufzeichnungen über das Begräbnis des Kaziken von Parita hinterlassen, der einige Tage vor der Ankunft der Spanier gestorben war: Der Leichnam des Kaziken wurde über dem offenen Feuer mumifiziert und in einer Art Heiligtum beigesetzt, in der bereits Mumien jener Sippe bestattet waren. Vor seinem Tode hatte der Kazike unter seinen Frauen und Dienern diejenigen ausgewählt, die ihn in das Totenreich begleiten sollten. Diese wurden nach dem Ableben des Herrschers getötet. Die übrigen, so z. B. die Priester, kastrierten sich zum Zeichen der Trauer, die am Leben gebliebenen Frauen schnitten sich die Haare ab.

Coclé-Goldarbeiten und Coclé-Keramik, vor allem dekorativ bemalte Schalen und Teller, wurden jedoch erst, da wohl die ersten spanischen Besucher nicht sehr sorgsam mit diesen Schätzen umgingen, in den zwanziger Jahren des 20. Jahrhunderts durch die Funde Samuel Lothrops, Erland Nordenskiölds und Sigvald Linnés bekannt.

Die Töpfer der Coclé-Keramik haben ihre Tiermotive (u. a. Krokodile, Schlangen) keineswegs exakt dargestellt, sondern zu eigenwilligen, höchst kunstvollen Ornamenten umgestaltet.

Ebenso bemerkenswert wie die Keramik der Coclé-Kultur sind die Keramik-Gefäße von der Halbinsel *Nicoya* an der Westküste Kostarikas. Diese in der Regel dreibeinigen Gefäße sind verschiedenen Tieren, häufig Jaguaren oder Krokodilen, nachgestaltet worden. Außer der vollendeten Formgebung zeichnen sich diese Gefäße durch einen schönen Dekor aus.

Die Keramik von Nicoya haben auch die vorkolumbischen Bewohner des heutigen Nikaragua und El Salvador nachgeahmt. Dort, in diesem mittleren Drittel der mittelamerikanischen »Brücke«, haben vermutlich in den letzten 400 Jahren vor der Konquista Stämme gelebt, die aus Mexiko eingewandert waren, vor allem die *Chorotega,* die sprachlich den mexikanischen Otomí verwandt sind. Die Chorotega, die in erster Linie Mais anbauten, siedelten zur Zeit der Ankunft der Europäer in jenem großen Gebiet Nikaraguas, in dem sich die heutigen Provinzen Masaya, León, Granada und die Hauptstadt Managua befinden. Von der Kultur der Chorotega ist wiederum vor allem eine reich mit Alligatoren, Jaguaren und Vögeln bemalte Keramik erhalten.

Weitere mexikanische Einwanderer waren die Nahua sprechenden Pipil (wörtlich »Prinzen«). Die Pipil sind eine jener toltekischen Gruppen, die nach dem Verlassen Tulas bis zur Pazifikküste des heutigen El Salvador gelangen.

Nicht lange vor der Ankunft der Spanier tauchte schließlich in Nikaraguà noch eine kleine, ebenfalls einen Nahua-Dialekt sprechende Gruppe auf, die sich nach ihrem damaligen Häuptling Nicarao nannte. Der Name dieses Häuptlings und seines Stammes gab später auch diesem Land – Nikaragua – seinen Namen. Die Nicarao haben jedoch nur ein kleines Gebiet an den Ufern des Sees Nikaragua bewohnt. Auf den Inseln inmitten dieses Sees hat der schwedische Archäologe Bovallius schon im 19. Jahrhundert offenbar sehr alte Steinstatuen gefunden. Ihre Schöpfer konnten bisher jedoch nicht ermittelt werden. Auch an einem weiteren See Nikaraguas, dem Lago de Managua, wurden im 19. Jahrhundert Spuren sehr alter Kulturen gefunden. Die Durchforschung des Gebietes am Managua hat zur Entdeckung einer vermutlich 2000 Jahre alten Keramik geführt. Auch wurden Funde vorgenommen, die auf die bisher bekannten ältesten Großwild-Jäger Mittelamerikas hindeuten.

Diese Vergangenheit Mittelamerikas harrt jedoch noch ihrer Erforschung. Denn diese Landenge zwischen dem Karibischen Meer und dem Stillen Ozean, das im Süden vom Golf von Panama und im Norden vom Golf von Tehuantepec begrenzte Gebiet war die einzige »Brücke«, über die die Menschen von Nord- nach Südamerika und möglicherweise auch von Süd- nach Nordamerika zogen. Nicht jede indianische Gruppe, die diese »Brücke« überquerte oder sich auf dieser Landenge ansiedelte, hat bisher gedeutete Spuren hinterlassen.

Der Schlüssel zu den indianischen Kulturen

Im Jahre 1492 entdeckte Christoph Kolumbus, den Seeweg nach Indien suchend, Amerika und also auch seine Bewohner, die Indianer. Lange vor der Entdeckung Amerikas durch Kolumbus hat es zu den verschiedensten Zeiten Kontakte vermuteter, jedoch auch nachgewiesener Art gegeben. So berichteten u. a. der römische Gelehrte Plinius und der chinesische Mönch Chue Sin von Kontakten mit einem fremden Volk. Die Ausführungen dieser Berichte lassen heute den Schluß zu, daß dies möglicherweise erste zufällige Begegnungen mit Indianern waren.

Ebenso zufällig waren im 10. Jahrhundert die Fahrten der Normannen, der Entdecker Grönlands, in westliche Richtung. Die Grönlandsaga berichtet, daß nach langer Fahrt Herjulf und sein Sohn Bjarni die heutige Halbinsel Labrador und das heutige Baffinland erblickten. Leif, der Sohn Erides des Roten (Eirik Rauda) – des Gründers der ersten grönländischen Siedlung –, begab sich, angeregt von den Erzählungen Herjulfs und Bjarnis, wiederum mit einigen Männern auf See. Sie erreichten vermutlich im Jahre 1000 das Baffinland und befuhren die nordamerikanische Küste in südlicher Richtung. Das Baffinland nannten sie Helluland (Flachsteinland), die Südwestküste Labradors Markland (Waldland). Weiter südlich entdeckten sie eine Insel, die sie Vinland (Weinland) nannten (vermutlich ein Teil des heutigen USA-Staates Massachusetts). Die Brüder Leifs, Thorwald und Thorstein, wiederholten diese Fahrten. Im Jahre 1003 kam es dann durch den Isländer Thorfinn Karlsevni zur vermutlich größten Expeditionsfahrt vor Kolumbus in dieses neuentdeckte Land. Auch diese Entdecker hatten, wie bereits vor ihnen Thorwald und Thorstein, Begegnungen mit Indianern, vermutlich den Vorfahren der heutigen Algonkinindianer. Von dieser letzten Entdeckungsfahrt vor Kolumbus berichtet die Hamburgische Kirchengeschichte des Adam von Bremen aus dem Jahre 1075. Man hatte in Europa – sicher lokal begrenzt – also bereits Kenntnis von einem fernen, bisher unbekannten Land. Für die Entdeckung und Eroberung Amerikas am Anfang des 16. Jahrhunderts bedurfte es jedoch politischer, ökonomischer und wissenschaftlicher Bedingungen, die erst um diese Zeit herangereift waren.

Mit der Inbesitznahme des neuen Kontinents erschloß Europa jedoch nicht nur neue Handelsmärkte, sondern öffnete gleichzeitig das »Tor« zu den indianischen Kulturen. Von jenen, die als erste durch dieses »Tor« gegangen sind und von der »Neuen Welt« mit all ihren noch ungeahnten Schätzen im Namen der »Katholischen Majestäten« Besitz ergriffen, von jenen, die über die Eroberung der Heimat der Indianer berichteten, soll in diesem Kapitel gesprochen werden. Aus den Bruchstücken der Schilderungen von Christoph Kolumbus, Bartolomé de Las Casas (des Bischofs von Chiapas), Mikuláš Bakalář (eines

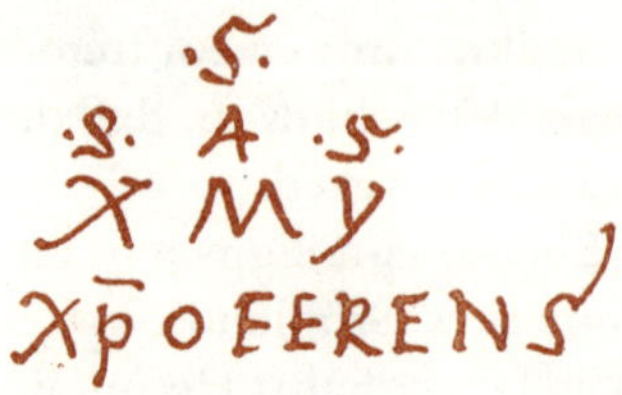

Die drei Schiffe des Kolumbus
und sein Monogramm (Nachzeichnung)

Buchdruckers aus Plzeň) und Amerigo Vespucci soll ein lebendiges Bild mosaikartig zusammengesetzt werden, das einen Eindruck von jenen so bedeutenden Ereignissen an der Schwelle der Neuzeit vermitteln möchte.

Am 12. Oktober 1492 landete der Genuese Cristoforo Colombo (Christoph Kolumbus), der eine Expedition mit drei Schiffen befehligte und ausgezogen war, um den Osten im Westen zu suchen, d. h. den Seeweg nach Indien in westlicher Richtung aufzufinden, auf San Salvador, einer kleinen Insel der Bahamas. Nach einer langen Fahrt über den Atlantik standen er und seine Mannschaft unbekannten Menschen gegenüber. Kolumbus zweifelte keinen Augenblick daran, daß diese Menschen Inder seien – spanisch Indios. Und so wurde aus dem Irrtum des wagemutigen Seefahrers, aus seiner unumstößlichen Vorstellung, daß er die ersten Inder erblickt habe, an jenem Oktobertag des Jahres 1492 der Name »Indianer« geboren.

Kolumbus betrat die Insel, hißte die königliche Flagge und verkündete, daß von nun an diese Insel vor den Toren Indiens rechtmäßiger Besitz Ihrer königlichen Majestäten Isabella und Ferdinand sei ... Von jenem denkwürdigen Tag an sind aus dem Bordbuch des Kolumbus die ersten schriftlichen Nachrichten über Indianer überliefert. Der Admiral schildert die ersten Indianer, die er kennenlernte, wie folgt:

»Sie gehen nackend umher, so wie Gott sie erschaffen ... Dabei sind sie alle sehr gut gewachsen, haben einen schöngeformten Körper und gewinnende Gesichtszüge ... Ihr Haar ist nicht kraus, sondern glatt und dicht wie eine Pferdemähne. Ihre Stirn und ihre Kopfform ist breit, viel breiter als bei allen Rassen, die ich bisher gesehen habe, ihre Augen sind sehr schön groß. Keiner von ihnen hat eine dunkle Hautfarbe, vielmehr gleicht sie jener der Bewohner der Kanarischen Inseln, was ja auch verständlich ist, da diese Inseln sich im

Westen befinden, und zwar auf demselben Breitengrad wie die Insel Ferro. Ihre Beine sind gerade gewachsen, ihr Bauch nicht dick und wohlgeformt.

Sie erreichten mein Schiff auf Booten, die für die Verhältnisse des Landes äußerst kunstgerecht aus einem einzigen Baumstamm verfertigt und von denen einige so groß waren, daß darin 40 und auch 45 Leute Platz fanden, während andere so klein waren, daß sie nur einen einzigen Mann aufnahmen. Sie trieben die Boote mit Rudern an, die Ofenschaufeln glichen, und kamen so schnell damit vorwärts, daß es erstaunlich war. Kippt ein Boot um, so schwimmen alle auf dem Wasser, kehren das Boot wieder nach oben, und mit hohlen Kürbissen, die sie mit sich führen, entleeren sie die Boote vom Wasser, das eingedrungen war. Sie brachten Knäuel gesponnener Baumwolle, Papageien, Spieße und andere Dinge mit sich, die alle aufzählen zu wollen zu weitläufig wäre, und tauschten sie gegen jeden noch so geringfügigen Gegenstand aus, den man ihnen anbot.

Ich beobachtete alles mit größter Aufmerksamkeit und trachtete, herauszubekommen, ob in dieser Gegend Gold vorkomme. Dabei bemerkte ich, daß einige von diesen Männern die Nase durchlöchert und durch die Öffnung ein Stück Gold geschoben hatten. Mit Hilfe der Zeichensprache erfuhr ich, daß man gegen Süden fahren müsse, um zu einem König zu gelangen, der große goldene Gefäße und viele Goldstücke besaß. Ich versuchte nun sie zu bewegen, mich dahin zu geleiten, doch mußte ich später einsehen, daß sie sich weigerten, dies zu tun ...«

Mit diesen Worten des Kolumbus begann für die Indianer die künftige noch ungeahnte Hölle. Kolumbus hat noch nicht den Schlüssel ins Schloß des Indianerhauses gesteckt, aber er hat schon, nach seinen eigenen Worten, »alles mit größter Aufmerksamkeit beobachtet und getrachtet, herauszubekommen, ob in dieser Gegend Gold vorkomme«.

Der Genuese hatte selbstverständlich auch sofort die »an den Toren Indiens« gelegene Insel in aller Form für Kastilien in Besitz genommen. Er pflanzte eine Fahne mit einem grünen Kreuz auf, das rechts und links von den mit der Krone verzierten Buchstaben F und Y (den Anfangsbuchstaben des Königs und der Königin, Fernando und Ysabel, wie man sie damals schrieb) umgeben war. Der Notar der Expedition, Rodrigo de Escovédo, fertigte über die Besitzergreifung des Landes ein offizielles Protokoll an, und das erste Stückchen Amerikas war spanische Kolonie und die ersten Indianer waren kastilische Untertanen geworden. Kolumbus schildert in seinem Tagebuch auch, wie die Indianer den Seeleuten im Tausch gegen ein bißchen Flitterzeug wertvolle Dinge brachten:

»Alles, was sie besitzen, geben sie freudig für jeden noch so törichten Gegenstand; sie tauschten sogar die Scherben unserer Schüsseln und gebrochenen Glastassen ein; ich selber sah, wie sie 16 Knäuel Baumwolle für drei portugiesische Centi hergaben, die einer kastilischen Kupfermünze entsprechen.« Kolumbus wundert sich allerdings auch darüber, daß ihnen die Indianer neben wertvollen Dingen als Tauschgabe auch »einige trockene Blätter« (den Tabak) brachten. Und er begriff nicht, warum sie ihnen einen so hohen Wert beimaßen.

Die Indianer auf der Insel Guanahani (Kolumbus taufte sie freilich in Insel des »Heiligen Erlösers« – San Salvador – um) verhielten sich sehr freundschaftlich zu den Spaniern. Der Genuese erinnert sich in seinem Tagebuch: »Sie offenbarten überhaupt ihre Absicht, uns in allem zu Gefallen zu sein.« An anderer Stelle ist zu lesen: »Sie führen keine Waffen mit sich, die ihnen nicht einmal bekannt sind; ich zeigte ihnen die Schwerter, und da sie sie aus Unkenntnis bei der Schneide anfaßten, so schnitten sie sich.«

Nachdem die Expedition Guanahani entdeckt hatte, begab sie sich auf die Suche nach weiteren Inseln. Das Ziel war klar: Gold finden. Gold! Vier Tage später wiederholt Kolumbus in seinem Tagebuch ausdrücklich diesen Gedanken: »Sollte ich jedoch eine größere Menge Gold oder Gewürz finden, so werde ich freilich dort bleiben, um so viel davon zu nehmen, wie ich kann. Und eben deshalb, um sie zu finden, fahre ich ohne Unterlaß von Ort zu Ort.«

Heinrich Heine, der oft über das Schicksal und die Geschichte der Indianer nachgedacht hat, sagt in einem Gedicht von den spanischen Entdeckern und Eroberern Amerikas:

Wie gepeitscht von Feuerbränden,
Flammenruten, in der Menschen
Adern raste jetzt das Blut,
Lechzend nach Genuß und Gold –
. . .
Hei! Das waren große Spieler,
Große Diebe, Meuchelmörder
(Ganz vollkommen ist kein Mensch).
Doch sie taten Wundertaten ...

Bald nach Guanahani entdeckte Kolumbus auch Kuba, Española (Haïti) und einige andere Inseln. Bei seinen weiteren Fahrten berührte der Admiral auch die Küsten Mittel- und Südamerikas, also die Gebiete der indianischen Hochkulturen. Für die Indianer, für die indianischen Kulturen, war also das Jahr 1492 ebenso wichtig wie für Europa. Auch für die Indianer begann mit jenem Datum eine neue historische Epoche. Die Konquista war ein »Kind« der spätfeudalen und frühkapitalistischen Entwicklung der europäischen und besonders der spanischen, z. T. auch der portugiesischen Gesellschaft. Sie ist trotz des grausamen, barbarischen Gesichts, das sie trug, jedoch auch Ausdruck der anbrechenden Neuzeit. Dabei ist der Fortschritt Europas und wiederum besonders Spaniens u. a. auch aus der Inbesitznahme seiner amerikanischen und weiterer überseeischer Besitzungen hervorgegangen. Für die Ureinwohner Amerikas – die Indianer – beinhaltete diese anbrechende stürmische Entwicklung, und darin liegt die Tragik dieser Ereignisse, Vernichtung ihrer großartigen Kulturen. Die Konfrontation mit einer neuen, höher entwickelten Gesellschaftsformation hatte den Abbruch eigenständiger kultureller Entwicklung zur Folge, eröffnete jedoch auch für die Indianer neue Perspektiven.

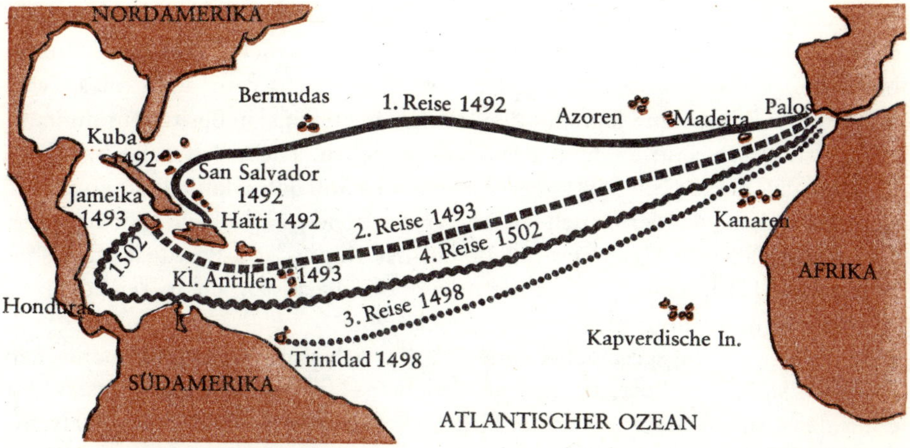

Karte der vier Reisen des Kolumbus nach Amerika. Mit Unterstützung der spanischen Krone segelte Kolumbus nach seiner ersten Entdeckungsreise noch drei weitere Male in Richtung Westen. Er eröffnete damit die Inbesitznahme des von ihm entdeckten Kontinents.

Jedoch stürzten sich vorerst auf die Reichtümer Amerikas und auf die Indianer Scharen grausamer Ausbeuter. Die Zahl der Indianer, die im Jahre 1492 lebten, etwa 16 Millionen in Amerika (15 Millionen in Meso- und Südamerika und 1 Million nördlich des Rio Grande), begann sich rapide zu vermindern. Eine wahre Schreckensherrschaft errichteten die ersten Kolonisatoren besonders auf den westindischen Inseln. Die wehrlosen Indianer starben dort fast völlig aus.

Unter größeren Schwierigkeiten entdeckten und eroberten die Konquistadoren nach und nach das amerikanische Festland. In den Jahren 1497 und 1498 besuchte als erster der in englischen Diensten stehende italienische Seefahrer Giovanni Caboto (John Cabot) die Küste Nordamerikas. Dagegen waren in Südamerika die Spanier die ersten (1499), und zwar Pedro Alonso Niño. Niños Expedition brachte aus Südamerika eine große Menge kostbarer Perlen mit. Ein weiterer spanischer Entdecker, Alonzo de Hojeda (Ojeda), erforschte zum ersten Mal die Küste des heutigen Venezuela. Er gab diesem großen südamerikanischen Land auch seinen Namen (wörtlich »Kleines Venedig«, weil ihn die Bucht von Maracaibo, die auf hölzernen Pfählen erbaute Indianerdörfer säumte, an Venedig erinnerte). Im Jahre 1500 betrat der portugiesische Seefahrer Vicente Yáñez Pinzón die Küste Brasiliens und entdeckte die Mündung des Amazonas. Brasilien fiel Portugal zu, und zwar aufgrund des Vertrages von Tordesillas (1494), in dem durch Papst Alexander VI. die Aufteilung der Welt zwischen Spanien und Portugal festgelegt worden war. Die Demarkationslinie verlief nach einem späteren definitiven Abkommen 370 Meilen westlich der Kapverdischen Inseln. Alles, was westlich von der festgelegten Linie lag, sollte Spanien gehören. Aber es gehörte ihm am Ende doch nicht. Die Portugiesen erhoben Anspruch auf Brasilien, und zwar aufgrund der Reise des portugiesischen Seefahrers Pedro Alvarez Cabral, der Brasilien nicht lange nach Pinzón besuchte. Cabral hatte die ganze brasilianische Küste und alles, was dahinter im Binnenland lag, »für den König von Portugal in Besitz genommen«. Die Portugiesen sind auch in Brasilien geblieben. Diese Tatsache hat dazu geführt, daß die Indianer Südamerikas mehr als 360 Jahre lang nicht nur unter der spanischen, sondern auch unter der portugiesischen Kolonialherrschaft lebten. Im Jahre 1503 kamen auf Befehl des Königs von Portugal die ersten Ansiedler nach Brasilien – getaufte portugiesische Juden, die in der Folgezeit die weitere Besiedlung Brasiliens organisierten.

In die Entdeckungsgeschichte Amerikas hat sich auch noch ein in spanischen Diensten stehender Portugiese eingeschrieben – Fernão de Magalhães. Wohl einer der größten Seefahrer in der Geschichte der Menschheit. Seine Weltumseglung, die unwiderlegbar bewies, daß die Erde rund ist, hat auch zur besseren Kenntnis Amerikas beigetragen, besonders seines äußersten Südens – Patagoniens und Feuerlands.

Vom Jahre 1509 an begannen sich die Europäer auch in Mittelamerika, an seiner Ostküste, niederzulassen. Nachdem sich die Bewohner der eigentlich ersten europäischen Ortschaft in Panama – Santa Maria la Antigua de Darién –, geführt von dem ruhelosen Vasco Nuñez de Balboa, entschlossen hatten, ihren Ort zu verlassen und sich ein anderes, geeigneteres Gebiet zu suchen, erblickten sie am 25. September 1513, nach den furchtbaren Strapazen eines zwanzigtägigen Marsches quer durch den tropischen Urwald, als erste Europäer den Stillen Ozean.

So entdeckten die Europäer ein Gebiet Amerikas nach dem anderen, einmal vom Zufall, ein andermal von phantastischen Vorstellungen oder Sagen geleitet: Florida wurde z. B. von Juan Ponce de León entdeckt, dem ersten schon alternden Gouverneur Puerto Ricos. Er hatte im Meer eine Insel Bimini gesucht, auf der ein Quell unsterblichen Lebens, ein Born ewiger Jugend sprudeln sollte. Nach einem genauen Plan hingegen wurde von Juan Díaz de Solís die Mündung des La Plata und damit das Tor zu Argentinien entdeckt. In dieser ersten Periode ist Nordamerika, mit Ausnahme einiger Küstengebiete, unbeachtet geblieben. Auch das Binnenland Brasiliens und der Süden des heutigen Argentinien blieben noch außerhalb des Interesses der ersten Entdecker.

Einige Expeditionen, oft sehr große, erreichten jedoch nicht ihr Ziel, weil sie legendäre Städte und Länder, ähnlich jenem »Bimini«, suchten. So war man auf der Suche nach einem »Großen Quiviera«, nach dem »Geheimnis des Nordens«, häufig war von den »Sieben silbernen Städten Cibolas« die Rede, die sich schließlich als die Lehmstädte jener Puebloindianer entpuppten. Auch ein »Cicore«, ein »Zimtkönigreich« in Südamerika, »Manoa« (offenbar ein entferntes Echo der Existenz des gleichnamigen Indianerstammes in Amazonien), das »Land der Amazonen« und das »Geheimnis des Südens« wurden gesucht. Das waren die Träume einiger Eroberer in der Zeit der ersten Etappe der Entdeckung der Heimat der Indianer. Die Wirklichkeit aber war anders:

In den ersten 25 Jahren nach der Entdeckung Amerikas war das Hauptinteresse Spaniens auf die Ausbeutung der westindischen Inseln gerichtet, besonders der Insel Haïti, die Kolumbus in »Española« umbenannt hatte.

Über die Indianer der Antillen brachen daher in der Zeit der Konquista furchtbare Leiden herein. Kolumbus selbst schlug vor, die Indianer Haïtis als Sklaven nach Spanien zu verkaufen. Aber mit Kolumbus' Vorschlag begann erst die unvorstellbare Pein der Antillenindianer. Sie wurden gezwungen, in Bergwerken und auf den Feldern der europäischen Ansiedler zu arbeiten. Auf Española kam es auch bereits zwei Jahre nach der Ankunft des Kolumbus zur ersten Rebellion der Indianer gegen ihre Unterdrücker. Das Zentrum dieser ersten indianischen Rebellion war das von den Spaniern Vega Real genannte Gebiet Haïtis. Der Aufstand wurde grausam unterdrückt. Nach einigen Jahren lebte auf Española kein einziger Indianer mehr. Das gleiche Schicksal ereilte in kurzer Zeit fast alle Indianerstämme der Antillen. Eine Schilderung jener Zeit, in der die Indianer zum ersten Mal mit dem Kolonialismus Bekanntschaft machten, stammt aus der Feder des adligen spanischen Mönches, von dem später noch die Rede sein wird, des Bischofs Bartolomé de Las Casas, der bald nach der Entdeckung Amerikas in die »Neue Welt« gekommen war und als Augenzeuge jene ungeheuren Gemetzel beschrieben hat, die das Leben der Antillenindianer auslöschten.

Folgendermaßen sah Las Casas die Ergebnisse der Kolonisationsbestrebungen der europäischen »Träger des Glaubens und der Bildung«, das Resultat einiger weniger Jahrzehnte, die seit der ersten Begegnung des Kolumbus mit den Indianern vergangen waren ...

»Auf so sanfte Schäfchen und mit den besagten Eigenschaften vom Allmächtigen Begnadete sind die Spanier wie Tiger, Wölfe und von Hunger gepeinigte, grausamste Löwen eingedrungen und haben seit jenen Zeiten durch vierzig Jahre nichts anderes getan und auch nichts anderes tun wollen und bis zum heutigen Tage mit nichts anderem sich befaßt, als mit dem Morden dieser Unseligen, welche sie mit raffinierten Künsten der Folter und Peinigung so unmenschlich würgen und zerreißen (die bisher niemals gesehen, noch von denen etwas gehört wurde, deren etliche nachher aber beschrieben werden), daß von den drei Millionen der eingeborenen Menschen, die allein die Insel Hispaniola[1] enthielt, kaum zweihundert übrigblieben. Die Insel Cuba, welche so lang wie von Valladolid bis gen Rom sich erstreckt, haben sie dann verlassen und unbebaut in Trümmer gelegt. Die Inseln des Hl. Johann und Jamaica, alle beide groß und fruchtbar, sind ebenfalls verlassen und verwüstet zu sehen.

Auch die Lucayischen Inseln[2], welche an jenen Teil von Hispaniola und Cuba grenzen, der gen Norden liegt, und deren Zahl sechzig oder um sechzig ist. Auch die Inseln, allgemein Inseln der Riesen[3] geheißen, und andere, von denen die,

1 Haïti
2 Die Bahamas
3 Die Großen Antillen

welche weniger fruchtbar war, den königlichen Garten zu Hispalis[1] an Fruchtbarkeit übertrifft, ohne daß sie eine Witterung von bester und gesündester Milde entbehrt hätte, sind schon ihrer ganzen Bevölkerung beraubt zu erblicken; auch wenn über fünfhundert Tausende von Menschen in diesen Gegenden vor dem Einfall der Spanier hier gelebt haben; diese wurden zum Teil durch Morde ausgerottet, zum Teil mit Gewalt weggeschleppt, um in den Bergwerken der Insel Hispaniola zu arbeiten, die ohne ihre ursprüngliche Bevölkerung geblieben war. Als irgendein Schiff diese Insel besuchte, um nach dem Mähen die Nachlese einzusammeln, denn ein guter Christ, von Frömmigkeit und Mitleid bewogen, hat diese gefährliche Reise unternommen, damit er wenigstens einige Seelen der Erkenntnis Jesu Christi zuführe, wurden nur elf Menschen, die ich selbst gesehen habe, gefunden. Andere Inseln, dreißig an der Zahl, welche um die Insel mit dem Namen des Hl. Johann liegen, sind jeglicher Bevölkerung beraubt. Inseln, die in der Länge über zweitausend Meilen messen, sind dennoch alle entvölkert und ohne Bewohner, Siedler und Eingeborene verblieben.«

Ja, sie verblieben tatsächlich ohne »Bewohner und Eingeborene«. Und so vermitteln uns in erster Linie die archäologischen Funde ein Bild von der Kultur dieser Indianer (Aruaken und Karaiben) der Antillen. Ethnographische Berichte aus der Feder damals lebender Autoren sind sehr selten. Seltsamerweise stammt einer der ersten Berichte über die Indianer Amerikas aus dem damaligen Böhmen. Dieser Bericht des Buchdruckers Mikuláš Bakalář aus Plzeň ist in der Sprache des Volkes, in Tschechisch, geschrieben. Das kleine Büchlein des Bakalář über die Indianer und Amerika heißt »Eine Schrift über die neuen Länder und über die neue Welt, von der wir zuvor keine Kenntnis noch je etwas gehört hatten«. Bakalářs Buch muß vor dem Jahre 1504 geschrieben worden sein, da der Autor von jener Zeit spricht, da in Spanien die »Königin Elisabeth« – also Isabella – herrschte, die 1504 gestorben ist.

Bakalář leitet seine »Schrift« damit ein, daß »zu unseren Zeiten«, in denen der durchlauchtigste König Ferdinandus, der König von Hispanien, Katalanien, Portugal etc., und Elisabeth, seine Gemahlin, regierten, einige Seefahrer, die die Weiten und alle Gefahren des Meeres gut kannten, auf unbekannten Wegen aufs Meer hinausgefahren seien. Nach langer, langer Fahrt und unsäglichen Mühen, als sie schon zu verzweifeln begannen, kündigten mancherlei Anzeichen die Nähe einer Insel, eines Festlandes an. Und in der Tat fanden sie alsbald ein großes Land und zahllose Menschen darin. Von dieser Seefahrt, von diesen Menschen und ihren Sitten habe der »Marschall des Königs von Hispanien«, der von dem König zu ihnen gesandt worden sei, das folgende geschrieben:

»Mit glücklichem lauff am viertzehnden tag des monats May ym Jar funftzehenhundert und eyns sind wir gewichen und gefaren von der haubtstat Olisippo/ auß gebieth des vorgenanten königs von Portugal/ mit den schiffen, tzu ersuchen hawe lender kegen mittag, und sinth also tzwentzigk monat an

1 Heutige Stadt Sevilla in Spanien

eyn ander geschifft hyn und her, die landt tzu besehen, welcher schiffreisung ordenung ist also gewesen. Unser schiffen was durch die insulen Fortunaten/ also vor langem genant/ aber itzt heissen eß die grossen insulen Canarie, die do ligent ym dritten Clima und bey den örtern des eyngewonten erdtrichs des nydergangs. Darnach durch das Meer den gantzen ad der allen gestaden Africe, und eyn teyl der Moren landt haben wir durchlauffen bis zu der Moren vorgebürge, also von Ptolomeo genant, das itzt von den unsern genant wirt Caput viride und von den Moren Beseghice ... Doselbst haben wir widerumb sterck narung und notturfft tzu unserm schiff genommen und die encker außgenommen und die segel den winden auffgesperret und unsern wege durch das groß weith und breyte meer gericht wider den polum Antaretici, eyn wenig durch Occident geneiget durch den wind, der vulturnus genant wirt ... Und das ich mit eynem wort alle ding begreiffe, wisse, das auß siben und sechtzig tagen, die wir an eynander geschifft haben, vier und viertzig tag, gehat haben mit regen, donnern und blitzen, also finster, das wir weder die sonne ym tag noch den klaren hymmel bei der nacht gesehen mochten. Do ist geschehen, das uns also eyn grosse forcht ist ankommen, das wir gar bey alle hoffnung unsers lebens hyndan geworffen. Aber yn solchen vilen und grossen widerwertikeiten des meeres und hymmels hat es dem allerhöchsten gefallen, uns kegenwertig tzeigen Lande und nawe gegenden und eyn unbekante werlt ... Am sibenden tag Augusti tausent fünfhundert und eyns an den gestaden der selben lender haben wir den engker undergesenckt ... Doselbst haben wir das erdtrich erkant, nicht eyn insel, sunder eyn landt an eynander seyn, darumb das es mit gantz langen staden oder ufern, die es umbgeben, gestreckt wirt und erfüllet ist mit unentlichen einwonern ...

Wir haben radt genommen, tzu schiffen nach den gestaden dieses landes kegen Orienth, dem aufgang der sonnen, und doch nymmer yr angesicht oder anschawen verlassen, und alßbald haben wir das solang durchlauffen oder umbfahren, das wir kommen sith yn einen Winckel, do der gestade eyn widerker macht kegem mittag, und von der selben stadt, do wir das erdtrich am ersten erreichten, biß tzu disem winckel sind es bey dreyhundert meilen gewest. In der tzeit dieser schiffung sind wir dick off das ertrich oder land gestigen und vast früntlich mit dem volck gelebet ... und sint brüderlich von yaen empfangen worden ...

Darumb tzum ersten sovil das volck antriffth, haben wir yn der selben gegend so grosse menige des volckes gefunden, das nymandes getzelen möchte, als yn Apocalipsi gelesen wirt. Ein Volk got, milt und habelich. Sy alle beydes geslechte gehn nackent und bloß, keynen teyl des leybes bedecken sy, und wy sy auß muetter leyb gehn, also gehn sy biß yn den todt; wann sy haben grosse vorschroetige leybe, un gestalt und porcioniret, und an der farbe Azihen sy sich off die roete, meyn ich, das diß ynen geschah, darumb das sy bloß gehn und von der sonnen geferbet werden. Sy haben groß lang dick har, sy sint ym ganck und spyl geswinde und eines schönen fröhlichen freyen angesichtes, das sy doch ynen selbist tzu brechen, wann sy durchlöchern ynen die backen, die lefftzen, nasen und oren, und nicht gedenck, das die löcher kleyn sint, oder das sy eyns allein haben, wann ich hab gesehen yr etzliche, die do allein ym angesicht syben löcher hatten, der ytzliches einer pflaumen gros was, die selben löcher vermachen sie ynen mit steynen, die do wasserfar sind, mit Mermelstein, cristallin und auß alabaster vast schön und mit weissem beyn und mit andern dingen, so künstlich gemacht nach yr gewonheit und gebrauchunge, wölches so du sehest als eyn ungewonet ding und gleich eyn wunder, alß eyn menschen habende allein yu den backen, wangen und lefftzen siben steyn, der etliche sint einer halben land lanck, würst du dich nicht verwundern, wann ich hab dick betracht und geschätzt, das solche siben steyn waren sechtzehen untzen swer, an das sy yn itzlichen oren mith dreyen löchern durchstochen, haben andere steyn hangende yu ringen. Und das ist allein der manne gewonheit, wann die weyber durchlöchern ynen das angesicht nicht, aber alleyn die oren. Eyn ander gewonheit ist under ynen gar sehentlich und öber alle menschlichkeit, wann yre weyber, darumb das sy ser unkeusch sint, machen sy auflauffen der menner rütte so yn grosse dicke, das es graulich ist tzu sehen ... Sy haben keyn tuch, weder wullen noch leynen oder baumwullen, wann sie bedörffen yr nicht, sy haben auch nicht eygen güter, sunder alle ding sinth gemein. Sy leben mit eynander on eyn könig und regirer und gebiete, und eyn yder ist seinselbst herre. Sy nementh sovil weyber, alß sy wollen, und der son hat mit der mutter tzu schicken, und der bruder mit der swester, und der erste mit dem ersten, und ye eyns das ander, so ym bekommt und begegnet. Wann sie wollen, so thun sy die Ee ab, und darinne haltent sy kein ordenung. Fürpaß haben sie keinen tempel oder kirchen und halten keyn gesetz und sint nicht abgötter eren. Was sol ich weitter sagen, sy leben der natur nach und werden mehr genanth Epicuri dann Stoyei. Nicht synt under ynen kaufleuth noch kaufmanschaft oder handel der dinger ... Die weyber, alß ich gesaget hab, wywohl sie nackent gehn und vast unkeusch sint, doch haben sie vast schöne leyb und körper, die reyn sinth, sy seyn auch nicht so ungeschaffen, alß villeicht eyner gedencken möchte, wann darumb, das sy fleischig sinth, so scheynet yr ungestalt dester minder, welche vorwar vor den größten teyl von guter eygenschaft bedackt ist. Es hat uns vast verwundert, das under ynen keyne gesehen ward, die do hatte gehat slapprichte brüste, und welche frawen schon kinder geboren hatten an gestalt des leybes und der runtzeln hat keyn underscheit von iunckfrawen und yn allen anderen stücken des leybes scheinen sy gleich sein, das ich umb erberkeit willen underwegen laß, wann sy sich den Christen möchten tzufügen auß tzuvil gelustes gereitzet befleckten sy alle scham. Sy leben anderhalbhundert iar und werden selten kranck, und ob sie schon kranck werden, so helffen sy ynen selbst mit etzlichen wurtzeln und kreutern. Das sind die dinge, so ich allermeist bei ynen erkant hab. Die lufft ist da vast getemperirt und messig und guth, und alß ich auß yren worten erkennen mochte, so ist nymmer pestilenz bey ynen ... Sy sinth fleissigk tzu fischen, und das meer ist vischreich und vol allerley geslecht der vische. Es sint sunst nicht vischer ym lande, meyn ich darumb, so sint gar vil geslecht der wilden tyer, und allermeist Lawen, Beren und untzellich vil slangen und ander grausamer und ungestalter teyrformen, und auch darumb, das do gar weyte grosse und breite weld sint und baum vast hoch und gros, bedörffen sy sich nicht nackent und bloß und ohn bedeckung und waffen solchen grossen schaden ohn sorgen dargeben oder vertrawen.

Eren land und gegenden erdtrich ist vast fruchbar und lustig, mit vil büheln und bergen und mit unentlichen talen und grossen wasserflüssen ... Die baum kommen am meisten do herfür ohn yre pflantzer und bauleut, der vil geben früchte gar süsse am gesmack, die der menschen leybe nutzpar sint, aber etzliche auch herwiderum. Keyn früchte sinth doselbst unsern früchten gleich. Es wachssen auch so untzellich vil kreuter und wurtzeln, auß denen sy brot machen und gar gut genieß. Sy haben auch gar vil samen, die den unsern gar ungleich sint. Keyn geslecht der metall hat man do an allein golde, des die Insulen und gegenden vol und oeberflüssigk sinth, wywohl wir nicht von dem mit uns heym gebracht haben yn dieser unser ersten schiffung, das haben uns bekant gemacht und gesaget die eynwohner des landes, die do warlichen sprachen, das ym mittel des erdtrichs und landes gar vil und grosse goldes seyn und das sy das vor nichts achten oder vor etzwas halten noch schetzen. Sy sind oeberflüssig mit berlen, margariten und edeln gesteinen ... Solt ich alle ding, so do sint, ertzelen und beschreiben und von der merige der tyeren und yren geslechten, wurd eß sich garlang vertzihen und außteylen. Und wahrlich glaub ich, das unser Plinius nicht den tausentischten teyl des geslechts der Psittich vogeln oder ander vogeln und teyren, die in den selben gegenden sinth, berürt hab, so mit seltzamer farb und mancherley angesichten, also das der hochberühmte meister etwan Policletus, die abtzumalen mangelen würde und abstehn. Alle baum sint da wol riechen und smecken, und geben alle von ynen gummi oder öle oder sonst feuchtigkeit. Deren gelegenheit, alß ich gesaget hab, ist kegem mittag yn solcher temperirung der lufft, das do widder kalte wintter noch heysse brennende sommer ymmer gefult werden. Der hymmel und lufft tzum merern teyl des iares sind allezeit schön klar und lautter und mangeln dicker trüber wolken ...«

Die heute leider fast völlig unbekannte »Schrift von den neuen Ländern« des Bakalář ist in ihrem Hauptteil zweifellos eine Übersetzung des Berichts jenes »Marschalls des Königs von Hispanien«. Dieser Marschall ist mit Amerigo Vespucci identisch, dem Mann, nach dem Amerika benannt ist.

Vespucci stammte aus Florenz, aus einer bedeutenden und verhältnismäßig vermögenden Familie. Er hatte aber nicht so viel Geld geerbt wie seine glücklicheren Verwandten. Und so mußte er sich Reichtum anderswo suchen. Zuerst fand Vespucci ihn in dem spanischen Hafen Cádiz, wo er vom Gemüseverkauf an jene Schiffe lebte, die nach dem von Kolumbus entdeckten »Indien« fuhren. Später, als Kolumbus beim spanischen Königshof in Ungnade gefallen war, nahm Vespucci an einer Expedition in die »Neue Welt« teil, die Kolumbus' Tätigkeit überprüfen sollte. Auf dieser ersten Reise lernte er die Küsten des heutigen Honduras und Kostarikas kennen und zeichnete sie in die Karten ein. Danach unternahm Vespucci noch einige weitere Fahrten, deren bedeutendste ihn wahrscheinlich bis ins Mündungsgebiet des La Plata führte.

Über seine Reisen schrieb er seinen Freunden Lorenzo de Medici und Pietro Soderini einige Briefe in das heimatliche Florenz. Die »Schrift« des Bakalář ist offenbar eine der ersten im Druck erschienenen Übersetzungen eines dieser Briefe. In Italien wurden Vespuccis Briefe erst nach der tschechischen Ausgabe Bakalářs im Jahre 1505 unter dem Titel »Lettera di Amerigo Vespucci delle isole nuouamente trouaté quattro sui viaggi« im Druck veröffentlicht. Der farbige, etwas selbstgefällige Bericht Vespuccis verbreitete sich im damaligen Europa in Windeseile als außerordentlich beliebte, erregende Reisebeschreibung. Binnen weniger Monate wurde eine deutsche Übersetzung[1] auf den Markt gebracht. In lateinischer Sprache ist Vespuccis Büchlein sogar elfmal erschienen.

Daher ist es nicht verwunderlich, daß der in lothringischen Diensten stehende Kartograph Martin Waldseemüller, als er im Jahre 1507 in St. Dié seine berühmte zwölfteilige Weltkarte in dem Werk »Cosmographiae introductio« herausgab, den neuentdeckten Erdteil mit Amerigos Namen bezeichnet hat. Den Namen »America« findet man dann erneut auf Boulangers Globus aus dem Jahre 1514. Auf der Karte, die der Nürnberger Mathematiker Johann Schöner im Jahre 1515 zeichnete, wird der kontinentale Teil Südamerikas südlich der Antillen (das heutige Venezuela und Guayana) »America« genannt. So gehört Vespucci zumindest dem Namen nach das Land, das ein anderer entdeckt hatte. So mancher hat sich über die Ungerechtigkeit, daß Amerika den Namen eines Gemüsehändlers tragen muß, maßlos ereifert.

Wie dem auch sei – es ist nun einmal Tatsache, daß das Land der Indianer, die eigentlich keine »Indianer« sind, Amerika heißt, das eigentlich nicht Amerika heißen dürfte. Auch die Indianer haben in einem Teil der Fachliteratur Amerigos Namen erhalten. Einige Wissenschaftler widersetzen sich der Benennung »Indianer«, und sie bezeichnen den Ureinwohner der »Neuen Welt« als »Amerind – Amerikanischer Mensch«.

Die königlichen Behörden in Madrid bezeichneten in der Mehrzahl ihre amerikanischen Besitzungen auch weiterhin als »Indien« und nannten die Bewohner demzufolge Indianer. Aber Gold, zumindest in größerer Menge, hatte man auf keiner der Antilleninseln gefunden und auch nicht in Panama, Brasilien, Venezuela und überhaupt an keinem der Orte, die die ersten Entdekker des indianischen Erdteils an der Küste Amerikas besucht hatten.

1 Die von Wolfgang Müller in Leipzig gedruckte und im Jahre 1505 erschienene deutsche Übersetzung deckt sich weitgehend mit der tschechischen Ausgabe des Mikuláš Bakalář. Den oben zitierten Auszügen aus dessen »Schrift« wurde daher diese deutsche Übersetzung zugrunde gelegt. Anm. d. Übers.

Die Rückkehr der »weißen Götter«

Gold erwartete die Konquistadoren nach dem Zwischenspiel auf den Antillen im kontinentalen Amerika – in den Anden und in Zentral-Mexiko. Dort standen auch die beiden größten indianischen Reiche, die aztekische Konföderation und Tahuantinsuyu, in voller Blüte. Beide waren so mächtig und groß, daß eine Eroberung unmöglich schien. Aber Spanien, der Hauptakteur bei der Eroberung Amerikas, hatte Männer, die bis zur Tollheit kühn und über alle Maßen gierig nach Ruhm, Macht und vor allem Gold waren.

Die Spanier, die nach Amerika gingen, um sich in der von Kolumbus entdeckten »Neuen Welt« alle diese Güter zu erobern, stammten fast ausschließlich aus Estremadura – einer der wichtigsten spanischen Provinzen. In der Estremadura, der »Mutter der Konquistadoren«, lungerten damals viele verarmte Ritter herum, denen die vergangenen Jahre der Kriege gegen die Mauren zwar den Adelstitel samt dem Hochmut, aber auch einen leeren Beutel eingebracht hatten. Und so gingen die Hidalgos der Estremadura gern in die neuentdeckten Länder, um ihr Glück zu versuchen und dort die ausgeplünderte Geldtasche wieder zu füllen.

Aus der Stadt Medellín in der Estremadura stammte auch Hernán Cortés.

Cortés' Vater hatte für seinen Sohn ursprünglich eine juristische Laufbahn vorgesehen, und so begab sich Hernán mit 14 Jahren nach Salamanca, um zu studieren und in die Geheimnisse des römischen, des spanischen und des Kirchenrechts einzudringen. Aber die Jurisprudenz langweilte den ruhelosen Hernán. Und so lief er nach zwei Jahren den Studien davon und kehrte zu seinen Eltern zurück. Aber auch dort lungerte er nur herum. Da er nichts zu tun hatte, vergnügte er sich des Nachts mit galanten Abenteuern. Als er im Mondschein eine junge Schöne von Medellín heimlich besuchen wollte, stürzte unter ihm eine Mauer zusammen, die er ersteigen wollte, und der ungeschickte Kavalier erlitt eine gehörige Quetschung. Das nächtliche Abenteuer hatte ihm nichts als Schande und obendrein eine schmerzhafte Verletzung eingebracht. So verließ er, als er nach langen Monaten endlich genesen war – schon wegen der erlittenen Schmach –, seine Heimatstadt. Er ging dorthin, wohin damals alle jungen spanischen Glücksritter gingen – nach Española.

In Española lernte er den Mann kennen, mit dem er dann noch mehrmals sein Leben verband – Diego de Velásquez. Gemeinsam mit Velásquez eroberte der junge Cortés sieben Jahre später die benachbarte Insel Kuba. Die gut ausgerüsteten Spanier überwältigten mühelos die indianischen Bewohner Kubas. Velásquez wurde in Santiago de Cuba, dem damaligen Verwaltungszentrum der Insel, Gouverneur, und auch Cortés kam nicht zu kurz. Er erhielt in Kuba einen stattlichen Grundbesitz, er bekam auch Indianer, die den zugeteilten Boden für ihn bearbeiten sollten, und er erhielt sogar einige Minen. Einem anderen hätte möglicherweise ein solches Vermögen genügt. Aber der Sohn des Kapitäns Monroy brüstete sich damals mit dem Ausspruch: »Ich bin nicht nach Amerika gekommen, um wie ein Bauer ein Land umzugraben. Ich bin gekommen, um Gold zu erlangen«. Ja, Hernán wollte mehr, als ihm der Ertrag des großen Gutes geben konnte. Und irgendwo westlich von Kuba warteten ja noch weitere Länder ... Schon vor Cortés waren zweimal Europäer dorthin aufgebrochen. Die erste Expedition nach den Küsten Mittelamerikas hatte Francisco Hernán de Córdoba geleitet, der sich indianische Arbeitskräfte für seine Güter auf Kuba suchen wollte, da die kubanischen Einheimischen unter der fürsorglichen Obhut der spanischen königlichen Beamten und der »Mutter Kirche« zu Hunderten dahinstarben. Bei diesem Jagdzug nach menschlicher Ware entdeckte Córdobas Expedition die Halbinsel Yucatán – das Land der Maya. An der Fahrt nahm auch Bernal Diaz teil, der sich auch bei späteren Expeditionen auszeichnen wird. Obwohl Córdobas Unternehmen für die Eroberer sehr schlecht ausging, Córdoba selber starb an den Folgen der Fahrt, kehrte Diaz nach Kuba zurück, und so konnte er ein Jahr später schon mit einer neuen Expedition in See stechen, die von Juan de Grijalva geführt wurde. Grijalva und seine Leute waren die ersten Europäer, die an der Küste Mexikos anlegten. Aus Grijalvas Zeiten datiert auch die Bezeichnung »Neu-Spanien«.

Die erste spanische Expedition hatten die Indianer von der Küste Mexikos verjagt, die zweite – die von Grijalva – ging von allein, nachdem sie genügend Gold erbeutet hatte.

Ein Jahr später stach mit elf Karavellen jener dritte ehrgeizige, begabte, aber skrupellose Abenteurer in Richtung Yucatán in See – Hernán Cortés. Derselbe Cortés, von dem Heinrich Heine schrieb:

Auf dem Haupt trug er den Lorbeer,
Und an seinen Stiefeln glänzten
Goldne Sporen – dennoch war er
Nicht ein Held und auch kein Ritter.

Nur ein Räuberhauptmann war er,
Der ins Buch des Ruhmes einschrieb,
Mit der eignen frechen Faust,
Seinen frechen Namen: Cortez.

In Cortés' Begleitung befand sich auch Bernal Diaz, der wie durch ein Wunder alle Eroberungsfahrten und auch die bevorstehende – die größte – überlebte und nach vielen Jahren, am Ende seines Lebens, nun schon als sehr vermögender Ratsherr der Stadt Guatemala, alle seine Erlebnisse und eigentlich die ganze Geschichte der Eroberung Mexikos seinem Schreiber diktiert hat. Diaz hatte seinen Bericht »Historia verdadera de la conquista de la Nueva España« (Die wahre Geschichte der Eroberung Neu-Spaniens) als Antwort auf eine ähnliche, im Jahre 1552 von Cortés' Beichtvater Gómara herausgegebene Chronik

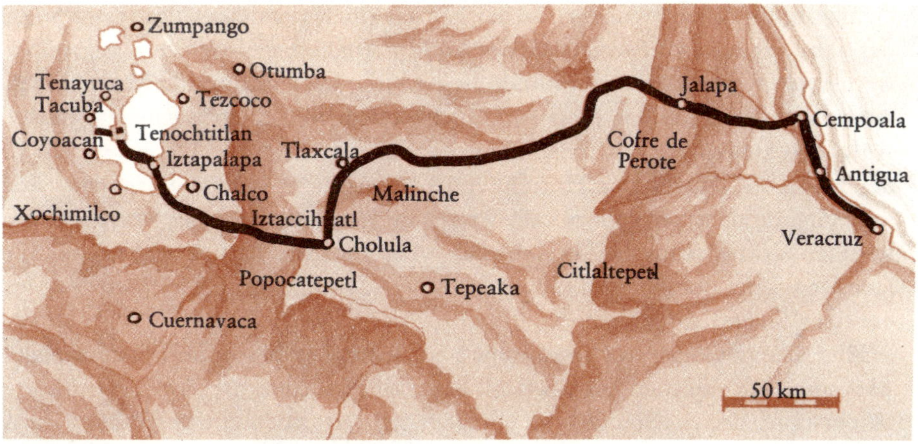

Route der Konquistadoren von der Küste bis Tenochtitlan

veröffentlicht. Gómara hatte darin alle Verdienste und allen Ruhm Cortés allein zugeschrieben. Diaz erzählt dagegen wahrheitsgemäß und in lebendiger Sprache von allen Ereignissen jener Zeit. Er bewundert die Tapferkeit Cortés', aber er verschweigt auch viele verräterische Taten seines Befehlshabers nicht, ja er verurteilt sie. Mit Achtung berichtet er von seinen Kampfgefährten, aber ebenso weiß er die Azteken zu würdigen. So ist Diaz' »Historia« ein außerordentlich genaue Schilderung der Vernichtung der aztekischen Konföderation.

An Cortés' Expedition nahmen Bernard Diaz del Castillo, einige fähige Offiziere, unter ihnen ein Verwandter des Gouverneurs – Juan Velásquez de León –, und Cortés' Adjutant, der bärtige Pedro de Alvarado, den die Azteken später wegen seiner Schönheit »Tonatiuh« oder die »Sonne« nannten, teil. Weitere Offiziere waren u. a. Diego de Ordaz, Cristóbal de Olid. Der Geistliche der Expedition war der Pater Bartolomé de Olmedo. Außerdem hatte Cortés etwa 600 spanische Soldaten, Reiter und Kanonen. Aber er trug das Verlangen nach Ruhm, Macht und vor allem Gold im Herzen, und das gab ihm die Kraft, einen wesentlich stärkeren »Feind« zu besiegen.

Unterwegs machte Cortés' Expedition zunächst auf der östlich vor der Küste Yucatáns gelegenen Insel Cozumel halt, die von Maya sprechenden Indianern bewohnt war. Hier gewann Cortés unerwartet einen wertvollen Dolmetscher – Geronimo de Aguilar, einen katholischen Priester, der sich vor einigen Jahren zusammen mit mehreren seiner Gefährten von einem gekenterten Schiff nach Yucatán gerettet hatte. Zur Zeit des ersten Zusammentreffens Cortés' mit den Maya waren schon alle Gefährten Aguilars tot. Auch der schiffbrüchige Aguilar war von dem Häuptling des Mayadorfes anfangs nicht allzu freundlich aufgenommen worden. Später gewann er jedoch dessen Vertrauen und sollte sogar ein Maya-Mädchen heiraten. Das aber lehnte Aguilar, seinem Priestergelöbnis treu, ab. Wegen seiner Selbstbeherrschung, die die Indianer sehr schätzten, errang Aguilar die Bewunderung des ganzen Dorfes und auch des Häuptlings, der ihm sogar, als er sich von der Standhaftigkeit des Priesters gegenüber weiblichen Reizen überzeugt hatte, die Aufsicht über seine zahlreichen Frauen anvertraute. Da Aguilar diese und auch andere ihm übertragene schwierige Aufgaben zur vollen Zufriedenheit verrichtete, ließ ihn der Häuptling, als in der Nähe des Dorfes eine Flottille von Landsleuten Aguilars auftauchte, nur sehr ungern ziehen. Aguilars hervorragende Kenntnisse einiger Mayadialekte leisteten Cortés' Expedition mehrmals gute Dienste. Das erste Mal, als die Spanier wiederum an Land gingen, diesmal schon an der Küste Mexikos, im heutigen Staat Tabasco.

Hier schlug Cortés auch seine erste Schlacht. Die Bewohner, die einen der Mayadialekte sprechenden Chontal, leisteten den Konquistadoren hartnäckig Widerstand, den die Spanier erst in einem mehrere Stunden währenden Kampf brechen konnten. Den Sieg brachten den Spaniern – wie noch mehrmals – die Pferde, die für die Indianer schreckenerregende, unbegreifliche Geschöpfe waren; und das um so mehr, als die Chontala, wie alle Indianer Amerikas, lange glaubten, die Reiter seien mit den Pferden verwachsen.

Die besiegten Chontala wollten mit Geschenken die Freundschaft der Sieger erlangen. Cortés nahm die Geschenke an und lehnte die Freundschaft ab. Unter den Geschenken, die die Expedition dann aus Tabasco mitnahm, waren – nach dem dortigen Brauch – auch 20 junge Sklavinnen. Sie ahnten freilich nicht, daß eine von ihnen, Malinche (Malintzin), die Spanier gaben ihr später den Namen Doña Marina, ihnen mehrmals buchstäblich das Leben retten würde.

Marina war für Cortés möglicherweise von größerem Wert als ein Viertel seiner Soldaten. Sie war in Painalla in der Landschaft Coatzaualco geboren worden. Aber ihr Vater, der Häuptling der dortigen Indianer, starb bald nach ihrer Geburt, und ihre Mutter verheiratete sich wieder. Und so wollte sie Marina loswerden. Sie verkaufte ihre Tochter fremden Händlern als Sklavin und verbreitete zugleich, daß Marina tot sei. Marina beherrschte das Nahuatl, die Sprache der aztekischen Konföderation, in deren östlichem Teil ihre Heimat lag, und als die Händler sie dann bis nach Tabasco brachten, lernte sie auch die Sprache der Chontala und einige weitere Mayadialekte. Dank ihrer Sprachbegabung sprach sie auch in kurzer Zeit fließend Spanisch. Marina war aber nicht nur sehr intelligent, sondern auch sehr schön. Und so wählte sie Cortés für sich aus, nicht nur als Dolmetscherin, sondern auch als Gefährtin, die Cortés' Sohn Martin das Leben schenkte. Marina war Cortés und den Spaniern aufrichtig ergeben.

Von Tabasco steuerte die Expedition nach Norden und ging erneut bei der von Grijalva entdeckten und benannten Insel San Juan de Ulua vor Anker. Dort hörten die Spanier zum ersten Mal von einem großen Reich im Westen und dessen Herrscher Montezuma, der in einer wunderschönen Stadt residiere. Nach kurzer Zeit begegneten die Spanier auch den ersten Vertretern dieses mächtigen Staates. Der hiesige aztekische »Gouverneur« Teuhtlila suchte die unerwarteten Gäste auf, um in Erfahrung zu bringen, was sie im Lande wollten.

Zusammen mit ihm kamen einige Zeichner in Cortés' Lager, die die Kunde von den Fremdlingen, die Teuhtlila seinem Herrn Montezuma zu senden gedachte, durch ihre Zeichnungen veranschaulichen sollten. Cortés führte seinen Gästen all das vor, was auf die Indianer Eindruck machen konnte – die Dressur der Pferde, das Schießen aus Arkebusen und Kanonen und seine ungewöhnlichen »schwimmenden Häuser«, seine Schiffe. Auf Teuhtlila jedoch machte Cortés' vergoldeter Helm den größten Eindruck, der den aztekischen Beamten an jenen Helm erinnerte, den angeblich der Gott Quetzalcoatl auf dem Haupte trug. Cortés bot Teuhtlila daher an, diesen seinem Herrscher zu zeigen und bat ihn, auf dem Rückweg den Helm mit Goldstaub zu füllen, der im Lande der Azteken gewonnen werde.

Teuhtlilas Kunde löste in der Hauptstadt der Konföderation große Aufregung aus. Montezuma, die meisten Azteken und auch viele führende Vertreter der beiden anderen Stadtstaaten des Dreibunds sahen in der Ankunft der seltsamen Menschen die Erfüllung einer uralten – eigentlich schon toltekischen – Legende von Quetzalcoatl, der angeblich, nachdem er seine Sendung auf der Erde erfüllt hatte, nach Osten, übers Meer gegangen sei, um dereinst, wenn es notwendig sein werde, nach Mexiko zurückzukehren. Die toltekischen und später auch die aztekischen Mythen und Legenden schilderten Quetzalcoatl eindeutig als Gott-Menschen von hohem Wuchs und weißem Angesicht, das ein gewaltiger Vollbart schmückte.

Das Äußere stimmte also. Es gab aber noch weitere »Beweise« für die »göttliche« Herkunft der unbekannten Fremdlinge, denen »Blitz und Donner zu Gebote standen« – wie der Bericht des aztekischen Beamten besagte, den die noch nie erlebte Schießerei aus den Flinten und Kanonen in Schrecken versetzt hatte – und die »von riesigen, Hirschen ähnelnden Tieren«, gemeint waren die Pferde, begleitet waren.

Die »weißen Götter« waren also nach Mexiko zurückgekehrt. »Unter diesem göttlichen Schutz« konnte der neue Quetzalcoatl, Hernán Cortés, gegen Tenochtitlan ziehen.

Aber ehe die Schilderung des Zusammentreffens und dann auch die Auseinandersetzung des von den Azteken geführten Dreibunds mit den Konquistadoren beginnt, soll erwähnt werden, daß neben dem Bericht Diaz' auch eine aztekische Schilderung (der Autor ist unbekannt) dieser Endphase des Azteken-Staates existiert. Fast alle Werke, die diese Periode der Geschichte der mexikanischen Indianer beschreiben, stützen sich im wesentlichen auf die aus dem 19. Jahrhundert stammende informative Darstellung William Hickling Prescotts aus Salem in Massachusetts. Der eigene Bericht der Indianer wird hingegen vernachlässigt. Gleich in der Einleitung seines Berichts zählt der indianische Autor acht anscheinend unerklärliche Anzeichen auf, die, wie die Azteken glaubten, außergewöhnliche Ereignisse ankündigten, die dann später natürlich mit der Ankunft der seltsamen, übers Meer gekommenen Fremdlinge in Zusammenhang gebracht wurden und die Überzeugung von ihrer übernatürlichen Herkunft noch bestärkten.

Aber obwohl, wie es schien, die Rückkehr der »weißen Götter« nach Mexiko durch viele höchst wunderbare Zeichen angekündigt war, wünschte Montezuma dennoch nicht, daß die Fremden tiefer in das Innere der den Azteken tributpflichtigen Gebiete vordrangen, und noch viel weniger nach Tenochtitlan selbst. Er schickte daher eine Gesandtschaft zu Cortés, die den Fremdlingen seine Geschenke überreichte, von denen so manche die Herzen der Spanier höher schlagen ließen. Den vergoldeten Helm gaben die Abgesandten dem spanischen Kapitän tatsächlich bis zum Rand mit Goldstaub gefüllt zurück. Noch mehr aber setzten eine Gold- und eine Silberscheibe die Spanier in Erstaunen, die offenbar die Sonne und den Mond darstellen sollten. In Verbindung mit den Geschenken deuteten die Abgesandten jedoch Montezumas Wunsch an, die Fremden möchten nicht tiefer in das Innere des Landes eindringen. Aber das aztekische Gold beschleunigte Cortés' Entscheidung.

Cortés ließ seine gesamte Mannschaft an der Küste Mexikos an Land gehen. Hier – im mexikanischen Küstengebiet – gründete er die Stadt Veracruz. Und dort suchten ihn auch die Häuptlinge der Totonaken auf, die ebenso wie viele andere von den Azteken unterdrückt und obendrein grausam ausgebeutet wurden. In Cortés' Expedition sahen die Totonaken ebenso wie viele andere Indianerstämme die Befreiung vom aztekischen Joch. Cortés versicherte den Totonaken, daß er ihnen die Freiheit bringe. Stürmisch begrüßt, zog er in die Hauptstadt des Totonakenlandes, in Cempoala, ein. In Cempoala ruhten sich die Spanier aus, versorgten sich gut und erhielten obendrein 1000 totonakische Träger, die die spanischen Kanonen zu transportieren hatten.

Zu dieser Zeit aber wuchs die Unzufriedenheit in Cortés' kleinem Heer. Viele Teilnehmer des Feldzugs waren zu Tode erschöpft und wünschten sich nur eins – aus diesem fremden, unbekannten Land nach Kuba zurückzukehren, wo sie ihre Güter, ihre Leibeigenen hatten. Da Cortés den Feldzug fortsetzen wollte, bereiteten die Unzufriedenen heimlich ihre Rückkehr nach Kuba vor. Sie hielten schon ein Schiff bereit, aber Cortés' Freunde deckten die Verschwörung rechtzeitig auf. Der Führer der Expedition bestrafte die Verschwörer grausam. Er wußte jedoch sehr wohl, daß fast alle umkehren wollten. Und so tat er etwas, was von seiner Fähigkeit zum Hasardspiel, von seinem unerhörten Wagemut zeugt, der ihm freilich nur zur persönlichen Bereicherung diente. Cortés – der Führer einer Handvoll Spanier inmitten einer fremden, unbekannten Welt, von feindlichen Indianern umgeben und von der nächsten spanischen Ortschaft durch ein großes Meer getrennt – entschloß sich, alle seine Schiffe zu vernichten, dieses einzige Verbindungsmittel der schwachen Expedition mit der fernen Heimat. Nun gab es kein Zurück mehr. Jetzt hatten alle nur noch zwei Möglichkeiten – entweder den mächtigen Azteken-Staat zu besiegen oder zu sterben. Die Heimat lag über dem Meer, und von den Schiffen, die sie hätten zurückbringen können, waren nur noch Wracks übriggeblieben. Also auf nach Tenochtitlan!

Auf dem Wege zwischen dem Land der Totonaken und dem Hochtal von Mexiko erwuchs Cortés' Expedition ein weiteres Hindernis: die Konföderation

Krieger Tlaxcalas mit Panzer, Schild und Obsidianschwert (zeitgenössische Zeichnung von Lienzo de Tlaxcala)

von Tlaxcala – der einzige größere Staat in Zentral-Mexiko, der sich, obwohl er von allen Seiten vom Gebiet des Dreibunds umgeben war, den Azteken niemals unterworfen hatte. Die Azteken hatten gegen die Tlaxcalteken eine Reihe großer Kriege geführt, die völlige Blockade über sie verhängt (aufgrund derer die Tlaxcalteken mehr als ein halbes Jahrhundert lang kein Körnchen Salz zu schmecken bekamen, da dieses in Tlaxcala nicht gewonnen wurde). Aber Tlaxcala hatte trotz alledem einen aztekischen Angriff nach dem anderen zurückgeschlagen.

Die Tlaxcalteken, die zur Zeit des ersten Zusammentreffens mit den Spaniern einen Dialekt des Nahuatl sprachen, beschlossen, obwohl die Spanier gegen ihre Erbfeinde zogen, den Durchmarsch von Cortés' Heer durch Tlaxcala zu verhindern. Auch wenn die von dem Heerführer Xicotecantl II. (dem »Jüngeren«) geführten Tlaxcalteken in allen Gefechten von den Spaniern geschlagen wurden, war Cortés dennoch unablässig bestrebt, nicht den Sieg, sondern ihre Freundschaft zu erringen. Zu einem Zeitpunkt, als Cortés schon nicht mehr daran glaubte, nahmen die Bewohner Tlaxcalas diese Freundschaft an. So konnte das spanische Heer unbehindert in ihre festlich geschmückte gleichnamige Hauptstadt einziehen. Der Vater des Heerführers der Tlaxcalteken, einer ihrer vier Oberhäupter – Xicotecantl I. (der »Ältere«), empfing die Spanier in seinem Haus und schenkte Cortés' Offizieren seine Töchter.

Das Bündnis mit den Tlaxcalteken war für die Spanier von außerordentlicher

Bedeutung. Sie konnten nicht nur in Tlaxcala neue Kraft schöpfen, ohne weitere Verluste das Gebiet des kleinen Staates durchqueren und dort reiche Vorräte an Nahrungsmitteln erlangen, sondern sie erhielten auch mehrere tausend sehr erfahrene Tlaxcalakrieger, die zudem die aztekische Kriegstechnik ausgezeichnet beherrschten.

Ungefähr in der Mitte des Weges zwischen Tlaxcala und Tenochtitlan mußten die Spanier eine weitere Stadt passieren – Cholula, das große, eben dem Quetzalcoatl geweihte religiöse Zentrum Zentral-Mexikos. Die mit den Azteken verbündeten Bewohner Cholulas (die Stadt war dem Dreibund untertan) empfing die Spanier scheinbar freundlich, indessen stand aber in der Nähe ein riesiges, etwa 20 000 Mann starkes aztekisches Heer bereit, das sich zusammen mit den Cholulteken anschickte, die spanischen Eindringlinge aus dem Hinterhalt zu überfallen und zu vernichten. Cortés' Gefährtin Marina erfuhr davon, und so kam der Eroberer den Indianern zuvor. Unter einem Vorwand lud er einige tausend Cholulteken in sein Lager ein, und als sie sich versammelt hatten, gab er seiner Artillerie den Befehl, aus allen Rohren auf sie zu feuern. Danach steckten die Spanier einen Teil der indianischen Stadt in Brand.

Nach dem Blutbad von Cholula entschloß sich Montezuma, nicht ohne sich vorher mit dem zweiten Oberhaupt der Konföderation, dem Herrscher von Tezcoco, Cacama (Cacamatzin), zu beraten, die Eindringlinge offiziell nach Tenochtitlan einzuladen. Nun zogen die Spanier nach Aufenthalten in Amequemecan, einer südlich von Chalco gelegenen Stadt, und schließlich in Iztapalapan, der Residenz von Montezumas Bruder Cuitlahuac, am 8. November des Jahres 1519 in Tenochtitlan ein. Aber damit war das Abenteuer von Cortés' Expedition nicht zu Ende, sondern es begann eigentlich erst.

Die Ankunft der Eroberer in Tenochtitlan war äußerst feierlich. Montezuma hatte sich überwunden und empfing die »weißen Götter« höchst ehrerbietig.

Die Stadt, in die die Spanier einzogen, war bewunderungswürdig. Den Eroberern gingen die Augen über, und der Atem stockte ihnen. Der Herrscher der Azteken hatte nach Cortés' Einmarsch den Konquistador sogleich aufgesucht und ihm den Palast seines Vorgängers Axayacatl als Wohnsitz überlassen. Der Palast steht nicht mehr. Die Spanier haben ihn ebenso wie die meisten anderen Paläste und Tempel von Tenochtitlan später zerstört.

Cortés glaubte, daß in dem Palast, den Montezuma den Spaniern als Quartier angeboten hatte, die Schatzkammer der Azteken verborgen sein müßte. Und Montezuma interessierte die Spanier eigentlich nur als Schlüssel, der die gesuchte Schatzkammer öffnen sollte. Denn Gold hatten sie schon am dritten Tag ihres Aufenthalts in Tenochtitlan gefunden! Die Art und Weise des Fundes zeigt, daß sich die Spanier in Montezumas Palast nicht wie Gäste, sondern eher wie Diebe benahmen: Sie erblickten bei einem Rundgang eine neu eingefügte Mauer. – »Was will Montezuma vor uns verbergen?« Und so rissen sie, ohne lange zu zögern, die eben erst eingezogene Wand nieder ... In einer großen Halle – der Schatzkammer – war der Schatz von Montezumas Vorgänger, Axayacatl, verborgen. Tausende goldener und silberner Kleinodien, auch bisher unbearbeitetes Gold sowie kostbare Stoffe, Schmuck und goldene Bestecke. Cortés befahl, die Mauer augenblicklich wieder zu schließen. Niemand sollte von dem Fund sprechen. Aber Montezuma erfuhr, daß die Spanier Axayacatls Schatz entdeckt hatten, und so schenkte er, um sein Ansehen zu retten, den Spaniern, bzw. Karl V., den gesamten Fund.

Montezuma wurde aufgrund eines lächerlichen Vorwandes alsbald zum Gefangenen der Spanier. Aber da war der Schatz bereits in den Händen der Eroberer. Die Teilung dieser Beute konnte beginnen. Die Spanier schätzten den Wert auf 4 250 000 Gulden. Aber wie hoch der genaue Wert des Schatzes auch immer war, fest steht, daß selbst Karl V. kein solches Vermögen besaß. Die Soldaten teilten sogleich die ganze Summe auf und rechneten aus, daß auf jeden von ihnen 30 000 Gulden kommen würden. Eine riesige Summe. Sie waren außer sich vor Freude. Aber Cortés rechnete anders: ein Fünftel für ihn, ein Fünftel dem König, ein weiteres Fünftel dem Gouverneur von Kuba, Velásquez. Das vierte Fünftel den Edelleuten, der Besatzung in Veracruz und den Arkebusieren, nun, und was übrigblieb – den gewöhnlichen Teilnehmern der Expe-

Cortés trifft mit Montezuma in Tenochtitlan zusammen (zeitgenössische Zeichnung von Lienzo de Tlaxcala)

dition. So unterschied sich das Ergebnis von Cortés' Rechnung ganz erheblich von den Berechnungen seiner Mannschaft: statt 30 000 bekamen sie nur 100 Gulden!

Jedoch eine größere Gefahr, als die aus den Streitigkeiten um das so seltsam geteilte Geld entstandene, näherte sich Cortés unbemerkt von Osten – von der »Heimat« – her. Der Gouverneur Kubas, Velásquez, neidete Cortés dessen Erfolge, zumal er ihm auch noch nicht alle alten Sünden verziehen hatte, und so sandte er eine Expedition nach Mexiko, die Cortés gefangennehmen und Velásquez' Behörden übergeben sollte. Die Nachrichten sprachen davon, daß die von Narváez befehligte Expedition mindestens aus 900 ausgeruhten, gut ausgerüsteten Teilnehmern bestünde, davon fast 100 Reiter. Cortés hingegen waren kaum 250 Mann geblieben, keineswegs gesunde Männer. Und doch wagte es Cortés, Narváez zu trotzen. Er teilte sein kleines Heer auf. Der größere Teil, mit Pedro de Alvarado an der Spitze, blieb in Tenochtitlan, während er selbst mit 60 Soldaten gegen Narváez zog. Zu jener Zeit hatte kein einziger von Cortés' Soldaten noch einen Helm. Aber alle hatten Gold im Beutel ... Und das half. Cortés bestach zunächst unbemerkt eine Reihe der höheren Offiziere von Narváez' Expedition. Nachdem er auf diese Weise die Mehrzahl der feindlichen Soldaten auf seine Seite gezogen hatte, griff er selbst unerwartet mit einer Handvoll erschöpfter Männer an und besiegte Narváez mühelos. Narváez selbst verlor bei dem Gefecht ein Auge. Die meisten seiner Soldaten liefen auf die Seite des Siegers über. Die Überläufer kamen Cortés sehr gelegen, denn während er außerhalb Tenochtitlans weilte, war es in der Stadt, gegen den Willen Montezumas, zu einem antispanischen Aufstand gekommen.

Der Aufstand war durch eine ungewöhnlich grausame Tat Alvarados ausgelöst worden. Im Mai pflegten die Azteken den Feiertag Huitzilopochtlis zu begehen. Und so wandten sie sich an Alvarado mit der Bitte, er möge ihnen erlauben, auch dieses Jahr Gottesdienst zu Ehren Huitzilopochtlis abzuhalten. Alvarado gestattete es ihnen – unter einer Bedingung: Die Teilnehmer sollten ohne Waffen zum Gottesdienst kommen. Die Azteken waren einverstanden.

Der Tag des größten Feiertages der Azteken war gekommen. Die Adligen des gesamten Gebietes waren zum Fest erschienen. Sie hatten herrlichen goldenen Schmuck angelegt und trugen prachtvolle Mäntel aus Vogelfedern. Unter den Zuschauern dieses Festes befanden sich auch viele bewaffnete Spanier. Aber niemand von den 600 versammelten aztekischen Adligen und Hohepriestern dachte auch nur im geringsten daran, daß die religiöse Zeremonie von den Spaniern unterbrochen werden könnte. Und doch geschah das Unglaubliche auf die schrecklichste Weise. Auf ein Zeichen Alvarados zogen die Eroberer die Schwerter und metzelten die wehrlosen Besucher des Gottesdienstes nieder. Nicht einer der Teilnehmer der Zeremonie überlebte. Die Konquistadoren hatten auf den ersten Blick ihr Ziel erreicht. Sie bemächtigten sich weiteren Goldschmucks und mehrerer tausend Edelsteine. Aber dieser unvorstellbare Verrat beendete den Waffenstillstand, der eigentlich nur dank der Autorität Montezumas eingehalten worden war.

Als Cortés in die Stadt zurückkehrte, war die Situation für die Spanier schon äußerst bedrohlich. In der bereits erwähnten aztekischen Darstellung hieß es darüber: »Also sprachen die Mexica untereinander ab, daß sie sie (die Spanier an der Rückkehr nach Tenochtitlan) nicht hindern, aber daß sie sich verbergen, sich so verstecken wollten, als ob der Tod über das Land hinweggegangen sei. Niemand sprach ein Wort, aber alle spähten durch die Ritzen in den geschlossenen Türen und die Gucklöcher in den Wänden. Und wenn die Spanier gesehen hätten, wie viele Krieger sich (hier in Tenochtitlan) versammelt hatten, hätten sie mit Recht befürchten können, daß die Mexica den Kampf beginnen.«

Der Sturm brach los, wie der unbekannte Azteke berichtet, als Cortés den Palast betreten hatte. Angriff folgte auf Angriff, und obwohl den Spaniern ein Ausfall gelang, wurden ihre Kräfte immer schwächer. In dieser kritischen Situation beschloß Cortés, gegen das kämpfende Volk noch einmal die Autorität seines eigenen Herrschers auszuspielen. Und so versuchte Montezuma zum letzten Mal, die Spanier zu schützen. Er legte den Kopfschmuck und den blauweißen Mantel des Herrschers an und begab sich auf die Mauer des Palastes. Alle Azteken fielen augenblicklich vor ihrem Herrn auf die Knie, denn kein Lebender durfte Montezuma ins Angesicht blicken. Seine Rede zeugte von Verrat. Er forderte die Azteken auf, die Waffen niederzulegen, weil die Konquistadoren dann von selbst und kampflos Tenochtitlan verlassen würden. Jedoch bekam Montezuma bereits zu spüren, wie bitter Feigheit schmeckt; denn nun erhob auch das Volk seine Stimme ... »Du bist ein altes Weib, du bist die Schmach der Azteken, Montezuma ...«, und Steine und Pfeile kamen geflogen. Montezuma wurde verwundet und starb bald darauf. Und die Azteken griffen unaufhörlich an.

Cortés erkannte, daß er der Übermacht der Indianer nicht gewachsen war. So teilte er die geraubten Schätze unter die Soldaten auf. Der Rückzug konnte beginnen. Pater Olmedo las eine letzte Messe und bat Gott, daß er sie beschützen möge. Es war die Mitternacht des 1. Juli 1520. Sicher die schwerste Nacht in Cortés' Leben. Die Geschichte hat ihr später mit den Worten des Bernal Diaz den Namen gegeben: »noche triste – traurige Nacht«. Aber sie war wohl mehr als traurig. Den Damm, über den die Spanier fliehen wollten, hatten die Azteken an mehreren Stellen zerstört. Sie mußten also schwimmen. Und da rächte sich das geraubte Gold. Je mehr Gold sich einer ins Hemd und in die Hosen gestopft hatte, desto mehr zog ihn das schwere Metall hinab. Und so tötete und ertränkte das Gold schließlich, zusammen mit den Pfeilen der Azteken, zwei Drittel von Cortés' Heer.

Kaum hatten sich jedoch die restlichen Flüchtlinge außerhalb Tenochtitlans wieder zu einer auf dem Rückzug befindlichen Truppe formiert, kaum hatten sie bei Otumba die erste Bergkette überquert, da stießen sie auf dem nach Tlaxcala führenden Weg auf ein weiteres riesiges Heer. In ausgerichteten Schlachtreihen warteten die Azteken auf die erschöpften, flüchtenden Konquistadoren, um die Liquidierung von Cortés' Truppe zu vollenden. Da begriff auch der selbstbewußte Cortés, daß er alles verspielt hatte, auch das Leben.

Er konnte dem Kampf nicht ausweichen. Er erteilte den Befehl, seine Soldaten sollten versuchen, vor allem die Offiziere der indianischen Einheiten zu töten, die sich von den gewöhnlichen Kriegern durch ihre prächtige Kleidung unterschieden.

Die Schlacht von Otumba begann. Inmitten des Kampfgetümmels erblickte Cortés plötzlich den Führer des Aztekenheeres, Cihuac, in einer Sänfte.

Dem herrlichen Schmuck und der über seinem Haupte wehenden Kriegsfahne nach, konnte es kein anderer als der Oberbefehlshaber sein. Cortés stürmte hoch zu Roß auf das aztekische Schlachtbanner zu, durchbrach mit wilden Hieben den Cordon der Leibwache und tötete Cihuac. Dann schwenkte er die hocherhobene erbeutete Fahne hin und her. Er wußte, daß die Azteken glaubten, wenn der Führer gefallen, wenn das Symbol verloren sei, wäre alles verloren.

So überstand der Rest von Cortés' Expedition auch die Schlacht von Otumba. Nach einigen Tagen erreichten die zu Tode erschöpften Spanier das Gebiet von Tlaxcala. Die Flucht aus Tenochtitlan – und es war wirklich eine Flucht – brachte die Spanier um eine Reihe von Freunden in Tlaxcala. Zudem begannen sich nun die Azteken selbst um die Bundesgenossenschaft Tlaxcalas zu bewerben. Sie schickten eine große Gesandtschaft in die Stadt, die die Bildung einer »gemeinsamen Front« gegen die Eindringlinge vorschlug. Die meisten der Oberhäupter von Tlaxcala wollten ursprünglich die angebotene Bundesgenossenschaft der Azteken annehmen. Schließlich gelang es aber dem diplomatischen Geschick Cortés', die Tlaxcalteken zu überzeugen, daß nicht die Spanier, sondern die Azteken ihre wahren Feinde seien.

In Tenochtitlan war es inzwischen zu einer wichtigen Veränderung gekommen. Cuitlahuac, der neue Herrscher des Dreibunds, der nach dem Tode seines Bruders, Montezuma II., den Thron bestiegen hatte, war schon nach achtzigtägiger Regierung an den schwarzen Pocken gestorben, die die Europäer in Mexiko eingeschleppt hatten. Zum neuen, letzten Herrscher der Konföderation war Cauthemoc gewählt worden, ein noch sehr junger, aber außerordentlich begabter Mann.

Cauthemoc ahnte, daß der beharrliche Cortés, auch wenn er schon drei Viertel seiner kleinen Armee verloren hatte, mit der er vor einem Jahr nach Tenochtitlan gekommen war, in das Hochtal von Mexiko zurückkehren werde. Er konzentrierte daher alle Truppen, die der Konföderation zu dieser Zeit noch zur Verfügung standen, in Tenochtitlan und der nächsten Umgebung und begann sich auf den entscheidenden Kampf vorzubereiten.

Cortés hatte tatsächlich die Absicht, neuerlich gegen Tenochtitlan zu ziehen. Er erhielt etwas Verstärkung durch die Besatzungen einiger Schiffe, die in der letzten Zeit in Veracruz vor Anker gegangen waren. Cortés entschloß sich diesmal zur Blockade der aztekischen Metropole. Er wollte sich zunächst aller Städte an den Ufern des Sees bemächtigen, vor allem der Stadt Tezcoco, dann den Aquädukt vernichten, der Tenochtitlan das Wasser zuführte, und erst dann die Stadt – direkt vom See her – angreifen. Für die Blockade und den Angriff

Die Spanier beim Sturm auf den Haupttempel von Tenochtitlan (zeitgenössische Zeichnung von Lienzo de Tlaxcala)

wurden auf Cortés' Befehl in Tlaxcala dreizehn Brigantinen gebaut. Mit dem Bau der Schiffe beauftragte er einen seiner fähigsten Männer, Martin Lopez, der in wenigen Monaten mit Hilfe einiger Tausend Tlaxcalteken die Brigantinen bereitstellte. Während Lopez in den Wäldern von Tlaxcala Bäume fällte und Schiff um Schiff baute, zog das ausgeruhte Heer Cortés' abermals in das Hochtal von Mexiko. Obwohl die Spanier Niederlagen erlitten (z. B. beim Angriff auf die Stadt Xochimilco – Cortés entging damals selbst nur mit knapper Not der Gefangenschaft und damit dem Opferstein), gelang es den Konquistadoren dennoch, nach und nach alle Uferstädte zu beherrschen. Von besonderer Bedeutung war die Unterwerfung Tezcocos. Cortés stürzte dort den Herrscher Cacama und setzte einen von dessen Verwandten ein. Dieser gewährte den Spaniern jegliche Unterstützung. In Tezcoco schlug Cortés auch sein Hauptquartier auf, von dem aus er den Angriff gegen Tenochtitlan leitete.

Indessen hatte Lopez auf den Rücken einiger Tausend indianischer Träger alle 13 Brigantinen – in einzelne Teile zerlegt – nach Tezcoco bringen lassen.

Die Schiffe wurden wieder zusammengebaut, aus den tlaxcaltekischen Trägern wurden wieder tlaxcaltekische Krieger. Anfang Juni des Jahres 1520 konnte die Blockade und der Generalangriff auf diese Großstadt Amerikas beginnen.

In einer Reihe von Gefechten wurden die Spanier von den Azteken, die nun Cauthemoc anführte, geschlagen. Eine Reihe von Cortés' Soldaten beschlossen ihr Leben auf dem Opferstein. Aber die von Hunger und Durst gequälten Azteken konnten dennoch nicht verhindern, daß die Spanier an einigen Stellen in die Inselstadt eindrangen und sie dann, Haus für Haus, planmäßig zerstörten. Außerordentliche Dienste leisteten den Angreifern die Brigantinen Lopez'. Eines Tages – es war am 13. August 1521 – als die Verteidiger schon aufs äußerste geschwächt waren, nahm eine der Brigantinen auf dem See ein großes Boot gefangen, in dem sich der Führer der Verteidigung Tenochtitlans, der letzte Aztekenherrscher Cauthemoc, der Herrscher von Tlacopan, der dritten Stadt der Konföderation, Cauthemocs junge Gattin Tecuichpo, die jüngste Tochter des verstorbenen Montezuma, die später mit einem der Konquistadoren wieder verheiratet wurde, und einige weitere führende Vertreter des Adels von Tenochtitlan, Tezcoco und Tlacopan befanden.

Mit der Gefangennahme Cauthemocs war der Kampf um Tenochtitlan beendet. Die Stadt lag in Trümmern, Zehntausende seiner Bewohner waren hingemordet. Auch Cauthemoc bat darum, getötet zu werden. Aber Cortés wollte vor allem Gold. Als der »Heide« Cauthemoc nicht sagte, wo die aztekischen Schätze verborgen seien, wurde er gefoltert. Die Spanier übergossen ihm die Beine mit Öl und sengten sie im Feuer. Aber Cauthemoc blieb stumm. Weitere Goldschätze, sofern diese existierten, erhielten die Spanier nicht. Cauthemoc wurde später »wegen Vorbereitung eines Aufruhrs« gehenkt! Sein Leichnam wurde verbrannt, damit nichts von der Macht und dem Namen einer großen indianischen Kultur übrig bliebe. Cauthemoc errichteten die Mexikaner in der Hauptstadt der Republik, auf den Trümmern des alten Tenochtitlan, ein großartiges Denkmal.

Das tragische Schicksal der Azteken hat zahlreiche Künstler veranlaßt, die Ereignisse des eroberten Landes zu schildern. So entstanden z. B. mehrere Opern, die über das Schicksal Montezumas berichten.

Cortés' Heer hingegen lief auseinander. Die gewöhnlichen Teilnehmer der Expedition hatten ihr Almosen – 100 Gulden – längst beim Kartenspiel verloren. Cortés kehrte nach Kuba und dann nach Spanien als Sieger zurück. Alle Sünden Cortés' waren vergessen. Karl V. verlieh ihm den kastilischen Titel »Admiral des Südmeeres« und erhob ihn zum »Marqués des Tales« (d. h. des Oaxaca-Tales in Südmexiko, das Cortés als Erbbesitz erhielt).

Zu seinem Ruhm gehörte eine Frau aus angesehenem Hause. (Cortés hatte zwar auf Kuba schon eine gesetzliche Frau.) So verheiratete er sich mit Juana de Zuñiga, einer Nichte des Herzogs von Bejara, der zu den führenden und einflußreichsten Männern am spanischen Hof gehörte. Marina, seine unersetzliche Ratgeberin und Dolmetscherin, überließ der Marqués einem seiner Offiziere.

Aber Cortés gibt sich mit der Eroberung Tenochtitlans – der Zerstörung des Azteken-Staates – nicht zufrieden. Er will noch nicht abtreten. Daher organisiert er einige weitere Expeditionen. An mehreren – z. B. der Expedition nach Honduras – nimmt er selbst teil. (Eigentlich handelte es sich ursprünglich um eine Strafexpedition gegen einen ehemaligen Offizier von Cortés, Cristóbal de Olid, der sich in Honduras »selbständig« gemacht und begonnen hatte, eine eigene, fast unabhängige Kolonie zu schaffen.)

Diese Expedition ist für die Entdeckungsgeschichte der indianischen Kulturen deshalb bedeutsam, weil Cortés in ihrem Verlauf als erster Europäer das Gebiet von Petén besucht hat, das zu dieser Zeit erneut ein wichtiger Brennpunkt des Lebens und der Kultur der mesoamerikanischen Maya war.

Eine weitere Expedition Cortés' steuerte – zum ersten Mal in der Geschichte der Entdeckung Amerikas – die Küste Kaliforniens an. Cortés rüstete noch vier weitere Schiffsexpeditionen aus, die den Stillen Ozean befuhren, um dessen Küsten zu erforschen. Und so entdeckte Cortés selbst oder mittels der Expeditionen, die er ausrüstete, neue Gebiete und neue Länder.

Im indianischen Amerika war jedoch nur noch eine einzige so großartige Stadt wie einstmals Tenochtitlan übriggeblieben – Cuzco, die Hauptstadt Tahuantinsuyus.

Wie man indianische Kulturen zerstörte

Zu jedem Verbrechen, zu jedem Mord gehört bekanntlich ein Täter. Der Täter, bei weitem nicht der einzige, ist in diesem Kapitel Francisco Pizarro. Im Unterschied zu Cortés, der die Zierde seines Hauses werden sollte und den die Eltern auf die Universität nach Salamanca geschickt hatten, war Francisco Pizarro von allen verstoßen worden, da er ein uneheliches Kind war. Der Vater, ein hoher Offizier, wollte den kleinen Francisco ebensowenig wie die Mutter – Francisca Gonzalo. So ging Pizarro im Unterschied zu Cortés überhaupt nicht in die Schule, sondern mußte bereits als Kind arbeiten. Er wurde Schweinehirt. Einer seiner Biographen bemerkte mit unfreiwilligem Humor, daß er »begabt und abenteuerlich veranlagt« gewesen sei und daher »keinen Gefallen an dieser Beschäftigung gefunden habe«. Da Pizarro tatsächlich »keinen Gefallen an dieser Beschäftigung« fand, lief er alsbald davon und gelangte in das südspanische Sevilla. Sevilla war seit den ersten Entdeckungsfahrten des Kolumbus die Umsteigestation zwischen Spanien und den neueroberten Ländern Amerikas. Die erste Reise Pizarros erfolgte noch auf der damals üblichen Schiffsroute Sevilla – Española. Auf Española befand sich eine weitere Umsteigestation. Pizarro gelangte nach Panama und war auch dabei, als Vasco Nuñez de Balboa den Isthmus überquerte und den Stillen Ozean entdeckte. Pizarro ließ sich auch von den Plänen Balboas für eine Entdeckungsfahrt nach dem goldreichen Land »Piru« im Süden inspirieren, von dem in dessen Expedition geflüstert wurde.

Zu dieser Zeit war die Kunde von einem großen Schatz und einer unermeßlich reichen Stadt Tenochtitlan, deren sich ein von einem gewissen Cortés geführtes Häuflein von Konquistadoren angeblich mühelos bemächtigt habe, schon bis nach Panama gedrungen. Warum sollte nicht auch ich können, was dieser Cortés fertiggebracht hat, fragte sich damals einer der Gutsbesitzer in Panamá – Francisco Pizarro. Der ehemalige Schweinehirt begann mit der Vorbereitung eines Feldzuges, der das größte Reich des vorkolumbischen Amerika vernichten sollte. Im Unterschied zu Cortés, der der einzige Führer und Inspirator der Eroberung Mexikos war, suchte sich Pizarro Helfershelfer. Es war eine Kumpanei von Tigern, Löwen und Geiern. Diese »wilden Tiere« vernichteten sich schließlich auch gegenseitig.

Dieses aus Panamá stammende »Triumvirat« bestand aus Pizarro, dem militärischen Führer der Expedition, und dem unauffälligen, kleinen Diego de Almagro, einem ungebildeten, harten Kriegsmann, der jedoch im Vergleich mit der »Elite« der damaligen Konquistadoren noch relativ ehrlich und sympathisch gewesen sein soll. Almagro oblag die Anwerbung von Soldaten und die Ausrüstung der Schiffe. Der dritte im Bunde war der schlaue und kaufmännisch begabte Priester Bernardo de Luque, der sich um den finanziellen Teil der

Expedition zu kümmern hatte. Zunächst legten die drei ihr »Kapital« zusammen und rüsteten zum Aufbruch. Alle drei begaben sich jedoch in Panama noch zu einem Notar und unterschrieben vor dessen Augen einen Vertrag, in dem sie sich gegenseitig verpflichteten, alles Gold, alles, was sie in diesem Land, von dem sie überhaupt nichts wußten, finden würden, untereinander in drei gleiche Teile zu teilen. Danach trennten sie sich. Luque sollte sich in Panama um die Ergänzung der Vorräte kümmern und die Interessen der Expedition gegenüber den spanischen Kolonialbehörden vertreten. Auf ihren beiden Schiffen stachen Pizarro und Almagro in See. Die Suche, die Entdeckung und die Eroberung Perus dauerte allerdings viel länger als Cortés' Feldzug in Mexiko.

Anfangs stand der Expedition keineswegs das Glück zur Seite. Als erster war mit einem der Schiffe am 14. November 1524 Pizarro aufgebrochen. Nach einigen Tagen folgte ihm Almagro mit dem zweiten Schiff. Pizarros Schiff gelangte zunächst bis zum Biru. Es fuhr an der Küste des heutigen Kolumbien entlang, aber das schien ein tristes Land zu sein: sumpfiges Ufergebiet, Mücken und tropische Hitze, und nirgends eine Menschenseele. Zudem meldete sich der Hunger. Pizarro erkannte, daß der Expedition ernstlich Gefahr drohte, und gelangte schließlich zu der Ansicht, daß es keine andere Lösung gab, als an Land zu gehen und das Schiff nach der nicht allzuweit entfernten Perleninsel zu schicken, um Nahrung zu beschaffen. Das Schiff fuhr ab, und der Hunger wuchs indessen immer mehr. Erst nach sieben Wochen kehrte Pizarros Stellvertreter Montenegro mit Lebensmitteln zurück. Der Ort, an dem Pizarros Expedition so hart geprüft wurde, erhielt den Namen Puerto del Hambre (»Hafen des Hungers«). Damals hatte die Expedition bereits 40 Tote zu verzeichnen.

Aber die Eroberer setzten, ohne auf Almagros Schiff zu warten, die Fahrt nach Süden fort. Sie legten erst an einer kleinen bergigen Halbinsel, auf der sie ein Indianerdorf erblickten, an. Als sie das Ufer betraten, war das Dorf – sie nannten es später Punta Quemada – leer. Pizarro wollte sich daher dort niederlassen. Aber schon bei der ersten Erkundungsreise in die Umgebung, die Montenegro leitete, griffen die Indianer an und töteten viele von Montenegros Soldaten. Danach überholten sie den zurückweichenden Montenegro und griffen den Kern der Expedition an. Wieder hatten die Spanier mehrere Tote, und Pizarro selbst wurde mehrfach verwundet. Da sie bereits etwas Gold gefunden hatten, konnte die Expedition (ohne überhaupt mit Almagro zusammengetroffen zu sein) nach Panamá zurückkehren. Almagro suchte unterdessen Pizarros Spuren, unter anderem eroberte er auch jenes wiederbesiedelte Dorf Punta Quemada. Dieser Kampf ging jedoch für Almagro unglücklich aus. Ein Indianerpfeil brachte ihn um ein Auge.

Aber Almagro wagte es, noch weiter nach Süden vorzudringen. Er gelangte bis an die Mündung eines Flusses, den er Rio San Juan nannte. An der Mündung des San Juan siedelten indianische Bauern, die viel freundlicher als jene Indianer im Norden waren. Da Almagro jedoch nirgends weitere Spuren Pizarros fand, kehrte er ebenfalls nach Norden zurück. In Chicama, am Golf von Panama, trafen die beiden Konquistadoren endlich wieder zusammen. Die Mißerfolge, die Toten und die vielen Verletzungen hielten sie jedoch nicht von weiteren Abenteuern ab. Sie hatten immerhin Gold genug gefunden, besonders Almagro war in dieser Hinsicht erfolgreich gewesen. Und so zweifelten sie bereits nicht mehr daran, daß irgendwo, und wie sie glaubten, nicht allzuweit hinter dem Rio San Juan jenes »Goldland« liegen müsse. Sie vereinbarten daher, daß Almagro nach Panamá zurückkehren, für jenes Gold, das er mitbrachte, die Zustimmung des Gouverneurs zu einer neuen Expedition erlangen und neue Wagemutige anwerben solle. Pizarro sollte sich indessen in Chicama erholen.

Almagro fand jedoch in Panamá nicht allzuviel Verständnis für eine neue Expedition. Pedrarias Davila, der Gouverneur der Kolonie, hatte andere Pläne. Er schickte sich an, nach Norden – nach Nikaragua – zu ziehen. Und er wollte keinen einzigen Kolonisten entbehren, der sich »seiner« Expedition anschließen konnte. Zudem war das Ergebnis von Pizarros Fahrt auf den ersten Blick recht mager ... Der Advokat des »Dreibunds«, Pater Luque, ließ aber nicht locker. Daher stellte er der neuen Expedition nicht nur alle seine Ersparnisse zur Verfügung, sondern auch seine Beredsamkeit, die Davila schließlich so sehr erweichte, daß er seine Zustimmung zu einer zweiten Expedition gab. So wurde am 10. März 1526 in der Kirche von Panamá ein neuer Vertrag unterzeichnet. Danach sollten der Ruhm und vor allem natürlich alle Erträge und der Gewinn aus den eroberten Ländern den drei Partnern wiederum zu gleichen Teilen zufallen.

Die zweite Expedition zählte insgesamt 180 Männer und verfügte wieder über zwei Schiffe. Pizarro konnte zudem einen ausgezeichneten Seefahrer, einen Steuermann aus Andalusien, Bartolomé Ruiz, zur Teilnahme an dem Unternehmen bewegen. Die Fahrt begann diesmal glücklicher. Die beiden Schiffe segelten auf der alten Route bis zur Mündung des Rio San Juan – dem südlichsten Punkt, den die Expedition bzw. Almagros Schiff während der ersten Fahrt erreicht hatte. Die Eroberer gingen an Land und überfielen sogleich das nächste, an der Flußmündung liegende Indianerdorf. Die Beute war glänzend. Im Dorf fanden sie eine Menge Goldschmuck. Pizarro und Almagro waren schon völlig sicher, daß sie der Grenze des »goldenen Reiches« ganz nahe waren. Aber sie wußten wohl, daß 180 erschöpfte Männer zu wenig für ihre großartigen Pläne waren, daher teilte sich die Expedition abermals. Almagro kehrte mit einem goldbeladenen Schiff nach Panamá zurück, um weitere Soldaten anzuwerben. Pizarro wollte indessen mit einigen Helfern die Mündung des Rio San Juan erkunden, und der Steuermann Ruiz schließlich fuhr mit dem zweiten Schiff und einigen Mann Besatzung immer weiter nach Süden ...

Am interessantesten war Ruiz' Fahrt. Er legte zunächst an der kleinen Insel Gallo an (etwa am zweiten nördlichen Breitengrad) und segelte danach weiter südwärts. Damals erblickte Ruiz auf dem Meer ein seltsames Fahrzeug. Heute ist bekannt, daß es eine sogenannte Balsa, ein aus einigen Balken von Balsaholz zusammengefügtes peruanisches Floß mit einem Schutzdach und einem großen viereckigen Segel war. Auf dem Floß erblickten die erstaunten Matrosen Ruiz' mindestens 20 Passagiere – Männer und Frauen, die in baumwollene Stoffe gekleidet und mit Gold, Silber und Edelsteinen geschmückt waren. Dieses Floß trug eine große, offenbar zum Verkauf oder Tausch bestimmte Fracht. Die Händler stiegen von dem seltsamen Boot furchtlos auf das spanische Schiff um und erzählten Ruiz von einem bedeutenden Reich im Süden, von dem mit Gold verkleideten Palast ihres Herrschers, von den fruchtbaren Feldern dieses Landes und großen Städten. Zwei der Händler stammten selbst aus einem solchen Handelszentrum – aus Túmbez. Ruiz bat einige Passagiere der Balsa, besonders die beiden Händler aus Túmbez, auf seinem Schiff zu bleiben, damit sie Pizarro persönlich berichten konnten. Das Schiff fuhr noch einige Tage weiter nach Süden bis zu einem als Kap Pasado bezeichneten Ort, der bereits südlich des Äquators lag. Ruiz kehrte nach zehn Wochen von seiner Erkundungsfahrt zurück. Er kam gerade zur rechten Zeit.

Pizarros Häuflein war es indessen in den Urwäldern an der Küste erbärmlich ergangen. Die Moskitos, die Feindschaft der Indianer und vor allem der Hunger machten ihm arg zu schaffen. Ruiz' optimistische Nachrichten aber hoben die Stimmung etwas. Die Expedition hatte nun ein bestimmtes Ziel: Túmbez. Ehe die Expedition die märchenhafte Stadt erreichte, erlebte sie noch bittere Tage. Zunächst legte sie bei ungünstigem Wetter wieder auf der Insel Gallo an, und dort teilte sie sich abermals. Almagro fuhr wieder nach Panamá zurück, um weitere Soldaten zur Eroberung des Landes anzuwerben, von dem sie nun schon viel mehr wußten als vor drei Jahren, als sie ihren Dreibund gegründet hatten. Die übrigen blieben, von Pizarro geführt, auf der Insel. Einen Monat, zwei Monate, die Vorräte nahmen immer mehr ab, und der Hunger meldete sich hartnäckig.

Jedoch der stets so zuverlässige Almagro kehrte nicht zurück. Er war in Panamá äußerst unfreundlich empfangen worden. Der dortige Gouverneur machte ihm nicht nur die Anwerbung neuer Soldaten unmöglich, sondern verbot auch Almagro, Panama zu verlassen. Der Gouverneur schickte nun selbst ein Schiff unter dem Kommando des Kapitäns Tafur nach der Insel Gallo mit dem Befehl, die Reste von Pizarros Expedition notfalls mit Gewalt zurück nach Panama zu befördern. Von der großen Mehrheit des Häufleins auf Gallo wurde Tafur als Erretter aus der Not begrüßt. Einige aber blieben standhaft. Damals soll auch Pizarro seinen berühmten Soloauftritt vollführt haben: Er riß sein riesiges Schwert aus der Scheide und zog damit im Ufersand einen Strich – einen Grenzstrich. Er rief: »Seht, hier ist Norden. Hier ist Panama. Wer nach Norden geht, kehrt in Not und Armut zurück. Und dort ist Süden – dort ist Piru mit seinem Gold, mit seinen Schätzen. Entscheidet euch für das eine oder für das andere. Ich wähle den Süden!« Und mit dem gleichen Pathos, mit dem einst Cortés seine Schiffe verbrannt hatte, trat Pizarro über den Grenzstrich. Ein Grieche, namens Pedro de Candia, tat es ihm nach, ebenso ein weiterer Offizier, Rodriguez de Villa, und elf andere folgten ihm. Insgesamt also vierzehn Männer. Das war alles, was von der starken Expedition übriggeblieben war. Vierzehn Männer, die sich anschickten, das größte indianische Reich Amerikas zu erobern! Pizarro blieb jedoch auch jener Bartolomé Ruiz treu, der jedoch mit seinem Schiff nach Panamá zurückkehren mußte, um Luque und vor allem Almagro, von dessen Hilfe nun das weitere Schicksal der Expedition abhing, von Pizarros Lage zu unterrichten.

Tafurs und Ruiz' Schiffe fuhren mit der Mehrheit der Expeditionsmitglieder nach Panamá zurück und ließen den verzweifelt Wagemutigen nur ein wenig Reis auf der Insel zurück. Ihre Lage war nun noch hoffnungsloser als zuvor. Nicht nur der Hunger quälte sie, sondern auch das schlechte Gewissen. Denn die Expedition war mit den Indianern auf Gallo genauso wie andernorts umgesprungen ... Die Furcht, das schlechte Gewissen und der Hunger trieben die Reste der Expedition von der Insel. Aber die Insel war zu einem Gefängnis geworden; denn Pizarro war nicht ein einziges Schiff verblieben. Sie zimmerten sich daher einen kleinen Kahn und ließen sich von der Strömung zu der nicht allzuweit entfernten unbewohnten Insel Gorgona treiben. Dort bauten sie sich einfache Hütten, lebten von dem, was sie erlegten, und warteten auf Almagro. Doch der kam und kam nicht ...

Sieben Monate verbrachte Pizarro mit seinen dreizehn Gefährten in dieser Einsamkeit. Endlich, nach 200 furchtbaren Tagen, kam, von Ruiz gesteuert, ein Schiff, das die beiden anderen Mitglieder des Dreibunds aus Panamá geschickt hatten. Almagro war jedoch nicht mit an Bord.

Da übermenschliche Zähigkeit aber stets eine Tugend der Konquistadoren war, fuhr Pizarro mit seinen Getreuen und einigen Dutzend Männern von Ruiz' Schiffsbesatzung erneut gen Tahuantinsuyu. Und sie erinnerten sich wiederum des nächsten Ziels: des rätselhaften Túmbez.

Nach zwanzigtägiger Seefahrt gelangten sie tatsächlich ans Ziel. Túmbez war erst vor kurzem erbaut worden. Es gehörte zu jenem Teil Tahuantinsuyus, der erst unter dem vorletzten Inka dem Reich angegliedert worden war (der Süden und Westen des heutigen Ekuador). Túmbez war gänzlich aus Stein errichtet, die die Stadt umgebenden Felder waren gut bewässert und offensichtlich ertragreich bestellt. Als die Einwohner das seltsame riesige Schiff in der Bucht erblickten, schickten sie ihm eine Balsa mit Kriegern entgegen. Aber Pizarros Dolmetscher überzeugte die Einheimischen, daß die weißen Männer »als Freunde« zu ihnen kämen. So begab sich der hiesige Curaca mit vielen Geschenken auf Pizarros Schiff, und da zufällig auch einer der »Großohrigen« aus der Familie des Inka in Túmbez weilte, stattete er den Fremdlingen ebenfalls einen Besuch ab. Pizarro bewirtete ihn freundschaftlich, goß ihm Wein ein, der dem Würdenträger vorzüglich mundete, und schenkte ihm eine eiserne Axt. Auch die Bewohner der Stadt luden die Spanier zu einem Besuch ein. Am ersten Tag schickte Pizarro zwei seiner Männer in die Stadt – Alfonso de Molino und einen Neger aus Panama. Die Hautfarbe der beiden Gesandten Pizarros und der prachtvolle Bart Molinos bezauberten buchstäblich die Túmbezer. Manche Einwohner der Stadt versuchten zwar, dem Neger die Farbe vom Gesicht zu kratzen, und als das nicht ging, wunderten sie sich noch mehr. Die halbgöttlichen Besucher stiegen so noch höher in ihrer Achtung. So tauschten sie alles, was sie hatten. Túmbez wurde der erste wirkliche Erfolg von Pizarros Expedition. Sein Schiff brachte aus der ersten Inkastadt nicht nur Gold und Edelsteine mit, sondern auch Lebensmittelvorräte – sogar lebende Lamas. Auch einige Indianer, die sich Pizarro zu Dolmetschern heranbilden wollte, nahm er mit an Bord. Einer von ihnen, Filipillo, machte sich später um das Gedeihen von Pizarros Aktien besonders verdient.

Die Expedition wagte sich noch weiter: Das Kap von Agujo entlang bis zur Santa-Bucht. Erst dort drehte Ruiz das Steuer um 180 Grad, um erneut nach Panamá zurückzukehren. So endete nach vier Jahren schließlich der erste Akt von Pizarros großem Abenteuer.

Zum ersten Mal hatten die Eroberer gewisse Erfolge zu verzeichnen. Trotzdem empfingen Panamá und sein neuer Gouverneur, Pedro de los Rios, die Heimkehrer eher überrascht als freudig. Man war allgemein der Ansicht, daß Pizarro und seine Gefährten bereits längst tot seien. Pedro de los Rios stellte sich entschieden gegen eine neue Expedition. So war also die Situation verworrener denn je. Pizarro hatte zwar das Land, das er suchte, gefunden, aber er durfte und konnte es nicht erobern. Aber wieder wußte der schlaue Pater Luque Rat: Warum gehe Pizarro nicht zum König?

Die Eroberer legten zusammen, und Pizarro begab sich mit Candia, einigen Lamas und vor allem mit einer Menge Inkagold nach Spanien, nach Toledo, zu Karl V.

Kaum aber war Pizarro in Spanien an Land gegangen, wurde er wegen alter Schulden verhaftet und ins Schuldgefängnis geworfen. Doch Karl V., der von dem hartnäckigen Konquistador gehört hatte, befahl, daß dieser Mann freigelassen werde, und gewährte ihm eine Audienz. Pizarro berichtete einige Tage lang dem Hof von Toledo über seine unglaublichen Abenteuer, führte jene Wundertiere, die Lamas, vor und überreichte das Gold. Eine Belohnung blieb jedoch aus. Der König reiste sogar ab. Aber das Glück war den Konquistadoren dennoch gewogen. Die Königin, die während Karls V. Abwesenheit den Staat regierte, unterzeichnete am 26. Juli 1529 eine Urkunde, in der sie die Rechte und Ansprüche Pizarros, Almagros, Luques, Ruiz', Candias und weiterer Organisatoren der Expedition verbriefte.

Die Hauptverdienste hatte Pizarro sich selbst beigemessen und sich daher in dem Vertrag auch den größten Anteil gesichert: 750 000 Maravedís, lebenslängliches Vizekönigtum in Neu-Kastilien (so war das noch nicht eroberte Reich getauft worden) und dazu eine Menge Titel – Oberster Richter, Adelantado, Oberbefehlshaber Neu-Kastiliens usw. Almagro erhielt nach dem Vertrag ungleich weniger: 300 000 Maravedís und außerdem den Gouverneursposten in der Stadt Túmbez. Pater Luque wurde zum »Schutzherrn der peruanischen Indianer« ernannt, und da mit diesem Amt keinerlei Einnahmen verbunden waren, erhielt er ein jährliches Einkommen von 1000 Dukaten. Ruiz bekam den Titel »Großsteuermann des Südmeeres«, und die standhaften Getreuen, jene »Robinsons« der Insel Gorgona, wurden zu Hidalgos erhoben. So brachte Pizarro aus Toledo hochtrabende Titel und eine Menge Geld mit. In Wirklichkeit hatte er freilich nichts erhalten. Das Geld, auf das sie »Anspruch hatten«, sollten sie sich von den künftigen Erträgen des eroberten Landes abziehen.

Von Toledo begab sich Pizarro zuerst in seinen Geburtsort Trujillo. In der heimatlichen Gemeinde hatte sich in den vergangenen zwanzig Jahren nicht allzuviel verändert. Dafür aber war Pizarro ein anderer geworden. Der einstige Schweinehirt ritt in einem festlichen Zug, im Ordensgewand des heiligen Jacobus, in seinen Heimatort ein. Es war sicher einer der denkwürdigsten Tage in der Geschichte der Stadt. Dem Zug wurde Pizarros Wappen vorangetragen, mit dem ihn Karl V. beschenkt hatte – auch das hatte freilich nichts gekostet –, auf dem Wappen waren eine indianische Stadt, ein Lama und Pizarros Schiff abgebildet. Auch die vier Brüder Pizarros kamen, um ihn zu begrüßen. Eigentlich kannte er sie fast gar nicht. Drei von ihnen waren ebenso wie er uneheliche Kinder – entweder seiner Mutter (Francisco Martin de Alcántara) oder von seiten des Vaters (Juan und Gonzalo). Nur der letzte der Brüder, Hernán, war der gesetzliche Sohn des Obersten Pizarro. Alle vier waren nun des Lobes voll für den Bruder und schlossen sich ihm sogleich an, um mit ihm »Piru zu erobern«. Als Pizarro genügend Leute beisammen hatte, kehrte er schließlich nach Panamá zurück.

Doch Almagro, Ruiz und die anderen empfingen Pizarro sehr kühl, hatte er ihnen, und besonders Almagro, doch den gleichen Anteil am Gewinn und hohe Ämter versprochen, während er nun selber die ganze Sahne abgeschöpft hatte. Zudem verhielt sich der Grünschnabel unter den Konquistadoren, Pizarros Bruder Hernán, überaus herrisch und anmaßend gegenüber Almagro. So dauerte es sehr lange, bis Espinosa und Luque die entzweiten Eroberer wieder versöhnt hatten.

Erst im Januar des Jahres 1531 brach Pizarro erneut – nun schon das dritte Mal – mit 200 Mann auf, um Tahuantinsuyu zu erobern. Später stießen auf zwei Schiffen noch weitere Hilfstruppen zu der Expedition – etwa 100 Soldaten, die Hernán de Soto befehligte. Noch vordem hatte ein Häuflein Wagemutiger, angeführt von Benalcázar, einem der späteren Eroberer des Landes des vergoldeten Königs, die Expedition verstärkt. Aber Almagro, Pizarros allererster Gefährte, war nicht mit unter den Eroberern.

Nach längerer Fahrt erreichten die spanischen Schiffe abermals Túmbez. Jedoch welche Enttäuschung! Den Spaniern war jemand zuvorgekommen. Die Stadt war zerstört und nirgends Gold zu finden. Wie sich herausstellte, hatten indianische Angreifer von der nahen Insel Puno Túmbez überfallen. So entfiel die geplante Eroberung von Túmbez und vor allem die sicher geglaubte Beute. Dieses Ereignis trübte den Elan der Expeditionsteilnehmer. Pizarro zog zu Recht den Schluß, daß die Expedition Erholung brauche. Er begab sich daher weiter nach Süden und gründete an der Mündung des Flusses Chira eine Stadt, die er San Miguel nannte. Und dort erhielt dann Pizarro auch konkrete Nachrichten über den Herrscher dieses Landes, über den Inka, und er erfuhr vor allem auch, daß in dem Reich ein Bürgerkrieg zwischen den beiden Anwärtern auf den Thron – dem gesetzlichen Thronfolger Huascar und dem ehrgeizigen

Der von Atahualpa überwältigte Inka Huascar in der Gefangenschaft (aus der »Cronica« des Huaman Poma de Ayala)

Atahualpa – ausgebrochen war. Huascar war der Sohn des vorangegangenen Inka Huayna Capac.

Huayna Capac hatte im Unterschied zu seinen Vorgängern oft außerhalb Cuzcos geweilt. Sein Lieblingsort war Quito im nördlichen Teil von Tahuantinsuyu gewesen. Dort hatte er in seinem Palast auch eine Reihe von Nebenfrauen gehabt. Eine von ihnen, die Tochter des Häuptlings vom Stamm der Cara, hatte ihm einen Sohn geboren – Atahualpa. Atahualpa ließ von Jugend an eine hervorragende militärische Begabung erkennen und sollte daher Offizier werden. Nach dem Tode seines Vaters konzentrierte Atahualpa die besten Inkatruppen um sich und bereitete eine Art »Palastrevolution« vor. Er forderte zunächst, wie bereits erwähnt, daß das Reich in zwei Teile geteilt werde, wobei er im nördlichen Teil als Inka eingesetzt zu werden verlangte. Inka Huascar lehnte Atahualpas Forderung ab. Es kam zum Krieg. Atahualpa besiegte jedoch dank seiner beiden hervorragenden Heerführer, Quisquis und Chalcuchima, Huascar in mehreren Schlachten, nahm ihn schließlich in dem entscheidenden Treffen am Apurimac gefangen und zog als Sieger in Cuzco ein. Dort ließ er alle Angehörigen der Dynastie, die Huascar treu geblieben waren, ermorden, warf den Inka ins Gefängnis und übernahm selbst die Herrschaft. Atahualpa war somit Inka, der Herr Cuzcos, der Sieger, aber in Tahuantinsuyu galt noch immer der gefangene Huascar als Herrscher des Landes. Zudem war Manco, der Bruder des gestürzten Inka, aus Cuzco entkommen. So war Tahuantinsuyu, das indianische Reich mit der entwickeltsten Organisation und Staatsmacht, zu der Zeit, als Atahualpa die erste Kunde davon erhielt, daß Menschen mit weißer Hautfarbe in das Land eingedrungen seien, durch einen Bruderkrieg gespalten und geschwächt.

Die Kunde von diesem Bruderkrieg kam Pizarro sicher sehr gelegen. Am 21. September 1532 verließ er San Miguel und begann mit einem Häuflein Soldaten die Küstenberge hinaufzusteigen. Die Expedition bestand aus knapp 180 Mann. Einige schafften den Gebirgsmarsch nicht und kehrten nach San Miguel zurück. Dank seines Kurierdienstes erhielt der Inka sehr bald die ersten Nachrichten von den ungebetenen Gästen. Da an den weißen Menschen jedoch vieles unverständlich war, brachten die Chasqui auch Meldungen, die ganz irreführend waren. So wurde z. B. in einer Meldung, die den Inka über die »riesigen Tiere« informierte (die Indianer hatten bisher für Pferde keinen eigenen Namen), behauptet, daß diese Tiere Füße aus Silber hätten. Offensichtlich waren die Hufeisen gemeint.

Kurze Zeit später sollte jedoch der Inka persönlich mit den Spaniern zusammentreffen, da er gerade zur Kur in Cajamarca, einem durch seine warmen Quellen berühmten Badeort, weilte. Von Cajamarca kam ein Bote Atahualpas zu Pizarros Expedition, der den seltsamen Fremdlingen eine Einladung des Inka überbrachte. Die künftigen Gegenspieler tauschten noch einige weitere Botschaften aus. Pizarro sandte auch zunächst Späher aus, ehe er selbst die Andenpässe überquerte. Am 15. November 1532, genau acht Jahre nach dem ersten Aufbruch der Expedition aus Panamá, erreichte das Häuflein verwegener Männer Cajamarca.

Pizarro schickte zunächst einige Boten mit seinem Bruder Hernán und dem erfahrenen Hernán de Soto in das Lager des Inka. Dieser empfing sie freundlich, bot ihnen Bewirtung und Unterkunft in den Gebäuden Cajamarcas an und versprach, daß er am nächsten Tag mit Pizarro, »dem Vertreter des großen Königs über dem Meer«, zusammentreffen wolle.

Pizarros Boten brachten allerdings keine guten Nachrichten. Soweit ihr Blick gereicht habe, überall hätte das Heer gelagert. An die 30 000 Soldaten! Sie berichteten aber auch von der Pracht goldenen Schmucks, von schönen »Sonnenjungfrauen« und vom jungen Atahualpa.

Als die Befehlshaber der Expedition ihre Kräfte mit denen des Inka verglichen, stellten sie fest, daß auf einen spanischen Soldaten 150 Inkakrieger kämen. Doch da erinnerte sich Pizarro an die Gefangennahme Montezumas, von der er in Toledo gehört hatte. Er beschloß, ein ähnliches Husarenstück zu vollbringen.

Am Morgen des nächsten Tages, am 16. November, ging Pizarro an die Ausführung seines Planes. Der dreieckige Stadtplatz von Cajamarca, auf dem die Spanier mit dem Inka zusammentreffen sollten, war von einer Reihe ebenerdiger Gebäude gesäumt, von denen breite Treppen auf den Platz führten. In diesen großen Hallen, die der gastfreundliche Inka den Spaniern zur Verfügung gestellt hatte, postierte Pizarro zwei Abteilungen Reiterei. Die eine Abteilung befehligte de Soto, die andere Pizarros Bruder Hernán. Die verlassene Festung von Cajamarca hatte Pedro de Candia besetzt. Er stellte darin zwei Kanonen auf – die gesamte Artillerie, über die Pizarros »Armee« verfügte; das Fußvolk hielt sich in den anderen Gebäuden des Platzes versteckt. Zwanzig der tapfersten Soldaten schließlich bildeten die Leibwache Pizarros. Der Geistliche der Expedition, Vicente Valverde, las eine Messe. Die Konquistadoren überprüften noch einmal ihre Waffen. Der höchst feierliche Zug des Inka langte erst gegen Abend in Cajamarca an. Zunächst kamen einige hundert Diener, um den Weg des Inka vom Schmutz zu befreien. Ihnen folgten die in prächtige Gewänder gehüllten Beamten des Inka, danach die »Großohrigen«, sodann die Leibwache Atahualpas – 5000 auserwählte Krieger – und schließlich in einer goldenen Sänfte der »göttliche Sohn der Sonne«, der Sieger über Huascar – der Inka Atahualpa.

Der Zug hielt in der Mitte des Platzes an. Von den Spaniern war jedoch nichts zu sehen. Pizarros Regie war in der Tat vollkommen. Der gekränkte Atahualpa fragte erzürnt, wo denn die Ankömmlinge seien. Da trat ein weiterer Akteur dieses »Spiels« auf – der Mönch Valverde, der Priester der Expedition. Er stand als einziger Spanier in seiner zerschlissenen, ärmlichen Dominikanerkutte, Auge in Auge mit dem vieltausendköpfigen prunkvollen Geleit des Inka, auf dem Platz. Er begann, in der einen Hand das Kreuz, in der anderen die Bibel, zu Atahualpa zu sprechen. Valverde erzählte dem nichts begreifenden Herrscher von der Erschaffung der Welt, von Jesus Christus, von der heiligen Dreieinigkeit, vom Papst, dem Stellvertreter Gottes auf Erden, und auch davon, daß er gemeinsam mit seinem Befehlshaber, Don Francisco Pizarro, als Abgesandter des großen und mächtigen Königs von Spanien gekommen sei, der jenseits des großen Meeres residiere. Er forderte den Inka auf, sich dem spanischen König zu unterwerfen und seinen »heidnischen Irrlehren« abzuschwören. Der Dolmetscher Filipillo übersetzte dem Inka die lange Rede Valverdes. Atahualpa wurde jedoch sehr zornig. Er verurteilte den Papst, der Länder verteile, die ihm nicht gehörten, er lehnte die Götter der weißen Menschen ab und wies auf die untergehende Sonne, den einzig wahren Gott, der doch niemals gekreuzigt worden sei, sondern ewig am Himmel lebe. Er lehnte es auch ab, sich dem weißen König jenseits des Meeres zu unterwerfen. Auch fragte der Inka den Mönch, wer ihm das Recht gegeben habe, so zu sprechen. Valverde zeigte wortlos auf die Bibel und reichte dem Inka das heilige Buch. Atahualpa blätterte verständnislos darin und warf es weg.

In diesem Augenblick gab Pizarro das Zeichen zum Angriff. Pedro de Candia schoß aus der Kanone, das spanische Fußvolk versperrte die Ausgänge des Stadtplatzes von Cajamarca, und das Gemetzel begann. Nur den Inka, der in seiner Sänfte sitzen blieb, durfte auf Pizarros Befehl niemand anrühren. Pizarro selbst wurde verwundet, als er mit seinem Körper den Schwerthieb eines seiner Soldaten abfing. Die Spanier bemächtigten sich Atahualpas, der Widerstand war augenblicklich gebrochen. Das riesige Heer, dessen Herrscher gefangengenommen war, floh nach allen Seiten in die Berge. Es war ein vollkommener

Sieg! Die Spanier hatten 3 000 Indianer getötet, und von ihnen selbst war nicht einer, mit Ausnahme Pizarros, verwundet worden.

Am Abend richtete Pizarro in einem der Gebäude am Stadtplatz von Cajamarca in Gesellschaft der noch umherliegenden Tausenden von Toten, wie ursprünglich versprochen, ein Gastmahl für den Inka aus. Dieser nahm sein Schicksal mit unglaublicher Gelassenheit hin. Die Spanier erlaubten ihm, daß seine Beamten und seine Lieblingsfrauen zu ihm zurückkehren durften.

Mehr als die Spanier fürchtete Atahualpa jedoch seinen noch immer lebenden Bruder Huascar, der sich in der Gefangenschaft von Atahualpas Wächtern im nahen Andramarca befand. Er befürchtete, daß Huascar nun, da sein Rivale ausgeschaltet war, aus dem Gefängnis entfliehen und erneut in Cuzco den wieder verwaisten Thron besteigen werde. Da Atahualpa bald erkannte, daß sich das Verlangen der Spanier weit mehr auf Gold als auf die Bekehrung von Heiden zum wahren Glauben richtete, schloß er mit Pizarro ein grandioses Geschäft ab: Für seine Freiheit wollte er den Raum, in dem sie sich befanden, bis zu Höhe seiner erhobenen Hand mit Gold füllen! Pizarro willigte ein und gewährte Atahualpa eine Frist von zwei Monaten. Atahualpa sandte nach allen Richtungen Tahuantinsuyus Boten aus mit dem Befehl, Gold zu bringen. Als Huascar von dem Angebot Atahualpas erfuhr, schickte er einen eigenen Abgesandten zu Pizarro mit dem Versprechen, eine noch größere Goldmenge als Gegengabe für die Wiedereinsetzung in seine Inkawürde zu erbringen. Huascars Angebot blieb Atahualpa nicht verborgen, und er befahl deshalb heimlich, seinen Stiefbruder augenblicklich zu töten. Huascar wurde unverzüglich von Atahualpas Leuten in Andramarca ertränkt.

Während sich in Cajamarca die Schätze des Reiches ansammelten, erkundeten die Spanier vorsichtig das eroberte Land. So besuchte Pizarro z. B. das heilige Zentrum der Inka – Pachacamac.

Später kam auch Almagro mit der willkommenen Truppenverstärkung nach Cajamarca. Damit kamen aber auch schon weniger willkommene Teilhaber an der Beute. Sie betrug nach nüchternen Schätzungen 60 dz Gold und 120 dz Silber! Monatelang wurde der prachtvolle Goldschmuck in »peso de oro« (4,6 g) umgeschmolzen. Die herrlichsten Kunstgegenstände Tahuantinsuyus gingen so für immer verloren.

Francisco Pizarro erhielt mehr als 300 kg Gold! Sein Bruder Hernán 143, de Soto 80, jeder Reiter 40 und jeder Fußsoldat 20 kg Gold. Das königliche Fünftel für die Madrider Schatzkammer betrug reichlich 1 t Gold und 2,5 t Silber. Nur Almagro und seine Soldaten kamen sehr schlecht weg: Für sie zusammen blieben »nur« knapp 500 kg Gold übrig.

Nachdem Atahualpa sein Versprechen erfüllt und diese Goldschätze zusammengebracht hatte, hätte er die Freiheit wiedererlangen müssen. Aber der Tod war sein Lohn, weil sein Leben den Spaniern keinen Nutzen und keinen Gewinn mehr brachte. Pizarro konstituierte einen Gerichtssenat, der das Urteil über Atahualpa sprechen sollte. Da er »Angeklagter« war, mußte ihm auch etwas zur Last gelegt werden. So verurteilten ihn die Eroberer u. a. dafür, daß er einen

»Aufstand gegen die Spanier vorbereite« (obwohl er ja in Gefangenschaft war) und daß er »mit den Finanzen seines Reiches nicht gut gewirtschaftet« habe (!). Hauptanklagepunkt war jedoch der Brudermord an Huascar. Das Gericht verhörte den Inka, zog sich zur Beratung zurück und fällte das gewünschte Urteil – das Todesurteil. Den Gerichtsbeschluß unterzeichneten Pater Valverde und Pizarro.

Am 19. August 1533, kurz nach Sonnenuntergang, säumten spanische Soldaten mit Fackeln in den Händen den Stadtplatz von Cajamarca. Das Urteil wurde nochmals öffentlich verlesen, danach führten Soldaten den gefesselten Atahualpa auf den Platz. Auf einem Scheiterhaufen sollte der »Götzendiener« verbrannt werden. Wie schon beim ersten Zusammentreffen Atahualpas mit den Spaniern, trat der Dominikaner Valverde dem Inka gegenüber. Er forderte ihn wiederum auf, das Kreuz und den Glauben anzunehmen; dafür soll ihm der Tod durch Verbrennen erlassen und das Urteil durch Erdrosseln vollstreckt werden. Atahualpa willigte ein. Er wurde getauft, und da es der dem heiligen Johannes geweihte Tag war, erhielt er den Namen Juan de Atahualpa. Nach der Ermordung des Inka kehrte Hernán de Soto in das Heerlager zurück. De Soto sollte die Anschuldigung bestätigen, daß Atahualpa einen Aufstand vorbereitet habe und daß die Truppen des Inka sich bereits dem Lager der Spanier näherten.

Pizarro gelangte bis nach Cuzco. Im Zentrum Tahuantinsuyus suchte der Bruder des ermordeten Huascar, Manco, der leibliche Sohn Huayna Capacs, die Eroberer auf. Pizarro, der glaubte, daß ein neuer Inka ihm als Mittel zur besseren Ausplünderung des riesigen Reiches gute Dienste leisten könne, befahl, daß Manco zum neuen Inka gekrönt werde. Nachdem Manco das Zepter des Inka angenommen hatte, verschwand er unter irgendeinem Vorwand aus Cuzco und begab sich nach Osten in die Berge, um einen Kampf gegen die Eroberer des Reiches vorzubereiten.

Diese durchsuchten indessen siegessicher, auf der Suche nach immer neuen Schätzen, die Paläste, Heiligtümer und Gräber Cuzcos. So raubten sie den Tempel des Inti, des Sonnengottes, völlig aus. Als auch Cuzco ausgeplündert war, ergossen sich die Konquistadoren weiter über das ganze Land.

Manco, der Fortsetzer der Dynastie, kämpfte zwar noch viele Monate gegen die Eroberer, jedoch erfolglos. Die Konquistadoren waren die Herren Tahuantinsuyus. Sie sollten nun die Früchte ihrer Taten ernten! Nicht einer von ihnen starb eines natürlichen Todes, nicht einer von ihnen konnte seine märchenhaften Reichtümer genießen.

Das letzte Kapitel der Eroberung Tahuantinsuyus war vielleicht das grausamste aller Abenteuer der Konquistadoren. So wurde als erster Juan Pizarro im Kampf gegen die aufständischen Indianer getötet. Diego de Almagro, immer noch der ehrlichste und auch der beliebteste unter seinen Gefährten, befand sich zu jener Zeit auf einem Feldzug in Chile – im Land der Araukaner.

Als Almagro aus Chile zurückkehrte, herrschte er einige Zeit in Cuzco, aber dann, um die Mitte des Jahres 1538, bemächtigte sich seiner auf verräterische

Weise der grausamste der Pizarros, Hernán, und »verurteilte« den Greis (Almagro war damals fast siebzig Jahre alt) zum Tode. Er wurde zunächst im Gefängnis erwürgt, anschließend wurde sein Leichnam vor der Öffentlichkeit feierlich enthauptet.

Der Mönch Vicente Valverde, nun bereits Bischof von Cuzco, wurde auf der Insel Puna ermordet. Der grausame und ehrgeizige Hernán Pizarro, der vom König nach Spanien zitiert wurde, um sich wegen der Anklagen von Almagros Anhängern zu verantworten, wurde trotz der riesigen Bestechungsgelder, die er mit vollen Händen austeilte, ins Gefängnis gesperrt. In der Festung Medina del Campo verbrachte er mehr als zwanzig Jahre. So waren nur noch drei Pizarros übriggeblieben: Martin, Francisco und Gonzalo. Gonzalo versuchte sein Entdeckerglück am Amazonas. Martin und der »Marqués« Pizarro, der Stadthalter in Peru, lebten indessen zumeist in Lima.

Jenes Unrecht, das an Almagro und seinen Anhängern begangen worden war, blieb jedoch nicht ohne Widerhall. Eines Tages – es war am 26. Juni 1541 – drangen Almagros Sohn, Diego, sein Freund, der Edelmann de Nada, und einige weitere Verschwörer in Pizarros Haus ein. Sie überwältigten und töteten sowohl Martin als auch Francisco Pizarro. Das gefundene Gold schleppten sie in der Nacht aus dem Palast.

Aber auch der junge Diego de Almagro, der Mörder des Mörders seines Vaters, entging seinem Schicksal nicht. Er wurde von dem neuen Gesandten des Königs, Vaca de Castro, gefangengenommen und »wegen Empörung gegen den König« hingerichtet. Danach wurde er neben seinem Vater beigesetzt.

Der letzte Pizarro war Gonzalo. Dieser wollte die gesamte Macht über das Land, das er mit seinen Brüdern für Spanien, aber nicht zuletzt für die eigenen Interessen entdeckt und erobert hatte, nun auch in seinen Händen konzentriert wissen. Dieser Widerstreit führte zu einem neuen Bürgerkrieg, in dem mehrere Parteien gegeneinander kämpften. Als Sieger ging Pizarro mit seinem Helfer, dem begabten Kriegsmann Carbajal, aus dem Kampf hervor. Am Ende des Jahres 1544 zog Gonzalo feierlich in Lima ein und verurteilte sofort alle seine Feinde zum Tode. Nur ein einziger Widersacher war ihm noch geblieben – der Vizekönig von Peru, Blasco Nuñez, der bestrebt war, das grausame Los der Indianer zu mildern. Nuñez war aus Lima in die Berge entkommen. Dort holte jedoch Pizarros Heerführer, Francisco de Carbajal, die Reste von Nuñez' Truppen ein und tötete den Vizekönig. So beherrschte schließlich Gonzalo Pizarro das ganze Gebiet des einstigen Inka-Reiches. Von Ekuador bis nach Nordchile erkannten die Kolonisten einen einzigen Herrscher an – Gonzalo. Auch das Meer, der Stille Ozean, wurde ausschließlich von einer Flottille Gonzalos beherrscht. Seine Leute entdeckten und öffneten bei Chuquisaca (Potosí) neue, unermeßlich reiche Silberadern. Das Silber von Chuquisaca floß täglich in Gonzalos Schatzkammern in Lima. Schließlich dehnte Pizarro seine Macht bis nach Panama aus, die Umsteigestation von Europa nach dem westlichen Teil Südamerikas. Pizarros Admiral Huinojoso beherrschte außerdem das Haupttor Panamas, die Ortschaft Nombre de Dios.

Die Macht seines – von Spanien schon fast unabhängigen – Reiches demonstrierte Gonzalo Pizarro auch durch den Glanz und die Pracht seiner Hofhaltung in Lima.

Spanien drohte mit dieser Machtfülle eine Gefahr. Gonzalo Pizarro war der unbestrittene Herrscher des ganzen westlichen Teils Südamerikas und seines Eingangstores Panama. Er hatte zwar dem spanischen König die Treue geschworen, aber Carbajal, Pizarros Hauptratgeber und -helfer, ein Mann mit gewiß größerem politischem Weitblick, veranlaßte Pizarro, sich zum Kaiser von Peru zu erklären und alle Beziehungen zu Spanien abzubrechen. Obendrein hatte sich in Paraguay Kapitän Irala gegen Spanien erhoben. Ein großer Teil Südamerikas stand somit in Flammen. Diese wurden von einem einzigen Verlangen genährt: die Indianer ohne jede Rücksicht auf die spanische Krone und allein zum eigenen Vorteil beherrschen und ausbeuten zu können. Die Krone war sich der Gefahr einer solchen Entwicklung wohl bewußt. Sie begriff auch, daß sie Pizarros Macht militärisch wahrscheinlich niemals brechen konnte. Daher sandte der »Rat für die Angelegenheiten Indiens« auch keine Soldaten nach Südamerika, sondern den unbekannten Priester Pedro de la Gasca. Diesem gelang durch geschickte Diplomatie, was der Vizekönig Nuñez nicht erreicht hatte. Pizarros ungeheure Macht schmolz dahin. Er unterwarf sich schließlich Gasca.

Auf Befehl des Priesters wurde Pizarro gemeinsam mit dem fast neunzigjährigen Carbajal hingerichtet. Gasca ließ das abgeschlagene Haupt Pizarros in einem mit einer schimpflichen Aufschrift versehenen hölzernen Käfig auf dem Hauptplatz von Lima aufhängen. Der Palast, in dem der letzte Pizarro residiert hatte, wurde zerstört, der Platz mit Salz bestreut und eine Säule errichtet, die darauf hinwies, daß an dieser Stelle das Haus des »Verräters Spaniens«, Gonzalo Pizarros, gestanden habe.

Doch was geschah mit den Indianern und den Inka? Die Blutsverwandten, die Nachkommen jener Inka, die vor Pizarros Ankunft geherrscht hatten, lebten noch eine Reihe von Jahren. Auf Atahualpa folgten noch weitere Inka (die Wissenschaft nennt sie Neo-Inka), die den Kampf gegen die Konquistadoren fortsetzten.

Atahualpas Nachfolger, Inka Manco, der eine Zeitlang unter den Spaniern gelebt hatte, benutzte seine Erfahrungen in einem Krieg, den er im Jahre 1535 begann. Im Jahre 1536 belagerte Manco mit seinem indianischen Heer sogar zehn Monate lang Cuzco. Auch nach dem Tod des Inka Manco wurde der Kampf gegen die Spanier fortgesetzt. Das Zentrum des Befreiungskampfes war das Gebiet von Villcabamba im östlichen Teil des Landes.

Die endgültige Niederlage der peruanischen Indianer besiegelte erst der Vizekönig Francisco de Toledo. Als im Jahre 1572 die indianischen Truppen definitiv vernichtet worden waren, bemühte sich Toledo, auch alle noch lebenden Angehörigen der Familie der Inka auszurotten. An die vierzig ihrer letzten Mitglieder schickte er in die Verbannung, wo sie bald darauf starben. Den letzten Inkaherrscher, Tupac Amaru I., ließ er hinrichten.

Die Suche nach dem El Dorado

Die Unterwerfung und Ausplünderung großer indianischer Staaten und Reiche fachte das Verlangen weiterer nach Ruhm und Reichtum dürstender Eroberer an, ihren Vorgängern nicht nachzustehen. Keine noch so phantastische Nachricht schien unmöglich zu sein. Silberne Städte, Quellen ewiger Jugend, Königreiche, in denen nur Frauen leben ... Aber mehr als alles andere lockten die Konquistadoren die Sagen vom Reich des vergoldeten Königs – das die Spanier später El Dorado nannten. Da seit der Entdeckung Amerikas schon fast ein halbes Jahrhundert vergangen war, gab es viele Bewerber um die legendären Schätze jenes unbekannten »Goldreiches«. Von verschiedenen Seiten versuchte man in das Gebiet vorzudringen, in dem man jenes Reich vermutete.

Den ersten Vorstoß in ein Gebiet, das der Papst durch den Vertrag von Tordesillas Spanien zugesprochen hatte, unternahm die deutsche Expedition des Ambrosius Ehinger. Wie kamen aber in das spanische Amerika Deutsche? Damit hatte es folgende Bewandtnis: Die süddeutschen Handelshäuser Fugger und Welser hatten sich bereits längere Zeit (seit dem Jahre 1505) mit Anleihen am portugiesischen Handel mit ostindischen Gewürzen beteiligt. In die spanischen Amerikabesitzungen drangen sie jedoch erst nach dem Jahre 1516 ein, als Karl I. (ab 1519 als Karl V. Kaiser des Heiligen Römischen Reiches Deutscher Nation) den spanischen Thron bestieg. Der König und spätere Kaiser Karl hatte sich von den Fuggern, besonders aber von den Welsern Geld geliehen. Seinen Dank für die Leihgeschäfte stattete er den Welsern mit dem Vertrag vom 27. März 1528 ab. In diesem Vertrag trat der Kaiser diesem süddeutschen Handelshaus ein ausgedehntes Gebiet in Südamerika als Kolonie ab, das sich zwischen dem Kap de la Vela im Westen und dem Kap Codera im Osten erstreckte. Diese »Privatkolonie« der Augsburger Welser umfaßte das Territorium des heutigen Venezuela.

Die Welser warteten nicht mit der Inbesitznahme ihrer Kolonie. Bereits ein Jahr nach der Unterzeichnung des Vertrags landete in Coro (einer etwa 150 km östlich der Maracaibo-Bucht gelegenen Stadt, die schon vorher von den Spaniern erbaut worden war) die erste deutsche Expedition unter der Führung jenes Ambrosius Ehinger. An der 2100 km langen Küste Venezuelas existierte lediglich noch eine von Europäern bewohnte Ortschaft. Indianer lebten jedoch in diesem ausgedehnten Küstengebiet fast keine mehr. In nur 25 Jahren waren sie von den spanischen Eroberern fast völlig ausgerottet worden, die sich hier für ihre Minen und Plantagen Arbeitskräfteersatz für die ausgestorbenen Indianer auf den Antillen zu beschaffen suchten.

Daher fand Ehinger an der Küste keine Arbeitskräfte für die – zumindest auf dem Papier – geplanten Großgüter der Welser. Er begab sich aus diesem Grunde ins Landesinnere. Dort erfuhr er – von den ersten Indianern, denen er begegnete – von einem goldreichen Land im Nordwesten Südamerikas.

Die Nachrichten schienen glaubwürdig zu sein. Daher zögerte Ehinger nicht lange. Im Jahre 1531 verließ er Coro an der Spitze einer Expedition, die aus 200 Deutschen und Spaniern sowie indianischen Trägern bestand. Er marschierte zunächst nach Westen. Als er die Grenze Venezuelas überschritten hatte und das Gebiet des heutigen Kolumbien betrat, begann die Sage vom »Goldland im Westen« konkretere Gestalt anzunehmen. Die Indianer selbst brachten Ehinger Gold als Geschenk, auch im Austausch gegen allerlei Plunder. Aber in dem Maße wie Ehingers Gold zunahm, nahmen auch die Schwierigkeiten zu. Die Bewältigung der Andenketten bereitete der Expedition unsägliche Strapazen. Der eisige Gebirgswind tötete nicht nur die aus den tropischen Niederungen stammenden indianischen Träger zu Dutzenden, sondern er wurde auch einigen deutschen Expeditionsmitgliedern zum Verhängnis.

Aber auch Ehinger wollte das Gold der Indianer, deshalb trieb er seine Expedition immer höher zu den Pässen hinauf, buchstäblich ohne Rast, und befahl sogar, um keine Zeit zu verlieren, daß den Indianern, deren Hälse in Eisenringe eingeschlossen waren, die Köpfe abgehauen wurden, sobald sie zu ermatten begannen, damit man nicht erst die Kette lösen müßte, die die Unglücklichen miteinander verband. Schließlich gelang es aber der Expedition, die höchste Andenkette zu überschreiten und bis in das Herz Kolumbiens – zum Magdalena-Fluß – vorzudringen. Die Indianer dieses Gebietes leisteten den fremden Eindringlingen jedoch Widerstand, und Ehinger verlor in endlosen Scharmützeln seine Männer. Er entschloß sich daher, obwohl ihn, wie man heute weiß, nur noch etwa 30 km von der Grenze des Reiches jenes Königs – des El Dorado – trennten, seinen Weg nicht fortzusetzen und die bisherige Beute (etwa eine Viertel Tonne Gold) zurück nach Coro zu schicken.

Er stellte zu diesem Zweck einen aus 30 Mann bestehenden Trupp zusammen, mit dessen Führung er den zuverlässigen Offizier Bascuña betraute. Diese Männer wagten jedoch nicht, auf dem gleichen Weg zurückzukehren, auf dem Ehingers Expedition nach Kolumbien vorgedrungen war. Das grausame Vorgehen hatten die Indianer noch nicht vergessen, und so mußte Bascuña einen Weg quer durch den unbekannten Urwald suchen. Im Urwald liefen ihm alle indianischen Träger davon, und die Europäer mußten ihr Gold selbst schleppen. Das Gold wurde zu einer furchtbaren Last, die sie am Weiterkommen hinderte. Schließlich vergruben sie den Schatz unter einem großen Baum, den sie durch einige Einkerbungen kennzeichneten. In kleinen Grüppchen versuchten sie auf verschiedenen Wegen den Urwald zu durchqueren. In Coro wollten sie sich wieder treffen. Jedoch überlebte nur einer den Marsch nach Venezuela: Francisco Martin. Martin war in die Hände der Indianer gefallen, gewann deren Vertrauen und wurde sogar ein angesehener Heilkundiger. Schließlich kaufte den »Arzt« ein Nachbarstamm frei, der ihm sogar die Ehe mit einer Indianerin gewährte.

Der Hauptteil dieser ersten Expedition in das Land der Chibcha gab schließlich das Unternehmen auf und kehrte buchstäblich von der Grenze des Reiches des El Dorado »nach Hause«, Coro, zurück. Bei einem der Gefechte mit den dortigen Indianern wurde Ehinger getötet, und auch dem Rest der Expedition drohte erneut die völlige Vernichtung. Da begegneten die Gescheiterten unterwegs einem Indianer in Kriegsbemalung, mit einem Stutz auf dem Kopf und einem Bogen in der Hand. Der »Indianer« sprach sie zu ihrer größten Überraschung auf spanisch und deutsch an: Es war Francisco Martin – der letzte Überlebende von Bascuñas »Goldeskorte«. Von ihm erfuhren sie auch, wie Bascuñas Trupp zugrunde gegangen und was mit dem Goldschatz geschehen war. Francisco Martin erwies den Resten der Expedition noch einen weiteren unschätzbaren Dienst. In der Tracht und Bemalung »seines« Stammes, der Sprache der hiesigen Indianer kundig, geleitete er seine ehemaligen Gefährten durch das Stammesgebiet, so daß schließlich alle bisher Überlebenden im November des Jahres 1534 wieder in Coro anlangten.

Damit waren aber die deutschen Versuche, das El Dorado zu finden, nicht beendet. Bereits im September des folgenden Jahres brach eine neue Expedition von Coro auf, die von Georg Hohermuth geleitet wurde (er stammte aus Speyer, daher nannten ihn die Spanier Spira). Hohermuth, der gebildeter und menschlicher als Ehinger war, führte seine Männer in die gleiche Richtung, denn an der Existenz eines »Goldreiches« zweifelte nun schon niemand mehr. Zudem waren die im Lande des vergoldeten Königs angefertigten Kunstgegenstände aus Gold, die die Deutschen im Tausch von den indianischen Händlern erhielten, der beste Beweis für dessen Existenz. Aber Hohermuths Expedition gelangte schließlich auch nicht in dieses Reich. Als sie bis zur Hauptkette der Anden vorgedrungen war, fand sie keinen Pfad, der sie über diese, wie es schien, unüberwindbaren Berge geführt hätte. Lange Zeit suchte Hohermuth einen Weg über die Kämme, er verlor dabei über die Hälfte seiner Männer, Tausende von Indianern und die meisten Pferde. Da gab auch er auf. Er kehrte nach Coro zurück und starb bald darauf. Von Venezuela aus – von Osten – schien kein Weg nach Kolumbien zu führen.

Von Süden her versuchte die Expedition eines weiteren Konquistadors, Sebastián de Benalcázars, das »Goldreich« zu finden. Benalcázar kannte Indianerschätze aus eigener Erfahrung. Er war Offizier im Heer Pizarros gewesen, er hatte Cajamarca miterlebt, er war dabei gewesen, als Gesandte aus dem ganzen Land Gold im Austausch für das Leben ihres Inka nach Cajamarca gebracht hatten.

Kapitän Benalcázar stammte wie die meisten von Pizarros Offizieren aus der Estremadura. Er war aus seiner Heimat geflohen, schließlich nach Amerika gelangt, hatte an Pizarros Expedition teilgenommen und war nach der Unterjochung Perus zum Militärgouverneur einer der ersten spanischen Städte im Land, San Miguels, ernannt worden. Später hatte er sich in die Nordgebiete Tahuantinsuyus (in das heutige Ekuador) begeben, um das Gebiet um die heutige Hauptstadt Quito zu unterwerfen. Dort hatte sich ein gut organisiertes und ausgerüstetes, 20 000 Mann starkes indianisches Heer unter Führung des Feldherrn Rumiñahui zum Kampf gegen die Spanier formiert.

Zum Sieg über den talentierten Rumiñahui und sein im Kampf gegen die Spanier schon erprobtes Heer hatte Benalcázar ein Naturereignis verholfen: Gerade als Rumiñahui zum vernichtenden Schlag gegen die schon ermatteten Truppen Benalcázars ausholen wollte, begann der 6000 m hohe Vulkan Cotopaxi auszubrechen. Die Indianer erinnerten sich an eine »alte Prophezeiung«, daß ihre Macht an dem Tage zugrunde gehen werde, an dem der weiße Cotopaxi lebendig würde, seinen weißen Hut abwerfe und zu speien beginne.

Die Indianer zweifelten offenbar nicht daran: Der Cotopaxi selber hatte ihnen ihr Schicksal angekündigt. Nach ein paar Stunden waren von dem Heer Rumiñahuis, dem größten damals noch existierenden indianischen Heer, nur noch klägliche Reste übriggeblieben. Damit war Quito – und eigentlich ganz Ekuador – endgültig der spanischen Macht unterworfen.

Benalcázar genügte jedoch die Herrschaft über Quito nicht. Und als auch er vom Reich des vergoldeten Königs hörte, das nördlich von Quito liegen sollte, begriff er, daß sich ihm eine noch größere Gelegenheit bot. So zögerte er nicht lange, rüstete eine Expedition aus und begab sich auf den Weg nach Norden. Obwohl ihm Tausende von Indianern zur Verfügung standen, kam er jedoch nur sehr langsam vorwärts. Als er die Grenze des heutigen Kolumbien überschritten hatte, unterwarf er zunächst ein nach dem Oberhäuptling Popayan benanntes Gebiet. Dort gründete er im Jahre 1536 die gleichnamige Stadt (Popayán) und weiter nördlich, im Tal des Cauca, die Stadt Cali. In Cali erhielt Benalcázar weitere, noch konkretere Nachrichten von der nicht mehr fernen Grenze des Landes des vergoldeten Königs.

Benalcázar ließ einen Teil seiner Truppen zurück, und mit den Tüchtigsten zog er weiter nach Norden. Da er wußte, daß Hunger schlimmer war als die eisige Kälte der Gebirgswege und die Giftpfeile der Indianer, hatte er genügend Verpflegung für seine Soldaten mitgenommen. Die Expedition trieb 300 Schweine vor sich her, durch die der Marsch natürlich verlangsamt wurde. So erblickte Benalcázars Expedition, als sie endlich nach Bogotá gelangte, nicht nur die Paläste der Stadt, sondern auch ein Lager spanischer Soldaten. Sie waren zu spät gekommen! Wie oft mag Benalcázar später diese 300 Schweine verflucht haben, die ihn, und das ist heute unbestritten, um die Priorität, um die goldenen Schätze des Landes der Chibcha gebracht hatten.

Woher waren aber diese unerwarteten Sieger in dem dramatischen Wettlauf um das »Goldland« gekommen? Für Benalcázar bestand kein Zweifel: natürlich aus dem Norden. Von Osten her schirmten die Wände der Anden jenes Gebiet ab. Von Westen her, von der bereits bekannten Pazifikküste, war der Weg über die Berge noch schwieriger. So beschwerlich, daß Benalcázars Zeitgenosse Andagoya schrieb: »Von der Seite des Stillen Ozeans her ist dieses Land (der Chibcha) so unzugänglich, daß selbst die Hunde (von dem Weg über die Gebirgsketten) an die Küste zurückliefen, da sie nicht soviel ertragen wie die Menschen.«

Die siegreiche Expedition brachte schließlich Benalcázar nicht nur um den Ruhm, sondern auch um die Schweine. Diese kamen den »Siegern« sehr gelegen. Sie hatten nämlich schon über zwei Jahre lang kein derartiges Fleisch mehr gegessen. Seit jenem Maitag des Jahres 1536, an dem von der Küstenkolonie Santa Marta eine kleine, von Gonzalo Jiménez de Quesada geführte Expedition aufgebrochen war. Der geistige Vater von Quesadas siegreichem Feldzug war der Gouverneur Santa Martas, Pedro de Lugo, gewesen.

Pedro de Lugo, der ehemalige Gouverneur von Teneriffa, war mit der festen Absicht nach Amerika gekommen, ein neues Peru zu entdecken. Die Rolle des Eroberers des Landes des vergoldeten Königs, an dessen Existenz er nicht zweifelte, hatte er zwar seinem Sohn Alonso zugedacht, aber dieser enttäuschte den Vater. Als er von Norden, von Santa Marta her, bei der ersten Entdeckungsreise im Jahre 1535 tatsächlich bis an die Grenze der Chibcha-Staaten gekommen war und genug Gold zusammengeraubt hatte, übergab er es nicht dem Vater und auch nicht seinen Gefährten, sondern verließ heimlich die von ihm geleitete Expedition, um nach Spanien zurückzukehren.

Dem enttäuschten Vater blieb nichts anderes übrig, als einen anderen mit der Leitung »seiner« Expedition in jenes Land zu betrauen, dessen Grenzen Alonso nur berührt hatte. Schließlich wählte er für diese Aufgabe einen seiner Beamten aus, den hochgebildeten Juristen Gonzalo Jiménez de Quesada. Quesada schlug mit seinen Soldaten denselben Weg ein, auf dem im Vorjahr der Sohn des Gouverneurs vorgerückt war. Er war gegenüber seinen Konkurrenten, von denen er vorläufig freilich nicht die geringste Ahnung hatte, zweifellos im Vorteil. Quesada wußte nämlich, wohin und eigentlich auch – zumindest in der ersten Etappe – welchen Weg er gehen mußte: Zunächst den Lauf des Magdalena entlang in Richtung Süden. Seine Expedition war viel besser vorbereitet, als es zu jenen Zeiten üblich war. Alle Vorräte und einen Teil der Mannschaft hatte er auf fünf Brigantinen verladen, die den Magdalena stromaufwärts fahren sollten, um sich dann mit dem Hauptteil der Expedition an einem vereinbarten Ort zu vereinigen.

Dieser Teil der Expedition begab sich zu Pferde in die gleiche Richtung. Als Schutz vor den Giftpfeilen der Indianer hatte Quesada allen Soldaten dicke, wattierte Kleidung nähen lassen; aus dem gleichen Material waren auch die Visiere angefertigt, und selbst die Pferde waren ganz in wattierte Schutzkleidung gehüllt. Da die Bekleidung der Reiter und Pferde aus einem in Farbe und Qualität völlig gleichen Material hergestellt war, ist es nicht verwunderlich, daß für die Chibcha Reiter und Pferd auf den ersten Blick zu einem Ungeheuer verschmolzen.

Der Weg brachte den wattierten Reitern aber nichts als Qualen. Zuerst entnervte sie – im Küstenurwald – ein mehrere Monate anhaltender Regen, danach ein völliger Mangel an Trinkwasser. Als Quesada schließlich die Gebirgspässe überquert hatte und an jenem vereinbarten Ort angelangt war, an dem er sich mit der Besatzung der Brigantinen treffen wollte, kamen mit großer Verspätung nur zwei Schiffe an. Während eines Sturms waren drei der

Brigantinen unmittelbar in der Magdalena-Mündung an Land geworfen und ihre Besatzung von Indianern getötet worden. Die übrigen zwei Schiffe waren nach Santa Marta zurückgekehrt, von wo sie erst nach ihrer Ausbesserung mit großer Verspätung zum zweiten Mal nach dem vereinbarten Ort aufbrachen.

Nun trat Quesadas Expedition erneut den Weg durch den Urwald an. Über eine Entfernung von 200 spanischen Meilen bahnten die Macheteure – Meter für Meter – der Expedition den Weg. Und jeden Tag wurden sie weniger. Den einen tötete ein Jaguar, ein anderer starb an Malaria, und einige von Jiménez' Soldaten fielen Krokodilen zum Opfer.

Als es bereits schien, daß die erbarmungslose Natur auch Quesadas Expedition zur Umkehr zwinge, so wie sie die Expedition Ehingers zur Umkehr gezwungen hatte, da geschah ein »Wunder«. Inmitten des Urwalds fanden sie einen Weg. Es war der Weg, auf dem die Küstenindianer Salz nach den Chibcha-Staaten transportierten. Der Salzpfad führte die Expedition sicher bis zu jener Hochebene, die von den höchsten Bergen der kolumbianischen Anden umschlossen war – in das Land der Chibcha.

Die Städte und Festungen auf der Hochebene waren von den charakteristischen Palisaden der Chibcha umgeben. Jede Ortschaft sah wie eine europäische Burg aus. Deshalb nannten die Spanier dieses Land auch »Tal der Burgen«. Quesadas Soldaten waren wie in Ekstase. Sie erblickten in Somondoco Smaragdminen, in denen die Bergleute der Chibcha vor den Augen der Konquistadoren große Smaragde aus der Erde auflasen, und vor jedem Haus im »Tal der Burgen« hingen Goldplättchen. Die Bewohner des Tals empfingen die Spanier sehr freundlich. Sie boten ihnen ihre Kinder und Frauen an, ein andermal brachten sie ihnen, wie sich ein Chronist erinnerte, vierzehn wunderbar gearbeitete Herzen aus purem Gold. Nach fünfmonatigem Aufenthalt in der Hochebene (Quesada war so klug, daß er sich nicht mit der Unterwerfung beeilte, sondern sich zunächst einen guten Überblick über die Verhältnisse in anderen Staaten der Muisca zu verschaffen suchte) rückte die Expedition schließlich in das Herz des Landes der Chibcha – nach Bogotá – vor.

Im Staat des Zipa stießen die Konquistadoren auf einen gewissen Widerstand. Sie hatten mehrere Gefechte zu bestehen, so z. B. beim Überschreiten des Funza, bei Sogamosa, wo sie einige Tempel der Chibcha niedergebrannt hatten. Schließlich langte die Expedition in Bogotá an. Die Paläste der Stadt versetzten die Eroberer förmlich in Verzückung: »Ein neues Cajamarca, ein neues Cajamarca!« jubelten sie. Tatsächlich, es gab wohl keinen Palast, kein vornehmes Haus und kein Heiligtum in Bogotá, in dem sie nicht Gold oder Smaragde gefunden hätten. Der Zipa selbst war jedoch vor den Spaniern aus der Stadt geflohen. Er verbarg sich, wie Quesada erfuhr, mitsamt seinem Schatz in einer Festung in den Wäldern. Die Spanier begannen die Suche nach ihm. Doch der Herrscher fiel in der Schlacht, in der wiederum die Pferde der Spanier den Ausschlag gaben. Der Schatz war unwiederbringlich verloren!

Einige Tage später meldete sich zwar bei Quesada einer der nächsten Verwandten des Herrschers, der Oberbefehlshaber des Zipa-Heeres, Saquezipa, der den Spaniern die Bundesgenossenschaft anbot, wenn sie ihn zum neuen Herrscher Bogotás ernennen würden. Saquezipa übernahm tatsächlich mit Hilfe der Eroberer die Herrschaft. Als aber Quesada merkte, daß Saquezipa den Ort, an dem der Schatz der Chibcha versteckt war, nicht kannte, erwartete ihn das gleiche Schicksal, das bereits Atahualpa und Cauthemoc widerfahren war. Er wurde eingesperrt, gefoltert, und, da er auch unter der Folter den Spaniern nichts über den Schatz mitteilte, getötet. Quesada ließ offiziell verkünden, daß der letzte Herrscher im Reiche der Zipa, Saquezipa, an den Folgen einer unbekannten Krankheit verstorben sei.

Nun begann Quesada im Lande des vergoldeten Königs die Herrschaft zu übernehmen. Jedoch eigentlich nur für ein paar Tage. Nach kurzer Zeit rückte von der Südseite Benalcázars Expedition gegen Bogotá vor. Zu dieser Zeit zog, von niemand erwartet, auch noch eine dritte Expedition in das »Tal der Burgen« ein. Es war wieder eine aus Venezuela kommende deutsche Expedition, der es diesmal unter der Führung von Hohermuths Nachfolger, Nikolaus Federmann, geglückt war, die ostkolumbianischen Anden zu überqueren und bis nach Bogotá vorzudringen. Das Herrschaftszentrum des vergoldeten Königs war somit entdeckt. Sechs Expeditionen waren bis an seine Grenze gelangt, drei hatten sie fast gleichzeitig gefunden. Wie teilten sie sich nun in den Reichtum der Indianerstaaten, einen Reichtum, den die Chronisten dieser Expeditionen mit den Schätzen der Azteken und Inka vergleichen konnten? Es schien, als sollte es auf den Trümmern der Zipa-Staaten zu einem Kampf aller gegen alle kommen. Schließlich siegte jedoch Quesadas diplomatische Begabung. Er schlug vor, der spanische König solle den Streit um die Herrschaftsansprüche über das unterworfene Indianerland entscheiden.

Der König entschied zugunsten des Gonzalo Jiménez de Quesada. Die Muisca hat niemand gefragt. Sie erhoben sich zwar noch einige Male, aber ohne größeren Erfolg. In den Gebirgsgegenden, besonders in der Umgebung von Tausa, Ocabita, Siniaca und Subachoque, leisteten in den ersten Jahren der spanischen Herrschaft einzelne Abteilungen der Chibcha erbitterten Widerstand. Nach drei Jahren, 1541, waren jedoch auch die letzten Muisca unterworfen. Am Ende des 18. Jahrhunderts starb der letzte Chibcha sprechende Indianer in Mittelkolumbien.

Die Maya

So sind nach den Azteken und den Inka schließlich auch die Muisca entdeckt und bald danach unterworfen worden. Doch in Amerika existierte eine weitere Hochkultur – die glanzvollste und originellste von allen –, die der Maya.

Mit den Spaniern, den Konquistadoren, waren die Maya bereits im Jahre 1502 in Berührung gekommen – fast 20 Jahre früher als die Azteken und 30 Jahre vor den Inka. Und dennoch ist die letzte Stadt der Maya – Tayasal – erst nach 195 Jahren erobert worden.

Bei seiner vierten und letzten Amerikafahrt legte Kolumbus im Jahre 1502 an einer der Küste des heutigen Honduras vorgelagerten kleinen Insel an. Dort traf er auf indianische Händler, die mit einem großen Schiff reisten. Nach ihrer Herkunft befragt, antworteten sie – wie Kolumbus vermerkte –, daß sie »aus der Provinz Maian« kämen. Vor allem nach dieser Provinz ist später der allgemein gebräuchliche Name »Maya« entstanden.

Als die Konquistadoren zum ersten Mal an der Küste der Halbinsel Yucatán landeten, fragten sie deren indianische Bewohner nach dem Namen dieses Gebietes. Die Indianer antworteten auf diese Frage: »Ciu than« – was soviel bedeutet wie »ich verstehe dich nicht«. Die Spanier begannen daher die Halbinsel Ciuthan zu nennen, und daraus wurde später Yucatán. Außer auf Yucatán lebten und leben die Maya im Gebirgsgebiet der mittelamerikanischen Kordilleren und z. T. auch (die Lacandon) in den tropischen Urwaldniederungen im sogenannten Petén (heute Nordguatemala). Und eben in diesem Gebiet ist, wahrscheinlich aus dem Vermächtnis der Olmeken, die eigenwillige Kultur der Maya entstanden. Dort sind auch die ersten Pyramiden, die ersten prachtvollen Städte der Maya entstanden.

Aussagen über die Entstehungszeit der Mayakultur sind jedoch nach wie vor nicht einfach. Zum Glück haben die Maya mit ihrer ausgeprägten Leidenschaft für die Mathematik und ihrer peinlichen Genauigkeit bei Kalenderangaben jede ihrer Stelen mit einer ganz exakten Zeitangabe versehen, so daß man diese, zum Unterschied etwa von den Denkmälern der Tolteken oder vor allem von Tiahuanaco, relativ exakt datieren kann. Das älteste bekannte datierte Mayadenkmal ist eine im Mayazentrum Tikál gefundene Stele (ein Steinpfeiler, der u. a. mit Mayahieroglyphen geschmückt ist), deren Datierung dem 6. Juli 292 entspricht.

Die eigentliche Mayakultur ist frühestens seit etwa 2000 Jahren archäologisch »erfaßbar«. Diese indianische Kultur hat Erfindungen und Entdeckungen ihrer direkten Vorgänger – der Olmeken – unmittelbar übernommen und bemerkenswert weiterentwickelt. Die Olmeken stehen somit am Anfang, sie brachten die erste, zumindest bis heute bekannte indianische

An der aus der Mayastadt Quiriguá stammenden Stele ist zu sehen, auf welche Weise die Maya die Datierung in der sogenannten »Langen Rechnung« vornahmen. Das Datum entspricht dem 18. Mai des Jahres 501 unseres Kalenders. Es wurde mit Hilfe sogenannter Gesichtszahlen geschrieben (die Zahlen sind durch die Masken der Götter ersetzt, die die Zahlen »regieren«) (nach Kubler)

Hochkultur hervor. Während jedoch die Olmeken vermutlich auf der ersten, untersten Stufe der Leiter der indianischen Hochkulturen standen, stehen die Maya auf der letzten, der höchsten Stufe.

Eine den altamerikanischen Traditionen folgende weitere Höherentwicklung hat es bei keiner indianischen Kultur gegeben. Aus diesem Grunde erfolgt die Darstellung der Mayakultur auch erst am Schluß dieses Buches. Die Geschichte der materiellen und geistigen Kultur der Indianer vor Kolumbus führt somit noch einmal nach Mittelamerika, nach Yucatán und Petén, in die Mayastadt Tikál zurück, in der an jenem 6. Juli 292 die geschriebene Geschichte der Maya beginnt. Dieser durch Schriftzeugnisse belegten Mayageschichte ging jedoch eine mehrtausendjährige, durch archäologische Funde mehr und mehr belegbare Entwicklung voraus (so setzte z. B. die Periode des beginnenden Bodenbaus vor ca. 3500 Jahren ein).

Von Sylvanus Griswold Morley, einem hervorragenden Kenner der Mayakultur, wurde eine Klassifizierung der durch Schriftzeugnisse belegten Geschichte in drei Epochen vorgenommen. Die erste Epoche endet nach dieser Einteilung an der Wende vom 3. zum 4. Jahrhundert, die zweite Epoche setzte Morley mit dem Beginn des Jahres 317 an und datiert deren Ende auf das Jahr 987. Die dritte Epoche erfährt eine Unterteilung in drei Perioden: Erste Periode – vom Ausgang der zweiten Epoche bis zum Jahre 1194, zweite Periode – von 1194 bis 1441 und die dritte Periode (Zeit des Verfalls) – von 1441 bis 1697. Wie das letzte Datum zeigt, lebten also einzelne kleine Mayastaaten auch noch nach der Ankunft der Eroberer weiter.

Die Maya auf Yucatán sind, wie der Franziskanerprovinzial Diego de Landa berichtet, im Jahre 1511 entdeckt worden. Diego de Landa war einer der merkwürdigsten Männer, die Amerika je gesehen hat. Ohne dessen 1566 geschriebene Chronik »Relación de las cosas de Yucatán« (Bericht von den Dingen in Yucatán) wäre über die Maya weit weniger bekannt geworden.

Landa stammte aus der alten spanischen Familie der Calderon. Er wurde wahrscheinlich 1524 geboren. Schon mit 13 Jahren nahm man ihn in das Franziskanerkloster San Juan de los Reyes auf. Im August 1549, vier Jahre nachdem auf Yucatán die ersten Franziskanermissionare aufgetaucht waren, kam auch der junge Mönch Diego de Landa mit vier Gefährten auf die Mayahalbinsel und gründete noch im gleichen Jahr das erste »Mayakloster« San Antonio. Landa war ein konsequenter Missionar. Nach Jahren erhielt er auch den Lohn für seine Mühen. Als 1561 die Provinzen des Franziskanerordens, Guatemala und Yucatán, vereinigt wurden, erfolgte die Einsetzung Landas als erster Vorsteher. Und nun zeigte dieser Missionar, was er konnte. Er führte auf Yucatán eine Art Inquisition ein. Aber das genügte Landa noch nicht. Wie sollte er den Maya den »heidnischen« Glauben austreiben, wenn sie Dutzende »heidnischer« Bücher hatten, in denen sie Trost fanden? So kam es zu einem der schwärzesten Tage in der Geschichte der Konquista. Am 12. Juni des Jahres 1562 rechnete Landa »ein für allemal« mit der Mayakultur ab. Gemäß seinem Befehl waren Mayabücher und Mayahandschriften eingesammelt worden, und an jenem 12. Juni ließ Landa sie in der letzten Hauptstadt der Maya, in Maní, auf einem Scheiterhaufen verbrennen. Für die Konsequenz dieses Fanatikers ist ein Satz aus seiner Chronik besonders bezeichnend: »Wir fanden bei ihnen (d. h. bei den Maya) eine große Menge Bücher. Da aber nichts als Aberglauben und Teufelstrug darin stand, haben wir sie alle verbrannt.«

Dennoch ist sein »Bericht« auch im Hinblick auf die Geschichte und Kultur der Maya außerordentlich wertvoll. Landa schrieb seine Chronik, seinen »Bericht«, in Spanien, wohin er reiste, um sich wegen der Grausamkeiten zu verteidigen, die an den erneut vom katholischen Glauben »abgefallenen« Indianern verübt worden waren. Im Druck ist diese Chronik allerdings erst im Jahre 1864 erschienen. Sie berichtet von den ersten Spaniern und der Eroberung Yucatáns durch die Montejos, von der Geschichte der Maya, ihrer Kultur und vor allem auch von ihrer Schrift. Landa zeichnete sogar einige Mayahieroglyphen auf und fügte deren Übersetzung hinzu. Diese Informationen aus Landas »Bericht« waren eine der wichtigsten Quellen bei den Versuchen, die Mayaschrift zu entziffern. Landas »Bericht« ist jedoch noch aus einem weiteren Grund wertvoll: Er hat an vielen Stellen die Erzählung seines Hauptinformators, eines gebildeten Indianers, eines Angehörigen der bedeutendsten Herrscherdynastie der Maya – der Cocom –, fast wörtlich verdolmetscht.

Die Europäer sind, wie bereits erwähnt, im Jahre 1511 erstmals nach Yucatán gekommen. Ihre Schicksale waren ihrer Zeit würdig. Es war eine Gruppe von Spaniern, die Darién, eine Landschaft in Panama, verlassen hatte, die Vasco Nuñez de Balboa, dem späteren Entdecker des Stillen Ozeans, unterstand. In Darién waren damals Streitigkeiten zwischen Balboa und einem seiner Rivalen ausgebrochen. Ein Teil der spanischen Kolonisten, angeführt von dem Offizier Valdivia, beschloß damals, »nach Hause zurückzukehren«, d. h. nach Haïti, nach Española, dem damaligen Hauptstützpunkt der Konquista in Amerika. Im Reisegepäck führten sie den Bericht des Gouverneurs über die Ereignisse in Darién und für den König 20 000 Goldpesos mit sich. Valdivias Karavelle ist jedoch niemals angekommen. In der Nähe von Jamaika fuhr sie auf eine Sandbank auf, die man damals »Sandviper« nannte (die heutigen Pedro Cays). Nur zwanzig Glücklichen gelang es, in ein kleines Rettungsboot umzusteigen, jedoch besaßen sie weder ein Segel noch Proviant. Hungrig und einsam irrten Valdivias Gescheiterte zwölf Tage lang auf dem Karibischen Meer umher. Am dreizehnten Tag trug sie endlich die Strömung an die Küste eines unbekannten Landes. Zehn der Schiffbrüchigen waren zwar inzwischen verhungert, aber sie waren nun auf dem Festland. Sie hatten festen Boden unter den Füßen! Sie waren in dem Land, für das in der »Römischen Handschrift« des Bartolomeo Kolumbus (des Bruders von Christoph Kolumbus) im Jahre 1505 der Name Maya verzeichnet worden war. Dieses Land »Maya« jedoch – die Halbinsel Yucatán – brachte den Schiffbrüchigen keine Rettung. Landa schreibt im III. Kapitel: »Diese unglücklichen Menschen fielen einem Kaziken in die Hände, der Valdivia und vier andere seinen Idolen opferte und seinen Leuten aus ihrem Fleisch einen Festschmaus zubereitete.«

Als die restlichen fünf Spanier sahen, was sie erwartete, entflohen sie aus der Gefangenschaft in das Binnenland Yucatáns. Zum Glück nahm sie ein anderer Mayaherrscher gefangen, der sie am Leben ließ. Sein Nachfolger gab den Gefangenen sogar die Freiheit zurück. Nach dem Tod von drei weiteren Teilnehmern der verunglückten Expedition Valdivias waren nur noch Gerónimo de Aguilar und Gonzalo Guerrero am Leben geblieben.

Im Jahre 1517 landeten erneut Spanier auf Yucatán. Und wieder war es ein für jene Zeit typisches Unternehmen. Die grausamen Kolonisatoren hatten auf Kuba in nur fünf Jahren ihrer Herrschaft fast alle Indianer umgebracht. Doch nun benötigten sie Arbeitskräfte für ihre Gruben, die sie auf Kuba eröffnet hatten. Sie zogen auf Sklavenfang in bisher »ungenutzte« Gebiete aus. Die

Expedition leitete Francisco Hernán de Córdoba. Auf seiner Fahrt entdeckte er zuerst einige bis dahin unbekannte Inseln, die er Islas de las Mugeres (Mujeres) – Craueninseln – nannte (nach den dort gefundenen weiblichen Idolen: Bildern von Göttinnen, »Müttern«). Später erreichte Córdobas Expedition am Kap Catoche Yucatán. Aber ebenso wie Valdivia ließ auch Córdoba sein Leben bei den Maya. Die gut organisierten Indianer von Yucatán leisteten den Sklavenhändlern Widerstand. Und obwohl Córdoba gegen die Maya eine für die Indianer unbegreifliche, furchtbare Waffe einsetzte – die Schiffsartillerie –, griffen die Maya unentwegt an, bis sie die Eindringlinge ins Meer zurückgetrieben hatten. Córdoba selbst wurde, wie die Chronik vermerkt, 33mal verwundet! 20 Spanier fielen, 50 wurden verletzt. Die Sklavenhändler kehrten ohne Sklaven zurück, aber dafür mit Gold, das sie auf den Fraueninseln gefunden hatten. Diego Velásquez, der Gouverneur Kubas, stellte daher eine neue Expedition zusammen. Sie bestand aus 200 Spaniern und fünf Karavellen und wurde von einem Verwandten des Gouverneurs, Juan de Grijalva, geleitet. Die Expedition landete mehrmals auf Yucatán, doch ohne größeren Handelserfolg. Daher kehrte sie nach fünf Monaten nach Kuba zurück. Zu jener Zeit rüstete auch Cortés, der spätere Eroberer Mexikos, eine Expedition ins Land der Maya aus.

Cortés fand bei den Maya, wie bereits erwähnt, seine Dolmetscherin, Ratgeberin und langjährige Gefährtin Marina. Cortés entdeckte auch eines der längst totgeglaubten Mitglieder der Expedition Valdivias, Gerónimo de Aguilar, der alle Abenteuer und alle seine Gefährten überlebt hatte.

Die Maya und die Spanier trafen demzufolge mehrmals aufeinander. Aber weder Cortés, noch Córdoba, noch Valdivia eroberten Yucatán. Die Eroberung und Unterwerfung Yucatáns ist bereits mit dem Namen der Konquistadorenfamilie Montejo verbunden. Der Begründer dieser »Erobererdynastie« – Francisco de Montejo (geb. 1472) – überragte seine eroberungslustigen Zeitgenossen durch Intelligenz (er hatte die Universität in Salamanca absolviert) und sicher auch durch seinen persönlichen und gesellschaftlichen Einfluß (er lebte jahrelang am kastilischen Hof). Montejo, der als Cortés' Anwalt in Spanien von der Existenz Yucatáns wußte, bereitete sich lange und zielstrebig auf die Eroberung der bisher nicht unterworfenen Halbinsel vor. Es war eines der bekannten Gebiete der »Neuen Welt«, das am Ende der zwanziger Jahre noch nicht okkupiert war. Das Ergebnis von Montejos Vorbereitung in Spanien auf das spätere Unternehmen war ein für seine Zeit typischer Vertrag – eine »capitulación«, die zwischen Karl V. und Montejo abgeschlossen wurde und durch die sich Montejo verpflichtete, »die Entdeckung und Eroberung Yucatáns fortzusetzen«. Der Kaiser verlieh dafür Montejo und seinen Nachkommen im voraus den Titel eines Adelantado. Francisco Montejo wurde außerdem zum Gouverneur und Hauptkapitän von Yucatán auf Lebenszeit ernannt.

Die 20 Jahre dauernde Eroberung Yucatáns durch Montejo unterschied sich in keiner Weise von anderen Konquistadorenunternehmungen jener Zeit. Sie war ebenso konsequent und ebenso grausam. Vielleicht noch grausamer, denn

Montejo war von allen Konquistadoren wegen der Gewohnheit berüchtigt, seine Hunde mit dem Fleisch indianischer Opfer zu füttern. Las Casas berichtet oftmals von Montejo und seiner Mannschaft. Zunächst erzählt er, wie Montejo nach Yucatán gelangte und wie er aus dem Land, das kein Gold hatte, Gold holen wollte.

»Im Jahre eintausendfünfhundertsechsundzwanzig wurde ein anderer schändlicher Mann mit Hilfe seiner Lügen und Listen und Versprechungen, mit denen er den König getäuscht hatte, dem Königreiche Yucatán vorgestellt, nach Art, die auch die anderen Tyrannen bis zum heutigen Tage bei der Gewinnung von Ämtern und Besorgung von Sinekuren anwenden, denn unter diesem Vorwande und des Amtes wegen können sie freier stehlen und rauben. Dieses Königreich hatte einen Überfluß an Menschen wegen der Lieblichkeit der Witterung und an Fruchtbarkeit wegen der Gewässer Menge, so daß es Mexiko übertrifft; besonders an Honig und Wachs überragte es alle anderen bisher gesehenen Gegenden der Indischen Länder. An Umfang mißt es dann dreihundert Meilen. Unter allen Indiern waren gerade die Bewohner dieser Provinz am fortgeschrittensten, was die öffentliche Verwaltung und Weisheit wie auch die Lebensführung und Tugend anlangt. Dieser Tyrann hat mit dreihundert Männern einen Krieg gegen diese Unschuldigen, die in ihrer Heimat lebten und niemand ein Unrecht zufügten, begonnen, mit dem er eine unendliche Menge des Volkes der Verderbnis zuführte. Und weil dieses Land des Goldes entbehrt (denn wenn es solches gehabt hätte, kurz wäre das Ende der Bewohner in den Gruben gewesen), um dennoch Gold aus ihren Körpern zu schinden und aus ihren Seelen, für welche Jesus Christus den Tod erlitten, machte er in summa alle, falls er ihnen nicht das Leben genommen, zu Sklaven und füllte mit ihnen die Schiffe an, welche Gerüchte und Hörensagen hierher geführt hatte, und schickte sie weg. Die Indier tauschte er aus für Wein, für Öl, für Essig, für gepökeltes Schweinefleisch, für Kleider, für Pferde und für alles andere, was den einzelnen nötig ist. Er bot die Auslese an aus fünfzig oder hundert Jungfrauen und die, welche alle anderen übertraf, tauschte er gegen das kleinste Fäßchen Wein, Öl oder Essig ein, und die gleiche Auslese bot er aus dreihundert oder zweihundert artigen Jünglingen. Und es hat sich zugetragen, daß ein Knabe, der sichtlich des Häuptlings Sohn war, für Käse gegeben wurde, und hundert Menschen für ein Pferd. Und solchen Verbrechen hat er sich ergeben vom Jahre sechsundzwanzig bis zum Jahre dreiunddreißig ...«

Aber es kam unter Montejo II., dem Sohn Francisco Montejos, der selber im Jahre 1533 nach Spanien zurückkehren mußte, noch schlimmer.

Der Sohn beherrschte nach und nach etwa die Hälfte Yucatáns. Im Jahre 1542 gründete er auf den Trümmern des Mayazentrums die Stadt Mérida. Im Jahre 1546 besiegte er schließlich die letzte Widerstand leistende Gruppe der Maya von Yucatán.

In Petén lebten indessen die Maya relativ unberührt. Im Jahre 1524 durchquerte zwar eine Strafexpedition des Eroberers von Tenochtitlan, Hernán Cortés, ihr Gebiet. Diese nach Süden ziehende Expedition richtete sich jedoch nicht gegen die Indianer, sondern gegen einige ehemalige königliche Offiziere, die begonnen hatten, sich in Mittelamerika eigene, von Cortés und dem König fast unabhängige »Staaten« aufzubauen. Cortés begegnete damals vor allem den Itzá, die zu jener Zeit die Stadt Tayasal bewohnten, die die Maya in Petén auf einer inmitten eines großen Sees gelegenen Insel erbaut hatten. Diese Indianer trotzten noch 150 Jahre lang allen Angriffen der Montejo und ihrer Nachfolger. Erst als im Jahre 1697 der Missionar Andrés de Avendaño y Loyola, der mehrere Mayadialekte sprach, Tayasal besuchte, gelang es dem beredten Mönch, die Bewohner Tayasals von der Sinnlosigkeit (!) ihres Widerstandes zu überzeugen. Nachdem Avendaño y Loyola von der See-Insel zurückgekehrt war, schickten die Spanier ein Schiff unter dem Befehl des Generals de Ursua gegen Tayasal. Am Ufer der Insel kam es schließlich zum letzten Kampf. Am 14. März 1697 war damit die letzte freie, von den Schöpfern und Trägern der fortgeschrittensten altamerikanischen Kultur bewohnte Stadt erobert.

In Tayasal fanden die Eroberer herrliche steinerne Paläste, Verwaltungsgebäude und 19 Tempel. Einer davon war Tzimin Chac (dem »Donnertapir«) geweiht. Dieser heilige »Donnertapir« war Cortés' Lieblingshengst Morozillo, der sich bei Cortés' Durchquerung Peténs schwer verletzt hatte. Cortés hatte daher die Bewohner Tayasals, die ihn damals freundlich aufnahmen, gebeten, sich um den Rappen zu kümmern. Das edle Pferd aber hatte auf die Indianer größeren Eindruck gemacht als die Spanier selber. Und so setzten die Maya dem »halbgöttlichen Wesen« alle möglichen Leckerbissen vor. Aber schließlich verendete Cortés' Pferd. Die Maya von Tayasal erbauten ihm zu Ehren jenen Tempel, in dem sie ein großes, aus Stein gemeißeltes Standbild dieses seltsamen Geschöpfs aufstellten, das sie, weil ihnen der Begriff »Pferd« unbekannt war, Donnertapir nannten.

Seit Kolumbus' erstem Zusammentreffen mit den Mayahändlern bis zur endgültigen Unterwerfung der Maya von Tayasal waren fast 200 Jahre vergangen. Die Maya setzten den Eroberern erbitterten Widerstand entgegen. Es war freilich kein Widerstand, der von einer zentralen Macht organisiert war (die bei den Maya eigentlich niemals existiert hat), auch nicht von starken Stadtstaaten, die in ihrer Mehrheit schon vor der Ankunft der Spanier auf Yucatán untergegangen waren. Auf Yucatán herrschten zur Zeit der Konquista mindestens fünf voneinander unabhängige Herrschergeschlechter – die Tutul Xiu (oder nur Xiu), deren Hauptstadt das Zentrum Maní war (vordem hatten die Xiu in Uxmal residiert), die Cocom mit ihrer damaligen Hauptstadt Sotuta (vordem war Mayapán ihr Zentrum gewesen), die Canak mit ihrer Hauptstadt Tayasal, die Chel, deren Hauptstadt Tecom war, und schließlich die Pech mit der Hauptstadt Motul.

Die Maya haben im Unterschied zu den Azteken und den Inka niemals einen einheitlichen Staat gebildet, sondern immer nur Stadtstaaten, zu denen eine Hauptstadt, gegebenenfalls einige weitere kulturelle Zentren und Dörfer gehörten, die von fast leibeigenen Bauern bewohnt waren, die die Stadt, besser gesagt den Herrscher und die Priesterschaft, mit Nahrungsmitteln versorgten. Vereinigungsbestrebungen waren verhältnismäßig selten und sind nicht weiter als bis zur Bildung eines Städtebundes, einer Art »Liga« der drei seinerzeit bedeutendsten Städte auf Yucatán – Chichén Itzá, Uxmal und Mayapán – gelangt. Aber auch diese im 11. Jahrhundert entstandene Städtekonföderation war nicht von langer Dauer.

Verläßliche Informationen über die Gesellschaftsordnung der Maya existieren lediglich über die Schlußperiode der dritten Epoche, also für die Zeit von 1441 bis 1697 (nach Morley).

Die Gesellschaft war in zwei Klassen gespalten: die Aristokratie, der auch die Angehörigen der Priesterschaft entstammten, und die fast rechtlosen Bodenbauern, die mit ihrer Arbeit die Oberschicht ernährten. An der Spitze ihrer Stadtstaaten stand der Halach Huinic (»Wahrer Mann«), dessen Macht unumschränkt und lebenslänglich war. Sein Nachfolger wurde grundsätzlich der erstgeborene Sohn. Der »Wahre Mann« unterschied sich nicht nur vom Volk, sondern auch von den niedriger gestellten Angehörigen der herrschenden Klasse in erster Linie durch seine prächtige Kleidung: eine große »Krone« – einen Stutz aus seltenen Vogelfedern –, farbige Sandalen, Nephritringe usw. Sein Gesicht war mit reicher Tätowierung und einer vergrößerten Nase geschmückt. (Ihre Nase vergrößerten die Herrscher durch einen Kittansatz, der dem Gesicht das gewünschte »Adlerprofil« verlieh.) Auch alle anderen Teile des Gesichts und eigentlich des ganzen Körpers waren geschmückt oder künstlich deformiert, um die Exklusivität des »Wahren Mannes« zu betonen, die Zähne waren geschliffen und mit Nephritkronen verziert, die Ohrläppchen wurden durchbohrt und mit Hilfe eines angehängten Truthenneneis verlängert.

Der »Wahre Mann« herrschte zwar ganz allein, aber in wichtigsten Staatsangelegenheiten beriet er sich dennoch mit einem »Staatsrat«. Dieser Rat – in der Mayasprache Ah Cuch Cabob – bestand aus den höchsten Vertretern des Adels und der Priesterschaft. Die zu dem betreffenden Stadtstaat gehörenden Ortschaften wurden von Batabob verwaltet, deren Amt ebenfalls erblich war. Die Batabob unterstanden in ihrem Amt unmittelbar dem »Wahren Mann«. In ihrer Gemeinde waren die Batabob die ausschließlichen Richter, und im Krieg befehligten sie die Einheit, die die Gemeinde stellte. Den Batabob zur Seite standen die Ah Kulelob, die die Durchführung der Befehle der Batabob kontrollierten, Nachrichten überbrachten usw. Weitere öffentliche Gemeindevertreter waren die Ah Holpop, die die Tanzriten leiteten und die Vorsänger bei verschiedenen offiziellen Gelegenheiten waren. Alle diese Würdenträger repräsentierten, mit Ausnahme der Ah Holpop, mehr oder weniger die Herrenschicht, den Adel. Dieser wohnte in den Städten.

Die Handwerker und Bauern der Maya lebten in den Vororten dieser prächtigen Zentren und in den Dörfern, in ihren mit Palmenblättern überdachten Hütten. Jeden Morgen vor Sonnenaufgang verließen sie ihre Hütten – die einen, um neue Paläste oder neue Pyramiden zu bauen, die anderen, die Handwerker, um für die Herrscher Kleidung, Waffen und Kunstgegenstände anzufertigen. Der größte Teil des Mayavolkes war jedoch im Bodenbau eingesetzt.

Das arbeitende Volk der Maya kann man in zwei Schichten einteilen: in abhängige, aber persönlich freie Bauern und Bauarbeiter und in Sklaven, in der Mayasprache Pentacob genannt. Die persönlich freien Bauern hießen Ah Chembal Uinicob, was wörtlich »niedere Leute« oder »untere Leute« bedeutet. Der Bodenertrag gehörte ihnen ebenso wie in Tahuantinsuyu nur zu einem Drittel. Die zwei weiteren Drittel erhielten Adel und Priesterschaft.

Bei der Vorbereitung des landwirtschaftlichen Bodens verfuhren die Mayabauern etwa folgendermaßen: Zunächst wurde mit Steinäxten Wald gerodet, die gefällten Bäume wurden verbrannt. Nach der Rodung erfolgte die Aussaat: In den neugewonnenen Boden bohrte der Mayabauer mit einem Stock Löcher, in die der Maissamen gelegt wurde. Nach der Bestellung kümmerte sich der Bauer erst dann wieder um das Feld, wenn die Maiskolben bereits zu verdorren begannen. Erst zu diesem Zeitpunkt begann die Ernte. Der Boden war freilich bei dieser höchst unwirtschaftlichen Nutzung nach zwei bis drei Jahren völlig erschöpft, daher verließ der Mayabauer spätestens nach drei Jahren ein solches Feld und begann mit der Rodung eines neuen Waldstückes, um in gleicher Weise den auf diese Art gewonnenen landwirtschaftlichen Boden auszubeuten. Außer Mais bauten die Maya Baumwolle, Bohnen, Tabak und Kakao an. In den Wäldern sammelten sie den Honig wilder Bienen. Für jene Maya, die an der Küste lebten, bedeutete der Fischfang eine weitere Quelle ihrer Ernährung. Zudem gewannen die Indianer auf Yucatán aus dem Seewasser auch Salz.

Die Maya fingen wilde Kaninchen und Agutis[1], ferner Gürteltiere und Eidechsen. Jede Familie hielt Truthühner, verschiedentlich auch Enten. Dennoch war die Nahrung der Maya ziemlich einfach und bestand zu 90 % aus Mais. Trotzdem verdanken wir der so eintönigen Küche der Maya die Kenntnis des Kaugummis. In den Wäldern Yucatáns und Peténs wuchs ein besonderer, Cha genannter Baum, dessen Früchte die Mayajungen sammelten und dessen Gummiharz sie kauten. Ein anderer bemerkenswerter Baum der hiesigen Wälder war der »Seifenbaum« (Sapindus saponaria) – in der Mayasprache Amole genannt. Die Wurzeln dieses Baumes verwendeten die Maya als Seife, mit der sie sich vor und nach jedem Essen wuschen und mit der sie auch ihre Kleidung reinigten.

Die »niederen Leute« erfüllten ihre »Steuerpflichten« gegenüber ihren Herrschern jedoch nicht nur mit landwirtschaftlichen Produkten. Eine zweite, ebenso grundlegende Pflicht war die Beteiligung am Bau von Palästen, Tempeln und Pyramiden. Ferner waren sie zum Bau der Sacbeob, der steinernen Straßen, die besonders in den bedeutendsten Zentren angelegt wurden, verpflichtet.

Die Pentacob – die Sklaven – standen in der gesellschaftlichen Hierarchie noch unter den Bauern. Sklaven wurden vor allem jene Kriegsgefangenen, die nicht den Göttern geopfert wurden. Aber nicht nur ein Kriegsgefangener konnte

1 Aguti: süd- und mittelamerikanisches Nagetier (z. B. Goldhase); Anm. d. Übers.

Sklave werden, sondern häufig auch ein Angehöriger des eigenen Stadtstaates. Entweder war er schon als Sklave geboren worden, oder er hatte eine Straftat verübt (vor allem Diebstahl) und mußte diese nun mit lebenslänglicher Sklaverei büßen. Jedoch auch Schuldner, die das Entliehene nicht zurückgaben, konnten als Sklaven solange Eigentum der Gläubiger werden, bis die Familienangehörigen sie freikauften. Schließlich konnte auch ein Fremder als Sklave in eine Mayastadt verkauft werden. Als Zahlungsmittel verwendeten die Maya Kakaobohnen. Ein alter Bericht besagt, daß »ein Sklave 100 Kakaobohnen kostet«!

Die Maya kleideten sich in baumwollene oder aus Agavefasern gefertigte Stoffe, die auf Webstühlen hergestellt wurden. An den Füßen trugen sie lederne Sandalen mit oft kunstvollen Verzierungen.

Das Zentrum des Mayalebens in der zweiten Epoche (von 317 bis 987) war das am Usumacinta und seinen Nebenflüssen gelegene Gebiet, das heute vorwiegend zu Guatemala gehört. Dort – in Petén – entstanden in jener Zeit viele herrliche Mayastädte: u. a. Copań, Tikál, Quiriguá, Palenque, Yaxchilán, Uaxactún. In der zweiten Phase dieser Epoche – im 5. und 6. Jahrhundert – entstanden im nördlichen Yucatán neue Mayastädte. Unter diesen Städten nahm bald die im Jahre 495 gegründete und nach ihren Bewohnern Itzá, später Chichén Itzá – »Am Brunnen« (des Stammes) der Itzá – benannte Stadt die wichtigste Stellung ein.

Den Städten im Gebiet des Usumacinta war jedoch nur ein kurzes Leben beschieden. Die Blütezeit jener Epoche brach relativ unvermittelt ab. Der Schwerpunkt des Mayalebens verlagerte sich aus scheinbar unbegreiflichen Gründen ganz nach dem Norden der Halbinsel Yucatán.

Verschiedene Wissenschaftler sind der Meinung, daß das Ende jener Epoche mit ihrem Siedlungszentrum um den Usumacinta mit der völligen Erschöpfung des landwirtschaftlichen Bodens in Verbindung zu bringen sei. Andere sprechen von einer Epidemie, und wieder andere suchen die Erklärung (wenn auch recht gewaltsam) in einer plötzlichen Klimaänderung oder gar in häufigen Erdbeben.

Im 10. Jahrhundert griffen fremde Eindringlinge in die Geschichte der Mayastaaten ein. Es waren jene aus Zentral-Mexiko kommenden Tolteken, die ihre Hauptstadt Tula verlassen mußten. In dieser Zeit kehrten nach Chichén Itzá auch die Begründer dieser Stadt, die Itzá, zurück, die einst von dort weggezogen waren. Mit ihnen kam ein von »Kukulcan« (die wörtliche Mayaübersetzung des Namens der Gefiederten Schlange – des Gottes Quetzalcoatl) geführtes Volk aus Mexiko. Die Nachfahren der Tolteken bemächtigten sich später der Herrschaft in Chichén Itzá. Der mexikanische Einfluß ist auch an der Verehrung der Gefiederten Schlange erkennbar. Die Nachkommen der Tolteken lehrten die Maya auch neue Materialien – Türkis, Onyx, Bergkristall sowie Metalle – zu verwenden. Die aus Tula-Tollan kommenden Tolteken, die gemeinsam mit den Itzá in der zweiten Hälfte des 10. Jahrhunderts in den Norden Yucatáns zogen und sich im Jahre 987 Chichén Itzás bemächtigt haben, nahmen jedoch bald die Sprache der Maya an. Die beiden anderen Teilnehmer an Kukulcans Zug nach Nordyucatán, Cocom und Xiu, gründeten selbständige Stadtstaaten, die Cocom – Mayapán und die Ah Zuitok Tutul Xiu – Uxmal. Alle Städte der Maya-Tolteken wuchsen rasch. In Chichén Itzá entstand die erste Pyramide zu Ehren des neuen Gottes – Quetzalcoatl –, dessen Kult die Tolteken aus Zentral-Mexiko mitgebracht hatten. Das Abbild der Gefiederten Schlange zeigen auch bald die Stelen in Chichén Itzá. Uxmal, die Residenz der Xiu, ist dagegen im Stil der »Mayarenaissance« erbaut, deren vollendetster Ausdruck der »Palast der Könige« in Uxmal ist (nach Meinung vieler Forscher der schönste Bau dieser Art im vorkolumbischen Amerika).

Die drei führenden mayamexikanischen Städte – Chichén Itzá, Uxmal und Mayapán – verbanden sich in dieser ersten Periode der dritten Epoche, im Jahre 1007, zur sogenannten Liga von Mayapán – einer Konföderation, die einen Höhepunkt der Vereinigungsbestrebungen der vorkolumbischen Maya darstellt. Man hat wohl auch in dieser Konföderation einen Widerhall der zu jener Zeit in Zentral-Mexiko entstehenden Konföderationen von Stadtstaaten zu erblicken. Aber in dem Maße, wie der Reichtum und die Pracht der einzelnen Städte wuchsen, wuchs auch der Neid und der schlecht verhehlte Haß unter ihren Herrschern. Im Jahre 1194 kommt es daher zum offenen Bruch. Hunac Ceel aus der Dynastie der Cocom, der Herrscher von Mayapán, überfällt mit Hilfe mexikanischer Soldaten Chichén Itzá und erobert die Stadt. Die Cocom werden so zu den unumschränkten Herrschern Nordyucatáns. Um ihre Macht zu bekunden, bringen sie die »Wahren Männer« der einzelnen Mayastaaten nach Mayapán und zwingen sie, dort zu leben. Sogar der »Wahre Mann« Uxmals, der dritten Stadt der ehemaligen Liga von Mayapán, die an diesem Bürgerkrieg gar nicht teilgenommen hatte, wird genötigt, sich in Mayapán niederzulassen. Die militärische Macht Mayapáns wird durch Befestigungswälle, die die Stadt umgeben, betont.

Die Oberherrschaft der Cocom von Mayapán über die übrigen yucatekischen Maya währte 250 Jahre. Zu diesem Zeitpunkt kam es zu einem Aufstand der Maya von Yucatán gegen die Cocom. Der Führer der Erhebung war der »Wahre Mann« von Uxmal, Ah Xupan Xiu. Der Aufstand war erfolgreich. Die Sieger vernichteten im Jahre 1441 die Stadt. Mit dieser Aktion endete jedoch auch das Einheitsbestreben der Maya von Yucatán. Es existierten zukünftig 18 selbständige Mayastaaten, von denen aber nur 5 von größerer Bedeutung waren.

Nicht lange darauf wird das zerstörte Mayapán völlig verlassen. Seine nun von der Dynastie der Chel angeführten Bewohner schaffen sich ein neues Zentrum in Tecoh. Aber auch das einst so ruhmreiche Chichén Itzá verfällt. Aus bisher nicht bekannten Gründen verlassen die Itzá ihre Stadt wieder und ziehen unter ihrem neuen Herrscher südwärts – nach Petén, wo sie sich ihre Seemetropole Ta Itzá (Tayasal) erbauen. Auch die wirklichen Sieger, die Dynastie der Xiu von Uxmal (ihre Nachkommen leben noch heute auf Yucatán), ziehen an einen anderen Ort und gründen eine neue Stadt, die sie, nicht ohne eine erstaunliche prophetische Gabe, Maní nennen (dieser Name bedeutet soviel wie »alles ist verloren«). Es war eigentlich wirklich schon alles verloren. Noch bevor die Spanier kamen, suchte eine furchtbare Epidemie nach und nach alle Mayastädte heim. Die Xiu (damals herrschte Napot Xiu) opferten den Mayagöttern Hunderte von Menschen, um das Unglück, das mit den Europäern kam, abzuwenden. Jedoch, die Götter schienen wohl zu zürnen.

Die religiösen Vorstellungen haben im Leben der Maya eine außerordentlich große Rolle gespielt.

In den Mayastädten im nördlichen Yucatán, über die aufgrund des »Berichtes« von Diego de Landa gute Informationen übermittelt werden, huldigten die Mayapriester dem Gott Hunab Ku als dem Schöpfer der Welt. Der Sohn dieses Gott-Schöpfers, Itzamna – der Herr des Himmels (wohl zusammen mit der Göttin der Fruchtbarkeit) –, war der höchste Gott der Maya. Itzamna soll den Menschen auch die Schrift und die Bücher gegeben haben, er war der Herr über Tag und Nacht. Auch Chac – der Gott (oder die Götter) des Regens – war für die Mayabauern selbstverständlich von außerordentlicher Bedeutung. In den meisten Städten wurden vier Chac verehrt. Jeder von ihnen herrschte am Himmel über eine der vier Himmelsrichtungen, jeder hatte seine Himmelsfarbe und war auch danach benannt: Chac Xib Chac – der »Rote Chac des Ostens«, Sac Xib Chac – der »Weiße Chac des Nordens«, Ex Xib Chac – der »Schwarze Chac des Westens« und Kan Xib Chac – der »Gelbe Chac des Südens«.

Weitere Gottheiten waren Xuum Kaax – der Gott des Maises, Ah Puch – der Gott des Todes, dem man offenbar Menschenopfer darbrachte und der als Skelett dargestellt wurde, und ferner der Gott des Nordsterns – Xaman Ek, vermutlich der Schutzpatron der Reisenden und Händler. An weiblichen Gottheiten kannten die Maya von Yucatán Ixchel, die Göttin der Frauenarbeiten und offenbar auch des Mondes, sowie Ixtab, die Göttin des Selbstmords. Die Maya glaubten nämlich, daß der Freitod den direkten Weg ins »Paradies« garantiere. Die Jenseitsvorstellungen der Maya waren außerordentlich differenziert. So gab es bei diesen Indianern dreizehn »Himmel«, einer erhob sich über dem anderen. Und in jedem dieser »Himmel« (in der Mayasprache Oxlahuntiku genannt) herrschte ein anderer Gott. Analog zu diesen Vorstellungen erfuhr auch die »Hölle« eine neunfache Unterteilung. In diesen »Höllen« regierten ebenfalls Götter – Bolontiku. In der neunten, der finstersten »Hölle« herrschte Ah Puch.

Ebenso waren jeder Tag des Mayakalenders sowie alle Grundzahlen – von der Eins bis zur Dreizehn – und die Null mit Gottheiten verbunden.

Der religiöse Kult der Maya war unvorstellbar verzweigt und reich. Die Priester, die professionellen Zeremonienmeister, gehörten zur Elite der Mayagesellschaft. Auch bei den Maya scheint ein einziger Hohepriester (vermutlich »Schlangenfürst« genannt) das gesamte religiöse Leben eines jeden Stadtstaates bestimmt zu haben. Dem »Schlangenfürst« oblag ferner die Erziehung des hohen Adels und die »Unterweisung« der ihm unterstellten Hohenpriester.

Außer in Religion unterrichtete er sie u. a. in der Kenntnis der Hieroglyphenschrift, der Astronomie und der Astrologie. Dies zeigt, welch kleiner Gruppe der Maya jene großartigen Errungenschaften der geistigen Kultur zugänglich waren. Die Hohenpriester hießen Ah Kin (kinyah bedeutet in der Mayasprache »weissagen«). Zur Zeit der Oberherrschaft Mayapáns versahen dieses Priesteramt zwölf Ah Kin. Den Ah Kin waren wiederum die niederen Gruppen der Mayapriesterschaft unterstellt: die Chilan, die Nacom und die Chac. Die Priester trugen im Unterschied zum »Wahren Mann« und den übrigen Angehörigen des weltlichen Adels einfache Kleidung und eine hohe mitraähnliche Kopfbedeckung.

Hauptbestandteil der religiösen Zeremonien waren ebenso wie in Zentral-Mexiko, besonders in der Zeit der dritten Epoche, die Opfer. Über die Opferriten der Maya gibt es Nachrichten nicht nur aus der Feder der ersten Chronisten, sondern auch zahlreiche Wandmalereien an Mayagebäuden stellen Opferszenen dar, und schließlich zeugen davon auch Knochenfunde im heiligen Cenote in Chichén Itzá.

Zumeist vollzogen die Mayapriester die Opferung eines Menschen ähnlich wie die Azteken. Der für die Opferzeremonie Auserwählte wurde zunächst mit der heiligen Opferfarbe (einer besonderen Art von Blau) bemalt, auf dem Kopf trug er einen hohen »Opferhut«. Gesang begleitete ihn zum Opferstein auf der obersten Plattform einer Pyramide. Die vier Gehilfen des Hauptpriesters (nach ihren göttlichen Schutzpatronen Chac genannt), die ebenfalls mit jenem »Opferblau« bemalt waren, ergriffen den Auserwählten, jeder an einem der vier Gliedmaßen, und legten ihn mit dem Rücken auf den Altar. Mit einem Steinmesser vollzog Nacom, der Opferpriester, die heilige Handlung. Das Herz des Geopferten übergab er Chilan, dem Hauptpriester, der das Bild oder die Statue jenes Gottes, dem der Mensch geopfert worden war, mit dem Blut des Herzens bespritzte. Der geopferte Mensch wurde nach dieser Zeremonie von den Chac die Stufen der Pyramide hinabgestoßen. Die am Fuß der Pyramide stehenden Priester zogen dem Leichnam die Haut ab, in die sich der Chilan, der Hauptpriester, hüllte. In der Haut des Geopferten vollführte er sodann vor den Blicken der Zuschauer, einen Ritualtanz. Der Leichnam des Opfers wurde in der Regel verbrannt.

Es kann kein Zweifel darüber bestehen, daß die Fortschritte der vorkolumbischen indianischen Zivilisation sowie Wissenschaft und Kunst vorwiegend mit dem Namen der Maya verbunden sind. Gewiß, die Maya haben vor allem das Vermächtnis der Olmeken weitergeführt. Aber sie haben das auf eine Weise und in einem solchen Ausmaß getan, daß ihre Kultur schließlich im Niveau alles übertraf, was jemals in Altamerika hervorgebracht wurde. Es gilt nicht zu entscheiden, welcher der Errungenschaften die Priorität eingeräumt werden soll. Von besonderer Bedeutung sind jedoch die Schrift und die Literatur der Maya, ferner die Mathematik und schließlich auch die Astronomie. Letztere, die Mathematik und die Astronomie, sind in enger Verbindung mit dem nahezu vollkommenen und unglaublich genauen Kalender der Maya zu betrachten.

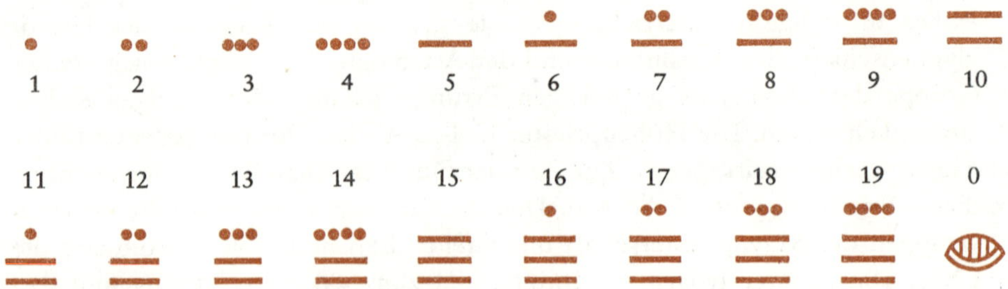

Maya-Zahlen von 1 bis 19 und das Null-Zeichen

Dieser Kalender wurde jedoch eher zu einer Geißel, zu einem Götzen, als zu einem Mittel der Weiterentwicklung der Gesellschaft.

Die Maya haben zum ersten Mal in der Geschichte der Menschheit die Idee des Stellenwerts beim Schreiben großer Zahlen angewandt. Sie haben auch als erste (1000 Jahre früher als die »Alte Welt«) die Null erfunden. Das Grundrechensystem der Maya war ein Vigesimal- oder Zwanzigersystem. Das Schreiben der Ziffern wurde mit Hilfe von Punkten und waagerechten Strichen vollzogen, die Null wurde in Form einer geschlossenen Muschel dargestellt.

Von diesem Vigesimalsystem leiteten die Maya ihre Kalenderrechnung ab, mit deren Hilfe sie in der Lage waren, zeitliche Entfernungen in der Größe von mehreren Milliarden Tagen auszudrücken und komplizierteste Datierungen vorzunehmen. Grundlage ist die »Eins« – »ein Tag«, in der Mayasprache Kin. 20 × 1 Tag bilden einen Uinal (die Dauer eines Mayamonats). Hier setzt nun eine wichtige Veränderung in der Kalenderrechnung ein. Die Mayaastronomen hatten die Länge eines Jahres genau auf 365 Tage und $\frac{242}{1000}$ Tag berechnet. In der 3. Potenz müßte es nach dem Zwanzigersystem heißen: 1 Uinal × 20, es folgt jedoch: 1 Uinal × 18, was 360 – in der Mayasprache 1 Tun – ergibt (dies entspricht annähernd einem Jahr).

Die Rechnung wird folgendermaßen fortgesetzt:

1 Katun = 20 Tun (7200 Tage)
1 Baktun = 20 Katun (144 000 Tage)
1 Pictun = 20 Baktun (2 880 000 Tage)
1 Calabtun = 20 Pictun (57 600 000 Tage)
1 Kinchiltun = 20 Calabtun (1 152 000 000 Tage)
1 Alautun = 20 Kinchiltun (23 040 000 000 Tage)

Die Zahl 1 388 308 z. B. war folgendermaßen auszudrücken und zu schreiben: 9 Baktun, 12 Katun, 16 Tun, 7 Uinal und 8 Kin. Diese Fähigkeit der Maya beweist eine hochentwickelte Abstraktionsgabe.

Ihre Astronomie ist jedoch noch weit komplizierter. Durch genaue Beobach-

Zeichen und Namen der 18 Monate des 165tägigen Jahres und der 20 Tage des Mayakalenders (nach Covarrubias)

Monatsnamen

Pop No Zip Zotz Tzec

Xul Yaxkin Mol Chen Yax

Zac Ceh Mac Kankin Muan

Pax Kayab Cumhu Uayeb

Tagesnamen

Mix Ik Akbal Kan Chichan

Cimi Manik Lamat Muluc Oc

Chuen Eb Ben Ix Men

Cib Caban Eznab Canac Ahau

tungen wurde z. B. die Länge des Jahres viel exakter bestimmt, als es der Julianische und auch der gegenwärtige Gregorianische Kalender vermögen! Die Maya haben ebenso die Dauer des Umlaufs des Mondes um die Erde berechnet und diese außerordentlich exakt ausgedrückt: 29 und 53 059 Hunderttausendstel Tage. Auch anderen Himmelskörpern widmeten sie ihre Beobachtungen, so z. B. dem Sternbild der Zwillinge (in der Mayasprache Ah ek) und den Plejaden (Tzab). Sie konnten auch eine Mondfinsternis exakt voraussagen.

Die Maya, bei denen die Liebe zur Astronomie und der Gehorsam gegenüber ihren Gesetzen bis zur Unterordnung des Lebens der Gesellschaft unter die Kalendererscheinungen führte, hatten sich sogar einen doppelten Kalender ausgearbeitet: einen »heiligen« mit 260 Tagen – Tzolkin – und den alltäglichen mit 365 Tagen. Beide Mayajahre bestanden aus Monaten von je 20 Tagen. Jeder Tag des Monats hatte seinen Namen – seine hieroglyphische Bezeichnung. Zur Bestimmung des Datums haben jedoch die Maya im Tzolkin außer den Monatsnamen – ebenso wie die Azteken – die Ordnungszahlen 1 bis 13 verwendet. Ein Tag konnte z. B. 12. Akbal, 4. Chuen, 7. Cib heißen. Verschiedene Mayagruppen, so die Cakchiquel in Guatemala, gaben ihren Kindern den Namen ihres Geburtstages gemäß jenes Tzolkin. Das »heilige« Mayajahr Tzolkin hatte aus bisher unbekannten Gründen, wie bereits erwähnt, nur 260 Tage. Die bisher einleuchtendste Erklärung für die 260tägige Dauer des Tzolkin gibt Leonhard Schultze-Jena, der die Länge des Tzolkin von der Dauer einer normalen Schwangerschaft (9 × 29 Tage) – der Zeit von der Empfängnis bis zur Geburt eines Kindes – ableitet.

Das 365 Tage zählende Mayajahr – Haab – bestand aus 18 Monaten von je 20 Tagen und einem 19., Uayeb genannten »Kurzmonat« von 5 Tagen. Dieses »lange Jahr« begann jeweils mit dem Monat Pop, und zwar an dem mit 0 Pop bezeichneten Tag. Die Tage im Haab fingen nicht mit einer Eins – dem »Ersten« des Monats – an, sondern mit einer Null – dem »Tage Null des Monats«.

Eine Reihe Ereignisse waren jedoch bei den Maya, die unter einer wahren »Kalenderdiktatur« lebten, sowohl mit dem Tzolkin als auch mit dem Haab verbunden. Daher werden diese beiden Kalender gewöhnlich mit zwei Zahnrädern verglichen. Die Zähne greifen bei der Umdrehung ineinander. Aber damit der gleiche Zahn des kleinen und des großen Rades wieder zusammentreffen, ist eine entsprechende Zahl von Umdrehungen der beiden Räder notwendig. Und zwar 52 Umdrehungen des großen und 73 Umdrehungen des kleinen Rades. Multipliziert man das Tzolkin mit 73 bzw. das Haab mit 52 Tagen, erbringt das Ergebnis die Anzahl von 18 980 Tagen. Vermutet werden kann, daß die Maya auch noch einen weiteren Zeitzyklus kannten, der 5 × 18 980 Tage, also 94 900 Tage dauerte. Dies entspricht genau 365 Jahren mit 260 Tagen oder 260 Jahren mit 365 Tagen. In dieser vermuteten höchsten Ordnung wäre der wechselseitige Zusammenhang des Tzolkin und des Haab offensichtlich.

Außer diesem nicht verbürgten Zyklus spielte besonders in der Zeit der dritten Epoche der 20jährige kleine Zyklus, der sogenannte Katun, eine große Rolle.

Die Maya rechneten auch, wie z. B. die Inschrift auf der Stele Nr. 9 in Uaxactún zeigt, nach einem bestimmten Anfangsdatum, und ausgehend von diesem Tag zählten sie dann, ähnlich unserem »nach der Zeitrechnung«, alle weiteren Tage und Jahre. Dieses als 4. Ahau 8. Cumhu bezeichnete Anfangsdatum entspricht dem Jahr 3113 v. u. Z. Dieses Datum ist sehr interessant, wenn auch vorläufig völlig unerklärlich. Interessant schon deshalb, weil die aus dem Haab stammende Angabe 4. Ahau 8. Cumhu eigentlich keinen Jahresbeginn bezeichnet, sondern einen der Tage des Haab, des 365tägigen Jahres, das ja, im Unterschied zum Tzolkin, stets mit dem gleichen, 0 Pop genannten Tag begann. Ebensowenig ist bekannt, welch grundlegendes Ereignis zu jener Datierung geführt hat. Denn zu jener Zeit haben die Maya und auch ihre Vorgänger, die Olmeken, noch gar nicht existiert.

Die Maya haben also ihrem Kalender und ihren astronomischen Untersuchungen, auf deren Grundlage sie ihr Kalendersystem unablässig präzisierten, große Sorgfalt gewidmet. Zu diesem Zweck beriefen sie sogar »Kongresse« ein, um vor allem den Anfang eines neuen Haab – den Beginn des Tages 0 Pop – buchstäblich auf die Minute genau zu bestimmen. Es wurde z. B. festgestellt, daß ein solcher »Kongreß« über die Kalender im Jahre 765 in Copán tagte.

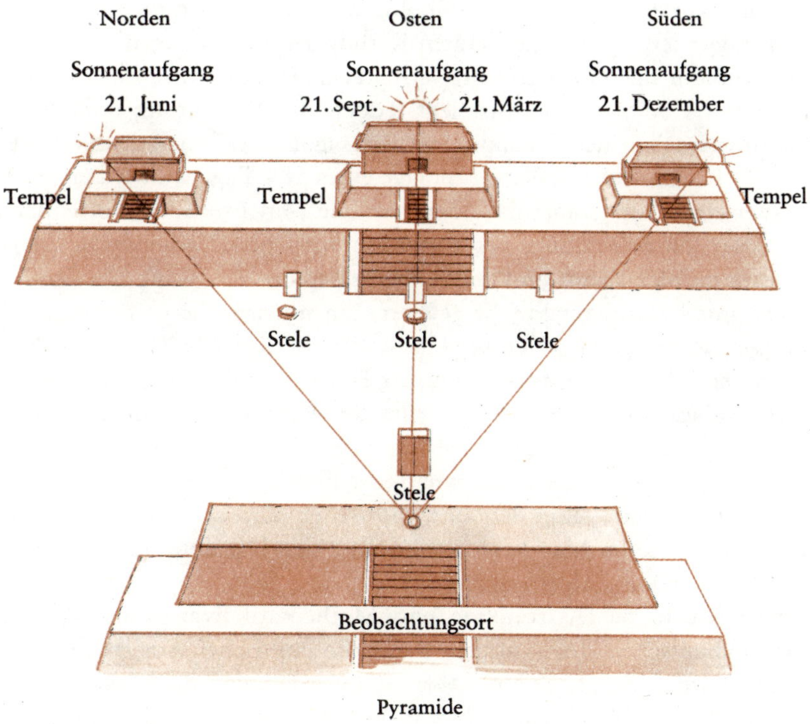

Sonnenbeobachtung der Maya in Uaxactún (nach Morley)

Neben der Festlegung des genauen Anfangs des nächsten Haab, des Tages 0 Pop, war die Hauptaufgabe dieser Zusammenkunft die Berichtigung der Ungenauigkeiten im Kalender, zu denen es im Verlauf des vorangegangenen 52jährigen Zyklus gekommen war.

Um die Datierung noch zu präzisieren, wurden in der zweiten Epoche den Zeitangaben noch ergänzende Zeitbestimmungen hinzugefügt, die entweder aufgrund des Mond- oder des Venusumlaufs errechnet wurden.

Etwa bis zur Mitte des 8. Jahrhunderts bedienten sich die Mayaastronomen zur Datierung, zur Bezeichnung des Tages, eines sehr komplizierten Verfahrens, das oft bis zu 10 Hieroglyphen erforderte und, vereinfacht betrachtet, angab, wieviel Baktun (144000 Tage), Katun (7200 Tage), Tun (360 Tage), Uinal (20 Tage) und Kin (1 Tag) seit dem Anfangsdatum der Geschichte der Maya bis zu dem betreffenden Tag vergangen waren. Dieses System der Datierung, wie es auf den Denkmälern besonders aus dem 5. – 8. Jahrhundert zu finden ist, wird als sogenannte »Lange Rechnung« bezeichnet. Neueste Forschungen erbrachten, daß die auf den Mayastelen vorgefundenen Inschriften nicht nur kalendarischen Wert besitzen, sondern auch über konkret historische Ereignisse Auskunft geben.

Seit der Mitte des 8. Jahrhunderts sind keine Datierungen in der »Langen Rechnung« auf Stelen mehr vorgenommen worden. Ein neues Datierungssystem, die sogenannte »Kurze Rechnung« – U kahlay katunob, wurde eingeführt. Die »Kurze Rechnung« ist unkomplizierter. Das Datum gibt an, wieviel Tage seit dem letzten Tag der letzten Katunperiode vergangen sind.

Das Studium der einen der drei erhaltenen Handschriften der Maya, des sogenannten Codex Dresdensis, legt jedoch die Vermutung nahe, daß die Mayapriester neben dem Tzolkin und dem Haab noch einen dritten Kalender verwendet haben, der auf der Grundlage eines 584 Tage währenden Jahres – die Dauer eines Venusumlaufs – beruhte. Die Maya rechneten offenbar aus, daß 5 dieser Jahre der Länge von 8 Haab entsprachen. Daher wurde der letzte Tag dieses mit der Venus und der Sonne verbundenen Zyklus von den Mayapriestern mit besonderer Pracht gefeiert. Ein noch größerer Festtag war die Beendigung eines »großen Venuszyklus«, der 5 × 13 × 584 Tage oder 65 Jahre dieses Kalenders währte, was genau der Dauer von 2 großen »Haabzyklen« oder 104 Jahren gleichkam. Dieses dritte der Mayajahre und die Beziehungen, die die Astronomen und Priester der Maya zwischen den einzelnen Kalendersystemen suchten, zeigen deutlich, wie dieser überaus exakte Mayakalender in erster Linie magisch-religiösen und kultischen Zwecken diente, Zahlenbeziehungen, denen die Mayareligion jeweils einen höheren, überirdischen Ursprung zuschrieb.

Ebenso wie in der Astronomie und Mathematik waren die Maya allen anderen indianischen Hochkulturen des vorkolumbischen Amerika auch durch ihre Schrift weit voraus. Es kann vermutet werden, daß die Maya das System der Hieroglyphenschrift zumindest in den Grundzügen von den Olmeken übernommen haben. Aber auch unter diesem Aspekt ist nicht zu leugnen, daß sie dieses System wesentlich weiterentwickelt und durch neue Elemente außerordentlich bereichert haben. Die Maya haben auch, mehr als andere Kulturvölker Altamerikas, Bücher geschrieben. Infolge der Missionstätigkeit Diego de Landas u. a. sind jedoch, wie später noch ausgeführt wird, nur drei solcher »Hieroglyphencodices« der Maya erhalten geblieben. Neben diesen drei Bilderhandschriften sind jedoch mehrere hundert in Stein gemeißelte Hieroglypheninschriften in Mayastädten erhalten geblieben.

Die Schrift der Maya ist nach wie vor eines der größten Probleme der Amerikanistik. Um ihre Entzifferung bemühen sich seit langer Zeit viele europäische und amerikanische Forscher. Einer der bekanntesten Erforscher der Mayaschrift, der deutsche Amerikanist Paul Schellhas, kam schließlich zu dem Schluß, daß die Hieroglyphen der Maya nicht zu entziffern seien.

Vor einigen Jahren nahm sich auch die sowjetische Wissenschaft dieses Problems an. Die bereits bekannten, wenn auch bisher nur z. T. veröffentlichten Ergebnisse der Entzifferung der Hieroglyphenschrift der mesoamerikanischen Maya zeigen, daß Schellhas' Ansicht zu absolut formuliert war. Der Beginn des Studiums der Mayaschrift in der UdSSR ist eng mit dem Namen des Leningrader Amerikanisten Jurij Knorozov verbunden, der im Jahre 1949 die Moskauer Universität absolvierte und sich bereits seit den Studentenjahren mit der Mayaschrift beschäftigte. Im Jahre 1954 konnte Knorozov aufgrund seiner Studien, besonders des Codex Dresdensis, die Arbeit »Sistema pisma drewnich Majja« (Das System der Schrift der alten Maya) veröffentlichen, in der er erstens zu dem Schluß kommt, daß sich die Hieroglyphenschrift der Maya zunächst nicht grundsätzlich von den Hieroglyphenschriften z. B. des alten China und Ägypten unterscheidet, und zweitens, daß die Zeichen der Maya zumeist eine genaue phonetische Bedeutung besitzen und daß die große Mehrheit der Zeichen Silben darstellen. Diese Zeichen teilte er in vier Gruppen ein:

1. Vokalzeichen des sogenannten Typs »A«, die zur Bezeichnung des anlautenden oder des Hauptvokals im Wort dienen.
2. Silbenzeichen vom Typ »AB«, die einen von einem Konsonanten gefolgten Vokal ausdrücken (z. B. Ah, Ak, Et usw.).
3. Silben-Vokal-Zeichen vom Typ »B(A)«, die Konsonanten bezeichnen, auf die ein Vokal folgt. Diese kommen am häufigsten am Wortende vor.
4. Schließlich Silbenzeichen vom Typ »BAB«, die aus Konsonant + Vokal + Konsonant bestehen (z. B. Bel, Thul, Nal usw.).

Wirkliche Zeichenideogramme, die einen ganzen Begriff, ein ganzes Wort ausdrücken, gibt es, wie Knorozov behauptet, in der Mayaschrift sehr wenige. So existiert z. B. in der Hieroglyphenschrift der Maya ein Ideogramm für »Bolay – Jaguar«, für »yax – grün« usw. Diese Ergebnisse der Wissenschaft können jedoch nur als ein erster Anfang betrachtet, von einer Entzifferung der Mayahieroglyphen kann daher noch nicht gesprochen werden.

Von den Hieroglyphenbüchern, den Bilderhandschriften, sind drei erhalten geblieben, die nach dem Aufbewahrungsort benannt sind: der Pariser Codex (Codex Borbonicus), der Madrider Codex (Codex Tro-Cortesianus) und der

Dresdner Codex (Codex Dresdensis). Letzterer ist im Jahre 1739 entdeckt worden: Seine Länge beträgt 3,5 m, und er umfaßt 39 Faltblätter. Im Jahre 1859 wurde von Leon de Rosny in einem Korb zwischen Papier, das zum Verbrennen bestimmt war, der Codex Borbonicus gefunden. Der Codex Tro-Cortesianus ist mit einer Länge von 6,55 m und 56 Faltblättern der umfangreichste.

Neben diesen drei Codices haben die Maya noch einige Handschriften hinterlassen, die in den ersten Jahren nach der Konquista in lateinischer Schrift geschrieben oder in sie übertragen worden waren. Neben dem weitaus berühmtesten und bedeutendsten Werk der vorkolumbischen indianischen Literatur – dem »Popol Vuh«, sind dies die bereits erwähnten Chilam Balam. Das Wort Chilam bezeichnet, wie bereits ausgeführt, einen weissagenden Mayapriester, also einen Propheten. Balam, auch Balay oder Bolay, ist das Mayawort für Jaguar. Derartige Mayahandschriften – Chilam Balam – mit verschiedenen Angaben über die Geschichte und die religiösen Vorstellungen existieren mehrere. Man bezeichnet sie nach dem Herkunftsort, z. B. die »Bücher des Jaguar-Propheten aus Chumayel«. In Guatemala sind des weiteren die sogenannten »Annalen der Cakchiquel« gefunden worden – eine in der Mayasprache geschriebene Handschrift, die von der Geschichte des Mayastammes der Cakchiquel in Guatemala und seines Herrschergeschlechts Xahil berichtet.

Das bedeutendste literarische Zeugnis der Maya ist jedoch das »Popol Vuh«, das größte uns bekannte epische Werk der vorkolumbischen indianischen Literatur überhaupt. Diese Perle in der Schatzkammer der Weltliteratur ist sowohl für »gewöhnliche« Leser als auch für Fachleute von hohem Wert, weil es besonders die religiösen und philosophischen Vorstellungen der Quiché, eines der aus der großen Familie der mittelamerikanischen Maya hervorgegangenen Stämme, getreu wiedergibt und veranschaulicht.

Die ursprüngliche Handschrift des »Popol Vuh« war offenbar in Hieroglyphenschrift geschrieben. Nach der Ankunft der Spanier in Guatemala ist die Quiché-Handschrift von einem Unbekannten in die lateinische Schrift übertragen worden.

Das »Popol Vuh« ist verhältnismäßig umfangreich. Das ganze Buch zerfällt in drei fast selbständige Hauptteile. Der erste Teil schildert z. B. die Erschaffung der Welt durch die Hauptgottheiten der Quiché, die Entstehung der Tiere, die Erschaffung der Menschen, danach berichtet es von einer Sintflut und der Vernichtung der »hölzernen Menschen«. An dieser Stelle bricht die Erzählung plötzlich ab, und es beginnt der zweite, umfangreichste und wohl eindrucksvollste Teil, der stark an die griechische Mythologie erinnert: Die Erzählung berichtet von den wunderbaren Schicksalen zweier befreundeter Heroen, Huanaphu und Xbalanque, von ihrem Kampf und davon, wie sie den hochmütigen Halbgott Vucub-Caquix und seine zwei Söhne töteten, wie die beiden Helden in die Unterwelt hinabstiegen, in das unterirdische Reich Xibala, es wird von den furchtbaren Gefahren berichtet, die die beiden dort zu bestehen hatten, von den Herrschern Xibalas und von dem Ballspiel, das Huanaphu und Xbalanque mit ihnen austrugen, von den Abenteuern, die die zwei Helden im »Haus der Finsternisse«, im »Haus der Jaguare« und im »Haus der Fledermäuse« erlebten, und davon, wie die beiden Heroen schließlich über die Herrscher in der Unterwelt siegten.

Der dritte Teil setzt die Schilderung der Erschaffung der Menschen fort: Da die göttlichen Schöpfer mit ihren ersten und zweiten Geschöpfen – den Menschen aus Lehm und den aus Holz gefertigten Menschen – nicht zufrieden waren, schufen sie einen Menschen, diesmal aus der heiligen Frucht der Maya – dem Mais. Dieser Mensch gedieh, und seine Nachkommen sind angeblich die Quiché. Das »Popol Vuh« erzählt dann von den ersten vier Männern, die erschaffen wurden – von Balamquitze, Balamcab, Mahucutah und Iquibalam. Es wird berichtet, daß diese vier Männer eigentlich die Urväter der anderen Völker erschufen.

Im abschließenden, historisch wertvollen Teil des »Popol Vuh« werden die Wanderungen der Quiché, die Entstehung der einzelnen Quichéstämme und der Stammesgottheiten geschildert. Schließlich verzeichnet dieses Buch die Herrscher der einzelnen Quichégruppen, Nihait, Cavec, Ahua, Quiché, von den Urvätern bis zum Tage der Niederschrift des Buches.

Es ist schwer zu entscheiden, welcher Teil des umfangreichen »Popol Vuh« wohl verdient, vor allen anderen angeführt zu werden. Vielleicht jener Teil, der davon erzählt, wie die Welt und die Menschen von den Göttern erschaffen wurden. Wie wahrhaft »menschlich«, wie ehrlich bemüht versuchen die Mayagötter einen Menschen zu »erzeugen«, der ein würdiger Herrscher über das Leben auf der Erde, aber – und hier verhalten sich die Mayagötter genau wie die Mayaherrscher – auch ein würdiger Lobpreiser ihrer göttlichen Schöpfer sein könnte ...

»... Da tauchte der Uranfang des Lichts, da tauchte auch der Mensch in ihren (der göttlichen Schöpfer) Plänen auf.«

Und dann überdachten sie das Sprießen, das Werden der Bäume und Lianen, die Geburt des Lebens und die Erschaffung des Menschengeschlechts. Und so wurde es also beschlossen in der schrecklichen Finsternis der Nacht, die damals herrschte, kraft dessen, der das Herz des Himmels und dessen Name Huracan ist:

Blitzstrahl-Huracan ist seine erste (Erscheinung), die zweite ist dann der Däumlings-Blitz, die dritte endlich ist der Grüne Blitz – in diesen dreien ist also das ›Herz des Himmels‹ begriffen.

Und siehe da – diese kamen zu der Mächtigen und zu Cucumatz, und sie berieten und sprachen miteinander über das Leben, das Werden und über das Licht, das sich ergießen sollte: ›Oh, auf welche Weise soll denn das Leben gesät und wie soll es Tag werden? Und wer soll für uns sorgen, und wer soll unser Beschützer sein? O daß es dazu käme! Denkt doch nach!‹

›Dieses Wasser da weiche, räume den Platz! Es entstehe die Erde, sie verbinde und erhebe sich und sie ebne sich!‹

›Und das Leben werde geboren, und es werde Licht im Himmel und auf der Erde! Denn diese unsere Schöpfung wird ohne Glanz sein, ohne Größe und Ruhm, solange es keine Menschen gibt, solange nicht der Mensch erschaffen ist.‹

Und also erschufen sie die Welt. Und siehe da, also geschah ihre Schöpfung: Sie riefen ›Erde!‹, und schon war die Erde da.

Nur wie ein Nebel, wie eine Wolke, wie verdunkelter Wolkenstaub war die Erde bei ihrer Entstehung, im Ursprung ihres Daseins. Dann hörte man die Berge aus den Meereswellen steigen, gewaltige Berge waren es sogleich.

Allein durch ein Wunder, allein durch göttliche Kraft wurden jene Berge und Ebenen erschaffen, und im selben Augenblick sprießten auf der Oberfläche der Erde auch Zypressenhaine und Kiefernwälder empor.

Da freute sich Cucumatz: ›Wie gut war es, daß Du herabkamst, Du Herz des Himmels! Gut wird unser Werk sein und glücklich sich vollenden.‹

Zuerst also waren die Erde, die Berge und Ebenen entstanden, und die Wege der Gewässer wurden aufs beste bestimmt: Wie Schlangen zogen sie sich am Fuß der Berge hin und zwischen ihnen hindurch. Und seit dem Tage, da das hohe Gebirge entstanden war, sind die Flüsse für immer voneinander geschieden.

So wurde also die Erde durch das Herz der Erde und durch das Herz des Himmels erschaffen. Durch jene, die die Schöpfung der Welt schon damals ersonnen hatten, als noch der tote Schoß der Wasser die Erde und auch den Himmel barg.

(Im folgenden Teil wird erzählt, wie die Schöpfer zuerst die Tiere schufen, die sie aber schließlich verdammten, weil sie nicht mit ihnen zufrieden waren.)

Daher unternahmen nun die Erbauerin und der Schöpfer, die Gebärerin und der Erzeuger, einen neuen Versuch, lebendige Wesen zu bauen, einen wirklichen Menschen zu schaffen: ›Also ungesäumt ans Werk, versuchen wir es noch einmal! Denn es naht die Zeit für die Aussaat (des Menschen) und daß das Licht aufgehe auf der Erde. Schaffen wir uns den, der für uns sorgen, der uns unterstützen wird!‹

›Aber auf welche Art sollen wir angerufen werden, wie sollen wir es anstellen, daß man unser auf Erden gedenkt? Wir haben es ja schon einmal versucht. Dennoch ist es uns nicht gelungen, von jenen ersten Wesen, die wir erschufen, angebetet und gepriesen zu werden.‹

›Gehen wir daher aufs Neue ans Werk, ein Wesen zu schaffen, das gehorsam ist, das Ehrfurcht empfindet, das für uns sorgt und uns dient.‹ – Also sprachen sie, und also geschah es, und der Mensch wurde erschaffen. Aus Erde und Schlamm machten sie seinen Körper.

Jedoch sie sahen, daß er nichts taugte. Er war nur da, um zu zerfallen, er war wie aus Teig, ganz breiig, ganz schlaff, ganz hinfällig. Er taugte wirklich nur dazu, wieder zunichte zu werden.

Sein Kopf konnte sich nicht drehen, sein Gesicht war nur in eine Richtung gewandt, sein Blick war verschleiert, und er konnte nicht hinter sich sehen. Sprechen konnte dieses Geschöpf zwar, aber Verstand hatte es nicht. Und im Wasser zerfloß es sogleich. Es hatte keinen Bestand.

Da sagten die Erbauerin und der Schöpfer: ›Dieses irdene Geschöpf sieht wahrlich ganz danach aus, als ob es nicht von allein auf die Welt kommen, als ob es sich überhaupt nicht fortpflanzen könne.‹ Und so vernichteten sie denn ihr Werk, zerstörten, was sie selber aus dem Lehm geformt hatten.

(Die Götter waren also mit dem ersten Menschen, den sie aus Lehm erschaffen hatten, nicht zufrieden. Sie baten daher die göttlichen Wahrsager, mit Maiskörnern und Tzitebohnen das Schicksal zu befragen und ihnen sodann kundzutun, aus welchem Stoff die neuen Menschen geschaffen werden sollten.)

... Und die Wahrsager offenbarten ihnen, was sie im Schicksal gelesen hatten: ›Recht so, sie sollen ins Dasein treten, Menschen, nach eurem Bild erschaffen, Menschen, aus Holz gearbeitet! Ja, und sie sollen sprechen, sollen reden auf der Erde!‹

›So sei es!‹ antworteten sie (die Schöpfergötter). Und im Augenblick entstanden, während sie so sprachen, Menschen nach ihrem Bilde, aus Holz gemacht.

Sie hatten Gesichter wie Menschen, sie unterhielten sich wie Menschen, und sie bevölkerten die Erde. Da waren sie nun, verstanden sich fortzupflanzen, hatten Töchter, hatten Söhne – sie, die aus Holz erschaffenen Menschenbilder.

Aber sie hatten keine Seele und keinen Verstand; nicht einmal eine Erinnerung an ihre Erbauerin und an ihren Schöpfer hatten sie. Ziellos irrten sie auf der Erde umher und bewegten sich auf allen Vieren. Selbst an das (göttliche) Herz des Himmels erinnerten sie sich nicht; daher verkamen sie an Ort und Stelle – es war ja nur ein Versuch, nur eine Wegbereitung zum wahren Menschen.

Zwar sprachen die hölzernen Menschen; aber ihre Gesichter waren vertrocknet, schlaff, und hilflos waren ihre Arme und Beine. Sie hatten kein Blut, keinen Saft, sie hatten keinen Schweiß, kein Fett. Verrunzelt waren ihre Wangen, eine Maske ihr Gesicht. Mißgestaltet waren ihre Hände und Füße und morsch ihr Fleisch.

Und daher reichte auch ihre Erinnerung nicht hinauf bis zu der Erbauerin und dem Schöpfer, die sie in die Welt gesetzt und gehegt hatten. Das waren in Massen die ersten (hölzernen) Menschen, die hier auf Erden lebten.

Daher wurde auch mit ihnen ein Ende gemacht, sie wurden ausgerottet und vertilgt. Ja, vernichtet wurden die aus Holz gefertigten Menschenbilder, das Herz des Himmels beschloß, sie zu ertränken. Eine große Überschwemmung kam, die stieg bis über die Scheitel der Menschen, die da aus Holz geschnitzt waren.

Aus Tziteholz war das Fleisch des Mannes; als aber von der Erbauerin und vom Schöpfer das Weib geschnitzt wurde, war des Weibes Fleisch Riedgras-

Mark – das war der Werkstoff nach dem Willen der Erbauerin und des Schöpfers. Aber sie waren eben ohne Verstand, sie sprachen auch nicht vor dem Angesicht ihrer Erbauerin und ihres Schöpfers, die sie gemacht, die sie hatten entstehen lassen. So wurden sie denn vernichtet, wurden ertränkt ...

Und nun sannen sie (die Götter) von neuem über die Erschaffung der Menschen nach und darüber, was in das Fleisch des Menschen eingehen sollte. Und es sprachen die Gebärerin und der Erzeuger, die Erbauerin und der Schöpfer, die Mächtige und Cucumatz, wie ihre Namen lauten: › Siehe da, die Zeit des Hellwerdens ist herangerückt, der Weltbau ist gut gelungen, und es erschienen vor unserem Geist die, die für uns sorgen und uns dienen sollen, die Kinder des Lichts, die Söhne des Lichts. Ja, angekündigt hat sich schon der Mensch, angekündigt hat sich das Menschengeschlecht auf dem Antlitz der Erde.‹ So sprachen sie.

Und sie kamen zusammen, und als sie beisammen waren, begannen sie nachzudenken in Finsternis und Nacht. Da suchten sie nun und wälzten die Gedanken, sie beratschlagten und sannen von neuem über alles nach. Und nachdem sie nachgedacht hatten, kamen diese Weisen schließlich überein und fanden heraus, was in das Fleisch des Menschen eingehen müßte. Das alles geschah, kurz bevor die Sonne, der Mond und die Sterne über den Häuptern der Erbauerin und des Schöpfers erschienen.

Pan-Paxil und Pan-Cayala sind die Namen (der Länder), aus denen die gelben Maiskolben und die weißen Maiskolben herkamen. Die Namen der Tiere aber, die diese Nahrung herbeibrachten, sind: Fuchs, Koyote, Papagei und Rabe; die vier Tiere gaben Kunde von gelben Maiskolben und weißen Maiskolben.

Ja, sie kamen aus Pan-Paxil, und sie zeigten ihnen (den Schöpfern der Menschen) den Weg nach Paxil.

Diese Nahrung, die die Tiere entdeckt hatten, die ging ein in das Fleisch des Menschen, den sie (die Götter) gestalteten, den sie schufen. Das war also sein Blutsaft, der Blutsaft des Menschen wurde das: Die Maiskolben gingen ein in den Menschen nach dem Willen der Gebärerin und des Erzeugers.

So freuten sie sich denn, daß ein so herrliches Land entdeckt worden war, so voll von Massen leckerer gelber Maiskolben und weißer Maiskolben, dazu voll lieblicher Batate- und Kakaobäume. Nicht zu zählen waren die Zapote-, Anona-, Jocote-, Nance- und Matazano-Bäume und die Mengen von Honig.

Gefüllt mit lieblicher Nahrung waren die Städte Pan-Paxil und Pan-Cayala mit Namen: Da gab es Fruchtbringer jeglicher Art, kleine Nährfrucht und große Nährfrucht, kleine Anpflanzungen und große Anpflanzungen, zu denen der Weg durch die Tiere gewiesen wurde.

Als nun die gelben Maiskolben und die weißen Maiskolben gemahlen worden waren, stellte Xmucane neunerlei Trünke her, die gingen als Nahrung ein in den Körper, und aus dem Mais bildeten sich die Kraft, das Fett und die Muskeln des Menschen. Das alles vollbrachten die Gebärerin und der Erzeuger, die Mächtige und Cucumatz, wie sie heißen.

Und dann bestimmten sie durch Machtspruch das Wachsen und Werden

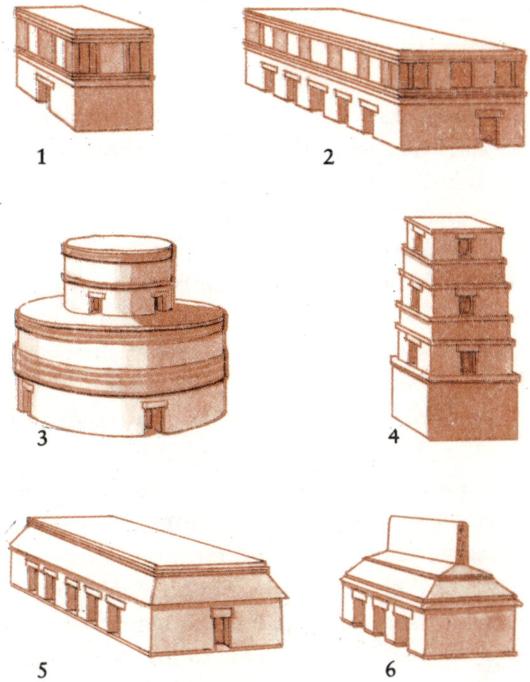

Architektur-Typen der Maya (nach Holmes)
1 Einzimmeriger Tempel, 2 Mehrzimmeriger Bau, 3 Observatorium von Chichén Itzá, 4 Turm von Palenque (Chiapas), 5 Bauwerk mit abgeschrägtem Dachansatz, 6 Tempel mit Ziergiebel oder Dachkamm

unserer ersten Väter und Mütter. Ja, nur gelbe Maiskolben und weiße Maiskolben wurden ihr Fleisch, nur Maisteig der Nährstoff für Beine und Arme des Menschen. Das also waren unsere ersten Ahnen, jene vier Menschengestalten, in deren Fleisch nichts anderes als Mais einging ...«[1]

Neben der Literatur, der Schrift, der Mathematik und der Astronomie legt auch die Architektur ein nachdrückliches Zeugnis vom kulturellen Niveau der Maya ab. Die philosophischen Anschauungen, die religiösen Vorstellungen, die Gesellschaftsordnung der indianischen Hochkulturen müssen von der Wissenschaft mit unendlichem Fleiß wie ein Mosaik aus den Scherben der Nachrichten zusammengesetzt werden, die die Ureinwohner Amerikas hinterlassen haben. Die Architektur der Maya hingegen, die Schönheit der Kultstätten und Städte, zeugt gleichsam auf den ersten Blick vom hohen Niveau und künstlerischen Geschmack der Baumeister.

Die Architektur der Maya war der Architektur aller anderen Hochkulturen des indianischen Amerika ein ganzes Stück voraus. Die Maya kannten z. B., im Unterschied zu den Inka, das Gewölbe, auch wenn es ein sogenanntes »falsches«, durch Überkragung entstandenes Gewölbe war. Die Maya kannten auch Mörtel, den sie aus Kalk herstellten, und sie kannten ferner die Methode des Kalkbrennens. Außer mit Pyramiden und Palästen haben sie ihre Kult-

1 Den Ausschnitten aus »Popol Vuh« wurde die deutsche Übersetzung von Leonhard Schultze-Jena zugrunde gelegt.

stätten und Städte mit astronomischen Observatorien, mit Spielplätzen für das rituelle Ballspiel, mit Kolonnaden, monumentalen Treppen, Toren oder Triumphbögen geschmückt.

Neben den Kultstätten und Städten, denen, die die Forscher bereits entdeckt haben, und denen, die möglicherweise noch in den Tiefen der Wälder Yucatáns auf ihre Entdecker warten, haben die Mayabaumeister auch Straßen angelegt, die »weiße Straßen« genannt werden, da sie aus den weißen Quadern des yucatekischen Kalksteins gebaut wurden.

Eine solche »weiße« Hauptstraße (in der Mayasprache – Sacbe, Mehrzahl Sacbeob) verband z. B. die Stadt Cobá, die ein wichtiger Kreuzungspunkt dieser Sacbeob war, mit der (südlich von Chichén Itzá gelegenen) Stadt Yaxuná. Die Länge dieser Straße beträgt 93,5 km.

Die Straße ist etwa 10 m breit und verläuft, wie fast alle anderen »weißen Straßen«, 0,5 bis 2,5 m über dem Geländeniveau. Diese Straße ist noch aus einem weiteren Grund bemerkenswert: Mit Ausnahme einer kleinen Abbiegung zu einem nahegelegenen Mayastädtchen verbindet sie die beiden Städte in einer schnurgeraden Linie, praktisch ohne Abweichungen und Kurven.

Weitere große Straßen verbanden T'ho – das heutige Mérida – mit dem Wallfahrtsort Itzamal, eine andere Straße führte von Itzamal nach Pole, einer in Richtung religiöser Pilgerfahrten nach der Insel Cozumel gelegenen Stadt. Offenbar dienten diese Mayastraßen eher religiösen Prozessionen als dem Handel oder der Verbindung der einzelnen Landesteile, jedoch keineswegs militärischen Zwecken.

Die Architektur der Kultstätten und Städte übertrifft nicht nur durch ihre Qualität, sondern auch durch ihre Quantität alle anderen Baudenkmäler, die die übrigen vorkolumbischen Hochkulturen hinterlassen haben. Die Steinarchitektur der Maya ist offenbar aus einer ursprünglichen Holzarchitektur hervorgegangen, der sie auch oftmals ähnelt. Das älteste Steinbauwerk – eine wahrscheinlich aus dem 2. Jahrhundert stammende kleine Pyramide – befindet sich in Uaxactún. Als Baumaterial haben die Maya vorwiegend Kalkstein verwendet.

Manche Forscher waren der Meinung, daß die Städte der Maya nur Kultmittelpunkte gewesen seien und daß in ihnen keine zahlreichen Gruppen von Bewohnern gelebt hätten. Heute ist jedoch bekannt, daß sich die Maya Wohnstädte erbaut haben – mit einer Ausnahme allerdings: Die Masse der »niederen Leute« wohnte nicht in den Gebäudekomplexen der Städte, sondern in deren ausgedehnten Vororten. Das eigentliche Stadtzentrum bildeten Paläste, »Klöster«, Sternwarten, Ballspielplätze, »Tanzflächen« zur Vorführung ritueller Tänze, breite Treppen, erhöhte Prachtstraßen für die Pilger und vor allem auf Pyramiden erbaute Tempel. Die »niederen Leute« bewohnten kleine Häuser – eher Hütten –, die von einem Garten oder einem Zaun umgeben waren.

Nach Schätzung Morleys wohnten in den Mayastädten der sogenannten 2. Kategorie (der Amerikanist teilt die Mayastädte nach der Zahl der erhaltenen Architekturdenkmäler in vier Kategorien ein) annähernd 50 000 Einwohner.

(Zur 2. Kategorie gehören 19 Städte, u. a. Uaxactún, Cobá, Calakmul, Nakum, Palenque, Naachtun, Yaxchilán, Etzná und Quiriguá.)

Für jede Stadt der sogenannten 1. Kategorie – d. h. Copán, Tikál, Uxmal und besonders die größte von ihnen, Chichén Itzá – geben die Forscher heute rund 200 000 Einwohner an.

Zwei der Hauptmetropolen – Copán und Tikál – gehören der Zeit der zweiten Epoche an. Copán (im heutigen Honduras gelegen) hat sich in den Arbeiten der Kenner der Mayakultur viele ehrenvolle Bezeichnungen und Beinamen verdient. Rivet beginnt seine Beschreibung der bedeutendsten Mayastädte mit der Schilderung Copáns. Morley nennt Copán das »Alexandria der alten Maya«, und Thompson bezeichnet es sogar als das »Athen der Neuen Welt«. Das prachtvolle Copán war in der zweiten Epoche das Hauptzentrum der Forschung, besonders der Astronomie. Die astronomischen Tabellen, die durch Funde in Copán überliefert sind, übertreffen an Genauigkeit alle anderen erhaltenen Angaben der Maya über derartige Fragen. Dem Aufblühen der Wissenschaft in Copán kam auch jene Tatsache zugute, daß Copán eine der am längsten bewohnten Mayastädte überhaupt war. (Das älteste, das erste

Rekonstruktion einer Maya-Pyramide von Tikál (nach Linné)

bisher gefundene Datum gibt das Jahr 460 – das letzte das Jahr 801 an.) Die Stadt wird von einem zentralen monumentalen Teil und 16 »Randvierteln« gebildet, von denen das eine 11 km von der Stadtmitte entfernt liegt. Der zentrale Teil besteht aus der sogenannten »Akropolis von Copán« und fünf großen Höfen. Dieser Teil bildet ein System von Pyramiden, Terrassen und Tempeln. Besonders reizvoll ist die im Jahre 756 erbaute Pyramide Nr. 26. Eine weitere Sehenswürdigkeit Copáns ist die sogenannte »Hieroglyphentreppe«, in deren 62 Steinstufen eine Hieroglypheninschrift eingemeißelt ist, die aus mehr als 2000 Zeichen besteht.

Die größte bisher bekannte Stadt der Maya überhaupt (die Erforschung Dzibilchaltúns ist noch nicht abgeschlossen) ist zweifellos das in Petén gelegene und im Jahre 416 gegründete Tikál. Tikál liegt etwa 50 km von der ältesten Mayastadt Uaxactún entfernt, mit dem es ebenfalls durch eine »weiße Straße« verbunden war. Das längst tote Tikál ist heute von dichtem tropischem Urwald umgeben. Das auf einem Kalkplateau liegende Zentrum der Stadt ist zu beiden Seiten durch eine tiefe Schlucht geschützt. Die fünf großen Baugruppen waren durch Straßen miteinander verbunden. Im vierten dieser Komplexe steht die höchste bisher bekannte Mayapyramide (über 70 m). Tikál kann sich jedoch auch einer ungewöhnlich großen Zahl an Stelen (83) und Altären (54) rühmen. In dieser Stadt sind ebenfalls die ersten größeren Holzschnitzarbeiten gefunden worden: Fensterrahmen und zwölf aus Sapodilloholz gefertigte Türschwellen. Tikál – die größte Stadt der zweiten Epoche – erlebt als erste den Beginn umfangreicher Rekonstruktionsarbeiten. So wie einst Ewans das kretische Knossos rekonstruiert hat, so versuchen heute (seit dem Jahre 1956) die Amerikanisten mit Unterstützung der Universität von Pennsylvania, Tikál seine ursprüngliche Gestalt zurückzugeben.

Die Stadt Uxmal, deren Gründung in der ersten Periode der dritten Epoche erfolgte, war der Hauptmittelpunkt des ausgedehnten yucatekischen Gebiets, das in der Mayasprache Puuc heißt. Puuc ist eine gewellte Landschaft, in der Kalksteinhügel mit weiten Ebenen abwechseln. Die Residenz der herrschenden Dynastie der Xiu war der langgestreckte »Palast der Könige«. Um diesen Palast hatten sich die Xiu zahlreiche weitere Paläste und Pyramiden gebaut: die ovale »Pyramide des Wahrsagers«, in deren Innern sich fünf kleine Heiligtümer verbergen, das sogenannte »Nonnenkloster«, ein großer Ballspielplatz und noch weitere Gebäude, deren Bedeutung bisher nicht völlig geklärt ist. Da die Fassade eines dieser Gebäude mit stilisierten Bildern von Kröten geschmückt ist, hat dieses Bauwerk den Namen »Krötenpalast« erhalten.

Die bedeutendste und vor allem prächtigste bisher bekannte Stadt der Maya, die in der Zeit der dritten Epoche neben Dzibilchatún zweifellos auch die größte Einwohnerzahl hatte, war Chichén Itzá. Diese Stadt bildet in gewisser Weise eine Ausnahme in der relativ kurzlebigen Geschichte der Mayastädte. Sie wurde von den Itzá in der Zeit der zweiten Epoche (wahrscheinlich im Jahre 455) gegründet und nach zwei Jahrhunderten (im Jahre 692) wieder verlassen. Die Stadt wurde jedoch erneut besiedelt, und zwar von jenen, die

Säule in Gestalt der Gefiederten Schlange in Chichén Itzá

im Jahre 987 mit den toltekischen Eroberern nach Yucatán zurückkehrten. Drei Jahrhunderte hindurch war Chichén Itzá der bedeutendste Wallfahrtsort. Im Jahre 1441 wurde die Stadt wiederum – nun schon zum zweiten Mal – verlassen, als sich die Mehrzahl der Bewohner in Petén die Stadt Tayasal erbauten, die, wie bereits erwähnt, noch fast 200 Jahre nach der Entdeckung Amerikas als letzte Mayastadt den Angriffen der Spanier widerstand. Das in einer Ebene im Norden Yucatáns gelegene Chichén Itzá bildet ein fast regelmäßiges 3 km langes und 1 km breites Viereck. Diese Stadt spielte im vorkolumbischen Amerika jene Rolle, die Ur oder andere bedeutende mesopotamische Städte zu ihrer Zeit gespielt haben, sie war eine Art Wallfahrtsort für Yucatán. Das Zentrum bildete ein heiliges Wasserbassin, ein »Cenote«, nach dem die Stadt ihren Namen erhalten hat (»Am Brunnen« [des Stammes] der Itzá). Von diesem »heiligen Cenote« führten auch die »weißen Straßen« zu anderen bedeutenden Wallfahrtsorten der Halbinsel. Chichén Itzá war zwar nach bisherigen Kenntnissen die Stadt mit der größten Einwohnerzahl, jedoch auch eine Stadt, die stark mit der toltekisch-mexikanischen Einwandererwelle verbunden war und daher bedeutende Spuren toltekischen Einflusses aufweist. So ist auch die Hauptpyramide von Chichén Itzá Kukulcan (Quetzalcoatl) geweiht. Diese Pyramide (heute häufig als El Castillo – Burg – bezeichnet) ähnelt sehr der Pyramide aus dem toltekischen Tula. Auch die hohen Steinpfeiler, die Gefiederte Schlangen darstellen, erinnern an die toltekische Metropole. Schließlich haben die Tolteken auch die Figur jenes liegenden Gottes mitgebracht, der heute mit dem Mayanamen Chac-Mool bezeichnet wird und der bereits in Tula-Tollan eine Rolle spielte.

Würde man die stufenförmige Kukulcanpyramide ihrer äußeren Umhüllung entkleiden, fände man darin eine völlig gleiche, nur etwas kleinere Pyramide. Der Kalender gebot nämlich – baue nach einer bestimmten Zeit auf eine bestehende Pyramide eine weitere! Und baue sie nicht daneben – umhülle mit ihr die Pyramide, die schon vom vergangenen Zyklus dort steht! Nach diesem Prinzip entstanden viele mesoamerikanische Pyramiden.

In der Pyramide sind außerdem noch mehrere Räume verborgen, z. B. der sogenannte »Jaguarsaal«. Dieser Saal wird von einem steinernen Jaguar bewacht.

Bemerkenswert sind weiterhin der »Tempel der Krieger«, eine Pyramide, die wiederum an den »Tempel des Morgensterns« in Tula-Tollan erinnert, der »Tempel der Adler«, der »Tempel der Jaguare« und ein Ballspielplatz. Ballspiele wurden mit einem sehr schweren und harten massiven Kautschukball auf einem länglichen Platz ausgetragen. Sie trugen religiösen Charakter. Die Spieler durften den Ball nicht mit den Händen berühren, sie spielten nur mit den Hüften, den Ellbogen und den Schultern. Sieger war jene »Mannschaft«, die den Ball als erste durch eine in einer Steinmauer befindliche runde Öffnung befördert hatte.

Weitere Sehenswürdigkeiten Chichén Itzás sind das sogenannte »Haus der Nonnen«, Akab Dzib – das »Haus der schwarzen Schrift«, Chan Chichan – das »Rote Haus« und eine Plattform zur Vorführung ritueller Tänze, die heute »Venustempel« genannt wird.

Bewundernswert ist die Anlage jenes bereits erwähnten natürlichen zentralen Wasserbassins – dem »Cenote«. Für die Wissenschaft ergab sich die Frage, wo auf dieser Halbinsel, im Unterschied zu den südlichen Urwaldgebieten der Maya, das Wasser hergekommen sein soll, da in dieser Gegend kein einziger Fluß oder Bach fließt. Und doch gibt es, eingeschlossen in sogenannte Tzonote, Wasser. (Man transkribiert das Mayawort Tzonot heute fälschlich mit Cenot(e).) Was sind eigentlich die Cenotes der Maya? Der Kalkstein, der das ganze Gebiet der Halbinsel bedeckt, ist ziemlich porös, so daß es eigentlich keine Wasserläufe gibt. Das Oberflächenwasser ist jedoch an Tausenden von Stellen durch die Kalkdecke hindurchgesickert, um sich mit unterirdischen Flüssen zu vereinen. So sind in Yucatán natürliche Wasserbassins, jene Cenotes, entstanden, die für die Erschließung der Kultur der alten Maya sehr wichtig sind. Vor allem deshalb, weil sie in vielen Mayastädten als heilig galten. Denn das Wasser, der Regen, und umgekehrt die Unfruchtbarkeit, die Trockenheit, haben den Bodenbau der Mayabauern ganz entscheidend beeinflußt. Der Gott des Wassers – Ah Bolon Tzacab – und die vier Regengötter (die Chac) wurden daher besonders verehrt. Und mit ihnen verehrte man die Cenotes – die einzigen Wasserreservoirs in diesem trockenen Land. So war auch der Cenote von Chichén Itzá eigentlich eine heilige Opfer- und Wallfahrtsstätte. Zusammen mit anderen Gaben wurden vor allem Kinder in den »heiligen Brunnen« als Opfer für die Chac, die Regengötter, geworfen. Daher enthält der »Bericht« Landas auch einen Satz, der darauf hinweist, daß Schätze, wenn es irgendwo auf Yucatán solche gäbe, einzig und allein in diesem heiligen Brunnen zu suchen seien. Dieser Satz bewegte u. a. Edward Thompson dazu, dieses 58 m tiefe Bassin zu durchsuchen. Er setzte zunächst Bagger ein, dann ließ er sich mit Unterstützung von 6 Tauchern selbst auf den Grund hinab. Und er barg tatsächlich, neben Kinder- und Frauengebeinen, Dutzende von Gold- und Nephritgegenständen.

Neben den vier Mayametropolen dieser sogenannten 1. Kategorie – Copán, Tikál, Uxmal und Chichén Itzá – sind nach und nach bereits über 130 weitere Kultstätten und Städte entdeckt worden. Eines dieser bemerkenswerten Zentren ist das im heutigen mexikanischen Staat Chiapas gelegene Palenque, das wahrscheinlich im Jahre 642 gegründet wurde. Palenque ist bereits mehr als 200 Jahre bekannt, jedoch im Jahre 1951 machte der mexikanische Forscher Alberto Ruz Lluhuiler eine erregende Entdeckung. Lluhuiler bereitete zu jener Zeit die Rekonstruktion einer der bedeutendsten Pyramiden der Stadt – des »Tempels der Inschriften« – vor, der sich in der unmittelbaren Nachbarschaft des »Palastes« von Palenque befindet. Als er das Innere der Pyramide untersuchte, wurde er durch Zufall auf eine der großen Steinplatten aufmerksam, die den Fußboden dieses Raumes bildeten. Die Platte ragte etwas über das

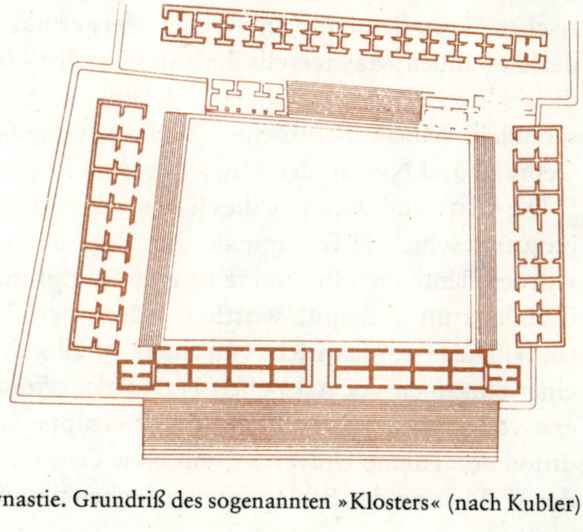

Uxmal – die Residenzstadt der Xiu-Dynastie. Grundriß des sogenannten »Klosters« (nach Kubler)

Niveau des Fußbodens empor. Er schob daher eine Hebestange in eine Spalte, und siehe da – die Platte ließ sich heben und eröffnete dem Forscher den Blick auf eine schmale Treppe, die offenbar schon zur Zeit des Baues vor den Augen Unbefugter gut verborgen war. Die Geheimtreppe beschrieb einige Windungen, bis sie in einer Tiefe von 18 m an einer großen Steinplatte endete. Platte und Tür, die dahinter zum Vorschein kamen, wurden von sechs männlichen Skeletten »bewacht«, die an diesem Ort offenbar lebendig begraben worden waren. Als Ruz Lluhuiler die steinerne »Pforte« öffnete, gelangte er in einen Raum, in dessen Fußboden ein großer Stein eingelassen war, den das Porträt eines »Wahren Mannes« und eine lange Hieroglypheninschrift schmückten. Der Raum, in dessen Boden das Grab versenkt war, erinnerte dessen Entdecker, wie er in seinem Bericht schildert, an eine märchenhafte Welt. Wasser, das durch die Kalksteinmauern der Pyramide gesickert war, hatte in mehr als tausend Jahren, die seit dem Tag des Begräbnisses vergangen waren, an der Decke über dem Grab »Vorhänge« von weißem Tropfstein gebildet. Nach Anhebung der 5 t schweren Grabplatte erblickte der Forscher die Gebeine des »Wahren Mannes« von Palenque, die mit einem kunstvoll gearbeiteten Nephrithalsband und großen, ebenfalls aus Nephrit gefertigten Ohrgehängen geschmückt waren. Diese Entdeckung nimmt in der Geschichte der Erforschung der vorkolumbischen Vergangenheit Amerikas eine außerordentliche Stellung ein, da bis zum Jahre 1951 einhellig die Meinung vorherrschte, daß die amerikanischen Pyramiden im Unterschied zu den ägyptischen niemals als Grabstätten gedient hätten.

Ungefähr zur gleichen Zeit wurde im Urwald, in der Nähe des Usumacinta, von einem amerikanischen Fotografen eine bisher völlig unbekannte, im Jahre 541 gegründete Mayastadt entdeckt, der die Wissenschaftler den Namen Bonampak – wörtlich »Wandgemälde« – gaben, da in einem Gebäude dieser Stadt ungewöhnlich prächtige Fresken entdeckt wurden, die vom Ende des 9. Jahrhunderts stammen. Außer dem hohen künstlerischen Wert besitzen jedoch die Wandgemälde von Bonampak auch einen bedeutenden dokumentarischen Wert, denn ihre anonymen Meister haben auf diesen Fresken das Leben der damaligen Mayagesellschaft dargestellt: Herrscher, Krieger, das Volk und die Sklaven, Kriegsgefangene, Kleidung, Schuhwerk, Kopf- und Körperschmuck, Musikinstrumente, Waffen, religiöse Zeremonien – das gesamte Gepräge und Niveau der Mayakultur im letzten Viertel des 9. Jahrhunderts.

Die dritte und die letzte dieser bemerkenswerten Mayastädte ähnelt in ihrem jüngsten Schicksal Bonampak. Auch sie ist erst vor einigen Jahren entdeckt worden. Und auch ihr Name ist eine Schöpfung der Amerikanisten. Sie wurde Dzibilchatún genannt, wörtlich »dort, wo Inschriften auf flachen Steinen sind«. Die erste Nachricht von einem zufälligen Ruinenfund im Urwald, unweit einer einsamen yucatekischen Hazienda, erfolgte bereits im Jahre 1941. Aber erst vor einigen Jahren begann eine Gruppe von Amerikanisten – eine Expedition der Tulane University von New Orleans – mit der Erforschung. Als sich der Wald unter den Schlägen von Macheten und Äxten zu lichten begann, zeigte sich, daß die neuentdeckte Stadt alle Erwartungen weit übertraf. Die ersten Informationen über die Entdeckung Dizbilchatúns, die bisher in der Zeitschrift der Geographischen Gesellschaft der USA veröffentlicht worden sind, behaupten, daß Dzibilchatún vermutlich die größte Stadt des vorkolumbischen Amerika überhaupt sei. Sie soll eine Fläche von mehr als 30 km^2 einnehmen. Das ist jedoch nicht die einzige überraschende Feststellung, die die erste vorläufige Erforschung Dzibilchatúns erbracht hat. Es ist bereits betont worden, daß das Leben der meisten Mayastädte nur von ephemerer Dauer war. So war z. B. Quiriguá nicht viel länger als 50 Jahre Kultzentrum. Doch Dzibilchatún ist, wie seine Entdecker behaupten, die erste und einzige bisher entdeckte Stadt, die ununterbrochen 3 500 Jahre lang bewohnt gewesen sein soll. Die Stadt war selbst nach der spanischen Invasion noch bewohnt. Davon zeugen u. a. die Trümmer einer kleinen christlichen Kapelle. Wenn sich diese Nachrichten bestätigen, überträfe Dzibilchatún nicht nur durch seine Ausdehnung, sondern auch durch sein Alter alle anderen indianischen Städte. Im übrigen unterscheidet sich das Antlitz Dzibilchatúns in keiner Weise vom Grundcharakter anderer Mayastädte. Die zentrale Achse der Stadt wird von einer etwa 3 km langen erhöhten Straße gebildet, die, wie einer der Entdecker Dzibilchatúns errechnet hat, aus 350 Millionen Kilogramm Steinen gebaut worden ist. Längs der Straße erhoben sich Tempel und Paläste. In der Mitte befindet sich ein Gebäude von gewaltigen Ausmaßen, vermutlich der Sitz des »Wahren Mannes«, zur Linken, am Ende der Straße, steht der »Tempel der sieben Statuetten«, der seinen Namen nach den sieben Tonfiguren erhalten hat, die in einer besonderen Vertiefung im Fußboden des Heiligtums entdeckt worden sind. Zwei Figuren weisen auf dem Rücken einen riesigen modellierten Buckel auf, die dritte hat die Gestalt eines Zwerges, die vier übrigen Figuren deformierte Bäuche. Diese Figuren sollten offenbar die Krankheiten und Gebrechen bannen, die sie veranschaulichen. Dieser Tempel hatte – und das ist in der Mayaarchitektur kaum üblich – Fenster. Ihre Rahmen waren aus dem sehr harten Holz von Sabinchebäumen gefertigt. Der Entdecker Briggs hat ein Stück von diesem Holz einem Radiocarbontest unterzogen. Der Baum stammte aus dem Jahr 458 (erste Probe) bzw. aus dem Jahr 508 (zweite Probe). Die Radiocarbontests bestätigen also das bedeutende Alter der Stadt, die in Nordyucatán schon zu einer Zeit existierte, als der Schwerpunkt der Mayakultur noch eindeutig im Süden lag.

Bemerkenswert ist ferner, daß ein Cenote, ähnlich dem von Chichén Itzá, auch in Dzibilchatún entdeckt wurde. In der Mayasprache heißt er Xlacah (»Alte Stadt«). In dem 50 m tiefen Cenote fanden Taucher die Knochen vieler Menschenopfer und zerbrochene Flöten, auf denen die Opfer möglicherweise vor ihrem Tod gespielt hatten.

Während sich vor hundert Jahren die Sucher nach den Denkmälern indianischer Kulturen mühsam durch den Urwald den Weg bahnen mußten und ihnen kaum technische Hilfsmittel zur Verfügung standen, stehen heute der amerikanistischen Forschung radioaktive Messungen, Taucher, Kameras und anderes mehr zu Gebote. Diese intensive Forschung ermöglicht den Schluß, daß die

Maya, die Bewohner Yucatáns und der tropischen Urwälder des Südens, Träger einer Kultur waren, die im vorkolumbischen Amerika gewiß nicht ihresgleichen hatte.

Die Kenntnisse über die Maya und alle anderen Kulturen Altamerikas werden zunehmen, denn man kann mit Sicherheit annehmen, daß weitere Zeugnisse der materiellen und geistigen Kultur der Ureinwohner Amerikas entdeckt, ausgegraben und möglicherweise entziffert werden. Kulturen, die ebenso zur Geschichte unseres Planeten gehören wie z. B. die Kulturen des alten Griechenland, Rom, Ägypten, Indien oder China.

Zur Schreibung und Aussprache der indianischen Namen

Die in dem Buch vorkommenden indianischen Namen und Begriffe sind grundsätzlich entsprechend den in der amerikanistischen Literatur allgemein üblichen Transkriptionsregeln geschrieben (mit der Einschränkung, daß bei substantivischer Bedeutung gewöhnlich der Großschreibung der Vorzug gegeben wurde). Diese Regeln besagen, daß alle indianischen Namen und Begriffe, die aus den Indianersprachen Mittel- und Südamerikas (mit Ausnahme Brasiliens) stammen, in spanischer Transkription wiedergegeben werden. Eine Ausnahme bilden einige linguistische Facharbeiten, die phonetische Umschrift verwenden.

Lediglich einige wenige indianische Wörter, die bereits in den deutschen Wortschatz eingegangen sind, werden gemäß der eingebürgerten deutschen Schreibung wiedergegeben, z. B. Inka u. ä.

Für die Aussprache der Laute, sofern sie von der deutschen erheblich abweicht, gelten folgende Grundregeln:

c	wird vor Konsonanten, vor den Vokalen a, o, u und im Wortauslaut wie deutsches k, vor e und i wie stimmloses s gesprochen
ch	klingt fast wie das deutsche tsch in »Kutsche«
g	lautet vor Konsonanten, vor a, o, u und im Wortanlaut wie deutsches g, vor e und i wie das deutsche ch in »ach«
h	ist immer stumm
j	klingt wie das deutsche ch in »ach«
ll	klingt etwa wie lj
ñ	lautet etwa wie gn in »Kompagnon« (nj)
qu	klingt wie deutsches k in »Kuh«; es entspricht *nicht* dem deutschen qu in »Quelle« (manche Autoren geben diesen Laut auch in der Umschrift als k wieder, z. B. Kipu statt Quipu
s	ist meist stimmlos und lautet ähnlich dem deutschen s in »Kuß«
x	lautet vor Vokalen in spanischen Wörtern wie deutsches x (d. h. ks oder gs), in den meisten aus Indianersprachen übernommenen Wörtern klingt es wie sch, ausnahmsweise wird es in manchen Fällen (z. B. Mexiko) wie deutsches ch in »ach« oder stimmloses s (so stets vor Konsonanten) gesprochen
y	lautet, wenn es vor oder nach einem Vokal steht, wie deutsches j in »jung«, sonst wie i

Die Vokale a, e, i, o, u werden stets halboffen, kurz und rein gesprochen; besonders das auslautende e darf nicht dumpf gesprochen werden wie im Deutschen. Bei den Diphthongen iu und ui wird stets der zweite Vokal betont; soll der erste betont werden, bekommt er einen Akzent.

Für die Betonung gilt:

Alle mehrsilbigen Wörter, die auf einen Konsonanten (außer n und s) enden, werden auf der letzten Silbe betont;

alle mehrsilbigen Wörter, die auf einen Vokal oder n und s enden, werden auf der vorletzten Silbe betont.

Jede Abweichung von diesen beiden Grundregeln erfordert einen Akzent (′).

Um die Ausspracheregeln zu veranschaulichen, seien einige der im Buch zitierten indianischen Namen als Beispiel angeführt:

Quetzalcoatl	sprich	Kezalkoatl
Cajamarca	sprich	Kachamarka
Tenochtitlan	sprich	Tenotschtitlan
Ollantay	sprich	Oljantaj

Der Vollständigkeit halber sei erwähnt, daß der Leser in der amerikanistischen Fachliteratur manchmal auch portugiesisch (besonders in Brasilien) oder französisch (besonders in Kanada und einigen nördlicheren Gebieten der USA) transkribierten indianischen Wörtern begegnen kann. Für die Indianer Nordamerikas ist allerdings in der Regel die englische Transkription allgemein gebräuchlich.

Literaturauswahl

Anders, F.: Das Pantheon der Maya. Graz 1963
Anton, F.: Alt-Mexiko und seine Kunst. Leipzig 1965
– Alt-Peru und seine Kunst. Leipzig 1972
– Die Kunst der Goldländer. Leipzig 1974
– Kunst der Maya. Leipzig 1968
Ballesteros, G. M.: Historia de América. América precolombina y colonial. Madrid 1946
Baudin, L.: Die Inka von Peru. Essen 1947
Blom, F.: The Conquest of Yucatan. New York 1936
Burland, C.: Art and Life in ancient Mexico. Oxford 1948
Bushnell, G. H. S.: Peru. Von den Frühkulturen zum Kaiserreich. Köln 1958
Caso, A.: El Pueblo del Sol. Mexico 1953
– Posibilidades de un Imperio »Olmeca«. Mexico 1964
Cieza de León, P.: La Crónica del Peru. Biblioteca de Autores Españoles. Madrid 1853
Columbus, Ch.: Bordbuch, Briefe, Berichte, Dokumente. Bremen 1956
Cortés, H.: Historia de Nueva España. Mexico 1770
Covarrubias, L., Piña Chan, R.: El Pueblo del Jaguar. Mexico 1964
Covarrubias, M.: Mexico South. London, Toronto, Melbourne, Sidney 1948
Cunningham, G.: The Conquest of New Granada. London 1922
Cunow, H.: Die soziale Verfassung des Inkareichs. Stuttgart 1896
Davies, N.: Die Azteken. Düsseldorf 1974
Descola, L.: Gold – Seelen – Königreiche. Stuttgart 1959
Dias del Castillo, B.: Historia Verdadera de la Conquista de Nueva España. I.–II. La Habana 1963
Dräger, L.: Alt-Mexiko. Leipzig 1961
– Das alte Peru. Leipzig 1964
Dieseldorf, E. P.: Kunst und Religion der Mayavölker im alten und heutigen Mittelamerika. Bd. 1–3. Berlin 1926–1933
Disselhoff, H. D.: Geschichte der altamerikanischen Kulturen. München-Wien 1967
– und Linné, S.: Alt-Amerika. Die Hochkulturen der Neuen Welt. Baden-Baden 1962
Duque Gomez, L.: Colombia. Monumentos históricos y arqueológicos. Bd. 1–2. Mexico 1955
– San Agustín. Bogotá 1963
Engel, F.: Historia elemental del Peru Antiguo. Lima 1965
Evreinov, E. V., Kosarev, J. G., Ustinov, V. A.: Primenenie elektronnych vyčislitelnych mašin v issledovanii pismennosti Majja. Bd. 1–3. Moskau 1961
Förstermann, E.: Die Maya-Handschrift in der Königlichen Öffentlichen Bibliothek zu Dresden. Leipzig 1880
– Commentar zur Mayahandschrift. Dresden 1901
– Commentar zur Madrider Handschrift. Danzig 1902
– Commentar zur Pariser Handschrift. Danzig 1903
Friede, J.: Gonzalo Jiménez de Quesada a través de Documentos en los Archivos históricos. Bogotá 1960
Hibben, F. C.: Digging up America. New York 1961
Hrdlička, A.: The Genesis of the American Indian. In: Proceedings of the 19th Congress of Americanists. Washington 1917
– The Origin and Antiquity of the American Indian. In: Annual Report of the Smithsonian Institution. Washington 1928

Ingstad, H.: Die erste Entdeckung Amerikas. Berlin (West) 1966
Ixtlilxochitl, F. A. de: Obras históricas de Alva Ixtlilxochitl. Bd. 1–2. Mexico 1891/92
Jefimov, V. A., Averkieva J. P.: Amerikanskij etnografičeskij sbornik. Moskau 1960
Joyce. T. A.: Maya and Mexican Art. London 1927
Katz, F.: Die sozialökonomischen Verhältnisse bei den Azteken im 15. und 16. Jahrhundert. In: Ethnographisch-Archäologische Forschungen. Heft 3, 2. Berlin 1956
Kauffmann-Doig, F.: La cultura Chavín. Lima 1963
– El Perú antiguo. Lima 1963
Kinžalov, R. V.: Iskusstvo drevnei Ameriki. Moskau 1962
Kirkpatrick, F. A.: Die spanischen Konquistadoren. Leipzig o. J.
Knorozov, J. V.: Drevnaja pismennost' Majja. In: Sovetskaja etnografija. Moskau 1955
– Pismennost' indejeev Majja. Moskau 1963
Krickeberg, W.: Altmexikanische Kulturen. Berlin (West) 1966
– Die Religionen des Alten Amerika. Stuttgart 1961
Krusche, R.: Schrift und Buchmalerei der Maya-Indianer. Leipzig 1965
Kutscher, G.: Chimú, eine altperuanische Hochkultur. Berlin (West) 1950
Larco Hoyle, R.: Los Mochicas. Bd. 1–2. Lima 1938/39
Las Casas, B.: Historia de las Indias. Bd. 1–5. Madrid 1875/76
Lehmann, H.: Les Civilisations précolombiens. Paris 1958
Lehmann, W.: Altmexikanische Kunstgeschichte. Berlin o. J.
Leicht, H.: Indianische Kunst und Kultur. Ein Jahrtausend im Reich der Chimú. Zürich 1944
León-Portilla M., Heuer, R.: Rückkehr der Götter. Die Aufzeichnungen der Azteken über den Untergang ihres Reiches. Leipzig 1964
León-Portilla, M.: El Reverso de la Conquista. Mexico 1946
Linné, S.: Archeological researches at Teotihuacan, Mexico. Stockholm 1934
Lothrop, S. K.: Inca Treasure as Depicted by Spanish Historians. Los Angeles 1938
Magidovič, J. P.: Očerki po istorii geografičeskich otkrytij. Bd. 1. Moskau 1949
Marquina, I.: Arquitextura prehispánica. Mexico 1951
Mason, J. A.: Das alte Peru. Zürich 1965
Moreno, M.: La organización politica y social se los aztecas. Mexico 1931
Morley, S. G.: The ancient Maya. Stanford 1946
Muñoz Camargo, D.: Historia de Tlaxcala. Mexico 1892
Pérez de Barradas, J.: Los Muiscas antes de la conquista. Bd. 1–2. Madrid 1950/51
Piña Chan, R.: Mesoamerica. Ensayo Histórico Cultural. Mexico 1960
Posnansky, A.: Tihuanacu, the Craddle of American Man. Bd. 1–2. New York 1946
Prescott, W. H.: Die Eroberung von Mexico. Leipzig 1973
– Die Eroberung von Peru. Leipzig 1976
Reiche, M.: Los Dibujos giganetescos en el Suelo de las Pampas de Nazca y Palpa. Lima 1949
Restrepo, V.: Los Chibchas antes de la Conquista española. Bogotá 1959
Rivet, P., Arsandaux, H.: La metallurgie en Amérique precolombienne. Paris 1946
Rivet, P.: Les origines de l'homme américain. Montreal 1943
Rosenblat, A.: La Población indígena y el mestizaje en América. Bd. 1–2. Buenos Aires 1954
Rowe, Ch. W.: The Effigy Mound Culture of Wisconsin. Milwaukee 1956
Ruz, L.: La Civilización de los antiguos Mayas. Mexico 1967
Sahagún, B. de.: Historia general de las Casas de Nueve España. I–V. Mexico 1938
Schlenther, U., u. a.: Die Bedeutung der ethnographischen und historischen Erforschung der Völker Afrikas und Lateinamerikas für die Gegenwart. Berlin 1963
Schlenther, U.: Über die Auflösung der Theokratien im präkolumbischen Amerika. In: Ethnographisch-Archäologische Zeitschrift 2/1. Berlin 1961
– Im Reiche El Dorados. Leipzig, Jena, Berlin 1973
– Die geistige Welt der Maya. Berlin 1965

Schmidt, M.: Kunst und Kultur von Peru. Berlin 1929
Schultze-Jena, L.: Popol Vuh. Das heilige Buch der Quiché-Indianer von Guatemala. In: Quellenwerke zur alten Geschichte Amerikas. Bd. 2. Stuttgart 1944
Seler, E.: Gesammelte Abhandlungen zur amerikanischen Sprach- und Altertumskunde. Bd. 1–5. Graz 1961
Sidorov, A. A.: Iskusstvo drevnej Ameriki. Moskau 1937
Soustelle, J.: So lebten die Azteken am Vorabend der spanischen Eroberung. Stuttgart 1956
Sosina, S. F.: Muiski – ješče odna civilizacija drevnoj Ameriki. Moskau 1969
Stingl, M.: In versunkenen Mayastädten. Leipzig 1971
Stirling, M.: Stone monuments of Southern Mexico. Washington 1943
Thompson, J. E. S.: The rise and the fall of Maya Civilication. London 1956
– Systems of hieroglyphic Writing in Middle America and methods of deciphering them. Salt Lake City 1959
Tozzer, A. M.: Landa's relación de las Cosas de Yucatán. Cambridge 1941
Triana, M.: La Civilización Chibcha I.–II. Bogotá 1970
Trimborn, H.: Das Alte Amerika. Stuttgart 1959
Ubbelohde-Doering, H.: Kulturen Alt-Perus. Tübingen 1966
Uhle, M.: Die alten Kulturen Perus im Hinblick auf die Archäologie und Geschichte des alten amerikanischen Kontinents. Berlin 1935
– Wesen und Ordnung der altperuanischen Kultur. Berlin 1959
Vaillant, G. C.: Die Azteken. Köln 1955
– Early cultures of the Valley of Mexico. New York 1935
Valcárcel, L.: Historia de la cultura antigua del Perú, Bd. 1–3. Lima 1943–1949
Wadepuhl, W.: Die alten Maya und ihre Kultur. Leipzig 1964
Wauchope, R.: Handbook of Middle American Indians. Bd. 1–11. London 1964 ff.
Willey, G. R.: An introduction to American Archeology. Bd. 1–2. New Jersey 1966
Xérez, F. de: Verdadera Relación de la Conquista del Perú y provincia del Cuzco llamada la Nueva Castilia. Lima 1927

Zeittafel

Daten	Mesoamerika			
	Zentral-Mexiko (Hochland)	Golfküste	Oaxaca	Mayagebiet
12 000 v. u. Z.	Ankunft der Indianer			
11 000				
10 000	Mensch von Tepexpan (Großwildjäger)			
9000				
8000	Tehuacan (Anfänge des Bodenbaus)			
7000				
6000				
5000				
4000	Erste Dörfer			
3000	Entstehung der Keramik			
2000				
1500	Mittlere Kulturen; Ticoman, Zacatenco, Copilco			
1300		Olmeken; San Lorenzo Tenochtitlan		
1000	Olmekische Kolonien (?)	Olmeken: Gründung La Véntas	Olmeken: Monte Albán (Danzantes)	
700				
500	Olmekische Kolonien (?)	Olmeken: Datierte Stelen in Cerro de las Mesas		
300	Tlatilco (Venusfigürchen)	Olmeken: Tres Zapotes		
200	Cuicuilco-Pyramide			
100				
Zeitwende				
200 u. Z.	Teotihuacan		Zapoteken: Monte Albán	Kaminaljuyú 292: das älteste Mayadatum 1. Epoche d. Maya-Kultur
300				
400				
500				Ab 317–987 2. Epoche d. Maya-Kultur
600		Totonaken		
800	Tolteken 856: Gründung Tulas		Mixteken	(Grab in Palenque)

Kolumbien	Andengebiet	Vergleich mit Europa, Asien, Afrika (Auswahl)
		Jüngere Altsteinzeit (80 000–8000)
		Ende d. Eiszeit in Europa; Höhlenzeichnungen in Lascaux und Altamira, Jomon-Kultur in Japan
	Mensch von Punín (Großwildjäger); Mensch von Santo Domingo (Anf. d. Bodenbaus)	Mittlere Steinzeit (8000–6000); Erntewirtschaft in Vorderasien; Bodenbau und Viehzucht auf der Balkanhalbinsel
	Mensch von Palli Aike Cerro Paloma – bisher ältestes indian. Bauwerk; Tempel von Cotosh; Huaca-Prieta-Kultur (Baumwolle in Peru)	Felsbilder von Tassile in d. Sahara; Beginn des Reisanbaus in Asien; Sumerer; Kulturen im Niltal; Harappa; Mohendscho Daro
	(Beginn des Maisanbaus) Tempel in Las Haldas u. Chuquitanta	Staatsbildung in China; Hethiter in Kleinasien; Mittleres Reich in Ägypten
		Gesetzessammlung Hammurabis; Untergang d. Indus-Kultur; Mykene; Trojanischer Krieg (1194–84); Assyrisches Großreich
San Agustín (Steinplastiken)	Chavín-Kultur	
		753: Gründung Roms Blütezeit Griechenlands; Perserreich; Kelten
	Paracas-Kultur	Höhepunkt des Staates Israel unter David u. Salomon
		Han-Dynastie in China;
	Nazca-Kultur	146: Griechenland unter röm. Herrschaft; Herausbildung des Christentums
Tierradentro (Schachtgräber)		Germanische Stammesverbände; Beginn der Völkerwanderungen Gupta-Reich in Indien; Teilung des Römischen Reiches
	Mochica-Kultur	Frankenreich; Samo-Reich;
Tairona		Kulturelle Blüte in China; Kanem-Reich am Tschadsee; Bulgarisches Großreich; Wikinger in Amerika

	Mesoamerika			
Daten	Zentral-Mexiko (Hochland)	Golfküste	Oaxaca	Mayagebiet
1000	Azteken verlassen ihre Urheimat	Huaxteken		3. Epoche d. Maya-Kultur: Erste Periode bis 1194 (Fall Chichén Itzás);
1100	Zerstörung Tulas und Zerstreuung d. Tolteken		Zapoteken verlassen Monte Albán und gründen Mitla	Liga von Mayapán (987–1185)
1200	Azteken und andere Nahua setzen Weg nach Süden fort 1256: Azteken lassen sich in Chapultepec nieder			Zweite Periode bis 1441; toltekisch-mexikanischer Einfluß auf Yucatán
1300	Azteken gründen Tenochtitlan			Oberherrschaft Mayapáns
1400	Azteken: Gründung des Dreibunds			Dritte Periode bis 1697; Mayapán wird zerstört, ‚Oberherrschaft d. Cocom
1500	1521: Cortés erobert Tenochtitlan 1525: Hinrichtung des letzten Herrschers Cauthemoc	1519: Spanier in Cempoala	1525: Spanier in Oaxaca	1511: Erste Begegnung d. Spanier mit den Maya 1527–1546: Eroberung Yucatáns durch Montejo

Kolumbien	Andengebiet		Vergleich mit Europa, Asien, Afrika (Auswahl)
Quimbaya	Tiahuanaco (Ausbreitung im gesamten Andengebiet)		Entstehung der Kiewer Rus; Beginn der Kreuzzüge gegen Syrien; Gründung des Staates Benin;
	Rückgang des Einflusses im Küstengebiet und im zentralen Hochland		Beginn der feudalen deutschen Ostexpansion; Bauernaufstände in China
Muisca	Küste Chimú-Kultur	Zentrales Hochl. Anfänge der Inka-Kultur (Cuzco)	Gründung des Mongolenreiches – Beginn der Eroberung Chinas; Marco Polo in China;
	Chimú unterwerfen Staaten der Nordküste	Inka Sinchi Roca u. Lloque Yupanqui sowie folgende Inka	Erstarken der Fürstentümer Moskau und Twer; Türken auf dem Balkan
Muisca-Staaten Bogotá u. Tunja	Blüte Chan-Chans 1476: Inka besiegen die Chimú		1337–1453: Hundertjähriger Krieg zwischen England u. Frankreich 1358: Jacquerie – Bauernaufstand in Frankreich 1381: Bauernaufstand in England
Kampf Bogotás gegen Tunja 1531: Ehinger sucht das Land des vergoldeten Königs; 1536: Quesada erobert das Land der Muisca	Küste unter der Herrschaft der Inka 1532: Spanier an der Küste Perus	1528–32: Bruderkrieg zwischen Huascar u. Atahualpa 1532: Pizarro nimmt Atahualpa gefangen 1533: Hinrichtung Atahualpas 1536: Aufstand Manco Capacs II. 1572: Tahuantinsuyu völlig unter span. Herrschaft	1419–1437: Hussitenbewegung 1487/88: Beginn der portugiesischen Kolonialpolitik in Afrika; 1492: Kolumbus entdeckt Amerika; 1510/16: Portugiesische Niederlassungen in Indien, Ceylon, Kanton; Eroberung der arabischen Staaten u. Ägyptens durch die Türken; 1517–1526: Reformation u. Bauernkrieg in Deutschland